Susteck

Erschriebene Kultur

D1726265

Beiträge zur historischen und systematischen
Schulbuch- und Bildungsmedienforschung

herausgegeben von
Bente Aamotsbakken, Marc Depaepe, Carsten Heinze,
Eva Matthes, Sylvia Schütze und Werner Wiater

Sebastian Susteck
(Hrsg.)

Erschriebene Kultur

Schulische Lektürehilfen zwischen
Literaturwissenschaft, Didaktik und Empirie

Verlag Julius Klinkhardt
Bad Heilbrunn • 2020

k

Gedruckt mit Mitteln der Ruhr-Universität Bochum.

Dieser Titel wurde in das Programm des Verlages mittels eines Peer-Review-Verfahrens aufgenommen.
Für weitere Informationen siehe www.klinkhardt.de.

Bibliografische Information der Deutschen Nationalbibliothek
Die Deutsche Nationalbibliothek verzeichnet diese Publikation
in der Deutschen Nationalbibliografie; detaillierte bibliografische Daten
sind im Internet abrufbar über http://dnb.d-nb.de.

2020.lg © by Julius Klinkhardt.
Das Werk ist einschließlich aller seiner Teile urheberrechtlich geschützt.
Jede Verwertung außerhalb der engen Grenzen des Urheberrechtsgesetzes ist ohne Zustimmung
des Verlages unzulässig und strafbar. Das gilt insbesondere für Vervielfältigungen, Übersetzungen,
Mikroverfilmungen und die Einspeicherung und Verarbeitung in elektronischen Systemen.

Abbildung Umschlagseite 1: © Sebastian Susteck.

Druck und Bindung: AZ Druck und Datentechnik, Kempten.
Printed in Germany 2020.
Gedruckt auf chlorfrei gebleichtem alterungsbeständigem Papier.

ISBN 978-3-7815-2409-5

Inhaltsverzeichnis

Sebastian Susteck

Erschriebene Kultur. Die Gattung Lektürehilfe als Gegenstand der historischen Reflexion und empirischen Nutzungsforschung

Die Einleitung skizziert in mehreren Schritten das Anliegen, den Inhalt und – vor allem – den Gegenstand des vorliegenden Sammelbandes. Es geht um die Gattung der Lektürehilfe, die weitgehend unerforscht ist. Gründe für das mangelnde Forschungsinteresse werden genannt. Des Weiteren wird versucht, Gattungsmerkmale zu bestimmen und die Rolle von Lektürehilfen in der Konstitution literarischer Hochkultur und literaturwissenschaftlicher Fachkultur zu skizzieren. Auch werden erste Überlegungen zur Geschichte der Gattung formuliert, die ins 19. Jahrhundert zurückreicht und sich in unterschiedlichen, verlagsspezifischen Publikationsreihen entfaltet. Eine Skizze der Inhalte und Erkenntnisse, die der Sammelband in seinen historischen Beiträgen und seinen Aufsätzen zur empirischen Nutzungsforschung präsentiert, ist in Überlegungen eingebettet, die die Verbindung zwischen Lektürehilfen, der gegenwärtigen Didaktik sowie der Literaturwissenschaft und Schulpraxis herstellen. Es zeigen sich viele offene Fragen, die weiterer Erforschung bedürfen.

1 Lektürehilfen als unerforschte Gattung

Die Lektürehilfe – die alternativ als Lektüreschlüssel oder ‚monographische Interpretation‘ (Standke 2019) bezeichnet wird – gehört zu den unerforschten Gattungen germanistischen Schreibens. Mit dem Ziel, Lehrerinnen und Lehrern und Schülerinnen und Schülern höherer Schulen wissenschaftlich und schulisch kanonisierte literarische Werke zu erschließen, ist sie Element wissenschaftspropädeutischer, wenn nicht wissenschaftlicher Breitenkommunikation und vermutlich seit den 1850er Jahren eine publizistische Erfolgsgattung, die hunderte von Bänden in zahlreichen publizistischen Reihen hervorgebracht hat und hervorbringt. *Königs Erläuterungen*, *Reclam Lektüreschlüssel* oder *Klett Lektürehilfen* – um einige Beispiele beim Namen zu nennen – stellen Inhalte literarischer Werke, Entstehungs- und Rezeptionsgeschichten, literarische Figuren, Wort- und Sacherklärungen oder Interpretationsansätze vor. Resultat ist eine stupende Menge ähnlicher, wenn nicht gleichförmiger Texte, die auf den ersten Blick so selbstverständlich wirkt, wie sie tatsächlich unwahrscheinlich ist.

Dem großen Erfolg, den Lektürehilfen publizistisch haben, steht ein akademisches Misstrauen gegenüber, das Lektürehilfen keinen Ort geben will und in nahezu vollständige Abstinenz von Forschung mündet. Es handelt sich zunächst um ein literaturwissenschaftliches Misstrauen, das sich auf mindestens drei Verdachtsmomente zurückführen lässt. Dies sind

(a) der Verdacht der fehlenden Innovation der Lektürehilfen und ihres zunehmenden Abstands von Forschungswissen im Laufe des 20. Jahrhunderts (Sauer 1984, 138f.; Brand

2014, 34; Mergen 2014,109), ja teils der Simulation von Wissenschaftlichkeit durch Verfahren einer Selbstreferenzialisierung, bei denen Texte bloß noch aufeinander Bezug nehmen und „einen geschlossenen Kreis pädagogischer Literaturvermittlung" bilden (Fohrmann 1989, 252; vgl. auch den Beitrag von Stötzel in diesem Band);

(b) der Verdacht der Vermittlung bloßen Faktenwissens, vor allem aber entproblematisierten und damit nicht genuin wissenschaftsförmigen Wissens (hierzu Luhmann 1980a, 178; 2002, 133; Kämper-van den Boogaart, Martus & Spoerhase 2011; Susteck 2015, 91-101);

(c) der Verdacht, zu einem Feld der Erziehung zu gehören, das literaturwissenschaftlich wenig Relevanz besitzt, weshalb etwa eine ‚germanistische Lehrbuchkultur' erst im Studium beginne (Sittig & Standke 2013).

Nicht nur die Literaturwissenschaft sieht Lektürehilfen freilich skeptisch, sondern auch die Literaturdidaktik. Attestiert wird der Gattung hier interessanterweise zu große Nähe zur Literaturwissenschaft (Sauer 1984, 138f.). Zugleich allerdings wird aus didaktischer Perspektive ausgerechnet fehlende fachwissenschaftliche Qualität der Texte angemahnt, die oft durch einen „antiquierte[n] Forschungsstand" und die Tradierung „fachwissenschaftlich-inhaltliche[r] Mängel noch über Jahrzehnte" (Mergen 2014, 109) gekennzeichnet seien. Auch wird vermutet, Lektürehilfen dienten nicht der Erschließung literarischer Werke, sondern der Vermeidung ihrer Lektüre und führten zum „Tod der Literatur im Kontext ihrer Pflege" (Fingerhut 1996, 67).

Vor dem Hintergrund des Spannungsverhältnisses von publizistischem Erfolg und akademischem Misstrauen widmet der Sammelband *Erschriebene Kultur* erstmals in Literaturwissenschaft und -didaktik der Gattung konzentrierte Aufmerksamkeit und verbindet dabei historische Analysen mit Befunden empirischer Nutzungsforschung. Dabei wird von einer großen Bedeutung der Gattung ausgegangen, die nicht nur kontingentes Element eines Feldes von Bildungsmedien (Wrobel & Müller 2014; Radvan 2018), Lehr- und Lernmitteln (Brand & Radvan 2019) oder Unterrichtshilfen ist (Brand 2014; 2019), sondern eine besondere Rolle im Kontext des Deutschunterrichts zumal der obersten Jahrgangsstufen spielt. Obwohl Lektürehilfen traditionell Teil des sogenannten publizistischen ‚Nachmittagsmarktes' sind, gewöhnlich im Unterricht nicht sichtbar in Erscheinung treten und nicht von ministerieller Seite sanktioniert werden – lautet die Annahme –, spielen sie für diesen Unterricht und das Schulfach Deutsch eine wichtige Rolle, sind aber zugleich für die universitäre Literaturwissenschaft von Belang, für die sie als Element popularisierender Wissenschaftskommunikation wirken. Auch stellt die Gattung der Lektürehilfe eine aussagekräftige Quelle dar, wenn es um Untersuchungen zum schulischen Literaturunterricht, zur Literaturwissenschaft, Literaturdidaktik und zu ihrem Verhältnis geht.

Für die angenommenen Relevanzen der Gattung spricht die lange Geschichte von Lektürehilfen, die den ‚deutschen Unterricht' von seinen historischen Anfängen bis in die Gegenwart begleiten. Man kann gar argumentieren, dass die Lektürehilfen aus einer Didaktik hervorgehen, die *vor* der universitären Literaturwissenschaft existierte, sodass sie sich historisch mit dieser Literaturwissenschaft bilden und ihr dennoch systematisch vorausgehen, wie der Beitrag von Mackasare in diesem Band wenigstens skizzenhaft andeutet.

Ein Argument für die Relevanz der Gattung ist auch ihre Bedeutung in der Gegenwart, die aus Gründen, über die noch zu sprechen sein wird, auf den ersten Blick keinen guten Kontext für Lektürehilfen zu bieten scheint, aber dennoch ein Prosperieren des publizistischen Angebots erlebt.

Zu erwähnen ist darüber hinaus – wie in diesem Band durch die Beiträge von Köster sowie Seele und Grossen, aber auch durch Susteck und Koudich 2020 explorativ belegt werden kann –, dass Lektürehilfen nicht nur gekauft, sondern nach wie vor von Schülerinnen und Schülern, aber wohl auch Lehrerinnen und Lehrern in nicht unerheblichem Maße genutzt werden.

Zu betonen ist schließlich, dass Lektürehilfen durch eine im schulischen Kontext besondere Nähe zur Literaturwissenschaft und speziell zu ihren Handlungspraktiken ausgezeichnet sind, zugleich aber für die Schule verfasst werden. Sie stabilisieren auf diese Weise ein potenziell brüchiges Verhältnis zwischen Fachwissenschaft und Fachdidaktik, das unter anderem eine kulturelle Relevanz von Literaturunterricht jenseits rein zweckförmiger Sinnzusammenhänge erhält.

2 Erschriebene Kultur

Bei der Auseinandersetzung mit Lektürehilfen geht es um eine sehr spezielle, nutzungstechnisch zugleich breit und dennoch überaus spezifisch wirkende Gattung, die Zugänge zur Geschichte von Literaturwissenschaft, Literaturunterricht und Literaturdidaktik öffnet. Damit erlaubt sie in mehrfacher Hinsicht auch eine Reflexion von Kultur, welcher der Sammelband seinen Titel verdankt. Auch wenn der ‚Kultur'-Begriff die folgenden sechs Beiträge nicht alle orientiert oder nur in ihnen vorkommt, soll er in titelgebender Funktion darauf hinweisen, wie sehr die Gattung der Lektürehilfe in Kontexte eingespannt ist, an denen sie trotz oder wegen ihres schulischen Ortes mitschreibt. ‚Kultur' lässt sich dabei zunächst auf eine literarische Kultur beziehen, die per se literarische Hochkultur ist und die ungeachtet aller Schwierigkeiten der definitorischen Bestimmung zwischen dem 19. und 21. Jahrhundert vergleichsweise stabil bleibt. Sie besteht nicht nur aus einem Kanon bestimmter Werke, sondern konstituiert sich aus einem spezifischen Reden über diese Werke und einem spezifischen Umgang mit ihnen, der bis in die Konstitution des Werkbegriffs selbst hineinwirkt. Charakteristisch sind hierbei nicht nur bestimmte Wertzuschreibungen, sondern beispielsweise der literaturwissenschaftlich geprägte Anspruch, die Werke einer langsamen und sorgfältigen Lektüre mit besonderer Sensibilität für signifikante Einzelstellen zu unterziehen (vgl. grundlegend Martus 2008), oder die Prämisse, Leseerlebnisse machen und hierbei subjektiv bedeutsame Erkenntnisse zu anthropologischen Grundproblemen und -erfahrungen gewinnen zu können. Dabei hat sich der didaktische und unterrichtliche Fokus von der reinen Orientierung an ‚Klassikern' in den letzten Jahrzehnten gelöst und auch neuere, primär schulisch erfolgreiche Texte in den Blick genommen, die gleichwohl denselben, Hochkultur-typischen Wahrnehmungsmustern und Praktiken unterstellt werden.

Untrennbar verwoben ist die literarische Kultur mit einer Fachkultur der germanistischen Literaturwissenschaft (vgl. hierzu Glaser 2004; 2005), die im Titel des Sammelbandes mit angesprochen ist und die zumal in ihrer praktischen Dimension analytischer und interpretativer Tätigkeit – teils im Unterschied zu programmatischen, methodologischen und theoretischen Verlautbarungen – die literarische (Hoch-)Kultur immer aufs Neue mit erzeugt und stabilisiert. Für sie sind Konzepte von Werk, Autor, Epoche, Kanon und Interpretation leitend. Mit ihr hängt auch eine Unterrichtskultur zusammen, die die schulische Seite dieser Fachkultur darstellt. Wie deutlich dies in Lektürehilfen wirkt, zeigt sich etwa dort, wo ein vergleichsweise junger, zudem auf ein eher jugendliches Publikum zielender Text wie Wolfgang Herrndorfs Adoleszenzroman *Tschick* von 2010 verhandelt wird. Im *Reclam Lektüreschlüssel* etwa wird der

Text erprobten literaturwissenschaftlichen Kategorien unterstellt, die der interpretatorischen Sinngenese dienen und unter anderem „Weltsicht, Vergänglichkeit, Sinn" (Scholz 2014, 65), „Grenzüberschreitungen und Gesetzesverstöße" (ebd., 69) und „Motivik und Symbolik" (ebd., 71) lauten. In *Königs Erläuterungen* wird der Roman mit einem „Zeitgeschichtliche[n] Hintergrund" (Möbius 2014, 14ff.) versehen, wobei knapp die deutsche Geschichte seit dem Zweiten Weltkrieg rekapituliert wird. Ebenso werden „Entstehung und Quellen" (ebd., 22-26) des Romans minutiös rekonstruiert. Unter Rückgriff auf ein Interview Herrndorfs mit der *Frankfurter Allgemeinen Zeitung* von 2011 (vgl. ebd., 22f.) wird die „Klassische Kinderliteratur als Inspiration für *Tschick*" (ebd., 23) identifiziert und der Roman so intertextuell angebunden.

Die Feststellung, Lektürehilfen hätten an interdependenten Kulturen und ihren Praktiken teil, ist dabei nicht kritisch gemeint und soll insbesondere nicht ideologiekritisch missverstanden werden. Es geht nicht darum, den Umgang der Lektürehilfen mit Literatur zu beurteilen, sondern darum, ihn allererst zu beschreiben und darauf aufmerksam zu machen, welche Rolle Lektürehilfen im Schulkontext für die immer neue Erzeugung und Stabilisierung von Kultur spielen.

3 Merkmale der Gattung

Obwohl mit dem Begriff ‚Lektürehilfe' in der Regel ein prototypisches Gattungswissen assoziiert werden dürfte, muss am Anfang wenigstens der Versuch stehen, eine genauere Gattungsbeschreibung zu formulieren. Dabei sind in Anbetracht der Menge potenziell zu sichtenden Textmaterials auch tentative und hypothetische Aussagen nötig, was die Dringlichkeit weiterer Forschung belegt. *Positiv* sind primäre Adressaten von Lektürehilfen Schülerinnen und Schüler und Lehrerinnen und Lehrer der höheren Schulen, wobei im Zentrum das Unterrichtsfach Deutsch steht, zu dem mit geringerer Relevanz auch die fremdsprachlichen Fächer treten (vgl. den Beitrag von Köster in diesem Band). Der Anspruch der Gattung lautet, hochwertige, teils aber auch nur populäre literarische Texte zugänglich zu machen, und zwar mithilfe einer Reihe stereotyper Elemente und Kapitel (hierzu auch Standke 2019, 306ff.). Erscheinungsort ist gewöhnlich die publizistische Reihe mit „einem verlagsspezifischen Schema" (Mergen 2014, 109, vgl. ders. in diesem Band), Erscheinungsform der preisgünstige, vergleichsweise schmale monographische Einzelband bzw. das Heft, das den literarischen Text selbst nicht enthält. *Negativ* setzt sich die Gattung unter anderem von Texten ab, die Planungsvorgaben oder Materialien – wie Arbeitsblätter, Folien etc. – für einzelne Unterrichtsstunden enthalten. Sofern didaktische Einlassungen existieren, sind diese oft allgemeiner Art und werden einem werkbezogenen Haupttext entweder voran- oder nachgestellt. Vergleichsweise früh enthalten sind allerdings in Teilen der Gattung Prüfungsaufgaben und -beispiele. Hinzu kommen zunehmend Illustrationen, die etwa als Vorlagen für Tafelbilder genutzt werden können.

Die Verpflichtung der Gattung auf schmale – und gewöhnlich kostengünstige – Publikationsformen im Rahmen von Reihen hebt Lektürehilfen aus einem Feld inhaltlich teilweise ähnlicher Publikationen heraus. Interpretatorische Ausführungen, die denen der Lektürehilfen nahekommen, finden sich in den sachanalytischen Teilen von Unterrichtshilfen, in Unterrichtsvorschlägen und -modellen aus Zeitschriften oder in Lehrerbänden zu Deutschlehrwerken (vgl. Standke 2019, 305). Wort- und Sacherklärungen, wie sie in Lektürehilfen gewöhnlich enthalten sind, existieren offensichtlich auch in Textausgaben literarischer Werke für die Schule. Hier werden in Vor- oder Nachworten zudem Angaben zur Genese der Werke gemacht, die für Lektürehilfen gleichfalls typisch sind. Auch digitale Angebote enthalten jedoch entsprechende Elemente. Historisch erscheinen Ausführungen, die denen der Lektürehilfen funktional und inhaltlich ähnlich sind, in voluminösen Monographien, wo sie im 19. Jahrhundert etwa unter dem Titel *Aus deutschen Lesebüchern: Epische, lyrische und dramatische Dichtungen erläutert für die Oberklassen der höheren Schulen und für das deutsche Haus* versammelt wurden.

Dennoch ist es plausibel, den Begriff der Lektürehilfe nicht bloß inhaltlich, sondern auch über die publizistische Form zu bestimmen und im vorgeschlagenen engeren Sinne zu nutzen. Die *Verbindung* stereotyper Elemente wie die umfangreiche Betrachtung eines zumeist einzelnen Werks und die Zielsetzung guter Zugänglichkeit für unterrichtliche Gebrauchszwecke zeichnen aus, was hier unter Lektürehilfe verstanden wird.

Was die Zielgruppe der Gattung angeht, kann man davon ausgehen, dass eine grundsätzliche Doppeladressierung existiert, wobei jedoch unterschiedliche Akzentsetzungen möglich sind. Standke (2019, 303) sieht zumeist „Lehrende und Lernende" gleichermaßen angesprochen. Wo Titel sich „ausdrücklich an Schülerinnen und Schüler" wenden, notiert er weiter, „zeigen [sich] in der konkreten Aufbereitung [...] kaum Unterschiede zu den nicht explizit adressierten Interpretationen." (Ebd., 304) Stötzel konstatiert im vorliegenden Band für Beispiele der 2000er Jahre dagegen eine vorrangige Schülerorientierung. Erste Auswertungen für die Konzeptionalisierung des Sammelbandes und entsprechende Verlagskorrespondenz deuten an, dass eine explizite Schülerorientierung von Texten frühestens in den 1990er Jahren zu beobachten ist. Dagegen bemühen sich etwa Lektürehilfen um 1900, Lehrerinnen und Lehrer und Schülerinnen und Schüler gleichermaßen zu erreichen (vgl. in diesem Zusammenhang auch Heinrich Manns Roman *Professor Unrat*, 2003, 14), während in den 1970er und 1980er Jahren Reihen wie *Grundlagen und Gedanken zum Verständnis klassischer Dramen* (Diesterweg) bemüht scheinen, Schülerinnen und Schüler als Zielgruppe eher auszuschließen. Grundsätzlich ist anzunehmen, dass Lektürehilfen das fachkulturelle Wissen der Lehrerinnen und Lehrer reaktivieren und entwickeln sowie seine Anwendung auf einzelne Werke ermöglichen sollen, während Schülerinnen und Schülern dieses Wissen allererst angeboten und idealerweise eine performative und implizite Fachbildung ermöglicht wird (vgl. Susteck 2018). Auch stellen Lektürehilfen eine latente Verbindung zwischen Fachwissen und Unterricht her. Fragen kann man, ob unterschiedliche Kommunikationsmodelle in den Texten impliziert sind, die entweder das Ziel unmittelbarer Übertragbarkeit ihrer Inhalte in Unterricht, Lehrervortrag, Schüleraufsatz usf. annehmen oder ein Ziel vermittelter Übertragbarkeit verfolgen, das Lehrerinnen und Lehrern abverlangt, Informationen aus Lektürehilfen zwingend didaktisch zu bearbeiten. Bezüglich des Adressierungsproblems mag im Übrigen Andreas Lerners Beobachtung aufschlussreich sein, dass für die ab 1896 erscheinenden Reclam-Lektürehilfen *Erläuterungen zu Meisterwerken der deutschen Literatur* erst 1911 vom Verlag explizit auf den Schulbezug hingewiesen wird (vgl. 1992, 4).

4 Lektürehilfen und Prüfungswissen

Gelegentliche Missverständnisse, die sich mit der Gattung Lektürehilfe gegenwärtig verbinden, scheinen insbesondere aus der Unterschätzung ihrer historischen Dimension zu resultieren (vgl. Mackasare & Susteck 2019a). Es ist jedoch gerade die lange Tradition der Gattung und ihre historische Stabilität, die sie in mehr als einer Hinsicht kulturell interessant macht und erheblich dazu beiträgt, dass – wie noch zu zeigen bleibt – ihre Erforschung und Diskussion sich fachwissenschaftlich wie -didaktisch lohnt. Nicht völlig treffend ist so die Vermutung, es handle sich um Texte, die für die Nachkriegszeit ab 1945 typisch seien (vgl. Standke 2019, 310). Auch werden Lektürehilfen mit neuen Anforderungen standardisierter (Abitur-) Prüfungen verbunden, was nicht unplausibel oder gar falsch ist, aber die Gattung in ihrer Historizität nicht voll erfasst.

Dass es eine Verbindung zwischen neuen didaktischen Paradigmen, Standardisierung im Unterricht – und dann in Prüfungen – sowie Materialien für den Unterricht gibt, betont bereits Kaspar H. Spinner 2005 (bes. 9ff.). Mergen verweist auf die Nachfrage „vieler Lehrkräfte nach einem Pool prüfungskonformer und praktikabler Unterrichtsmaterialien" (2014, 109). Dies betrifft auch Lektürehilfen und speziell ihr Angebot von Analyse- und Interpretationsaufgaben, „die sich zumeist an den Anforderungen der zentralen schulischen Leistungsüberprüfungen orientieren bzw. dies zumindest in Aussicht stellen." (Standke 2019, 309) Dabei sind Lösungsvorschläge mittlerweile teilweise ins Internet und dortige Download-Angebote der Verlage ausgelagert (vgl. ebd.). Band 189 der Lektürehilfen-Reihe *Königs Erläuterungen* zu Gerhart Hauptmanns *Die Weber* enthält beispielsweise in der 2003 erstmals vorgelegten Ausgabe von Rüdiger Bernhardt sieben „Themen und Aufgaben" (91), die allerdings weitgehend ohne Lösungsvorschlag auskommen bzw. jeweils nur auf passende Seiten der Lektürehilfe zurückverweisen. In kompletter Wiedergabe sieht dies etwa folgendermaßen aus (ebd., 93):

7) Thema: Der Tod des alten Hilse.	Textgrundlage: 5. Akt
→ Beschreiben Sie die Haltung des alten Hilse. → Wie stehen die aufständischen Weber und Hilse zueinander? → Welche unterschiedlichen, ja gegensätzlichen Deutungen seines Todes kennen Sie und wie verstehen Sie ihn?	Lösungshilfe: S. 21, 47f., 63f.

Eine Reihe wie der seit 2008 erscheinende *Oldenbourg Textnavigator* des Cornelsen-Verlags setzt explizit auf die Vermittlung von Abiturwissen und präsentiert daher in ihren verschiedenen Bänden ‚Abituraufgaben mit Lösungsvorschlägen', wobei besonders auffällt, dass die Auswahl der Aufgaben schulisch genutzte Formate abzudecken sucht, also etwa in Abiturprüfungen verlangte textimmanente Interpretationsleistungen ebenso adressiert wie Sachtextanalysen, freie Erörterungen oder das – mittlerweile wieder in den Hintergrund getretene – ‚Gestaltende Interpretieren' (hierzu Susteck 2015, 352f.).

Allerdings weist Manuel Mackasare im vorliegenden Band daraufhin, dass Standardisierungen besonders in Abschlussprüfungen schon im frühen 20. Jahrhundert existiert haben. Auch finden sich Übungsaufgaben, die sicherlich prüfungsvorbereitenden Charakters waren, in Lektürehilfen schon lange vor moderner Output-Orientierung und Standardisierung, wenn auch keineswegs zuverlässig oder gar immer (was indes bis in die 2000er Jahre gilt). Gibt man einige kontingente Befunde wieder, enthält etwa bereits die Ausgabe des Jahrs 1926 des soeben zitierten Bands 189 von *Königs Erläuterungen* „Aufsatzentwürfe" (Sommer [1926], 55) in Form argumentativer Mustergliederungen zu den vier Themen „Neue Bahnen in Gerhart Hauptmanns ‚Die Weber'" (ebd., 55), „Warum fordern Gerhart Hauptmanns ‚Weber' die allgemeine Teilnahme heraus?" (ebd., 56), „Bedeutung des Weberlieds in Gerhart Hauptmanns Drama ‚Die Weber'" (ebd., 57) sowie „Schuld und Sühne in Gerhard Hauptmanns ‚Die Weber'" (ebd., 58). Ein kompletter Lösungsvorschlag zum zweiten Thema lautet:

A.	Jede echte Teilnahme wurzelt im wahrhaft Menschlichen
	Terenz: Homo sum: humani nil a me alienum puto (Ich bin ein Mensch; nichts Menschliches darf mir fremd sein). Je mehr Menschlichkeit, desto größer und edler der Mensch.
B.	Unsere Teilnahme wird erweckt
a.	durch die unverschuldete grausige Notlage der Weber (absterbendes Handwerk, Wohnungselend, Nahrungsmangel, Hungerlöhne, Verlumpung, körperlicher und seelischer Verfall);
b.	durch ihr stilles Dulden und ihr redliches Menschentum (rührende Bescheidenheit, schlichtes Gottvertrauen, unermüdliches Hoffen und Sehnen auf Besserwerden, vergebliches Ringen nach Lebensunterhalt und Lebensmöglichkeit);
c.	durch die ihnen zuteil werdende, unwürdige Behandlung (Ausbeutung ihrer Notlage, harte Bedrückung, Beschimpfung und Verhöhnung, absichtliche Steigerung ihres an sich äußerst gefährlichen Elends, Herzlosigkeit und Verschwendung der Fabrikanten, Gleichgültigkeit der Regierung, Schutz- und Rechtlosigkeit gegenüber der Polizeigewalt);
d.	durch das allgemeine Gefühl der Billigkeit (arger Verstoß gegen die Humanität, gegen die Sittengesetze, gegen Naturrechte des Menschen, Schein- nicht Werkchristentum.)
C.	Gerhart Hauptmann ohne Tendenz ein Hüter des wahren Menschentums, ein Wegweiser zu Menschenadel, Menschenhoheit und Menschenwürde. So wird der durchschlagende Erfolg seiner ‚Weber' erklärbar und verständlich.

Die *Erläuterungen zu Schillers „Jungfrau von Orleans"*, Heft 11 der Reihe *Schöninghs Erläuterungsschriften zu deutschen und ausländischen Schriftstellern*, bieten in dritter Auflage 1920 auf mehreren Seiten musterhafte „Dispositionen und Aufsätze" (70). Sie betreffen die fünf Themen:

- „Mit welchem Rechte nennt Schiller seine ‚Jungfrau von Orleans' eine romantische Tragödie?" (Ebd., 70)
- „Berufung, Schuld und Sühne der Jungfrau von Orleans." (Ebd., 71)
- „Shakespeares Pucelle und die Geschichte." (Ebd., 72)
- „Der rauhe Krieger wird sein eigen Weh/Geduldig tragen, sieht er seinen König,/Dem Ärmsten gleich, ausdauern und entbehren." (Ebd., 76)
- „Nichtswürdig ist die Nation, die nicht/Ihr alles freudig setzt an ihre Ehre." (Ebd.)

5 Publizistische Reihen

Die Annahme, Lektürehilfen seien eine Gattung der Nachkriegszeit, mag insofern eine gewisse Plausibilität haben, als im 20. Jahrhundert durchaus Gattungsinnovationen existieren und zumal ab dem Jahr 2000 eine Expansion und Professionalisierung des publizistischen Angebots – inklusive einer Verbindung von Print- und Digitalmedien – zu beobachten ist. Dennoch entsteht die Gattung mit verschiedenen publizistischen Reihen schon lange vor 1945, nämlich im 19. Jahrhundert. Eine unvollständige Übersicht mit Publikationszeiträumen kann etwa folgende Reihen ausweisen:

Erläuterungen zu den deutschen Klassikern (Wartig)

Die deutschen Klassiker: erläutert und gewürdigt für höhere Lehranstalten, sowie zum Selbststudium (Roemke/Bredt)

„Königs Erläuterungen" (Bange)

Erläuterungen zu Meisterwerken der deutschen Literatur (Reclam)

Erläuterungsschriften zu deutschen und ausländischen Schriftstellern (Schoeningh)

Grundlagen und Gedanken zum Verständnis klassischer Dramen (Diesterweg)

Analysen und Reflexionen (Hollfeld Beyer)

Klett Lektürehilfen (Klett)

Reclam Lektüreschlüssel (Reclam)

Oldenbourg Textnavigator (Cornelsen)

Interpretationen Deutsch (Stark)

Reclam Lektüreschlüssel XL (Reclam)

1850   1900   1950   2000

Die Gattungsmerkmale scheinen prototypisch in der schon zitierten Reihe *Dr. Wilhelm Königs Erläuterungen zu den Klassikern* – später *Königs Erläuterungen und Materialien* bzw. *Königs Erläuterungen* – ab 1894 realisiert, die – mit kurzer Unterbrechung durch den Zweiten Weltkrieg – als einzige der genannten Reihen bis heute kontinuierlich erscheint und als formbildend gelten kann. Wie der Beitrag von Susteck im vorliegenden Band zeigt, gibt es dabei mindestens im Falle des ersten Bandes dieser Reihe zu Friedrich Schillers *Wilhelm Tell* einen Textstamm, der bearbeitet und weiterentwickelt wird, aber noch neue Ausgaben mit der Erstpublikation des Jahres 1894 verbindet. Dies ist indes nur ein besonders eklatantes Beispiel für generelle Eigenheiten der Gattung Lektürehilfe, die vergleichsweise stark normiert und nachgerade „involutiv" (Luhmann 1980b, 87) erscheint, indem sie Variation-in-Wiederholung realisiert. Es geht – wie für Literaturgeschichten bemerkt worden ist – um „ein Leitgenre von besonderer institutioneller Festigkeit und Abgesichertheit" (Barner 1996, 119). *Königs Erläuterungen* haben einen Vorläufer etwa in den von Heinrich Düntzer verfassten *Erläuterungen zu den deutschen Klassikern* des Wartig-Verlags, die durch ein je großes Textvolumen auffallen. Weitere Reihen der Gattung, die weniger langlebig sind, schließen an den Prototypen an, variieren ihn aber, was etwa inhaltliche Kategorien oder deren Gewichtung betrifft. So erscheinen im Reclam-Verlag zwischen 1896 und 1922 von Albert Zipper verfasste *Erläuterungen zu Meisterwerken der deutschen Literatur* mit insgesamt 21 Bänden (hierzu auch Lerner 1992, 303f.).

Die bibliographische Recherche legt darüber hinaus die Vermutung nahe, dass Lektürehilfen Teil eines größeren Textfeldes sind, das am ehesten durch Familienähnlichkeiten bestimmt scheint. Insbesondere weist die Gattung Nähe zu kommentierten Textausgaben oder Materialsammlungen, aber auch zu Reihen wie den *Lehrpraktischen Analysen* des Reclam-Verlags auf, die ab 1954 erscheint und bis 1980 67 Bände zu meist unbekannteren Werken vor allem für die Sekundarstufe I hervorbringt (vgl. Lerner 1992, 321; Brand 2019, 144).[1] Auch

---

1 Die Reihe schließt ihrerseits, wie Lerner 1992, 311, zeigt, an *Schulpraktische Analysen* an, die ab 1932 in der Reclam-Hauszeitschrift erschienen und unter wechselnden Bezeichnungen Werke zeitgenössischer Autoren aufbereiteten.

werden Lektürehilfen in jüngster Zeit zum Zentrum von Medienverbünden gemacht, die den eigentlichen Text mit digitalen Angeboten verknüpfen. Betrachtet man die publizistische Aktivität einzelner Verlage, kann man erkennen, dass Lektürehilfen oft nicht durchgängig im Angebot sind. Zu vermuten ist, dass nach verlegerischem Kalkül zwischenzeitlich Publikationspausen gemacht oder affine Textsorten bevorzugt werden, wobei jedoch die Gattung Lektürehilfe revitalisiert werden kann und speziell seit der Zeit um 2000 wieder Konjunktur hat. Das Zusammenspiel familienähnlicher Textsorten in einem evolvierenden Feld zu erfassen würde ein eigenes Projekt darstellen, dessen Fruchtbarkeit nur vermutet werden kann.

6 Anmerkungen zur historischen Entwicklung

Ungeachtet der Rede von der ‚Involution' der Gattung Lektürehilfe wäre es falsch zu behaupten, es gebe in ihr keine historische Entwicklung. So deuten bereits die in der Übersicht wiedergegebenen Reihentitel Verschiebungen an. Geht es zunächst stark um ästhetische Qualität, nämlich die Erläuterung von ‚Klassikern' und ‚Meisterwerken', und zugleich um Nationalliteratur(en), sind die Formulierungen ab den 1970er Jahren nüchterner und ziehen sich fast ganz auf die Hilfsfunktion der Texte wie ihre analytische oder interpretatorische Leistung zurück.

Im Hintergrund steht eine bislang nur andeutungsweise durchschaute Gattungsgeschichte, deren Beginn noch in einem Feld liegt, in dem literaturwissenschaftliche, literaturdidaktische und schulpraktische Aspekte eng verbunden sind und Referenzen sich überlagern. Demgegenüber führt die sich verdichtende literaturwissenschaftliche Methoden- und Theoriediskussion der 1960er und 70er Jahre zu einem tendenziell neuen, wohl stärker ambivalenten Verhältnis zwischen Lektürehilfen und Literaturwissenschaft. Einerseits fallen Lektürehilfen hinter Ansprüche und Selbstbeschreibungsmuster dieser Wissenschaft zurück, sofern sie sich zunehmend über Methoden- und Theorieaussagen definiert. Andererseits beharren Lektürehilfen auf scheinbar Unhintergehbarem und stillschweigend Konsensuellem. Dabei kommt der Gattung die Tatsache zugute, dass literaturwissenschaftliche Theorieentwicklungen zwar beachtliche Ergebnisse zeitigen, zentrale Aspekte der literaturwissenschaftlichen Textarbeit jedoch nur bedingt affizieren, ja zu ihnen teils in Widersprüche treten (vgl. Jannidis 1999; Winko 2002; Winko u.a. 2006). Bei aller Theorieabstinenz der Gattung Lektürehilfe tragen sich Veränderungen der Literaturwissenschaft ab den 1970er Jahren dennoch in sie ein, wenn ein stärker sozialwissenschaftlicher denn geistesgeschichtlicher Impetus nun auch hier mehr oder minder deutlichen Ausdruck findet.

Spiegelt dies fachwissenschaftliche Entwicklungen wider, dürften Änderungen speziell in der textuellen Gestaltung der Lektürehilfen primär didaktisch inspiriert sein. Tatsächlich geraten Lektürehilfen im späten 20. Jahrhundert didaktisch unter verstärkten Druck, der vor allem ab den 2000er Jahren unübersehbar wird. Relevant mag hierbei der auf verschiedenen Gründen beruhende Versuch der Literaturdidaktik sein, sich als eigene Disziplin jenseits der germanistischen Literaturwissenschaft zu konstituieren und Affinitäten zur Lesepsychologie und Sprachwissenschaft zu stärken (einflussreich Abraham & Kepser 2009, 64; skeptisch Brüggemann 2014; vgl. auch Bräuer 2016; Susteck 2018). Beobachtet werden kann jedoch vor allem eine Korrespondenz zwischen einer Neujustierung der Didaktik und der Lektürehilfen, die – wie der Beitrag von Susteck in diesem Band zeigt – von Lesepraktiken im Wortsinne *philologischer* Art zu Praktiken der *Professionalität* führt, welche zunehmend pragmatischen Zielen wie Informationssuche und -entnahme, rasche Orientierung, selektive Rezeption usw.

verpflichtet sind.[2] Entsprechende Entwicklungen werden bei Mergen (2014, 107) schon in einer Brecht-Lektürehilfe der späten 1980er Jahre verortet. Unter den Schlagworten „Kompaktheit, Prüfungsrelevanz, verständliche Aufbereitung, relevantes Überblickswissen" (ebd.) prägen sie ihm zufolge jedoch vor allem Texte ab den 1990er Jahren, wobei von einer erneuten deutlichen Verstärkung ab ca. 2000 auszugehen ist. Die Neujustierung lässt dabei den literaturwissenschaftlichen Kern der Lektürehilfen gegenwärtig unangetastet, indiziert aber gleichwohl Verschiebungen in der Gattungspoetik.

7 Lektürehilfen und Didaktik der Gegenwart

Es war bereits auf Gründe hingewiesen worden, die Lektürehilfen zu einem wichtigen und besonders ergiebigen Forschungsgegenstand machen, der mehr ist als kontingentes Element in einem expandierenden Feld von Lehr- und Lernmitteln. Die Teilhabe an der Erzeugung wie Stabilisierung literarischer Kultur oder die vergleichsweise große Nähe zur Fachwissenschaft sind dabei Faktoren, die zumal literaturwissenschaftlich interessant sind. Sie hängen dabei offenkundig zusammen und lassen sich nicht völlig trennen. Speziell aus didaktischer wie literaturunterrichtlicher Sicht kommt ein weiterer Faktor hinzu, insofern sich die Vermutung formulieren lässt, dass Lektürehilfen ein traditioneller Indikator für die fachliche wie didaktische Ausrichtung und für Inhalte dieses Unterrichts speziell in den obersten Jahrgangsstufen sind und dass sie insbesondere gegenwärtig auch über Erwartungen und Identitätskonzepte informieren, die diesen Unterricht betreffen. Zu bedenken ist dabei, dass – wie schon erwähnt – Unterricht wie Didaktik der Gegenwart auf den ersten Blick keinen guten Kontext für Lektürehilfen zu bieten scheinen, was an einer Expansion des entsprechenden publizistischen Angebots jedoch interessanterweise nichts ändert. Gleich mehrere Befunde sind in diesem Zusammenhang relevant (der folgende Abschnitt lehnt sich an Ausführungen bei Susteck und Koudich 2020 an).

Erneut ist zu betonen, dass Lektürehilfen Texte sind, die einer fachwissenschaftlich fundierten Fachlichkeit in hohem Maße verpflichtet sind. Anders formuliert stehen sie fest im Bann einer Sachanalyse literarischer Werke, die zwar durch Angebote der Prüfungsvorbereitung und ähnliches ergänzt werden mag und unterschiedliche Lesestrategien eher ‚philologischer' oder eher pragmatischer Richtung bedienen kann, aber nichts von ihrer Dominanz einbüßt. Während man generell vermuten muss, dass sachanalytische Ausführungen in modernen Unterrichtshilfen an Bedeutung verlieren (vgl. Brand 2019, 141), gilt dies für Lektürehilfen nur sehr eingeschränkt. Man kann auch bei ihnen Veränderungen bemerken (vgl. den Beitrag von Susteck in diesem Band) und einen Trend zur „voranschreitende[n] Didaktisierung" (Standke 2019, 317) diagnostizieren, doch ist die bereits im 19. Jahrhundert entworfene formale und inhaltliche Grundstruktur der Gattung bis heute weitgehend intakt und nach wie vor fachwissenschaftlich, wenigstens aber wissenschaftspropädeutisch orientiert (so auch Standke 2019, 317). Als Konsequenz geht es in den Lektürehilfen nicht um unmittelbare Unterrichtsvorbereitung und ihre Materialien, die für Lehrerinnen und Lehrer bereitgestellt würden, aber auch nicht um eine Informationsweitergabe, die sich insgesamt am Ziel des unmittelbar Unterrichts- und Prüfungsrelevanten orientieren würde. Insbesondere enthalten Lektürehilfen, wie gesehen, zwar Beispiele möglicher Prüfungsaufgaben als Übungsmaterial. Dennoch ist bis

---

2 Literatur rücke, schreibt passend Christian Dawidowski über die Literaturvermittlung um das Jahr 2000, „aus der Zentralstellung als Hochwertbegriff […] mehr und mehr in den Status eines Vehikels." (2013, S. 98)

in die Gegenwart evident, dass das in ihnen angebotene Wissen nur in begrenztem Maße für schriftliche Prüfungen, aber auch für durchgeführten Unterricht relevant ist, und stattdessen beides deutlich überschießt (vgl. zum Wissen in Prüfungen Freudenberg 2012).

In einer didaktischen und unterrichtlichen Situation, die vorgeblich pragmatischen Aspekten des Unterrichts hohe Relevanz einräumt, Standardisierung prämiert und größten Wert auf entsprechend genormten ‚Output' legt, wirken die Lektürehilfen mit ihrem Beharren auf kultureller Überlieferung und philologischer Ausrichtung tendenziell fremd. Ihre Betonung des Gewichts deklarativen Wissens ist zudem nicht leicht mit dem gegenwärtig dominierenden Paradigma der Kompetenzorientierung zu vermitteln bzw. nur unter einer Umkehrung traditioneller Akzentsetzungen in dieses Paradigma einzugliedern, was mit dem Hinweis auf die neue Relevanz pragmatischer Rezeption bereits angedeutet wurde.[3] Insbesondere prägt kein Interesse an prozeduralem Wissen, Problemorientierung u.ä. die Texte.

Noch zu ergänzen ist, dass die subjektive Bedeutsamkeit von Literatur (vgl. Fritzsche 1994, 230), die individuelle Genese von Interpretationen oder die literarische Lebensweltrelevanz für die Gattung Lektürehilfe wohl eine eher untergeordnete Rolle spielen, für die Didaktik der Gegenwart aber wichtig sind. Stattdessen geht es in Lektürehilfen um Wissensbestände und Deutungsvarianten, die literaturwissenschaftlich gebildet und als angemessen akzeptiert sind. Es mangele in zahlreichen Lektürehilfen, notiert bereits 1984 Michael Sauer, an „Hinweis[en] zur unterrichtlichen Behandlung [...]: daran gemessen, haben wir es letztlich nicht mit eigentlich didaktischer Literatur zu tun, sondern lediglich mit einer Art spezieller Fachliteratur." (138f.) Entsprechende Aspekte werden tatsächlich – wie der Beitrag von Seele und Grossen in diesem Band zeigt – auch von Schülerinnen und Schülern wahrgenommen und teils als Argument gegen die Nutzung von Lektürehilfen und generell Lehr-Lernmitteln ins Feld geführt.

Wenn vor solchem Hintergrund Lektürehilfen von Schülerinnen und Schülern, aber sicher auch Lehrerinnen und Lehrern nach wie vor vergleichsweise häufig verwendet werden – und zwar, wie Seele und Grossen sowie Köster andeuten, unter anderem zur Prüfungsvorbereitung – wirft dies interessante Fragen auf. Es könnte ein Hinweis darauf sein, dass das Verhältnis zwischen Literaturwissenschaft, Literaturdidaktik und Unterricht auch heute weniger klar ist, als es scheint, und der Unterricht womöglich stärkere Akzente in Richtung von Fachwissenschaftlichkeit setzt, als die Didaktik vermutet oder anstrebt. Es könnte auch ein Hinweis darauf sein, dass bei den Nutzern der Lektürehilfen bestimmte Identitätsannahmen zum Deutsch- und speziell Literaturunterricht existieren, die mit den Annahmen der Didaktik nicht deckungsgleich sind. Die Lektürehilfen gäben in jedem Fall Hinweise auf Beharrungskräfte des Unterrichts, die sich gegenüber Reformbemühungen behaupten und nicht bloß auf Lehrer-, sondern auch auf Schülerseite existieren.

8 Beiträge des Sammelbands I: Historische Gattungsforschung

Der Sammelband *Erschriebene Kultur* enthält sechs Beiträge, die der Gattung Lektürehilfe sowohl historisch als auch empirisch nachgehen. Für einen Sammelband ist diese Zahl vergleichsweise gering, doch sollte den einzelnen Themen der nötige Raum zur Verfügung stehen und die Möglichkeit ausführlicher Analysen gegeben sein. Die ersten vier Beiträge

---

3 Es geht, könnte man mit Radvan 2014 sagen, womöglich nicht mehr primär um das Lesen, sondern die Benutzung von Lektürehilfen, was eine Anbindung an die Kompetenzorientierung vergleichsweise leicht zuließe.

sind dabei historisch ausgerichtet, wobei ihre Anordnung der Chronologie der literarischen Referenzwerke, tendenziell aber auch der ausgewerteten Lektürehilfen folgt. In den Blick treten unterschiedliche literarische Werke, wobei die Gattung des Dramas dominiert. Zudem geht es um unterschiedliche Lektürehilfen aus verschiedenen Verlagen und Reihen. Die letzten zwei Beiträge bieten erste Befunde einer bislang völlig fehlenden Nutzungsforschung zu Lektürehilfen (vgl. hierzu auch Susteck und Koudich 2020), wobei sich der Beitrag von Katrin Seele und Gaby Grossen auf die mündliche Maturaprüfung Deutsch in der Schweiz, und zwar im Kanton Bern, bezieht.

Eröffnet wird der Band durch einen Beitrag von *Manuel Mackasare*, der im Rahmen einer mikroskopischen Analyse der Frage nachgeht, welcher Zusammenhang um 1900 zwischen universitärer Literaturwissenschaft, gelehrter Fachdidaktik, vermittelnden Texten und Prüfungsanforderungen bestand. Hierbei spielen nicht weniger als fünf verschiedene Textgruppen bzw. -gattungen eine Rolle, nämlich als Hintergrund gesetztes literaturwissenschaftliches und -didaktisches Schrifttum des ausgehenden 19. Jahrhunderts, sowie jeweils exemplarisch analysierte Beispiele eines didaktischen Lehrbuchs, einer Lektürehilfe und zweier Schüleraufsätze, die sich allesamt mit Goethes 1790 publiziertem Schauspiel *Torquato Tasso* befassen. Mackasare geht dabei von weitreichenden Überschneidungen zwischen früher Fachwissenschaft und Didaktik im Zeichen einer literaturwissenschaftlichen Fachkultur aus und überprüft, inwiefern diese Fachkultur über erläuternde Schriften – und wohl auch Unterricht – an Schülerinnen und Schüler weitergegeben wurde. Ausgewertetes didaktisches Lehrbuch ist der *Wegweiser durch die deutschen Schuldramen* in der Auflage von 1904, ausgewertete Lektürehilfe *Reclams Erläuterungen zu Meisterwerken der deutschen Literatur* von 1905. Hinzu kommen zwei Schüleraufsätze, die im Rahmen der Reifeprüfung des Jahres 1912 am Realgymnasium Langenberg geschrieben und sehr unterschiedlich benotet wurden, was Rückschlüsse auf die Erwartungen des Lehrenden und der Schule zulässt (vgl. auch Mackasare & Susteck 2019b).

Mackasare gibt einen Einblick in die Situation von Literaturwissenschaft und Didaktik um 1900 und in ein Schrifttum, das das Ziel hatte, Schülerinnen und Schüler zur erfolgreichen Prüfung zu befähigen, sie aber auch wissenschaftspropädeutisch in literaturwissenschaftliches Denken einzuführen. Er zeigt dabei *en detail*, wie sich die entsprechenden Prozesse im Einzelfall vollzogen und ergänzt damit die historische Forschung um eine minutiöse Tiefenanalyse. Als zentrales Ziel der frühen Didaktik wird eine Charakterbildung sichtbar, deren Prämissen aus Schriften Platons sowie der klassischen deutschen Autoren – besonders Goethes und Schillers – abgeleitet wurden. Die entsprechenden Annahmen gingen allerdings nur teilweise und oft implizit in die vermittelnden Texte ein, wobei sie im Lehrbuch des *Wegweisers* noch mehr Explizitheit aufweisen als in der Lektürehilfe.

Im Reifeprüfungsaufsatz ging es darum, Wissen um die unterschiedliche Wertigkeit von Charakteren in Goethes Schauspiel zu demonstrieren und die eigene Bewertung ‚adäquat‘ zu begründen, was in einem der Aufsatzbeispiele Mackasares offensichtlich sehr gut, im zweiten nur unzureichend gelang. Für die Erforschung von Lektürehilfen ist dabei bemerkenswert, (1.) wie deutlich normiert und standardisiert schulische Leistungserwartungen waren und wie sie in gelehrtem literaturdidaktischen Schrifttum, Lehrbuch, Lektürehilfe und positiv sanktioniertem Aufsatz übereinstimmen; (2.) dass gleichwohl die Lektürehilfe durch ein vergleichsweise hohes Maß an Implizitheit und eine eher schemenhafte Vermittlung zentraler Philosopheme und Erwartungen des Literaturunterrichts ausgezeichnet ist; (3.) dass sich deutliche Kontinuitäten wie markante Diskontinuitäten in der Fachkultur der Literaturwissenschaft und -didaktik, aber auch in vermittelndem Schrifttum und Aufsatzunterricht zwischen der Zeit um 1900 wie dem Heute erkennen lassen.

Der Beitrag von *Sebastian Susteck* unternimmt einen Gang durch die historische Entwicklung von Lektürehilfen zu Friedrich Schillers Schauspiel *Wilhelm Tell*, das 1804 erschien und uraufgeführt wurde. Analysiert werden dabei die einschlägigen Lektürehilfen der Reihe *Dr. Wilhelm Königs Erläuterungen zu den Klassikern* bzw. *Königs Erläuterungen und Materialien* und *Königs Erläuterungen* zwischen 1894, als der Band zu *Wilhelm Tell* die Reihe eröffnete, und 2011.

Im Zentrum steht eine praxeologische Analyse (vgl. Martus & Spoerhase 2009; Martus 2015), die vor allem rekonstruiert, welche Handlungspraktiken in den Lektürehilfen impliziert sind und durch sie angestoßen werden, ohne im Detail erklärt zu werden oder eine Metareflexion zu erfahren. Der Aufsatz untersucht zunächst die Stellung von Lektürehilfen zwischen Literaturwissenschaft, Literaturdidaktik und Literaturunterricht und reflektiert zudem die Art des Wissens, das in Lektürehilfen vermittelt wird. Lektürehilfen erscheinen dabei als Repräsentanten des ‚Unbewussten‘ von Literaturwissenschaft und Literaturdidaktik, wenn sie literaturwissenschaftlich für Didaktisierung und Schulbezug kritisiert werden, während sie didaktisch eine problematische fachwissenschaftliche Orientierung zu haben scheinen.

Im Folgenden setzt der Aufsatz drei Schwerpunkte. (a) reflektiert er Merkmale der Gattung Lektürehilfe, und zwar *ex negativo* über eine Analyse von Gattungs*grenzen*, die mit Blick auf *Königs Erläuterungen* zu *Wilhelm Tell* in der Ausgabe des Jahres 1979 greifbar werden, als eine seit gut 70 Jahren bestehende Textpraxis unter dem Eindruck gesellschaftlicher und wissenschaftlicher Neuordnungen reformiert werden sollte, was die Funktionalität der Lektürehilfe jedoch zu gefährden schien. (b) geht es um sprachliche und darstellungstechnische Verschiebungen zwischen 1894 und 2011, die mehr als bloß stilistischer Natur sind und einen Einblick in die performative Dimension der Lektürehilfen und ihre Veränderungen gewähren. (c) folgt ein Blick auf Lesepraktiken und -programme, die in den unterschiedlichen Lektürehilfen unterschiedlich angelegt sind und sich als wichtiger, aber auch besonders schwieriger Aspekt der Diskussion erweisen. Nicht nur erscheinen Lesepraktiken im Plural, wenn es sowohl um Praktiken der literarischen Lektüre als auch der Lektüre der Lektürehilfen selbst geht. Vielmehr zeigen die Lektürehilfen auch eine Entwicklung, die man mit dem Schlagwort einer ‚Multiplizierung ihres Textes‘ belegen kann und die unmittelbar mit den lektürehilfebezogenen Lesepraktiken zusammenhängt.

Aufschlussreich ist die Tatsache, dass in den untersuchten Lektürehilfen deutliche Kontinuitäten zwischen der ersten Ausgabe des Jahres 1894 und der Ausgabe des Jahres 2011 zu beobachten sind, insofern in der konkreten Gestalt des Lektürehilfe-Textes noch 2011 auf die Erstausgabe zurückgegriffen wird. Zudem lassen sich die Veränderungen aus mehr als hundert Jahren als Verschiebungen in einer impliziten Normordnung der Lektürehilfen rekonstruieren, wobei der Weg von großer Nähe zum literarischen Werk zu gesteigerter Distanz, von der Ästhetik zur Diskursivität der Werkbehandlung, von der betonten Sinnstiftung zur Kritik und von der Gemeinschaftsbildung zum Ausweis von Dissens und Pluralisierung führt.

Torsten Mergen beginnt seinen Beitrag zu Frank Wedekinds Drama *Frühlings Erwachen* (1891) mit dem interessanten Befund, dass Lektürehilfen zu diesem Werk erst seit 2001 existieren. In diesem Jahr erschienen fast zeitgleiche Publikationen des Reclam- und Bange-Verlags – die jeweils 2013 bzw. 2017 überarbeitet wurden –, was 2007 durch eine Veröffentlichung des Stark-Verlags Ergänzung erfuhr.

In seiner Analyse stellt Mergen zunächst die Frage nach dem ‚Eigentlichen' bzw. dem Proprium der Gattung Lektürehilfe. Er bestimmt Lektürehilfen als Subkategorie der Textsorte ‚Einführungsliteratur' und betont unter Rückgriff auf Standke 2019 zudem, dass Lektürehilfen vor allem mit der Leistung der ‚Interpretation' verknüpft werden. Indem er im Folgenden besonders auf Lektürehilfen für Schülerinnen und Schüler fokussiert, kann er – unter Rückverweis auf einen eigenen Text von 2014 – definieren, dass Lektürehilfen ‚Vor- bzw. Kontextwissen sowie begleitende Orientierungen während des individuellen Leseprozesses und der Vorbereitung auf schulische Prüfungen' an jugendliche Leser vermitteln sollen.

In einem zweiten Schritt rekonstruiert Mergen die wissenschaftliche Rezeption von *Frühlings Erwachen* im Lauf der Geschichte. Dabei hält er unter anderem fest, dass die Literaturdidaktik gegenüber einer ablehnend-zögerlichen Literaturwissenschaft ab den 1970er Jahren zu einer positiven Wahrnehmung des Dramas erheblich beigetragen hat. Mithilfe ausführlicher Zitate wichtiger didaktischer Beiträge wird der Weg der Rezeption greifbar gemacht, der auch zu neuer Skepsis ab den 1990er-Jahren führt, die nicht mehr, wie in der Zeit um 1900, das Skandalträchtige des Textes betont, sondern eher seine historische Fremdheit für heutige Schülerinnen und Schüler.

In einem dritten Schritt geht Mergen vergleichend auf die Lektürehilfen ein. Eine Analyse macht zunächst beträchtliche inhaltlich-thematische Schnittmengen zwischen den Texten sichtbar, die aber durch die Titelgebung in den Publikationen teils verdeckt sind, was Mergen auf den kommerziell begründeten Wunsch nach Distinktion zwischen den Verlagen zurückführt. Eine Analyse des Gestus, mit dem die Lektürehilfen an ihre Leser herantreten, lässt Unterschiede erkennen, die teilweise an die Hintergründe ihrer Autoren rückbindbar sind.

Mit Blick auf die Frage nach der ‚Wissenschaftlichkeit' der untersuchten Texte analysiert Mergen, inwiefern Sekundärliteratur Eingang in sie findet. Zudem unternimmt er exemplarische Analysen vorgeschlagener Interpretationsverfahren. In beiden Fällen wirken die – teilweise zusammenhängenden – Befunde fachwissenschaftlich unbefriedigend, wenn sich unter anderem der Forschungsstand der Gegenwart in den Lektürehilfen nicht abbildet. Mergen diagnostiziert entsprechend eine Ablösung der Lektürehilfen von der literaturwissenschaftlichen Diskussion.

Mit stärker didaktischem Fokus wird schließlich die Aufnahme von Aufgaben in die Lektürehilfen untersucht, die auf Prüfungssituationen vorzubereiten beanspruchen. Hierbei stellt Mergen eine Orientierung an zentralen Abschlussprüfungen, eine Dominanz der Ergebnisorientierung, aber auch eine schwankende Qualität fest.

Gleichfalls auf Lektürehilfen der Zeit ab 2000 konzentriert sich der Beitrag von *Frederik Stötzel*, der verschiedene Beobachtungen Torsten Mergens zu bestätigen und zu untermauern vermag, jedoch auch weitere Analyseschwerpunkte setzt und konzeptionelle Überlegungen vollzieht. Stötzel untersucht vergleichend sieben Lektürehilfen zu Franz Kafkas Erzählung *Die Verwandlung* (1912), die aus Reihen der Verlage Schöningh, Klett, Bange, Mentor, Reclam, Schroedel und Stark stammen. Ähnlich wie Mergen befasst auch Stötzel sich mit der in den Lektürehilfen zitierten Sekundärliteratur, wobei er einerseits größeres Verständnis für deren oft geringe Quantität äußert als Mergen, andererseits aber skeptisch auf ungenaue Angaben reagiert und zudem nachweist, dass einzelne Lektürehilfen weitere Texte der Gattung als zitierfähig nutzen. Bezüglich der Inhalte der Lektürehilfen dokumentiert Stötzel – wie ähnlich Mergen – ein vergleichsweise starres Kategoriensystem, das allerdings durch unterschiedliche Kapiteleinteilungen und Titelgebungen der Lektürehilfereihen nicht sofort sichtbar ist. Zudem weist Stötzel sehr unterschiedliche Akzentsetzungen in den unterschiedlichen Publikationen nach.

Ein zentraler Aspekt von Stötzels Aufsatz ist die Identifikation von vier Funktionen, denen die Lektürehilfen durch ihre Inhalte Angebote machen und die sie entsprechend bedienen können. Genannt werden (1.) die Ersatzfunktion, (2.) die Unterstützungsfunktion, (3.) die Erarbeitungsfunktion sowie (4.) die Übungsfunktion. Die Ersatzfunktion bezeichnet die Möglichkeit, die Lektüre literarischer Werke durch diejenige von Lektürehilfen zu ersetzen. Wie bereits erwähnt, wird sie literaturdidaktisch mit vergleichsweise großer Aufmerksamkeit und Skepsis wahrgenommen. Die Unterstützungsfunktion wird bedient, indem das Verständnis des literarischen Werkes dadurch angebahnt wird, dass Kontextwissen gegeben wird, welches etwa den Autor oder die Entstehung des Werks betrifft. Entscheidend ist dabei, dass Informationen vermittelt werden, die ein vertieftes Werkverständnis erlauben, ohne Verstehensprozesse eigentlich vorwegzunehmen. Der Begriff der Erarbeitungsfunktion bezeichnet dagegen die Darbietung analytischer und interpretatorischer Befunde durch die Lektürehilfen, die faktisch eine Auseinandersetzung mit dem literarischen Werk in Form von Ergebnissen repräsentieren. Die Übungsfunktion schließlich wird durch das Angebot von Übungsaufgaben und Musterlösungen bedient.

Einen weiteren Akzent platziert Stötzel auf der Präsentation von Interpretationsansätzen zu Kafkas Erzählung. Im Fokus stehen dabei die biografische, psychoanalytische und soziologische Deutung. Durch eine Untersuchung, die mikroskopisch bis in Formulierungsvorlieben ausgewählter Lektürehilfen vordringt, werden dabei unterschiedliche Präsentationsformen und Bewertungsmuster greifbar. Mit Blick auf alle untersuchten Lektürehilfen wird eine vergleichsweise große Skepsis gegenüber des psychoanalytischen Ansatzes greifbar. Vor allem aber beobachtet Stötzel eine ‚Verspätung‘ der Lektürehilfen gegenüber der literaturwissenschaftlichen Diskussion. Auch stellt er einen generellen Mangel an Reflexion bezüglich der Probleme fest, die speziell *Kafka* Interpreten aufgibt.

9 Beiträge des Sammelbands II: Empirische Nutzungsforschung

Beim Beitrag von *Kimberly Köster* handelt es sich um den ersten von zwei Beiträgen aus dem Bereich empirischer Nutzungsforschung zu Lektürehilfen. Köster – die selbst das Wort ‚Lektüreschlüssel‘ verwendet – hat mithilfe eines standardisierten Fragebogens das Nutzungsverhalten von Schülerinnen und Schülern der Sekundarstufe II an einem Gymnasium im Ruhrgebiet untersucht. Schwerpunktmäßig war sie an der Nutzung von Lektürehilfen im Rahmen des Deutschunterrichts interessiert, doch hat sie auch erste Daten für den Fremdsprachenunterricht im Fach Englisch erhoben. Zudem hat sie neben der Schülerbefragung Angaben einzelner Lehrerinnen und Lehrer zu ihrer Einstellung gegenüber Lektürehilfen und zur Nutzung gewinnen können. Die explorative Erhebung beruht mit Blick auf den Deutschunterricht auf Angaben von 139 Schülerinnen und Schülern. Sie bezieht sich auf sechs von Köster formulierte Thesen, die bezüglich der Schülerinnen und Schüler teilweise bestätigt, teilweise aber auch nicht bestätigt werden konnten.

Köster dokumentiert unter anderem, dass die Schülerinnen und Schüler der Deutschkurse Lektürehilfen in Abhängigkeit von Abiturrelevanz und -gewicht ihrer jeweiligen Kurse nutzten. Von den Schülerinnen und Schülern der Einführungsphase, also der Jahrgangsstufe 10, gaben knapp 29% an, zum Zeitpunkt der Erhebung bereits eine Lektürehilfe verwendet zu haben, während es in den Grundkursen der Qualifikationsphase I, also der Jahrgangsstufe 11, gut 45% und in den zwei Leistungskursen dieser Phase sogar gut 75% waren. Auch nahm die Intensität der Nutzung von Lektürehilfen zwischen Einführungsphase und Qualifikationsphase zu und übertraf in den Leistungskursen die der Grundkurse. Von den 17 Schülerinnen und Schülern der Einführungsphase, die Lektürehilfen für den Deutschunterricht nutzten, taten dies zehn „sehr wenig", sechs „manchmal" und nur ein(e) Schüler/in „häufig". In den Grundkursen und Leistungskursen der Qualifikationsphase I verteilten sich die Zahlen dagegen auf „sehr wenig" (GK: 9, LK: 6), „manchmal" (6/13), „häufig" (3/6) und „sehr häufig" (2/1).

Zu den bemerkenswerten Befunden der Erhebung Kösters gehört die Erkenntnis, dass nach Auskunft der Schülerinnen und Schüler der von Frederik Stötzel identifizierten und in der Didaktik skeptisch betrachteten ‚Ersatzfunktion' von Lektürehilfen nur eine geringe Bedeutung zukam. Während die Schülerinnen und Schüler angaben, Lektürehilfen zu nutzen, um sich auf Unterrichtsstunden und Klausuren vorzubereiten, wurde die Vermeidung literarischer Lektüre als Faktor nur selten genannt.

Die wenigen befragten Deutschlehrerinnen und -lehrer gaben überwiegend an, selbst schon Lektürehilfen verwendet zu haben. Insgesamt zeigten sie eine leicht ambivalente Haltung zur Nutzung von Lektürehilfen der Schülerinnen und Schüler, wobei hier eine Abhängigkeit von Zweck und Art der Nutzung bestand. Jedoch konnte keinesfalls eine grundsätzlich negative Haltung der Lehrerinnen und Lehrer zur Nutzung der Gattung gezeigt werden.

Kösters Daten zum Englischunterricht sind geeignet, die Affinität der Gattung Lektürehilfe zum Deutschunterricht vorsichtig zu stützen. Bei den 121 in Englischkursen befragten Schülerinnen und Schülern lag die Nutzungshäufigkeit von Lektürehilfen in allen Kursen deutlich niedriger als in den Kursen des Faches Deutsch, wobei jedoch auch im Englischunterricht eine Nutzung nachzuweisen war.

Der finale Aufsatz von *Katrin Seele* und *Gaby Grossen* trägt Erkenntnisse zur Nutzung von Lektürehilfen aus einem größeren empirischen Forschungszusammenhang bei. Es geht um Daten des Projekts SELiT – „Selbständige Erschließung literarischer Texte" –, das die Vorbereitung von Schülerinnen und Schülern auf die mündliche Maturitätsprüfung Deutsch des schweizerischen Kantons Bern untersucht und besonders mithilfe von 18 teilstrukturierten, leitfadengestützten Interviews im Vorfeld der Prüfung auch die Hilfsmittelnutzung von Schülerinnen und Schülern erfragte. Dabei ging es sowohl um Hilfsmittel aus dem Internet als auch (Print-)Lektürehilfen. Beide werden auch im vorliegenden Aufsatz behandelt, was schon insofern Sinn macht, als eine Fragebogenerhebung mit 198 Schülerinnen, die Seele und Grossen vor ihren Interviews durchführten, einen Mix unterschiedlicher Hilfsmittel als typisch für die Prüfungsvorbereitung erscheinen ließ. Zu den bemerkenswerten Ergebnissen der Fragebogenerhebung gehört unter anderem auch, dass die Schülerinnen und Schüler Print-Lektürehilfen als sehr vertrauenswürdige Quellen einschätzten, die etwa die Vertrauenswürdigkeit von Wikipedia deutlich übertreffen.

Für den Aufsatz wurde eine spezielle inhaltsanalytische Durchsicht der Interviewtranskripte vollzogen, die auf drei Aspekte fokussierte, nämlich (a) Vorannahmen und Überzeugungen der Schülerinnen und Schüler bezüglich des Hilfsmittelgebrauchs, (b) Nutzungsarten und (c) Nutzungsstrategien und -begründungen. Dabei entstanden zahlreiche Einsichten, zu denen unter anderem sehr unterschiedliche Haltungen der Schülerinnen und Schülern zu Hilfsmitteln gehören, wobei ein Grund für Ablehnung darin besteht, dass vorgegebene Interpretationen von einer eigenen Lesart der Texte abweichen könnten.

Insgesamt enthalten die Interviews eine Reihe von positiven Äußerungen gerade zu Print-Lektürehilfen, aber auch differenzierte Kritik dieser Hilfen durch die Schülerinnen und Schüler. Zudem zeigt sich, dass die Schülerinnen und Schüler bei der Prüfungsvorbereitung auch antizipieren, wie Dritte, also etwa ihre Lehrerinnen und Lehrer, wohl zu verschiedenen Hilfsmitteln stehen. Die Diagnose von Schwächen einzelner Hilfsmittel oder Annahmen über die Perspektiven Dritter helfen dabei, eine strategisch kluge Vorbereitung zu leisten. Dabei treten verschiedene Arten des Hilfsmittelgebrauchs hervor, wie die gezielte Suche nach speziellen Inhalten, die Nutzung von Hilfsmitteln für die Vertiefung und Präzisierung eigener Gedanken, die Nutzung zur Beseitigung von Verständnisschwierigkeiten bezüglich des literarischen Werks, die Nutzung zur Erweiterung der eigenen Lesart sowie die Nutzung zur Vermeidung der literarischen Lektüre. Letzteres stellt bei Seele und Grossen allerdings, wie ähnlich schon bei Köster, eine seltene Ausnahme dar (was Seele und Grossen mit Blick auf die Frage sozialer Erwünschtheit skeptisch betrachten).

Im Rahmen ‚systemintelligenter' Prüfungsvorbereitungen, zeigen Seeles und Grossens Interviews weiter, werden Print-Lektürehilfen auch genutzt, um zu antizipieren, welche Stellen aus literarischen Texten überhaupt Prüfungsgegenstand sein könnten. Insgesamt demonstrieren viele der interviewten Schülerinnen und Schüler einen differenzierten und reflektierten Umgang mit Hilfsmitteln, in dessen Rahmen auch Lektürehilfen eine wichtige Rolle spielen.

10 Schluss

Historische Gattungsforschung und empirische Nutzungsforschung sind vor allem dann interessant, wenn es gelingt, Verbindungen zwischen unterschiedlichen Forschungsbeiträgen herzustellen. Da die Gattung Lektürehilfe weitgehend unerforscht ist, muss es auch darum gehen, allererst Hypothesenbildungen für weitere Erkundungen zu ermöglichen, die historisch mehr Material berücksichtigen und mit Blick auf die Nutzungsforschung größere Stichproben einbeziehen sowie reflektierte qualitative Forschungsansätze entwerfen (zu letzterem skizzenhaft Susteck und Koudich 2020).

Einige Interdependenzen zwischen Ergebnissen der hier vorgelegten Beiträge wurden bereits erwähnt. Dass die explorative Nutzungsforschung nicht bestätigen kann, was eine hermeneutisch operierende Didaktik und Eindrücke aus der Schulpraxis befürchten lassen, nämlich dass Schülerinnen und Schüler Lektürehilfen überwiegend nutzen, um die Lektüre literarischer Werke zu ersetzen, gibt einen Hinweis auf die Wichtigkeit empirischer Untersuchungen. Überhaupt sind Erhebungen, die eine ebenso verbreitete wie reflektierte Nutzung von Lektürehilfen durch Schülerinnen und Schüler vermuten lassen, von hohem Wert, wenn sie auf Kompetenzen der Schülerinnen und Schüler, aber auch die Bedeutung der Gattung Lektürehilfe hinweisen.

Insgesamt werfen die Beiträge des Sammelbandes eine Reihe von Grundsatzfragen auf, die unter anderem das Problem einer wissenschaftspropädeutischen Ausrichtung von Unterricht betreffen, die speziell in der Sekundarstufe II weiter relevant ist. Das Verhältnis zwischen Lektürehilfen und dem Paradigma der Kompetenzorientierung etwa, aber auch das Verhältnis zwischen prozeduralem und deklarativem Wissen scheint diesbezüglich ungeklärt, und zwar nicht bloß in der didaktischen Debatte, sondern auch, was Einstellungen und Erwartungen von Schülerinnen und Schülern betrifft. Der publizistische Erfolg von Lektürehilfereihen zumal in den letzten Jahren lässt sich nicht allein mit dem Hinweis auf Standardisierungen in zentralen Prüfungen erklären, die gleichwohl einen Beitrag zu diesem Erfolg geleistet haben mögen. Dies gilt auch dann nicht, wenn man annimmt, dass – gegen ursprüngliche didaktische und bildungspolitische Intentionen – ‚Kompetenz' in solchen Prüfungen vor allem die Kompetenz zur Reproduktion deklarativen Wissens wäre. Wenn Lektürehilfen genutzt werden, wirft dies vielmehr auch die Frage auf, ob Schülerinnen und Schüler in ihnen eine bestimmte Vorstellung von Lernen und Deutschunterricht verfolgen, die deklarativen Wissensbeständen vergleichsweise große Bedeutung zumisst.

Ungeklärt ist auch das Verhältnis der Gattung Lektürehilfe zu den unterschiedlichen Referenzpunkten von Literaturwissenschaft, Literaturdidaktik und Literaturunterricht, wie in den Beiträgen des Sammelbands auf unterschiedliche Weise deutlich wird. Manuel Mackasares und Sebastian Sustecks Fokus auf historische Praktiken zeigt dabei zu unterschiedlichen Zeiten unterschiedlich starke Inkongruenzen, die selbst um 1900 schon greifbar werden, als fachwissenschaftliche wie didaktische Erwartungen zwar weitgehend übereinstimmen, ihre Vermittlung in den Unterricht durch Lektürehilfen aber in einer eher impliziten Form erfolgt. Torsten Mergen und Frederik Stötzel wiederum demonstrieren die besondere Rolle von Lektürehilfen, wenn sie ausgerechnet fachwissenschaftliche Defizite der Gattung zur Grundlage von Kritik machen. Ohne dass dies in aller Klarheit expliziert würde, werden dabei zwei Dinge sichtbar, nämlich einerseits die Nähe der Gattung Lektürehilfe zur Fachwissenschaft, die eine Untersuchung ihrer entsprechenden Qualität erst anregt, andererseits aber auch die Ferne zu dieser Wissenschaft, die Urteile wie dasjenige einer historischen Rückständigkeit oder unseriösen Zitierpraxis von Sekundärliteratur begründet.

Solcher Kritik entsprechen interessanterweise die Erkenntnisse der Nutzungsforschung insofern nicht, als Schülerinnen und Schüler zu gedruckten Lektürehilfen offenbar großes Vertrauen haben und daher von der Seriosität und Belastbarkeit hier dargebotener Inhalte ausgehen. Man kann fragen, inwiefern Lektürehilfen nicht eher entproblematisiertes (Bildungs-) Wissen denn Forschungswissen (vgl. Kämper-van den Boogaart, Martus & Spoerhase 2011) vermitteln und vermitteln sollen und ob es ihre Rolle nicht verkennt, dies zum Vorwurf zu erheben.

Provokant zugespitzt lautet eine Folgefrage, was eigentlich ein genuin didaktischer Ausgangspunkt zur Bewertung von Lektürehilfen wäre und ob ein solcher Ausgangspunkt didaktischen Erwartungen höhere Bedeutung zumessen dürfte als fachwissenschaftlichen. Dass sich diese Frage offenkundig nicht aufdrängt, dürfte gerade mit der Nähe der Gattung Lektürehilfe zu genuin fachwissenschaftlicher Literatur zu tun haben, die möglicherweise zum Teil nur simuliert ist, aber dennoch nicht übersehen werden kann. Noch provokanter ließe sich darüber nachdenken, inwiefern Wissenschaftspropädeutik im literaturwissenschaftlichen Bereich auch dort stattfinden kann, wo wissenschaftliche Praktiken nur inszeniert werden, ohne eigentlich wissenschaftlichen Gütekriterien zu genügen. Auch bliebe zu fragen, was Wissenschaftspropädeutik eigentlich meint und ob sie bezüglich literaturwissenschaftlicher Arbeit eher eine Praxis der Textarbeit oder eine Praxis der ‚Theoriebildung' adressieren sollte. Solche Probleme zeigen, dass nicht nur mit Blick auf empirische Nutzungsfragen, sondern auch bezüglich historischer Forschung und konzeptioneller Arbeit Desiderate bestehen. Dazu, den offenen Fragen nachzugehen, soll der Sammelband anregen.

Lektürehilfen

Bernhardt, Rüdiger (2003): Gerhart Hauptmann. Die Weber (Königs Erläuterungen und Materialien, Bd. 189). Hollfeld: Bange.

Hedler, Adolf (o. J. [1920]): Erläuterungen zu Schillers „Jungfrau von Orleans". 3. Aufl (Schöninghs Erläuterungsschriften zu deutschen und ausländischen Schriftstellern, H. 11). Paderborn: Schöningh.

Lindken, Hans-Ulrich (1979): Erläuterungen zu Friedrich Schillers Wilhelm Tell (Königs Erläuterungen und Materialien, Bd. 1). Hollfeld: Bange.

Möbius, Thomas (2014): Textanalyse und Interpretationen zu Wolfgang Herrndorf Tschick (Königs Erläuterungen, Bd. 493). Hollfeld: Bange.

Scholz, Eva-Maria (2014): Wolfgang Herrndorf. Tschick (Reclam Lektüreschlüssel, Bd. 15442). Stuttgart: Reclam.

Sommer, Paul (1926): Erläuterungen zu Gerhart Hauptmanns „Die Weber" (Dr. Wilhelm Königs Erläuterungen zu den Klassikern, Bd. 189). Leipzig: Beyer.

Literatur

Abraham, Ulf & Kepser, Matthis (2009): Literaturdidaktik Deutsch. Eine Einführung. 3. Aufl. Berlin: Erich Schmidt.

Barner, Wilfried (1996): Literaturgeschichtsschreibung vor und nach 1945: alt, neu, alt/neu. In: Barner, Wilfried/König, Christoph (Hrsg.): Zeitenwechsel: Germanistische Literaturwissenschaft vor und nach 1945. Frankfurt/M.: Fischer, 119-149.

Bräuer, Christoph (Hrsg.) (2016): Denkrahmen der Deutschdidaktik. Die Identität der Disziplin in der Diskussion. Frankfurt/M.: Peter Lang.

Brand, Tilman von (2014): Unterrichtshilfen für Lehrerinnen und Lehrer. Begriffsbestimmung – Konzeptionelle Differenzierungen – Exemplarische Analysen von Unterrichtshilfen zu Bernhard Schlinks Der Vorleser. In: Wrobel, Dieter/Müller, Astrid (Hrsg.): Bildungsmedien für den Deutschunterricht. Bad Heilbrunn: Klinkhardt, 27-39.

Brand, Tilman von (2019): Unterrichtshilfen für den Literaturunterricht. In: Brand, Tilman von/Radvan, Florian (Hrsg.): Handbuch Lehr- und Lernmittel für den Deutschunterricht. Bestandsaufnahmen, Analysen und didaktische Reflexionen. Hannover: Kallmeyer, 140-151.

Brand, Tilman von & Radvan, Florian (Hrsg.) (2019): Handbuch Lehr- und Lernmittel für den Deutschunterricht. Bestandsaufnahmen, Analysen und didaktische Reflexionen. Hannover: Kallmeyer.

Brüggemann, Jörn (2014): Deutschdidaktik und Germanistik. Analyse einer umstrittenen Beziehung. In: Frederking, Volker/Huneke, Hans-Werner/Krommer, Axel/Meier, Christel (Hrsg.): Taschenbuch des Deutschunterrichts. Bd. 3. Baltmannsweiler: Schneider Hohengehren, 143-176.

Fingerhut, Karlheinz (1996): Die Herrschaft der Kommentare. Über das Verhältnis literarischer und literaturwissenschaftlicher Texte im Deutschunterricht. In: Lecke, Bodo (Hrsg.): Literaturstudium und Deutschunterricht auf neuen Wegen. Frankfurt/M.: Peter Lang, 51-69.

Fohrmann, Jürgen (1989): Das Projekt der deutschen Literaturgeschichte. Entstehung und Scheitern einer nationalen Poesiegeschichtsschreibung zwischen Humanismus und Deutschem Kaiserreich. Stuttgart: J. B. Metzler.

Freudenberg, Ricarda (2012): Zur Rolle des Vorwissens beim Verstehen literarischer Texte. Eine qualitativ-empirische Untersuchung. Wiesbaden: Springer VS.

Fritzsche, Joachim (1994): Zur Didaktik und Methodik des Deutschunterrichts. Bd. 3: Umgang mit Literatur. Stuttgart: Klett.

Glaser, Marie Antoinette (2004): Kommentar und Bildung. Zur Wissenschaftskultur der Literaturwissenschaft. In: Arnold, Markus/Fischer, Roland (Hrsg.): Disziplinierungen. Kulturen der Wissenschaft im Vergleich. Wien: Turia + Kant, 127-164.

Glaser, Marie Antoinette (2005): Literaturwissenschaft als Wissenschaftskultur. Zu den Praktiken, Mechanismen und Prinzipien einer Disziplin. Hamburg: Dr. Kovač.

Jannidis, Fotis, Lauer, Gerhard, Martines, Matias & Winko, Simone (Hrsg.) (1999): Rückkehr des Autors. Zur Erneuerung eines umstrittenen Begriffs. Tübingen: De Gruyter.

Kämper-van den Boogaart, Michael, Martus, Steffen & Spoerhase, Carlos (2011): Entproblematisieren: Überlegungen zur Vermittelbarkeit von Forschungswissen, zur Vermittlung von „falschem" Wissen und zur Funktion literaturwissenschaftlicher Terminologie. In: Zeitschrift für Germanistik 21, 8-24.

Lerner, Andreas (1992): Die Universal-Bibliothek und die Schule. In: Bode, Dietrich (Hrsg.): Reclam. 125 Jahre Universal-Bibliothek. 1867-1992. Verlags- und kulturgeschichtliche Aufsätze. Stuttgart: Reclam, 299-330.

Luhmann, Niklas (1980a): Die Soziologie des Wissens. Probleme ihrer theoretischen Konstruktion. In: Ders.: Gesellschaftsstruktur und Semantik. Bd. 4. Frankfurt/M.: Suhrkamp, 151-180.

Luhmann, Niklas (1980b): Interaktion in Oberschichten: Zur Transformation ihrer Semantik im 17. und 18. Jahrhundert. In: Ders.: Gesellschaftsstruktur und Semantik. Studien zur Wissenssoziologie der modernen Gesellschaft. Bd. 1. Frankfurt/M.: Suhrkamp, 72-161.

Luhmann, Niklas (2002): Das Erziehungssystem der Gesellschaft (hrsg. von Dieter Lenzen). Frankfurt/M.: Suhrkamp.

Mackasare, Manuel & Susteck, Sebastian (2019a): Erforschung schulischer Lektürehilfen zwischen Literaturwissenschaft, -didaktik und -unterricht: Ein Projektaufriss. In: Geschichte der Germanistik 55/56, 153-155.

Mackasare, Manuel & Susteck, Sebastian (2019b): Stilbildung. Lessings *Nathan der Weise*, eine bestandene Reifeprüfung und die Genese literaturwissenschaftlicher Fachkultur durch Lektürehilfen im frühen 20. Jahrhundert. In: Wirkendes Wort 69, 281-302.

Mann, Heinrich (2003): Professor Unrat oder Das Ende eines Tyrannen. 13. Aufl. Frankfurt/M.: Fischer.

Martus, Steffen (2008): Philo-Logik. Zur kulturwissenschaftlichen Begründung von Literaturwissenschaft. In: Wirth, Uwe (Hrsg.): Logiken und Praktiken der Kulturforschung. Berlin: Kadmos, 125-147.

Martus, Steffen (2015): Wandernde Praktiken „after theory"? Praxeologische Perspektiven auf „Literatur/Wissenschaft". In: IASL 40/1, 177-195.

Martus, Steffen & Spoerhase, Carlos (2009): Praxeologie der Literaturwissenschaft. In: Geschichte der Germanistik 35/36, 89-96.

Mergen, Torsten (2014): Die vielen „Leben des Galilei". Eine Fallstudie zum Verhältnis von fachwissenschaftlichen Positionen und didaktisch-methodischen Konstruktionen in Lektürehilfen und Lehrerhandreichungen. In: Wrobel, Dieter/Müller, Astrid (Hrsg.): Bildungsmedien für den Deutschunterricht. Bad Heilbrunn: Klinkhardt, 99-111.

Radvan, Florian (2018): Bildungsmedien. Theoretische und empirische Ansätze zur Systematisierung eines weiten Feldes. In: Boelmann, Jan M. (Hrsg.): Empirische Forschung in der Deutschdidaktik. Bd. 3: Forschungsfelder. Baltmannsweiler: Schneider Hohengehren, 57-70.

Sauer, Michael (1984): Brecht in der Schule. Beiträge zu einer Rezeptionsgeschichte Brechts (1949-1980). Stuttgart: Heinz.

Sittig, Claudius & Standke, Jan (Hrsg.) (2013): Literaturwissenschaftliche Lehrbuchkultur. Zur Geschichte und Gegenwart germanistischer Bildungsmedien. Würzburg.

Spinner, Kaspar H. (2005): Der standardisierte Schüler. Rede bei der Entgegennahme des Erhard-Friedrich-Preises für Deutschdidaktik am 27. September 2004. In: Didaktik Deutsch 18, 4-13.

Standke, Jan (2019): Interpretationen für den Literaturunterricht. In: Brand, Tilman/Radvan, Florian (Hrsg.): Handbuch Lehr- und Lernmittel für den Deutschunterricht. Bestandsaufnahmen, Analysen und didaktische Reflexionen. Hannover: Kallmeyer, 302-319.

Susteck, Sebastian (2015): Explizitheit und Implizitheit. Untersuchungen zu einem Grundproblem des Literaturunterrichts und seiner Didaktik. Weinheim und Basel: Beltz Juventa.

Susteck, Sebastian (2018): Fachlichkeit im Plural? Fundierung und Bedeutung von Fachlichkeit mit besonderer Berücksichtigung des Unterrichtsfaches Deutsch. In: Martens, Matthias/Rabenstein, Kerstin/Bräu, Karin/Fetzer, Marei/Gresch, Helge/Hardy, Ilonca/Schelle, Carla (Hrsg.): Konstruktion von Fachlichkeit. Ansätze, Erträge und Diskussionen in der empirischen Unterrichtsforschung. Bad Heilbrunn: Klinkhardt, 69-81.

Susteck, Sebastian & Koudich, Valeria (2020): Literaturvermittlung und Lektürehilfen. Ergebnisse aus Fragebogenerhebungen zur Nutzung durch Schülerinnen und Schüler, Entwurf eines qualitativen Forschungsprojekts. Erscheint in: Dawidowski, Christian (Hrsg.): Schulische Literaturvermittlungsprozesse im Fokus empirischer Forschung [Arbeitstitel]. Frankfurt/M.: Peter Lang.

Winko, Simone (2002): Lektüre oder Interpretation? In: Mitteilungen des Deutschen Germanistenverbandes 49, 128-141.

Winko, Simone, Jannidis, Fotis & Lauer, Gerhard (2006): Geschichte und Emphase. Zur Theorie und Praxis des erweiterten Literaturbegriffs. In: Gottschalk, Jürn/Köppe, Tilmann (Hrsg.): Was ist Literatur? Basistexte Literaturtheorie. Paderborn: mentis, 123-154.

Wrobel, Dieter & Müller, Astrid (Hrsg.) (2014): Bildungsmedien für den Deutschunterricht. Vielfalt – Entwicklungen – Herausforderungen. Bad Heilbrunn: Klinkhardt.

Manuel Mackasare

Charakterbildung. Produktion und Reproduktion ideeller Gehalte in Fachdiskurs, Lehrbuch und Lektürehilfe sowie im Schüleraufsatz des deutschen Unterrichts. Goethes *Torquato Tasso* um 1900

Der Beitrag beschäftigt sich mit der Tradierung literaturwissenschaftlich-fachkultureller Elemente im Deutschunterricht des späten 19. und frühen 20. Jahrhunderts. Als literarischer Referenztext, der die Quellenauswahl vorstrukturiert, dient Goethes Torquato Tasso. *Im Anschluss an einige theoretische Überlegungen wird der proto-fachdidaktische Diskurs, der den historischen Deutschunterricht maßgeblich konstituierte, konturiert und in ein Verhältnis zu seinen deutsch-philologischen Ankerpunkten gesetzt. Anschließend werden ein populäres Lehrwerk, das primär Lehrer adressierte und potenziell zur Unterrichtsvorbereitung diente, sowie eine verbreitete Lektürehilfe untersucht, die vor allem Schülern das Verständnis des literarischen Referenztextes erleichtern sollte. Zuletzt gelangen zwei Reifeprüfungsaufsätze zur Ansicht. Diese Anordnung soll gestatten, Mechanismen fachspezifischer Sozialisation vom fachlichen Diskurs bis zum Schülerprodukt auszuloten. Inwieweit lässt sich eine Tradierung elementarer ideeller Gehalte nachweisen?*

Interessanter als alles Theoretisieren ist in den meisten Fällen Quellenmaterial. Wer diese meine Ansicht teilt, blättere vor zu den Kapiteln IV.2 und anschließend IV.4. Geboten wird ein kleiner Ausschnitt aus dem großen Drama Schule, zwei Reifeprüfungsaufsätze aus dem Jahr 1912, der erste mit *sehr gut*, der zweite mit *nicht genügend* bewertet. „Woher diese Diskrepanz?", fragt sich möglicherweise nach der Lektüre die unvoreingenommene Leserin[1] als erstes – und ist damit doch auf theoretische Überlegungen angewiesen, auf die trotz allen Willens zur Konkretion nicht verzichtet werden kann.

Die induktive Herleitung meines Themas opfere ich dem systematischen Zugriff, und das, obwohl mein Erkenntnisinteresse einen starken praxeologischen Einschlag aufweist. Untersucht wird das Verhältnis von deutscher Literaturwissenschaft und deutschem Unterricht.[2] Von Interesse ist, inwieweit fachkulturelle Elemente aus Fachwissenschaft und Fachdidaktik in der Institution Schule zum Tragen kommen.

---

1 Die nachfolgenden historischen Betrachtungen beziehen sich auf rein männlich beherrschte Räume: Das Maskulinum ist also wörtlich zu nehmen. Überall sonst greife ich, um meine Ausführungen nicht durch eigentümliche Schreibweisen oder Redundanzen zu entstellen, auf ein generisches Femininum zurück.

2 „Deutscher Unterricht" lautet die historische Bezeichnung des Deutschunterrichts.

Einerseits handelt es sich um eine spezifische historische Fragestellung. Betrachtet wird das frühe 20. Jahrhundert; eine Zeit, in der die deutsche Literaturwissenschaft noch als junge akademische Disziplin gelten darf und in der fachwissenschaftlicher und fachdidaktischer Diskurs noch wenig voneinander geschieden sind. Beide Feststellungen träfen auf die Gegenwart nicht zu, ungeachtet aller unzweifelhaften historischen Kontinuitäten.

Andererseits spricht einiges dafür, dass die bei der historischen Betrachtung sichtbar werdenden Metamechanismen von allgemeinerer Bedeutung sind: Wenigstens in Bezug auf das gegenwärtige Verhältnis von Literaturwissenschaft und Deutschunterricht, möglicherweise auch hinsichtlich der Relation von Fachwissenschaft und Unterrichtsfach im Allgemeinen. Eine solche theoretische Perspektive entwickelt das Kapitel I. Darauf fußt die Ordnung der nachfolgenden historischen Betrachtung, welche in Kapitel II zunächst den fachdidaktischen Diskurs, in Kapitel III zwei Erläuterungsschriften und in Kapitel IV die erwähnten beiden Aufsätze zu Gegenständen hat. Als exemplarischer Referenzstoff der Kapitel III und IV fungiert Goethes *Torquato Tasso* (1790).

1 Theoretische Vorbemerkung

1.1 Fachkultur und ihre Tradierung

Als sich im 19. Jahrhundert die deutsche Literaturwissenschaft als akademische Disziplin formierte, entstand unter Einfluss älterer philologischer Traditionen in den Worten Ludwik Flecks ein neues Denkkollektiv mit eigenständigem Denkstil (vgl. Fleck 2012, 54f.). In dessen Tradition befindet sich noch die gegenwärtige Literaturwissenschaft merklich (Martus 2015, 187–189). Ohne den historischen Wandel zu missachten, ist es zutreffend, von *einer* literaturwissenschaftlichen Fachkultur zu sprechen, deren Mittelpunkt die Literatur als Kunstgattung bildet, die als solche reflektiert wird und mittels immanent-interpretatorischer, historiographischer und philosophischer Methoden erschlossen werden soll.

Was aber bedeutet das? Fachkulturen basieren auf Wissensbeständen verschiedener Art – etwa gegenstandsbezogenen, prozeduralen, methodischen und methodologischen, theoretisch-philosophischen, vielleicht ideologischen. Fachkulturelle Denkstile sind grundsätzlich geprägt von normativen Positionen, von Werturteilen; etwa in Form unausgesprochener Prämissen. Eine weltanschauliche Dimension ist ihnen grundsätzlich inhärent. Vom „fachspezifischen Habitus", den Martus und Spoerhase richtiggehend der Fachkultur zurechnen (vgl. Martus & Spoerhase 2013, 27, Zitat 35), werden solche Normen tendenziell repräsentiert: In Bezug auf die Literaturwissenschaft denke man etwa an den älteren emphatischen Duktus, der ideelle Affirmation und emotionale Affiziertheit gleichermaßen bekundet, oder an die neuere Ironie, welche kritische Distanz zum Gegenstand ausdrückt und zuweilen – gesteigert zur Selbstironie – die dekonstruktivistische Vorstellung der Relativität jeglicher Positionierung und damit maximale Reflektiertheit suggeriert. Jedenfalls umfassen Fachkulturen explizite und implizite Normen, die nebeneinander und in gegenseitiger Durchdringung bestehen (Reckwitz 2003, 292). Disziplinäre „Enkulturation" erfordert Verinnerlichung beider und Anpassung an beide (Martus & Spoerhase 2013, 25). Einen schweren Stand unter seinen literaturwissenschaftlichen Kolleginnen hätte, wer gegenwärtig in den Werken der ‚Weimarer Klassik' einen absoluten Höhepunkt menschlicher Erkenntnis- und Kunstfähigkeit sähe und dieser seiner Überzeugung durch häufige Zitation Goethescher Testimonia Ausdruck verliehe. Vor hundertfünfzig Jahren nicht minder diffizil wäre die fachwissenschaftliche Etablierung desjenigen gewesen, der die Ansicht vertreten hätte, zwischen Schillers und

Büchners Dramen bestehe kein qualitativer Unterschied, pathetische Sentenzen Schillers bespöttelnd. Beide könnten überragende Kenner ihrer Fachgebiete sein: Im Fachdiskurs würden sie aller Wahrscheinlichkeit nach marginalisiert. Solche Phänomene verweisen auf implizite weltanschauliche Normen. In der Literaturwissenschaft der Gegenwart gälten bestimmte Formen des Pathos, in der Literaturwissenschaft der Vergangenheit deren Fehlen als unreif, bedenklich, gefährlich.

Synchron zur Entstehung der Literaturwissenschaft etablierte sich der deutsche Unterricht im Fächerkanon des höheren Schulwesens. Seine zusehends fixen Standards und Normen waren Produkte eines Diskurses, der nachfolgend als fachdidaktischer bezeichnet wird. Dieser wies sowohl inhaltlich als auch personell große Schnittmengen mit dem zeitgleichen fachwissenschaftlichen Diskurs auf. Literaturwissenschaft und deutscher Unterricht entsprossen dem gleichen Nährboden.

Darauf stützt sich die den nachfolgenden Ausführungen zugrundeliegende Hypothese: Dass ein spezifischer Denkstil der historischen Literaturwissenschaft oder – als im Entstehen begriffener Disziplin – Proto-Literaturwissenschaft Eingang fand in den deutschen Unterricht. Dass der deutsche Unterricht somit der fachkulturellen Initiation diente: Schüler, die ihn erfolgreich absolvierten, hatten auf basale Weise gelernt, zu denken wie jene Gelehrten, unter deren Ägide sich das Fach etablierte.

Von hier aus lässt sich die Struktur der nachfolgenden Studie begründen. Die zunächst in Kapitel II anstehende kursorische Betrachtung des fachdidaktischen Diskurses stellt einen Einblick in das historische disziplinäre Denkkollektiv dar. Dessen spezifischer Denkstil tritt vor allem in den ideellen Prämissen zutage, die sowohl den Gegenstandsbereich als auch die Methodik des jungen Faches vorstrukturierten und dessen Fachkultur zutiefst prägten.

Anschließend ist die Frage von Interesse, wie diese Fachkultur einem größeren Kreis als demjenigen der unmittelbaren Diskursteilnehmer zugänglich wird. Schwellen jener Räume, in denen disziplinäre Denkkollektive beheimatet sind, bilden oftmals Lehrbücher (vgl. Stüssel 1993, 223). Sie vermitteln grundlegendes Fachwissen, jedoch in vereinfachter Form und auf verbreitete Positionen fokussierend (vgl. Stüssel 1993, 210; Klausnitzer 2013, 42f.; Martus & Spoerhase 2013, 36; Sittig & Standke 2013, 12). Solchermaßen tradieren sie Denkstile, stabilisieren die Fachkultur und prägen die Praxis (vgl. Klausnitzer 2013, 43).[3]

Züge des Lehrbuchhaften tragen die beiden in Kapitel III untersuchten Primärquellen. Als Lehrbuch im engeren Sinne lässt sich der *Wegweiser durch die deutschen Schuldramen* (seit 1889) auffassen: Primär adressiert er Lehrer und bietet Literaturinterpretationen, die, pädagogisch-didaktischen Erwägungen folgend, speziell auf den Unterrichtsbedarf zugeschnitten sind. Im weiteren Sinne Einführungsliteratur sind die *Erläuterungen zu Meisterwerken der deutschen Literatur* (seit 1896), eine Lektürehilfe vor allem für die Schülerhand (vgl. Mergen 2014, 99). Hypothetisch kann zunächst angenommen werden, der *Wegweiser* siedle in größerer Nähe zum disziplinären Diskurs als die *Erläuterungen*. Aber wie nah genau? Und wie bemisst sich die Distanz zwischen den beiden Schriften – wo differieren Inhalte, wo ähneln sie einander?

Aus praxeologischer Perspektive erscheinen Szenarien als wahrscheinlich, in denen der Lehrer seinen Unterricht unter Hinzuziehung des *Wegweisers* konzipierte, während die Schüler sich in Heimarbeit Lektürehilfen wie der *Erläuterungen* bedienten. Gehalte beider Schriften

---

3 Inwieweit Lehrbücher die Praxis prägen, ist damit noch nicht gesagt und kann an dieser Stelle nicht verhandelt werden. Dass sie gerade im Bereich der Philologien Handlungspraktiken und impliziten Logiken nachstehen, kann mit einigem Recht angenommen werden.

konnten dann von den Schülern aufgenommen werden. Mutmaßlich auf solchen Wegen kam es zur Tradierung fachkultureller Elemente. Derartige Mechanismen werden in Kapitel IV einer exemplarischen Betrachtung anhand zweier Schüleraufsätze unterzogen.

Die nachfolgenden Ausführungen sind also um einen hypothetisch angenommenen Tradierungszusammenhang arrangiert. Betrachtet wird zunächst der fachdidaktische Diskurs, in dem das disziplinäre Denkkollektiv seinen Denkstil prägt und pflegt; dann das Lehr- bzw. Einführungswerk, welches in näherer Anlehnung an den Fachdiskurs vor allem den Lehrer, in größerer Entfernung davon den Schüler adressiert; schließlich der Aufsatz aus Schülerhand als Versuch, Wissen zu (re-)produzieren, das im Unterricht erlernten Standards entspricht.

1.2 Fachkultur und die frühe Literaturwissenschaft

Kann aber hinsichtlich des betreffenden Zeitraumes überhaupt von einer literaturwissenschaftlichen Fachkultur die Rede sein? Und wenn – mit welchem Recht lässt sich deren Zusammengang mit zeitgleichen didaktischen Vorstößen behaupten? Dazu wenige Bemerkungen.

Tatsächlich stellt sich der Begriff der Fachkultur im gegebenen Zusammenhang problematisch dar. Zu Beginn des 19. Jahrhunderts war das Forschungsgebiet der deutschen Philologie – als Vorläuferin der Germanistik – weitgehend beschränkt auf diachrone Linguistik. Um 1870 trat eine Spaltung des Faches zwischen älterem und neuerem Gegenstandsbereich ein (Weimar 2003, 432–434, 447). Letzterer umfasste die zentralen Lektürestoffe des deutschen Unterrichts, verfügte aber über kein theoretisches oder methodologisches Fundament. Der Zugriff auf die Referenztexte erfolgte zunächst editionsphilologisch (Weimar 2003, 450) und – hieran anknüpfend – mittels Textkommentaren (Weimar 2003, 455). Historische Kontexte wurden auf der Basis von Dichterbiographien ausgelotet (Weimar 2003, 456f.), an die sich neuere literarhistorische Versuche anschlossen (Weimar 2003, 458). Nur schleppend und gleichsam im Nachgang jener dem positivistischen Geist des 19. Jahrhunderts mehr entsprechenden Tätigkeitsfelder etablierte sich die „neue philologische Interpretation", der analytische Zugriff auf literarische Texte (Weimar 2003, 471). „Philologen aus altem Schrot und Korn" waren dem überaus abhold und formulierten noch um 1900 ihre Aversion offen (Weimar 2003, 442, Zitat Weimar 2003, 432).

Im betrachteten Zeitraum war die moderne Literaturwissenschaft noch im Entstehen begriffen, war Proto-Disziplin. Ihr gegenwärtiger Kern, die Analyse des literarischen Textes,[4] zeichnete sich neben zukunftsträchtigen methodischen Ansätzen bereits ab, war aber noch keineswegs in Stein gemeißelt. Was ist dann aber mit Fachkultur bezeichnet?

Zunächst einmal ist festzustellen, dass die analytische Befassung mit dem literarischen Kunstwerk nicht nur auf ältere und älteste – nämlich mittelalterliche und antike – akademische Traditionen zurückgeht, sondern sich in ihrer modernen Form – d.h. historisierend und kunstreflexiv – bereits im frühen 19. Jahrhundert fand (vgl. Weimar 2003, 388). Während des gesamten 19. Jahrhunderts gab es Initiativen, entsprechende Zugriffe auf neuere und neuste deutsche Literatur zu etablieren. Gewissermaßen existierte eine proto-literaturwissenschaftliche Szene, die bedeutende fachkulturelle Ecksteine setzte – etwa in Bezug auf Kanon, Methodik, Weltanschauung –, noch bevor sie trotz fortdauernder Missbilligung traditioneller Philologen akademisches Gewicht gewann.

---

4 Diese Feststellung bedürfte wohl starker Relativierungen, wollte sie harschen Gegenreden entgehen. Allerdings bin ich der Überzeugung, dass die literarische Analyse wenigstens implizit den Ausgangspunkt jeder originären disziplinären Unterströmung darstellt.

Bemerkenswert ist, dass die Proto-Literaturwissenschaftler ihren institutionellen Einfluss anscheinend zunächst im höheren Schulwesen etablierten: So konstatiert Weimar, die Lehrplanforderung der „Interpretation oder ‚Besprechung' oder ‚Erläuterung'" habe auf akademischer Ebene – wo sie hinsichtlich der Lehrerausbildung wirksam wurde – maßgeblich zur Spaltung der deutschen Philologie beigetragen (Weimar 2003, 432; vgl. Reh & Pieper 2018, 28). Außerdem waren oder wurden maßgebliche Protagonisten des historischen fachdidaktischen Diskurses auch universitär tätig – besonders exponierte Beispiele sind Ernst Laas und Rudolf Lehmann (vgl. Reh 2016, 184; Mackasare 2017, 18f.). Auf diese Beobachtungen stütze ich die These, dass der fachdidaktische Diskurs, auf den sich das nachfolgende Kapitel bezieht, auf das Engste verwoben war mit dem gleichzeitigen proto-literaturwissenschaftlichen Diskurs; dass, wo sich *dort* fachkulturelle Elemente zeigen, diese *hier* ebenfalls wirksam waren (Dawidowski 2014, 43).[5] Wo von Fachkultur die Rede ist, wird vereinfachend die geschilderte Gemengelage bezeichnet.

2 Theorie des deutschen Unterrichts – der fachdidaktische Diskurs

2.1 Entwicklung des deutschen Unterrichts im 19. Jahrhundert

Die Entwicklung des deutschen Unterrichts von einer bloßen behördlichen Vorschrift bis hin zu einem weitgehend normierten Schulfach vollzog sich während des 19. Jahrhunderts und war ein primär diskursiver Vorgang.[6] Geleitet von politischen Erwägungen führte das *Preußische Edikt vom 25. Juni 1812* den deutschen Unterricht als Hauptfach in den Fächerkanon ein, wo er indes lange Zeit leere Hülle war: Ziele, Inhalte, Stoffe blieben weitgehend undefiniert (vgl. Mackasare 2017, 15). Schon früh suchten einzelne „Schulmänner" – Lehrer oder ehemalige Lehrer – in Schriften ganz verschiedenen Formats verbindliche Standards zu entwickeln, und etwa ab Mitte des 19. Jahrhunderts lässt sich von einem spezifischen Diskurs sprechen, in dem fachbezogene Vorstellungen entwickelt, aufgegriffen, diskutiert wurden. Solche Entwürfe waren von großer praktischer Bedeutung und Wirksamkeit, denn erst gegen Ende des 19. Jahrhunderts wurde die Ausbildung von Lehrern des Deutschen systematisch akademisiert (vgl. Meves 2000, 28–30). Zuvor bedurfte es vielfach keiner spezifisch deutschphilologischen Qualifikation, um deutschen Unterricht zu geben, und junge Lehrer, die sich vor diese Aufgabe gestellt sahen, waren in allen didaktischen Fragen auf ihre eigene Initiative gestellt – weswegen mit gutem Recht anzunehmen ist, dass sie oftmals zu bewahrten Publikationen Altvorderer griffen.

Zunächst konkurrierten sprach- und literaturbezogene Ansätze. Sollte deutsche Grammatik gelernt oder sprachwissenschaftliche Propädeutik getrieben werden? Sollten literarische Texte

---

5 Eine induktive – d.h. fachlich-diskursive Eigenlogiken fokussierende – Untersuchung des Verhältnisses von entstehendem deutschen Unterricht und entstehender Literaturwissenschaft im 19. Jahrhundert fehlt meines Wissens; sie wäre ein verdienstvolles Projekt (ähnlich Meves 2000, 12; Dawidowski 2018, 147). Indes bestätigt die spärlich vorhandene explorative Forschung meine These tendenziell: Dawidowski nimmt an, dass deutsche Philologie und deutscher Unterricht erst ab den 1890ern beginnen, verschiedene Wege einzuschlagen (Dawidowski 2014, 42). Möglicherweise passend dazu konstatiert Meves just für diesen Zeitraum die Etablierung 1. der akademisch deutschen Philologie im Universitätswesen sowie 2. des deutschen Unterrichts im Fächerkanon höherer Schulen (Meves 2011, XVII) – vermuten ließe sich ein verstärkter Einfluss institutioneller Eigenlogiken auf beide Felder.

6 Nachfolgende Ausführungen beziehen sich auf höhere Knabenschulen Preußens (in Abgrenzung vom Volks- und Töchterschulwesen). Auf systematische Quellenarbeit verzichte ich hier; stattdessen verweise ich auf meine Studie *Klassik und Didaktik* (2017).

überhaupt eine Rolle spielen? Und wenn, welche? Als Objekt von Sprachstudien oder als kulturelle Artefakte mit Eigenwert? Welche literarischen Texte waren überhaupt wertvoll – und welche nicht? Wie war mit Texten im Unterricht zu verfahren? Bloßes Lesen? Auswendiglernen? Inhaltsanalyse? Analyse auf welchem Niveau? Textimmanent? Unter Einbeziehung historischer Kontexte, ästhetischer Maßstäbe, philosophischer Kategorien?

Nach der Reichsgründung 1871 verdichtete sich die Schlagzahl der entsprechenden Publikationen und erreichte in den 1890ern ihren Höhepunkt. Hinsichtlich der groben Konturen des deutschen Unterrichts gab es zu diesem Zeitpunkt keinen Dissens mehr; er hatte ein Gepräge erhalten, in dessen Tradition auch der gegenwärtige Deutschunterricht noch steht – unbenommen der Tatsachen historischen Wandels und fortdauernder Diskussion (vgl. Mackasare 2017, 16–20).

Während dieser Entwicklung folgten die staatlichen Vorgaben – Lehrpläne, Prüfungsordnungen, Richtlinien der Lehrerausbildung – dem Fachdiskurs: Diskursiv dominante Positionen, allgemein anerkannte Vorstellungen erhielten so Vorschriftscharakter. Folglich wirkte der staatliche Zugriff normierend und stabilisierend auf die Entwicklung der Fachkultur ein, diente aber – anders als von der älteren Forschung unterstellt – nicht als Vehikel politischer Sekundärinteressen (vgl. Mackasare 2017, 42f.). Stattdessen war der fachdidaktische Diskurs ein originäres Produkt des Gelehrtenmilieus. Oberlehrer behielten üblicherweise die Anbindung an Universität und Wissenschaft: Das drückt der Titel des Schulprofessors ebenso aus wie die Pflicht, regelmäßig Schulprogrammschriften zu verfassen, in denen sich wissenschaftliche Aufsätze aller Fachbereiche finden (vgl. Ächtler 2017, 210f.). Eng verbunden war der fachdidaktische Diskurs mit der sich zeitgleich entwickelnden deutschen Literaturwissenschaft und stand außerdem in neuhumanistischer Tradition (vgl. Weimar 2003, 432; Mackasare 2017, 37f., 99–101). Pointiert formuliert: Unter den verschiedenen philologischen Strömungen, die dem deutschen Unterricht im 19. Jahrhundert sein Gepräge zu geben suchten, setzte sich die in zeitgleicher Entwicklung befindliche (proto-)literaturwissenschaftliche durch.

2.2 Grundzüge des deutschen Unterrichts zwischen 1890 und 1914

Seit den 1890er Jahren verfügte der deutsche Unterricht über eine gefestigte Struktur, die bis zum Kriegsausbruch 1914 von elementaren Wandelerscheinungen unberührt blieb. Als oberstes Ziel galt in diesem Zeitraum die „Charakterbildung" (Matthias 1913, 289). Dieser lag ein normatives Charakterideal zugrunde, das letztlich auf dasjenige Platons verweist: Das menschliche Seelenleben wurde untergliedert in drei basale Kräfte, nämlich Verstand/Vernunft,[7] Wille, Gefühl/Trieb, welche es so zu ordnen galt, dass Verstand/Vernunft herrschten und der Wille deren Gebot vollstreckte, nötigenfalls Gefühle/Triebe unterdrückend. Insbesondere die Modifikation dieser Vorstellungen durch Schiller – welche sich bekanntlich auf den Platon verwandten Standpunkt Kants bezog – ging in das Charakterideal des deutschen Unterrichts ein: Optimalerweise sollte das Gefühlsleben dem Vernunftschluss entsprechen, so dass dessen Exekution gar keinen Akt der Selbstüberwindung erforderte (vgl. Natorp 1909,

---

7 Hier ist terminologische Differenzierung notwendig. Verstand bezeichnet indifferent die Fähigkeit aktiven Denkens, Vernunft einen bestimmten Modus desselben: denjenigen nämlich, der auf dem Wege der Metareflexion zu allgemeinen, unabänderlichen und ewigen Gesetzen und Prinzipien gelangt. Logische Konsequenz ist, dass die absolute Herrschaft des Verstandes sich immer der Vernunft annähert. Allerdings kann der Verstand auch gebraucht werden, um unvernünftige Ziele zu verfolgen, etwa Gefühlen und Trieben nachzugehen. Letzteres entspräche natürlich dem Charakterideal in keiner Weise (Mackasare 2019, 124; vgl. Schiller 2008b, 709–711).

74; Schiller, 2008a, 366f.; Platon 2010, 435b–442e).[8] Charakterbildung, der Bildungsprozess überhaupt, sollte auf dieses Ziel hinwirken. Vor allem Attribute wie Ganzheit, Harmonie, Klarheit, Widerspruchsfreiheit machten den gebildeten Menschen aus, weniger wichtig waren konkrete Sachkenntnisse (vgl. Mackasare 2017, 51–54).

Im deutschen Unterricht sollte Charakterbildung sich vor allem durch die Auseinandersetzung mit bestimmten, als ideal deklarierten Schriften vollziehen (vgl. Mackasare 2017, 65f.). Das Attribut „klassisch" drückt diese Idealität aus und stellt zugleich eine bezeichnende Begriffsübertragung dar: Ursprünglich bezog es sich auf die hellenisch-römische Antike, wurde durch die humanistische Antikenbegeisterung normativ aufgeladen und schließlich mit einem bedeutend erweiterten Geltungsbereich versehen. ‚Klassisch' war jetzt alle mustergültige Kunst, aber indem Teile der deutschen Literatur als ‚klassisch' attribuiert wurden, war damit zugleich gesagt, dass sie für Realisierung des humanistischen Menschheitsideals nicht minder geeignet seien als die altsprachlichen „Klassiker" (vgl. Mackasare 2017, 64). Dem deutschen Unterricht war somit aus humanistischer Perspektive ein Stellenwert zuzurechnen wie vormals dem lateinischen und griechischen.

An sich zweitrangig – aber faktisch vielfach mit der Charakterbildung verbunden, wie insbesondere die Betrachtung der Aufsatzlehre erweisen wird – waren pragmatische Ziele des Fertigkeiten-, Fähigkeiten-, Wissenserwerbs, die sich auf mündlichen und schriftlichen Sprachgebrauch, literarisches und literarhistorisches Wissen sowie philologische und philosophische Propädeutik bezogen (vgl. Mackasare 2017, 69). Auch diese wurden ganz überwiegend auf der Grundlage von literarischen, meist „klassischen", jedenfalls als wertvoll erachteten Texten verfolgt; Literatur stellte also den zentralen Stoffbereich des deutschen Unterrichts dar.

Der deutsche Unterricht war, orientiert an der Klassenfolge, als Stufenmodell konzipiert. Mit Blick auf die in den nachfolgenden Kapiteln eingeführten Quellen wird hier fokussiert auf die Prima, welche den Gipfelpunkt des Unterrichts darstellte und unmittelbar auf den Reifeprüfungsaufsatz zuführte, der dann Erfolg oder Misserfolg des vorangegangenen Lern- und Bildungsprozesses sichtbar machen sollte.

2.3 „Reception" – literarische Texte im deutschen Unterricht

Zuvörderst sollte Charakterbildung im deutschen Unterricht durch Umgang mit „klassischer" Literatur erfolgen; diese stellte folglich seinen zentralen Stoffbereich dar. Goethe und Schiller galten als „Klassiker" ersten Ranges, dicht gefolgt von ihrem „Bahnbrecher" Lessing (Lehmann 1897, 275). Andere zahlreiche Autoren und Stoffe waren von eher literarhistorischer Relevanz, wobei die deutsche Literaturgeschichte – dem Ansatz Gervinus' folgend – als teleologische Entwicklung begriffen wurde mit ihrem absoluten Höhepunkt in der gemeinsamen Weimarer Zeit Goethes und Schillers (vgl. Mackasare 2017, 110–112). So folgte die Stoffauswahl der Unterprima einem literarhistorischen Narrativ, demgemäß Winckelmann, Klopstock und später Herder, insbesondere aber Lessing – der schwerpunktmäßig behandelt wurde – einer originär deutschen „Klassik" den Weg ebneten, wobei fremdsprachliche Referenzstoffe (insbesondere Shakespeare, Homer, Sophokles, Aristoteles) eben-

---

8 Hinsichtlich des Gefühls- und Trieblebens fordert Platon reine Kontrolle; darüber hinaus ist es nicht von Belang. Daran anschließend stellt Kant fest, die sittliche Tat erfordere stets die Überwindung des Gefühls- und Trieblebens: Gut sei also nur, was man ungern tue. Dagegen wendet sich Schiller: Vernunft und Gefühl, Sollen und Wollen seien synchronisierbar, und eine aus solcher Synchronizität fließende Tat sei ebenfalls gut. Nicht zuletzt auf die Herstellung solchen Einklangs zielen Schillers pädagogische Überlegungen ab. Allerdings wird die Grundordnung des Platonischen Charakterideals dadurch nicht in Frage gestellt. Vgl. hierzu Mackasare 2019, 124.

falls eine Rolle spielten. In der Oberprima wurden dann ausschließlich Goethe und Schiller behandelt (vgl. Mackasare 2017, 106f., 115–118).

Aber welche Eigenschaften musste ein literarischer Text aufweisen, um das Attribut des Klassischen zu erhalten? Oberstes Kriterium – und hier tritt das Herrschaftsmodell Platons abermals in Erscheinung – ist das Primat der Rationalität. Dementsprechend musste optimale Synchronizität von Stoff und Form bestehen: Alle semantischen Gehalte hatten einer inneren Logik, etwa einem „Hauptgedanken", zu folgen und eine entsprechende Ordnung aufzuweisen, welche selbst das sprachliche Detail determinieren sollte und der Forderung gebundener Rede entsprach. Darüber hinaus musste die innere Logik des Werks auch einer äußeren, absoluten Logik – Kants Vernunft – entsprechen; beispielsweise musste eine Handlung, die darauf angelegt ist, Mitleid zu erregen, einer logischen Analyse standhalten, dergemäß das Dargestellte mitleidwürdig sei (vgl. Mackasare 2017, 97f.). Eigentlicher Gegenstand der Kunst sollte der Mensch sein.

Dass gerade die sogenannten „klassischen" Dramen dem ideellen Fundament des deutschen Unterrichts entsprachen, ist nicht weiter verwunderlich: Letztlich verweisen die Vorstellungen der ‚Didaktiker' auf die klassizistische Kunsttheorie Goethes und Schillers. Dort finden sich auch die basalen anthropologischen Vorstellungen, welche dem deutschen Unterricht zugrundelagen, so das von Schiller modifizierte Charakterideal Platons und die Möglichkeit ästhetischer Erziehung. „Klassik und Didaktik" verwiesen zirkelförmig aufeinander: Die Grundstruktur des deutschen Unterrichts war determiniert von weltanschaulicher Affirmation gegenüber Philosophemen Lessings, Goethes und Schillers; das Zentrum des deutschen Unterrichts bildete eine Auswahl von deren Schriften; deren Durchdringung bestätigte wiederum die dem deutschen Unterricht inhärenten Vorstellungen (vgl. Mackasare 2017, 133–159).

Aus didaktischer Sicht von hohem Interesse waren die Biographien der „Klassiker". Diese wurden begriffen als Exempla gelungener Charakterbildung, wobei die vollzogene Annäherung an das Charakterideal Voraussetzung gewesen sei für das Verfassen „klassischer" Werke; von lediglich literarhistorischer oder biographischer Relevanz waren dementsprechend die Jugendschriften Goethes und Schillers (vgl. Mackasare 2017, 127–130; zum Fallbeispiel Schiller vgl. Mackasare 2018, 42f.). Der Grundgedanke lautete: Nur ideale Charaktere schaffen ideale Dichtung, und ideale Dichtung wiederum ist vorzüglich geeignet für die Bildung idealer Charaktere.

Behandelt werden sollte der literarische Text in einem Wechselspiel von „Reception" und „Production" (Laas 1877, 14; vgl. Mackasare 2017, 168f.). „Reception" bezeichnete die Kenntnisnahme, das Lesen, „Production" die selbsttätige Befassung, deren oberste Stufe im Schulunterricht der Aufsatz darstellte. Es handelte sich um einen zirkelförmigen, quasi hermeneutischen Prozess: Auf Wahrnehmung folgte Verarbeitung und Ausarbeitung, daraufhin vertiefte Wahrnehmung etc.

Die „Reception" des „klassischen" Textes sollte als ganzheitlicher Prozess vollzogen werden, und zwar in zweierlei Sinn: Erstens des kompletten Werks, das als untrennbare Einheit verstanden wurde, zweitens mit sämtlichen Seelenkräften, mit Verstand, Wille, Gefühl: Verstandes- und Willenskraft forderte und förderte die konsequente Durchdringung des Dichtwerks, zugleich wirkte dieses in optimaler Weise – nämlich „veredelnd" – auf das Gefühlsleben ein (vgl. Mackasare 2017, 91f.). Emphase, die den sonst nüchternen Duktus fachdidaktischer Schriften bisweilen unterbricht, wo die Rede auf die „Klassiker" kommt, konnte dann als Ausdruck rational legitimierter Begeisterung gelten: Das nachweislich Gute darf bejubelt werden, und der Jubel selbst spiegelt ein edles Gefühlsleben wider (vgl. Mackasare 2017, 137–139).

Der analytische Zugriff erfolgte zuvörderst psychologisierend: Insbesondere galt es, das Innenleben der Handelnden zu ergründen.[9] Dieses wurde wenigstens implizit stets am Charakterideal gemessen und damit normativ bewertet, um schließlich Güte der Figuren und Gang der Handlung in Relation zu setzen. Grundsätzlich erwies sich dabei, dass Nähe zum Charakterideal zum Guten (Harmonie, innerer Frieden, Allgemeinwohl), Ferne davon zum Schlechten (Dissonanz, Zerrüttung innerer und äußerer Verhältnisse) führe (vgl. Mackasare 2017, 98–101, 221f.; Mackasare & Susteck 2019, 288–292). Gegenüber der Erfahrung eines scheinbar kontingenten Geschichtsverlaufs wurde dies als höhere Wahrheit – mit Schiller als „wahre Natur" – begriffen (Zitat Schiller 2008b, 784; vgl. Mackasare 2019, 122).

Demgegenüber zweitrangig – aber durchaus Gegenstand des deutschen Unterrichts – war das historische Verständnis der „klassischen" Schrift: Also ihres Entstehungskontextes, worunter insbesondere stets auch ein biographisches Narrativ fiel, das die Güte des jeweiligen Werks mit einer bestimmten Form der Charakterbildung des Verfassers erklärte, sowie gegebenenfalls ihrer Referenzzeit. Eher oberflächlich zur Sprache gelangten Fragen der Form; diese waren jedenfalls in ihren Tiefendimensionen dem Studium vorbehalten (vgl. Mackasare 2017, 92–94).

2.4 „Production" – Aufsatz und Aufsatzlehre

Zu den pragmatischen Zielen des Aufsatzes zählte neben der Vertiefung der Referenzstoffe die stilistische, vor allem jedoch die logische Schulung (vgl. Mackasare 2017, 168–171). Deren Grundlage bildete die wissenschaftliche Logik, welche über das Gelenk des Werturteils eng mit der Ethik verbunden war (vgl. Mackasare 2017, 191, 197–199). Insbesondere Verstandes- und Willensschulung sollten dabei der allgemeinen Charakterbildung zugute kommen. Gemäß Stufenfolge stellten die Aufsatzthemen zunächst deskriptive Ansprüche, zu denen dann ein zunehmend analytischer Anteil trat (vgl. Mackasare 2017, 172–174; 206f.). In den oberen Klassen waren zum Teil unmittelbare logische Operationen zu vollziehen, indem etwa ein Satz auf seinen Wahrheitsgehalt zu prüfen war – zumeist eine dichterische Sentenz, beispielsweise „Der wahre Bettler ist doch einzig und allein der wahre König" (Zitat aus Lessings *Nathan der Weise*, Apelt 1910, 41; vgl. Mackasare 2017, 218–224). Die größere Rolle spielten allerdings Charakteristiken, um die es hier mit Blick auf die nachfolgenden Quellenanalysen vorzugsweise geht (vgl. Lehmann 1897, 346; Ludwig 1988, 249; Mackasare 2017, 210f.).

Verfasst wurden Aufsätze in vier großen Schritten: Zunächst erfolgte die Erschließung des Themas (Meditation), daraufhin die Sammlung des Stoffes (Invention), dann dessen Ordnung (Disposition) und schließlich die Ausführung (vgl. Mackasare 2017, 175–181). Demgemäß basierte eine Charakteristik auf der genauen Beobachtung einer zumeist[10] literarischen Figur; explizit wie implizit auftretende Züge waren zu sammeln und taxonomisch zu ordnen,

---

9 Auch das psychologische Interesse bedingte die Bevorzugung der dramatischen Gattung. Bei Texten ohne offensichtliche Handlungsträger – insbesondere lyrischen – fasste die psychologisierende Lesart das lyrische Ich ins Auge.

10 Der deutsche Aufsatz konnte sich auch auf historische Themen, also auf Stoffe des Geschichtsunterrichts beziehen und somit auch Charakteristiken historischer Persönlichkeiten fordern. Das war eher unüblich, und zwar insbesondere, weil die historische Überlieferung anders als das literarische Werk niemals der Forderung völliger logischer Konsistenz entspricht (s.u., vgl. Mackasare 2017, 185–187).

wobei zentrales Gütekriterium der Ausarbeitung ein Nachweis des inneren Zusammenhangs, der Kohärenz des Analyseobjekts war (vgl. Mackasare 2017, 208).

Referenztexte der Charakteristik waren ganz überwiegend „klassische" Dramen. Grund dafür war die Annahme, dass dort auftretende Personen von Akzidenzien bereinigt seien (vgl. Mackasare 2017, 210f.). Das klassizistische Ganzheitsideal forderte nicht zuletzt konsistente Charakteristiken, wie auch die psychologisierende Tendenz der Interpretation um Nachweis solcher Konsistenz bemüht war. Gemeint war Einsicht in die Beschaffenheit des Seelenlebens: Der dort wirkenden Kräfte im Wechselspiel mit äußeren Einflüssen; zuweilen im biographischen Rückblick, der bestimmte Züge begründet – Beispiele wären *Nathan*, *Tasso*, *Wallenstein* –, vor allem aber im gewissermaßen kausallogischen Verhalten im Zuge der Dramenhandlung.

Hierin äußerte sich eine Prämisse der wissenschaftlichen Logik als Erkenntnistheorie, welche besagte, dass der Grad der Geschlossenheit einer Wahrnehmung demjenigen der Annäherung an das Referenzobjekt als „Ding an sich" entspreche (vgl. Mackasare 2017, 224). Folglich wurde einem konsistenten fiktionalen Charakter ein höherer Wahrheitsgehalt zugesprochen als etwa einem gebrochen erscheinenden Protagonisten der Historiographie – dessen Seelenleben, so die Annahme, sei eben nicht detailliert genug überliefert worden.[11]

Charakteristiken wurden – sei es auch implizit – stets in Relation zu dem Charakterideal gesetzt, das damit als gültig erwiesen wurde (vgl. Mackasare 2017, 225). Nicht selten kam außerdem der Dramenverfasser, der Dichter mit ins Spiel, indem der dargestellte Charakter als Produkt bestimmter Erfahrungs- und Erkenntnisprozesse ausgewiesen wurde, die dann den menschlichen Rang des „Klassikers", seine Annäherung an das Charakterideal bestätigten (vgl. Mackasare 2017, 225; Mackasare & Susteck 2019, 287f.).

2.5 Zwischenfazit

In den 1890er Jahren etablierten sich allgemeine und verbindliche Vorstellungen von der Beschaffenheit des deutschen Unterrichts: Zentralität des literarischen Werks, Aufbau des Schulkanons, Wechselspiel von Rezeption und Produktion, angewandte Logik als Grundlage der literarischen Analyse. Zusammengehalten wurden diese Elemente durch ein ideelles Band, das seinen expliziten Ausdruck in dem zentralen Unterrichtsziel der Charakterbildung fand: Als gesetzt galt sowohl ein klar definiertes Charakterideal als auch die Möglichkeit, sich diesem durch Bildung anzunähern.

Für diesen Bildungsprozess schien „klassische" Literatur vorzüglich geeignet, die darum den zentralen Stoffbereich des deutschen Unterrichts darstellte. An diese knüpfte sich die Erzählung von Dichtern, die zunächst einen Bildungsgang durchlaufen mussten, um, dem Charakterideal angenähert, ideale Dichtung zu schaffen. Literarhistorisches Narrativ und ästhetisches Werturteil entsprachen den proto-literaturwissenschaftlichen Vorstellungen dieser Zeit (vgl. bspw. Elster 1897, 128–131).

Kern des auf diesen Überlegungen basierenden Lektürekanons waren „klassische" Dramen. Deren Rezeption basierte auf der psychologisierenden Analyse der *dramatis personae* und stellte wiederum eine affirmative Verbindung zu den Konzepten Charakterideal und Charakterbildung her. Inwieweit sich das in der Praxis niederschlug, zeigt sich im Blick auf historische Lehrwerke aus dem Kontext des deutschen Unterrichts. Das ist die Perspektive des nachfolgenden Kapitels III.

---

11 In seinem Prolog zur *Wallenstein*-Trilogie legt Schiller genau diesen Gedanken dar (Schiller 2005, V. 102–107).

Der Aufsatz, insbesondere die Charakteristik, war darauf ausgelegt, solche Vorstellungen zu reproduzieren. Die Frage, inwieweit das in der Praxis der Fall war, ist Gegenstand des Kapitels IV.

3 *Wegweiser* und *Erläuterungen* – Sekundärtexte im deutschen Unterricht

3.1 Erläuterungsschriften als Gelenk zwischen Diskurs und Praxis

Schon früh publizieren „Schulmänner" – so eine geläufige Selbstbezeichnung der frühen ‚Didaktiker' – im Rahmen des fachdidaktischen Diskurses nicht nur konzeptuelle Abhandlungen, sondern auch Kommentare, Analysen und Interpretationen literarischer Texte (vgl. Reh 2017, 164). Diese behandeln mit proto-literaturwissenschaftlichem Anspruch ganz überwiegend jene Schriften von mustergültiger Qualität, die auch zentraler Gegenstand des deutschen Unterrichts sein sollten – eben „klassische" Literatur. Zentraler Adressatenkreis waren Fachkollegen. Wenigstens implizit ist diesen Arbeiten stets auch der Anspruch eingeschrieben, die eigene Auslegung der Referenzschriften im Unterricht zur Anwendung zu bringen – sie zu kanonisieren.[12]

In dieser Tradition steht auch der *Wegweiser durch die klassischen Schuldramen*. Erstmals erscheint er 1889, zuletzt 1910 in fünfter Auflage. Sämtliche seiner wechselnden Verfasser – Otto Frick (1832–1892), Hugo Gaudig (1860–1923), Fricks Sohn Georg (1869–1907), Karl Credner (1875–1943) – sind Lehrer höherer Schulen. Zur Zeit des Ersterscheinens waren nicht nur die entscheidenden Gefechte hinsichtlich der wesentlichen Konturen des deutschen Unterrichts bereits geschlagen, sondern auch seine zentralen Stoffe vielfach kommentiert. Die großen Interpretationslinien der „klassischen" Schriften waren meistenteils fixiert. In mehrerlei Hinsicht bewegt sich der *Wegweiser* in diesen eingeschliffenen Bahnen: Sein Stoffbereich wird überwiegend ausgefüllt von den Dramen Schillers (welcher laut fachdidaktischem Diskurs die meisten mustergültigen Dramen verfasste, Mackasare 2017, 130), Lessing und Goethe schließen sich an, abgestuft folgen Kleist und Shakespeare nach, später auch einige antik-griechische Tragödien. Unter Berufung auf zahlreiche Referenzen werden tendenziell etablierte Interpretationen der Dramen präsentiert, ohne dass dabei partielle Kontroversen umgangen würden.[13] Aufgeführt werden Artikel, Schulprogrammschriften und Monographien; es handelt sich um Schriften mit wissenschaftlichem Anspruch, deren Entstehungsraum zwischen Schul- und Universitätswesen changiert, etliche davon verfasst von namhaften „Schulmännern" wie Robert Heinrich Hiecke, Ernst Laas, Rudolf Lehmann (Frick 1904, 458f.; vgl. Mackasare 2017, 31). Wahrscheinlich lässt gerade die Implikation von diskursiver Anbindung, von Eigenständigkeit und Wissenschaftlichkeit den *Wegweiser* während des Kaiserreichs zum Standardwerk ersten Ranges avancieren, entsprachen diese Eigenschaften doch dem Selbstverständnis der Lehrer höherer Schulen, die seinen primären Adressatenkreis darstellten.[14] Nichtsdestoweniger besaß der *Wegweiser* durchaus Qualitäten

---

12 Zu dem *Wegweiser* im Speziellen sowie Lektürehilfen im Allgemeinen und der Relation beider zum fachdidaktischen Diskurs vgl. Mackasare & Susteck 2019, 284f.

13 Im vorliegenden Fall wird die – von Ernst Laas an prominenter Stelle referierte (Laas 1877, 466–480) – maßgeblich auf den Widerspruch von Idealismus und Realismus abzielende Interpretation des *Tasso* als unterkomplex zurückgewiesen (Frick 1904, 515); eine subversive Lesart Hermann Hettners wird abgewehrt (Frick 1904, 520); selbst eine editionsphilologische Bemerkung findet sich (Frick 1904, 492).

14 Dafür sprechen auch pädagogisch-didaktische Ausführungen sowie Materialqualität – und damit verbundener Preis – des *Wegweisers*.

eines Lehrbuchs, indem er insbesondere populäre literaturbezogene Wissensstände verbreiten, tradieren und stabilisieren half. Seinem eigenen Anspruch nach adressierte er in zweiter Linie – nach Lehrern – auch Schüler, und war diesen in den Schulbibliotheken vermutlich zugänglich (vgl. Mackasare & Susteck 2019, 285).[15]

Alle Ausgaben des *Wegweisers* sind mehrbändig und genügen gehobenen Qualitätsstandards. Damit kontrastieren die *Erläuterungen zu Meisterwerken der deutschen Literatur* schon äußerlich: Es handelt sich um lose gebundene Heftchen, deren Einband mit einem Niedrigpreis wirbt: „Jede Nummer für 20 Pfennig überall käuflich". Alle Bände beziehen sich auf je einen literarischen Text, wiederum vor allem „klassische" Dramen Lessings, Goethes und Schillers, erheben aber keine analytischen Ansprüche und berufen sich kaum auf Fachliteratur.[16] Ihrem Gestus nach äußern die *Erläuterungen* lediglich allgemein Bekanntes, beschreiben und erklären vor allem, analysieren kaum und treten in kein engeres Verhältnis zur Wissenschaft. Fachkompetenz verbürgt allein der Verfasser Albert Zipper (1855–1936), ein durch rege publizistische Tätigkeit profilierter Gymnasialprofessor. Neben diesen Merkmalen markiert die einfache Sprache der *Erläuterungen* Schüler als primäre Zielgruppe.

Anders als der *Wegweiser* stellen die *Erläuterungen* einen Schriftentypus dar, der am fachlichen wie fachdidaktischen Diskurs nur passiv partizipierte und hier als ‚Lektürehilfe' bezeichnet werden soll.[17] Lektürehilfen folgten der Standardisierung des deutschen Unterrichts nach und kamen dem Schülerinteresse entgegen, die zentralen Stoffe dieses Hauptfachs in Heimarbeit adäquat erschließen zu können.

Schriften wie die genannten nahmen eine Gelenkfunktion ein zwischen sich entwickelnder Literaturwissenschaft und Literaturdidaktik auf der einen, Unterrichtspraxis auf der anderen Seite. Im Rahmen des fachdidaktischen Diskurses, dessen Kern zunehmend der Konnex „Klassik und Didaktik" bildete, entstanden Ausarbeitungen zum zentralen Stoffbereich des deutschen Unterrichts. Wenigstens mittelbar, oft genug explizit waren diese auch für den Unterrichtsgebrauch gedacht.

Der *Wegweiser* als Standardwerk behielt die Anbindung an seinen akademischen Referenzbereich und behauptete wissenschaftliche Seriosität. Gleichwohl werden zu geläufigen Gegenständen tendenziell geläufige, wenig streitbare Positionen vertreten, die dann der Lehrer, der sich des *Wegweisers* als Instrument zur Unterrichtsvorbereitung bediente, an die Schüler weitergab. Ähnlich einem Lehrbuch tradierten und stabilisierten der *Wegweiser* und vergleichbare Schriften Fachkultur – dürften mithin wesentlich zur Normierung und Etablierung der Literaturwissenschaft beigetragen haben.

Je mehr der deutsche Unterricht als Hauptfach an fester Kontur gewann, desto mehr stieg seitens der Schüler der Bedarf an Übungsmaterialien für die Heimarbeit. Gefragt waren Er-

---

15 So lautet der Untertitel der Reihe *Aus deutschen Lesebüchern*, in der der *Wegweiser* erscheint: *Epische, lyrische und dramatische Dichtungen erläutert für die Oberklassen der höheren Schulen und für das deutsche Haus*. Allerdings adressiert Frick in den neueren Auflagen nur „jüngere Lehrer" (Frick 1904, 1).

16 Im vorliegenden Band wird zweimal eine Ausführung mit dem einfachen Zusatz „Düntzer" versehen (Zipper 1905, 36, 39). Gemeint sein dürfte: Heinrich Düntzer, Goethe's Tasso, Leipzig 1954. Weitere Verweise auf Fachliteratur existieren nicht.

17 An anderer Stelle haben Sebastian Susteck und ich den Begriff *Lektürehilfe* auch auf andere Texte – wie den „Wegweiser" – bezogen und gegenüber der hier vorgeschlagenen Begriffsverwendung erweitert genutzt (Mackasare & Susteck 2019, 284). Dafür sprechen insbesondere die inhaltlichen Parallelen zwischen den Texten bzw. Textgattungen, dagegen die Publikationsformen und die teils divergierenden Adressatenkreise. Im vorliegenden Aufsatz soll dem Rechnung getragen werden, indem der Begriff der Lektürehilfe nun für serielle Literatur in günstigen Buch- bzw. Heftpublikationen und für entsprechende publizistische Reihen reserviert wird.

läuterungsschriften, die sich auf den zentralen Stoffbereich des Faches bezogen – und diesen in einer Weise erschlossen, die einerseits dem Vermögen der Schüler, andererseits den Vorstellungen der Lehrer entsprach. Fachkultur transportierten auch Lektürehilfen wie die *Erläuterungen*, allerdings in simplifizierter Form.

Anhand von Goethes *Torquato Tasso* als Referenzstoff werden diese Zusammenhänge nachfolgend beispielhaft illustriert.

3.2 Goethes *Tasso* im *Wegweiser*

Die erste Abteilung der vierten Auflage des *Wegweisers* (1904) behandelt Dramen Lessings und Goethes, namentlich *Philotas, Emilia Galotti, Minna von Barnhelm, Nathan der Weise* sowie *Götz von Berlichingen, Egmont, Iphigenie auf Tauris, Torquato Tasso*. In Bezug auf letzteres Drama lassen sich die Inhalte des *Wegweisers* in vier Felder einteilen: 1. Handlungsbezogenes, 2. Historiographisches, 3. Formbezogenes, 4. Pädagogisch-Didaktisches.[18] Das erste Feld weist mit Abstand den größten Umfang auf. Es fokussiert auf Charakteristiken der *dramatis personae* sowie auf ideelle Gehalte. Wenig Nacherzählung wird geboten, der Zugriff erfolgt analytisch und interpretatorisch (Frick 1904, 472–515). Die historiographischen Ausführungen beziehen sich sowohl auf die Entstehungszeit des Dramas als auch auf dessen Referenzzeit. Biographische Ausführungen sind in beiden Fällen von zentralem Interesse: einerseits zu Goethe, andererseits zu Tasso. Auf Intertexte sowie auf historische Quellen, die für die Dramenentstehung eine Rolle spielten, wird eingegangen (Frick 1904, 460–462, 463–468, 469f., 522). Insbesondere um dramentheoretische Fragen drehen sich die formalen Erläuterungen: Es geht um die Gattungszuordnung des Dramas, seinen tragischen Gehalt, die tragische Schuld u.ä. (Frick 1904, 462f., 468f., 470–472, 515–522). Knapp ausfallende pädagogisch-didaktische Bemerkungen formulieren für den Unterricht relevante Schwerpunkte der Dramenbetrachtung und strukturieren so den Gang der Abhandlung vor (Frick 1904, 458f.).

3.2.1 Interpretation

Dem Unterricht als Ziel gesetzt wird „sowohl der Überblick über den Inhalt des ganzen Dramas (Totalauffassung), als auch die Klarheit über die Haupt- und Nebenthemen desselben", um die Schüler zu „befähigen, selbständig die Dichtung mit wachsendem Verständnis zu lesen" (Frick 1904, 472). Hauptthemen des Dramas seien 1. *„die innere Entwickelung Tassos mit dem Ziel seiner Genesung"* (Frick 1904, 476; vgl. 514f.; 491) und 2. *„das Werden und Gewordensein reinster Humanität in Bildern eines sittlichen Läuterungsprozesses* (Tasso und Antonio), *sowie in Bildern einer vollendeten Menschlichkeit* (Alfonso und Prinzessin)" (Frick 1904, 515; vgl. 507; 491).[19] Schon hieraus wird ersichtlich, dass der interpretatorische Fokus ganz auf das Seelenleben der Protagonisten abzielt.

Tassos Werdegang lässt sich über die Dramenhandlung hinaus verfolgen: Aus glückloser Jugend erhob ihn Alfonso zum Hofdichter, in Aussicht steht als höchste Ehrung die Dichterkrönung (vgl. Frick 1904, 476). Zentrale Motive Tassos seien sein Streben *„nach höchstem Taten- und Heldenruhm"* sowie seine heimliche *„Liebe zur Prinzessin"* (Frick 1904, 477).

---

18 Diese Einteilung folgt nicht der Kapitelstruktur des *Wegweisers*. Partiell durchdringen die Themenbereiche einander und sind nicht überall genau voneinander abzugrenzen.

19 Als Nebenthemen identifiziert werden 1. „Das Wechselspiel begehrender und entsagender Liebe" (Frick 1904, 515, vgl. 498), 2. „Die Trauer [...] eines scheidenden Gemütes um ein entschwindendes Glück" (Frick 1904, 515), 3. „Der Gegensatz zwischen Weltmann und Dichter" (Frick 1904, 515, vgl. 498).

Im Zuge der Dramenhandlung verlaufe Tassos Entwicklung meistenteils pathologisch: Der Kontrast zwischen Bekränzung und – subjektiv stark überbewerteter – Arretierung ziehe wachsende Verbitterung nach sich und führe zu völligem Realitätsverlust (vgl. Frick 1904, 499–501). Negative Charaktereigenschaften – zuvörderst Egoismus, Stolz, Selbstüberschätzung, Willensschwäche; weniger gravierend Ungeschick und Weltfremdheit (vgl. Frick 1904, 478, 497) – bedingten Tassos Niedergang wesentlich und auch schuldhaft; Höhepunkt der schuldhaften Verstrickung stelle die berechnende Verstellung dar (vgl. Frick 1904, 505f.). Allerdings zeuge Tassos Verhalten an anderer Stelle von „einer durchaus edlen und hohen Sinnesart" (Frick 1904, 487), wodurch die Aussicht auf Heilung begründet wird; diese werde angebahnt durch „Selbsterkenntnis" und „*Willenserhebung*" zur Bezwingung der negativen Triebkräfte (Frick 1904, 512).

Mit dem realitätsfremden Tasso kontrastiert Antonio, der dem „Bilde eines vollendeten Welt- und Staatsmannes" entspreche (Frick 1904, 479). Dieser sei allerdings nicht nur eine „menschenkundige" und „welterfahrene", sondern auch eine „charaktervolle Persönlichkeit" (Frick 1904, 502): Reife, Klarheit, Reflektiertheit, Einsicht, Gerechtigkeit seien ihm eigen (vgl. Frick 1904, 493, 496). Nach kurzem Straucheln überwinde er die Missgunst gegenüber Tasso und gleiche seinen Fehltritt aus (vgl. Frick 1904, 481): Der „Mensch" erhebe sich über den „Weltmann", und die letzte Szene des Dramas gebe „Zeugnis, daß Antonio selbst zur *vollendeten Menschlichkeit* (*Humanität*) sich hindurch [sic!] geläutert hat" (Frick 1904, 511).

Alfonso, „der über den Parteien stehende weise, vermittelnde Fürst" (Frick 1904, 494), wird als Muster eines gebildeten Charakters begriffen:

> So bleibt das Bild des Fürsten […] ein ideales, fast ohne jede Trübung, das Bild *vollendeter Reife auf der Höhe des Lebens*, einer Persönlichkeit, die sich weit über T., aber auch über Ant. erhebt, eine notwendige *Ergänzung in dem Thema: Werde- und Gärungsprozeß einer sittlichen Persönlichkeit*. Denn es wird mit diesem Fürsten dem Tasso, der sich von krankhaften Zuständen durch schwere Krisen zur Genesung durchringen muß, sowie dem Ant., dessen Wesen nach kurzer Trübung schnell zu immer größerer Klarheit und immer reinerem Adel sich läuterte, das Bild *voller Charakterreife*, einer bereits *fertigen, vollendeten Läuterung* ergänzend zur Seite gestellt. (Frick 1904, 507)

Die wesentlichen Elemente des Konzepts Charakterbildung sind diesem Passus eingeschrieben: Einerseits das Charakterideal, absolute Herrschaft des Verstandes – die sich im altruistischen Verhalten zeigt, Kants Vernunftbegriff entspricht und im *Wegweiser* mit den Begriffen Sittlichkeit und Weisheit umschrieben wird –, andererseits die Annahme, dafür sei ein Bildungsprozess notwendig: Verfahren der Läuterung sind solche, in denen das behandelte Material von Verunreinigungen befreit wird. Alfonso habe sich zum idealen Charakter gebildet und sei daher seinerseits zur pädagogischen Einwirkung befähigt; nicht nur sei er „geeignet und gewillt, den Jüngling weise zu beraten und geduldig zu leiten" (Frick 1904, 476), auch stoße erst seine „leise Mahnung" Antonios selbstkritischen Reflexionsprozess und die damit verbundene Einsicht der eigenen Verfehlung an (Frick 1904, 493).

Dem Humanitätsideal, *„den Bildern einer vollendeten Menschlichkeit"*, entspreche nicht nur Alfonso als „ein Bild *vollendeter, idealer Männlichkeit*", sondern auch dessen Schwester Leonore als „ein Bild *vollendeter, idealer Weiblichkeit*" (Frick 1904, 507). Hoher Verstand – welcher geschult ist an antiken Bildungsstoffen äußerster Güte, genannt wird Platon – und edles Gefühlsleben halten sich bei der Prinzessin die Waage (vgl. Frick 1904, 474 bzw. 496); das entspricht Schillers Bild einer „schönen Seele" (Schiller 2008a, 370). Überhaupt korrespondieren die Konzepte „ideale Weiblichkeit" und „ideale Männlichkeit" mit Schillers

Charakterlehre: Jener ist die Schönheit (Einklang Vernunft/Gefühl) zugeordnet, dieser die Erhabenheit (Behauptung des Willens unter allen Umständen) bei gleichzeitiger Herrschaft der Vernunft (Schiller 2008c, 826f.).

Während Alfonso nur zum Guten wirke, bedingten zwei Fehltritte der Prinzessin die bedenkliche Wendung der Handlung: Erstens habe sie, indem sie vor Tasso ein „*Geständnis* [...] ihrer stillen Neigung" ablegte, „unbedacht und somit schuldlos schuldig die Leidenschaft des Dichters entfesselt, sein Gemüt aus dem ohnehin mühsam bewahrten Gleichgewicht herausgehoben" (Frick 1904, 486), zweitens gebe sie ihrer listigen Freundin „aus edelster Gesinnung, dem arglosen Vertrauen" das Einverständnis, Tasso mit sich fortzuführen (Frick 1904, 498). Verkehrt geraten beide Handlungen dadurch, dass sie durch Gefühl, nicht Verstand geleitet sind.[20]

Mit der Prinzessin kontrastiere die Gräfin Leonore. Deren Wunsch, von Tasso verewigt zu werden, gehe auf „*selbstische Liebe*" zurück, auf Egoismus also – dieser stelle ihr zentrales Handlungsmotiv dar, das sie „berechnend, sophistisch" verfolge (Frick 1904, 497). Hier stehe also der Verstand im Dienste des Gefühls. Indem Leonore „arglistig an der kleinen Intrige" festhalte, mittels derer sie den Dichter an ihren eigenen Hof holen möchte, verstärke sie zwar unwissend, aber maßgeblich dessen Wahnvorstellungen (vgl. Frick 1904, 501f.).

Diese Ausführungen implizieren eine Rangordnung der *dramatis personae* gemäß der Güte ihres Charakters: Zuoberst stehen Alfonso und – etwas abgestuft – die Prinzessin, Antonio folgt nach, diesem die Gräfin und schließlich Tasso. Je weiter nun eine Person vom Charakterideal entfernt ist, desto stärker bedinge sie die Handlungsproblematik mit.

Ausgangspunkt derselben ist aus diesem Blickwinkel der vollkommen gefühlsgeleitete Tasso: Augenblickliche Stimmungen determinierten sein Denken und Handeln, Anfälligkeit für wahnhafte Vorstellungen sowie Unberechenbarkeit seien die Folgen. Dagegen verfüge die Gräfin Leonore zwar über einen klaren Verstand, stelle diesen aber in den Dienst ihres Gefühlslebens. Sie veranlasse Tassos Irrglauben, er solle aus Ferrara entfernt und in der Fremde zuschanden gerichtet werden und damit die nachfolgende maximale Eskalation des Geschehens. Den unkontrollierten Wutausbruch Tassos, Ursprung aller nachfolgenden Verwirrungen, provoziere Antonio in einem Moment menschlicher Schwäche. Jedoch erwiesen seine rasche Einsicht und sein nachfolgendes Handeln ihn als einen verstandesgeleiteten Charakter, dem auch der hoffnungsfrohe Ausgang des Dramas zu verdanken sei.

Dem Charakterideal am weitesten angenähert seien Alfonso und seine Schwester. Bei der „schönen Seele" Prinzessin Leonore entsprechen einander Empfinden und Forderung der Vernunft – üblicherweise, denn zweifach werde sie von ihrem Gefühl fehlgeleitet und trage zu Tassos Irrungen bei. Ohne solchen Fehl stehe Alfonso da, der deshalb geeignet sei, die Charakterbildung Tassos und auch Antonios zu fördern. Damit wäre rückverwiesen auf das Hauptthema „*Werden und Gewordensein reinster Humanität in Bildern eines sittlichen Läuterungsprozesses* (Tasso und Antonio), *sowie in Bildern einer vollendeten Menschlichkeit* (Alfonso und Prinzessin)". Und das zweite Hauptthema, „*die innere Entwickelung Tassos mit dem Ziel*

---

20 Diesen Ausführungen könnte man die wohl bereits 1904 bedenkliche Feststellung entnehmen, das Ideal der Frau stehe hinter dem Ideal des Mannes zurück. Das würde allerdings zu logischen Problemen führen, denn wo die Prinzessin fehlt, befinden sich ja Gefühl und Verstand gerade nicht mehr im Einklang, so dass von Idealität nicht mehr die Rede sein kann. Wahrscheinlicher erscheint mir, dass gemeint ist, Alfonso und Leonore seien dem Ideal so weit angenähert, dass es deutlich, als „Bild", sichtbar wird, aber nicht deckungsgleich mit diesem ist – wie das Abbild dem Urbild nie entspricht. Auch Alfonso wird schließlich als Charakter „fast [!] ohne jede Trübung" vorgestellt (s.o., Frick 1904, 507). Leonores Fehltritte gehen dann auf harmlos-allzumenschliche Schwächen zurück.

seiner Genesung", bezieht sich auf die am Ende des Dramas angebahnte Einsicht des Dichters, er bedürfe der Erziehung, der Charakterbildung; „Genesung" steht in Aussicht, weil Tasso sich unter die pädagogische Ägide Antonios begibt.

Bedeutsam – und damit darstellungswürdig – sei die Handlung insofern, als „ein *Kampf um große sittliche Güter* vorgeführt" werde; „um Ausgestaltung vollendeter Charakterbildung und edler Humanität" (Frick 1904, 516).

3.2.2 Das ideelle Zentrum der Interpretation

Bis hierhin dürfte die große ideelle Nähe der Drameninterpretation mit den Kerngedanken des deutschen Unterrichts deutlich sichtbar geworden sein. Diese Verbindung wird weiter gestärkt durch ein Großnarrativ, das die Handlung des Dramas mit seiner Form und den historischen Kontexten verfugt.

Der Art nach liege *„ein psychologisches Drama auf historischem, im besonderen literargeschicht-lichem Hintergrunde"* vor (Frick 1904, 471). Der Aspekt des Psychologischen bezieht sich im oben dargelegten Sinne auf die Handlung; der Aspekt des Historischen ist ein eigenes Augenmerk wert. Im *Wegweiser* wird insbesondere auf den historischen Tasso-Stoff recht detailliert eingegangen. Dieser wird außerdem in Relation zur Dramenhandlung gesetzt: Wie im Drama geschildert, handelte es sich bei Tasso um einen Adelsspross, dessen Stamm wegen politischer Verwerfungen im Niedergang begriffen war. Auf frühe erste Veröffentlichungen hin folgte die Einladung nach Este. Auch der historische Tasso sei „ungewöhnlich früh entwickelt" und „sehr reizbar, empfindsam und empfindlich" gewesen (Frick 1904, 463). Am Hofe Alfonsos II. traten „unmäßiger Stolz" und „krankhaft gespannter Ehrgeiz" zutage (Frick 1904, 465), Anzeichen „des *Verfolgungswahnsinnes*" folgten nach (Frick 1904, 466). Gleich seinem dramatischen Pendant ignorierte der historische Tasso ärztlichen Rat, wo dieser sein Wohlleben eingeschränkt hätte (Frick 1904, 465).

Allerdings konstatiert der *Wegweiser* entscheidende Abweichungen des Dramas von der historischen Vorlage. Statt des auf Antonio gezückten Degens sei lediglich die wahnbedingte Bedrohung eines Dieners bekannt, die allerdings auch einen milden Arrest nach sich zog (Frick 1904, 466). Die Liebe zur Prinzessin sei lediglich als historische Legende überliefert, die zu dem Zeitpunkt, als Goethe sein Drama verfasste, bereits als solche erwiesen war (Frick 1904, 467). Und schließlich genas der historische Tasso mitnichten am Hofe des Fürsten; stattdessen standen ihm jahrelange Irrungen bevor und erst in einem römischen Kloster, wo er sein Leben beschloss, schien er etwas Frieden zu finden (Frick 1904, 467). Absichtsvoll habe der Dichter die historische Überlieferung modifiziert: „Scheinbarer Untergang und Genesung sollen zu *einem* Schauspiel unmittelbar zusammengerückt werden" (Frick 1904, 514). Dem entsprach es auch, Tassos Wahn rein *„psychologisch"* aufzufassen, also dessen Ursachen in schlechter oder mangelnder Erziehung zu sehen und ihn mithin, durch Ausgleich dieses Defizits, als heilbar erscheinen zu lassen (Frick 1904, 469, vgl. 521).

Eine diametrale Abweichung vom historischen Vorbild werde hinsichtlich Alfonsos II. vollzogen: Dieser sei realiter „gegen Volk und Adel hart und despotisch, meist verschlossen und einsilbig" gewesen (Frick 1904, 464), jedoch werde im Drama „statt der despotischen Zustände der Wirklichkeit" eine harmonische Regentschaft dargestellt (Frick 1904, 470).

Das Verhältnis des Dramas zur Geschichte wird als eins der Idealisierung aufgefasst. Die Historiographie liefere lediglich Stoff, um den oben dargestellten poetischen Ideen Form zu verleihen. Nur, wo sich die Absicht des Dichters mit der historischen Überlieferung decke, finde diese Eingang in die Dramenhandlung; andernfalls komme es zur Abweichung oder diametralen Verkehrung.

Darin drücke sich die absolute Herrschaft des Dichtergeistes über den Stoff aus: Das Gedicht erscheint so als konzentrierter Ausdruck einer Idee, auf der die innere Logik der Handlung fußt und der die Klarheit des Verstandes entsprechen muss, der ihr Form gab. Form übrigens in einem sehr weitreichenden Sinne: Denn selbst „die *vollendete Schönheit der Form* im Rhythmus der Verse" zeichnet sich ja dadurch aus, dass ein superiorer Geist sie von Wildwuchs und Zufall bereinigt hat (vgl. Frick 1904, 521).

Kurzum: Hinter dem idealen Dichtwerk muss ein idealer Dichter stehen. Auch dessen Biographie beobachtet der *Wegweiser* mit psychologisierendem Interesse und setzt sie in Relation zum Drama:

> Zur Entstehungsgeschichte des Dramas gehört aber auch der Anteil, den das *besondere Erfahrungsleben Goethes* an dem Stoff desselben hatte; denn in diesem lag eine Reihe der äußeren und inneren Vorgänge, welche dieses Drama uns vorführt, bereit: ein vornehmes höfisches Leben in Weimar, zugleich das Leben eines Musenhofes […]; die freundschaftliche Verbindung mit einem edlen Fürsten (Karl August […]); der Umgang mit edlen feingebildeten Fürstinnen (die Herzogin-Mutter Amalie und die Herzogin-Gattin Luise) sowie mit anderen edlen, für alles Ideale empfänglichen Frauen (sein Freundschaftsverhältnis zur Frau von Stein); des Dichters eigentümliche Doppelstellung am Hofe, wo ihn die leitenden Staatsmänner Weimars als einen unbequemen Eindringling und Müßiggänger ansahen, während er selbst das brennende Verlangen hatte, nicht nur Dichter zu sein, sondern auch ein einflußreicher Geschäfts- und Staatsmann zu werden, wo er im harten inneren Kampf nach einer Ausgleichung dieser Geistesrichtungen, deren Zwiespältigkeit er oft genug lebhaft in sich fühlte, rang und auch manchen harten äußeren Konflikt zu überwinden hatte (Gegensatz zu dem altbewährten und hochverdienten Minister *von Fritsch*), bis er zu seiner festen staatsmännischen Stellung und Wirksamkeit gelangt war […] und schließlich *Dichtergröße* mit der fruchtbaren Wirksamkeit eines Welt- und *Staatsmannes* fruchtbar vereinte. (Frick 1904, 461f.)

Der biographische Abriss beschreibt ein zur Dramenhandlung vollkommen analoges Szenario: Weimar wie Ferrara, Karl August wie Alfonso, Amalie und Luise ähnlich Prinzessin und Gräfin Leonore, von Fritsch ähnlich Antonio – und der junge Goethe wie Tasso. Wie Tasso habe Goethe, mit dichterischer Begabung versehen und äußerlich begünstigt, einen „harten inneren Kampf" gegen ungesunde Vereinseitigung auszufechten gehabt, um schließlich zu der abgerundeten, universell begabten Persönlichkeit heranzureifen, für die er allgemein galt (vgl. Mackasare 2017, 120f.). Angedeutet ist ein Bildungsprozess, den Goethe zu durchlaufen hatte, um sich dem Charakterideal anzunähern.[21] Auch hier also Charakterbildung: Trotz aller natürlichen Begabung hatte der Poet sie zu durchlaufen, um, solchermaßen geläutert, ideale – „klassische" – Kunst schaffen zu können, in deren Kern wiederum die Einsicht stehe, wie das Charakterideal beschaffen sei und dass es der Bildung bedürfe, sich diesem anzunähern. Ein solches Werk erscheint auch dazu angetan, seine Zuschauer oder Leser zu bilden: „Die Siege, welche Antonio und zuletzt auch Tasso über sich selbst erkämpfen, sind ein *erhebendes* [nämlich für die Rezipienten – MM] Schauspiel einer *Erhabenheit des sittlichen Willens*."

---

21 Ein Eckermann-Zitat fundiert die Identifikation Goethes mit Tasso, darüber hinaus seien in dessen Charakteristik aber auch Züge Lenz' und Schillers eingegangen (Frick 1904, 461f.). Die Implikation ist folgende: Neben der auf mangelnde Charakterbildung zurückgehenden universellen Problematik, die ein Hauptthema des Dramas sei, gelange außerdem ein Phänomen zur Darstellung, das speziell den genialischen Dichtercharakter betreffe.

Damit ist zuletzt die Haltung angesprochen, die der *Wegweiser* gegenüber dem interpretatorisch zutage geförderten ideellen Gehalt seines Referenztextes einnimmt: Es ist eine der vollkommenen Affirmationen. Dort würden in idealer Form letzte Wahrheiten ausgesprochen, und wer sich in Goethes *Tasso* vertiefe, der schule nicht nur seinen Verstand und gelange nicht nur zu Einsichten der Vernunft, erfahre nicht nur theoretisch vom zentralen charakterologischen Stellenwert des Willens und schule diesen zugleich im Zuge der intellektuellen Durchdringung des Dramas, sondern auch dessen Gefühlsleben werde veredelt. Zeugnis davon legt der Duktus des *Wegweisers* ab, wo dessen überwiegende Sachlichkeit emphatisch gebrochen wird. Wenn etwa in Kontrast zu der Gräfin mit ihrer „*selbstische[n] Liebe*", die sich deshalb „berechnend, sophistisch, ja sogar unwahr selbst ihrer arglos vertrauenden Freundin […] gegenüber" verhalte, von der Prinzessin als „ideales Bild der tiefsten, zartesten, selbstlosesten *entsagenden Liebe*" die Rede ist (Frick 1904, 496f.), dann offenbart der Verfasser, dass er – mit Lessing – begehrt, „was wir begehren sollten", und verabscheut, „was wir verabscheuen sollten".[22]

3.3 Goethes Tasso in Reclams *Erläuterungen*

Die drei ersten Themenfelder des *Wegweisers* finden in den *Erläuterungen* je ein Analogon: 1. Handlungsbezogenes, 2. Historiographisches, 3. Formbezogenes. Wiederum erstreckt sich das erste Feld über den weitaus größten Raum (Zipper 1905, 13–56). Jeweils wird eine knappe Zusammenfassung der einzelnen Auftritte gegeben, der ein ausführlicher Stellenkommentar folgt. Gegenüber deskriptiven sind analytische Anteile auffallend zurückgenommen. Offenkundig sollen – vermutlich aus pädagogisch-didaktischen Gründen – keine vorgefertigten Interpretationen dargeboten werden. Partiell, oftmals implizit, finden sich interpretative Einschlüsse, die dann dominante Positionen des fachlichen Diskurses reproduzieren.[23] Mehrfach verlässt in diesem Sinne der Stellenkommentar die Ebene reiner Erläuterung, wie folgendes Beispiel illustriert:

> Das Bild von Mond und Sonne ist auf Tasso und Antonio zu deuten. Tasso, die Poesie, die Phantasie, der milde Mond, stand im Mittelpunkt des Hofes; Antonio erschien, das Leben, die Wirklichkeit, der volle Tag, und Tasso weicht unbemerkt in den Hintergrund zurück. (Zipper 1905, 41f.)[24]

Die Metaphorik ist weniger eindeutig, als ihre Auslegung suggeriert: Eher unwahrscheinlich erscheint es, dass Tasso in seiner gegenwärtigen Verfassung – tiefe Verabscheuung Antonios, Selbstbewusstsein hinsichtlich der eigenen poetischen Begabung – sich dem vermeintlichen Gegenspieler im Bild der beiden Himmelskörper unterordnet. „Poesie" und „Wirklichkeit", am ehesten vielleicht *Mußestunde* und *Alltagsgeschäft* als Bildempfangsbereich aufzufassen, erscheint überzeugender, während die hierarchisch-personenbezogene Auslegung eher einen

---

22 In der Hamburgischen Dramaturgie fordert Lessing eine moralische Konnotation des poetischen Stoffes: Es sind die dargestellten „Gegenstände jederzeit in ihr wahres Licht zu stellen, damit uns kein falscher Tag verführt, was wir begehren sollten zu verabscheuen, und was wir verabscheuen sollten zu begehren" (Lessing 2007, 351). Genau das meint Veredelung des Gefühlsleben: Begehren des Guten, Verabscheuen des Schlechten.

23 Allgemein und überzeugend stellt Fingerhut fest, dass Textkommentare grundsätzlich dazu neigen, im Gewand scheinbarer Sachlichkeit ihrem Referenztext gegenüber externe Wertkategorien zu transportieren (vgl. Fingerhut 1996).

24 Bezugsstelle: „Der stille Mond, der dich bei Nacht erfreut, / Dein Auge, dein Gemüt mit seinem Schein / Unwiderstehlich lockt, er schwebt am Tage / Ein unbedeutend blasses Wölkchen hin." (Tasso zur Gräfin; Goethe 2008, V. 2257–2261). – Wo immer nachfolgend aus dem Stellenkommentar zitiert wird, erscheint es geboten, die Bezugsstelle ebenfalls aufzuführen.

bestimmten interpretatorischen Blickwinkel voraussetzt. Insbesondere gibt sie einen Hinweis darauf, dass auch die *Erläuterungen* von der oben dargelegten charakterologischen Dimension nicht frei sind.

Wie im *Wegweiser* werden als historische Kontexte Entstehungs- und Referenzzeit beleuchtet. Darüber hinaus gilt ein knappes Augenmerk der Rezeptionsgeschichte (Zipper 1905, 3–12). Nur ganz beiläufig gestreift werden formale Aspekte (Zipper 1905, 6f.).

Das vierte Themenfeld, dem sich der *Wegweiser* zuwendet, die pädagogisch-didaktischen Bemerkungen, fehlt vollständig. Mit Blick auf die vermutlich primäre Adressatengruppe, Schüler, überrascht das wenig. Stattdessen ist den *Erläuterungen* ein gewisser pädagogischer Gestus eingeschrieben: Nicht nur im weitgehenden Verzicht auf Interpretationen – der den Schülern Raum zur analytischen „Selbsttätigkeit" gibt (vgl. Geyer 1911, 122) –, sondern auch in den Verweisen auf lehrhafte Sentenzen sowie deren Auslegung, worauf nachfolgend eingegangen wird.

3.3.1 Deutungslinien

Auch in den *Erläuterungen* wird *Tasso* als psychologisches Drama, als „ein Drama der inneren Welt", aufgefasst (Zipper 1905, 6). So beziehen sich hier die zentralen Deutungslinien ebenfalls auf charakterologische Aspekte: In das Zentrum des Dramas gerückt wird der diametrale Gegensatz von Tasso und Antonio, die beide als defizitär erscheinen: „In der Vereinigung einzelner Züge Tassos und Antonios bestünde das ersehnte Ideal […]." (Zipper 1905, 6, vgl. 34) Dass die Unvollkommenheit graduell verschieden sei – dass Antonio also, wie im *Wegweiser* ausgeführt, der bessere Mann ist –, bleibt unausgesprochen; da aber „Tassos weiches Kindsgemüt" erwähnt wird, liegt der Schluss nahe, dass speziell der Dichter pädagogischer Einwirkung bedürfe (Zipper 1905, 6). Alfonso wird als Charakter „mit anmutigen Tugenden: Offenheit, Ritterlichkeit, Gerechtigkeit" beschrieben, dem „Idealbilde" eines Fürsten entsprechend (Zipper 1905, 8). Als „anmutige[], gebildete[], und so verschiedenartige[] Frauengestalten" werden die beiden Leonores konturiert, ohne dass die Art ihrer Differenz klar benannt würde (Zipper 1905, 13). Nur implizit wird die „stille, zarte Prinzessin" kontrastiert mit der Gräfin, welche sich selbstbewusst der eigenen „herrlichen körperlichen und geistigen Eigenschaften" besinnt (Zipper 1905, 25 bzw. 38). Eine qualitative Differenz der Frauencharaktere wird lediglich angedeutet in der Bemerkung zu III, 3, die Gräfin müsse „zugeben, ihre Handlungsweise sei nicht vorwurfsfrei, wenn sie Tasso der Prinzessin raube und für sich behalte" (Zipper 1905, 37).[25]

Die Deutung der Figurenkonstellation als strikte, anhand des Charakterideals geordnete Hierarchie, wie sie der *Wegweiser* vornimmt, wird hier nicht explizit reproduziert, ist jedoch in den recht spärlichen Bemerkungen zu den einzelnen Personen implizit angelegt. Tasso und Antonio erscheinen unvollkommen, die Prinzessin und Alfonso tadellos, die Gräfin weist in geringem Maße bedenkliche Züge auf. Diese Beurteilungen wie auch das prämissenhaft erwähnte „ersehnte Ideal" sind dazu angetan, den Blick des Rezipienten zu lenken; die feineren Nuancen der erwähnten Konstellation lassen sich dann dem Drama oder auch seiner

---

25 Auch hier ist der Erläuterung wieder Interpretation eingeschrieben. In dem Monolog, der ihre Motive offenlegt, stellt Leonore die selbstkritische Frage: „Ist's redlich, so zu handeln?" (Goethe 2008, V. 1921) Dem Rezipienten drängt sich die Verneinung auf, aber Leonore geht der Beantwortung aus dem Wege und beruhigt ihr Gewissen mit der Feststellung, dass sie letztlich niemandem schade. Hierauf bezieht sich wohl der im *Wegweiser* konstatierte sophistische Zug der Gräfin. Jedenfalls: Dass Leonore hier „nicht vorwurfsfrei" – folglich schuldhaft – handle, entspricht einer Feststellung des Interpreten, keiner Selbsterkenntnis der Handelnden.

Zusammenfassung in den *Erl*äuterungen entnehmen. Dementsprechend dürfte nicht nur der interpretatorische Fokus der *Erläuterungen*, sondern auch das sich unter demselben abzeichnende Bild im Wesentlichen dem des *Wegweisers* gleichen.

3.3.2 Ideelle Implikationen

Explizit reproduziert wird das Großnarrativ vom idealen (Dichter-)Charakter, der das ideale Gedicht auf der Grundlage idealisierter Geschichte schafft. So heißt es allgemein zum Umgang mit der Geschichte: „Der Dichter nahm aus der überlieferten Geschichte, was für seine Zwecke passte […]." (Zipper 1905, 3) Speziell in Bezug auf Alfonso ist von Idealisierung die Rede: „Zwar verwendet Goethe einige historische Einzelheiten aus dem Leben dieses Fürsten […], im großen ganzen jedoch hat er *seinen* Alfons stark idealisiert, indem er manches Unsympathische, so Härte und Eigenwillen, wegnahm, ihn dagegen mit anmutigen Tugenden: Offenheit, Ritterlichkeit, Gerechtigkeit, schmückte. Mit derlei Zügen mag der Herzog von Weimar, Karl August, zu diesem Idealbilde gesessen haben." (Zipper 1905, 8)

Mit dem letzten Satz ist eine direkte Linie zu Goethes Biographie gezogen. Dessen Erfahrungshorizont präge das Drama und speziell die Charakteristik Tassos, nichtsdestoweniger sei der fiktive Dichter „von Goethe unendlich verschieden": „Die Künstlern eigene Reizbarkeit, Empfindlichkeit" sei Goethe „in sich selbst schon früh zu beherrschen beflissen" gewesen, habe sie aber „in seinem Helden zu mächtigster Entfaltung gefördert und so den Typus des mit seiner Umgebung und mit sich selbst unzufriedenen Dichters geschaffen" (Zipper 1905, 5). Dagegen sei es Goethe selbst gelungen, „in stetigem Ringen […] die auseinanderstrebenden Eigenschaften in harmonischer Eintracht zu verbinden", zugleich „Dichter und Staatsmann" zu sein (Zipper 1905, 6). Erst, nachdem er diesen Bildungs- oder auch Läuterungsprozess durchlaufen habe, sei der Stürmer und Dränger zum „Klassiker" geworden, der eine „in der heimischen Literatur unerhörte[] Höhe dichterischen Schaffens" zu erreichen vermochte (Zipper 1905, 5). Auf diesem Gipfel sei auch das vorliegende Drama entstanden, und seinem überragenden Gehalt entspreche die „unübertroffene Formvollendung": „In dieser herrlichen Sprache welche blühende Fülle von Poesie, wie viel goldene Früchte der Lebensweisheit!" (Zipper 1905, 7) Auch hier drückt der emphatische Duktus neben ideeller Affirmation ästhetisches Entzücken aus.

Die Vorstellung, dem Drama wohne pädagogisches Potenzial inne, findet – allerdings selten – explizit Ausdruck in Anmerkungen mit belehrendem Impetus. Etwa wird die Aufforderung der Prinzessin an ihren Bruder, nicht zu vergessen, „[d]aß von sich selbst der Mensch nicht scheiden kann" (Goethe 2008, V. 324), folgendermaßen kommentiert:

> [Der Mensch] vermag sein Temperament, seine Naturanlage nicht zu ändern. So sagt eine lateinische Sentenz: Terram, non animum mutant, qui trans mare currunt (von ihrem Vaterlande, allein nicht von ihrer Seele trennen sich, die über das Meer hinfliehen). Und Goethe äußert sich in ‚Hermann und Dorothea': Wir können die Kinder nach unserem Sinne nicht formen; / So wie Gott sie uns gab, so muß man sie haben und lieben, / Sie erziehen aufs beste und jeglichen lassen gewähren. (Zipper 1905, 19f.)

Zunächst betont die Auslegung der Textstelle die Grenzen der menschlichen Entwicklungsfähigkeit, wobei das Horaz-Zitat als Testimonium fungiert. Dagegen wird *Hermann und Dorothea* mit weitergehender Absicht anzitiert: Im letzten Vers klingt der Bildungsgedanke an – denn die normative Implikation von „aufs beste" evoziert die Vorstellung eines oder des idealen Charakters. An diesen könne und solle doch immer eine Annäherung stattfinden, wenn ihr auch durch die individuelle Anlage eine Grenze gesetzt sei. *In nuce* entspricht das dem humanistischen Bildungsgedanken des 19. Jahrhunderts, der den Erkenntnissen der Biologie Rechnung trug und die aufklärerische Vorstellung einer unendlichen Entwicklungs-fähigkeit des Menschen verwarf (vgl. Mackasare 2017, 52).

Der ausführliche Kommentar geht weit über eine bloße Erläuterung der Textstelle hinaus. Offenkundig zielt er auf die Vermittlung bestimmter Vorstellungen ab, die – Charakterbil-dung und Charakterideal – sowohl zentral für die Dramendeutung als auch für den deut-schen Unterricht als Kontext dieser Deutung sind. Hier und an vergleichbaren Stellen zeigt sich, dass die *Erläuterungen* einen pädagogischen Anspruch formulieren, der sich auch im *Wegweiser* findet und der eng verknüpft ist mit dem ideellen Kern des fachdidaktischen Dis-kurses.

3.4 Zwischenfazit

Die Differenzen hinsichtlich Komplexität und Niveau markieren unterschiedliche Position des *Wegweisers* und der *Erläuterungen* auf dem Feld zwischen fachdidaktischem Diskurs und Unterrichtspraxis. Ungeachtet dessen stimmen ihre Inhalte im Wesentlichen überein.

Dramenimmanent zeigt sich auf der inhaltlichen Seite der klare Fokus auf die *dramatis per-sonae*, welcher, charakterologisch verdichtet, auf die normative Exponierung des humanisti-schen Menschheitsideals hinausläuft: Herrschaft des Verstandes qua Wille, Übereinstimmung des Gefühlslebens mit dem Verstandesschluss, widrigenfalls Unterdrückung des ersteren. Alfonso repräsentiere dieses Ideal und sorge für die Optimierung des demselben ebenfalls weit angenäherten Antonio, wodurch zugleich die notwendige Bedingung erfüllt sei, dass letzterer die Bildung des noch sehr unerzogenen Tasso in die Hand nehme. Gegenüber den in dieser Auslegung zentralen Vorstellungen, Charakterideal und Bildungsgedanke, herrscht uneingeschränkte Affirmation seitens der Interpreten: Es handle sich um Philosopheme von universellem Wahrheitsgehalt.

Der inhaltlichen Güte entspreche die optimale Form des Dramas. Reproduziert wird so das klassizistische Ideal der Übereinstimmung von Stoff und Form. Maximale Durchgeistigung des Stoffs durch den Dichter trete auf diese Weise zutage.

Ähnliches gilt für den Zugriff auf den historischen Referenzstoff. Dieser werde idealisiert, also einer auf überhistorische Wahrheit gegründeten Idee unterworfen. Und der Dichter, für dessen Biographie im Zusammenhang mit den historischen Kontexten des Dramas ein bedeutendes Interesse herrscht, habe einen Bildungsprozess durchlaufen und sich dem Cha-rakterideal annähern müssen, um ideale Dichtung wie das vorliegende Werk in die Welt zu bringen.

Dass solche Dichtung geeignet sei, wiederum zur Bildung des Rezipienten – und das heißt stets: zur Annäherung an das Charakterideal – beizutragen, ist die pädagogische Prämisse, auf der *Wegweiser* wie *Erläuterungen* fußen.

Ganz offensichtlich spiegeln Auswahl des Stoffes sowie Zugriff darauf den fachdidaktischen Diskurs wider. Was dort in abstrakter Form verhandelt wird, findet hier seine Konkretisie-rung. Dass der *Wegweiser* vor allem in den Händen der Lehrer, Lektürehilfen wie die *Erläu-terungen* vor allem in den Händen der Schüler die Unterrichtspraxis prägten, ist eine wahr-scheinliche Annahme. Überprüfen lässt sie sich anhand von Schülerprodukten: Inwieweit repräsentieren diese die hier ausgebreiteten Vorstellungen?

4 Unterrichtspraxis – zwei deutsche Aufsätze

Die Reifeprüfung ist das historische Äquivalent zur gegenwärtigen Abiturprüfung. Im betrachteten Zeitraum wurde sie durch die 1901 erlassenen *Lehrpläne und Prüfungsverordnungen für die höheren Schulen in Preußen* geregelt. Grundsätzlich war ein deutscher Aufsatz zu verfassen, welcher Bewertung und Bestehen der Reifeprüfung maßgeblich beeinflusste.

Der Reifeprüfungsaufsatz hatte sich nach „Art und Schwierigkeit" innerhalb des Spektrums bekannter Unterrichtsaufgaben zu bewegen, durfte aber kein bereits behandeltes Thema wiederholen. Zunächst formulierte der Fachlehrer drei Themenvorschläge, unter denen dann ein übergeordneter Beamter des Schulwesens, der Königliche Kommissar – oftmals der jeweilige Schulrektor – eine Auswahl traf. Gestattet war dem Königlichen Kommissar auch, ein gänzlich neues Thema vorzuschreiben. Welchen Gegenstand auch immer sein Vorgesetzter behandelt sehen wollte – der Fachlehrer erfuhr erst am Prüfungstag davon, gemeinsam mit den Schülern. Letztere durften indes die Themenvorschläge nicht kennen.

Die Prüfung selbst war binnen fünfeinhalb Stunden zu absolvieren. Üblich war, dass die Schüler zunächst einen Entwurf, dann eine Reinschrift ihres Aufsatzes anfertigten. Hilfsmittel standen ihnen dabei nicht zur Verfügung – auch keine Referenztexte wie im nachfolgenden Beispiel Goethes *Tasso*. Alle potenziellen Aufsatzstoffe mussten also im Vorfeld memoriert werden.

Korrektur und Bewertung der Aufsätze oblag in erster Instanz dem Fachlehrer, in zweiter Instanz einer Kontrolle durch die Prüfungskommission (welche sich zusammensetzte aus den Fachlehrern des Jahrgangs, dem Rektor der Anstalt sowie dem Königlichen Kommissar). Zur Verfügung standen die Prädikate *sehr gut, gut, genügend* und *nicht genügend*. Letzteres markierte das Nichtbestehen der Prüfung. (Kratz 1902, 99–102)

Mit Blick auf die Ausgangsfragen ergeben sich folgende Erwägungen: Bei dem deutschen Reifeprüfungsaufsatz handelte es sich um eine hochgradig relevante Prüfungsleistung, weshalb den Schülern die Motivation möglichst guten Bestehens unterstellt werden darf. Von einer intensiven Vorbereitung ist auszugehen. Wenn Lektürehilfen wie die *Erläuterungen* im deutschen Unterricht eine Rolle spielten, dann hier. Wenn Inhalte des deutschen Unterrichts memoriert, aktualisiert und reproduziert wurden, dann hier.[26] Folglich handelt es sich bei Reifeprüfungsaufsätzen um Quellen, die maßgeblich Aufschluss über Wege und Mechanismen der Tradierung fachkultureller Elemente versprechen.

Für die Reifeprüfung am Realgymnasium Langenberg im Frühjahr 1912 schlug Oberlehrer Stierwaldt folgende drei Themen für den deutschen Aufsatz vor: „1. Wie ist das Streben der deutschen Kaiser des Mittelalters nach der Herrschaft über Italien zu beurteilen?", „2. Alfons, Herzog v. Ferrara. Sein Charakter nach Goethes ‚Torquato Tasso.'", 3. „Vergessen, ein Fehler, eine Tugend, ein Glück."

Wie in den Jahren vor dem Ersten Weltkrieg in Langenberg üblich, handelt es sich um ein historisches, ein literarisches und ein philosophisches Thema. Wie zumeist wird das literarische Thema gewählt, das – ebenfalls dem Gewohnten entsprechend – sich auf ein „klassisches" Drama bezieht. Zu verfassen ist – wie üblich – eine Charakteristik. All diese Gewohn- und Gegebenheiten entsprechen genau den im fachdidaktischen Diskurs formulierten Vorgaben (s. Kapitel II).

---

26 Erwähnt sei an dieser Stelle, dass sich der *Wegweiser* in der Bibliothek des Realgymnasiums Langenberg befand (vgl. Mackasare & Susteck 2019, 285). Es ist also wirklich keine weithergeholte Vermutung, der Lehrer des Deutschen habe sich dessen zur Unterrichtsvorbereitung bedient.

Führte diese Bewegung in eingeschliffenen Gleisen dazu, dass Stierwaldt mittels kleiner Andeutungen das Lernverhalten seiner Schüler lenkte? Oder hatten diese wirklich das ganze Spektrum historischer und literarischer Stoffe zu beherrschen, die Gegenstand des Unterrichts waren und potenziell Aufsatzthema sein konnten? Während der Prüfung konnten sie jedenfalls nicht in Goethes Drama schauen.

Erhalten im Archiv des heutigen Gymnasiums Langenberg in Velbert sind, wie auch Stierwaldts Themenvorschläge, fünfzehn Aufsätze des genannten Jahrgangs. Jeder davon umfasst Disposition und Ausführung des Textes. Einer wurde mit *sehr gut*, zwei wurden mit *gut*, zehn mit *genügend* und zwei mit *nicht genügend* bewertet. Ein kursorischer Blick in andere Aufsatzcorpora erweist, dass eine solche Notenverteilung Stierwaldts Usus entsprach: Allermeistens vergibt der Oberlehrer das Prädikat *genügend*, selten tauchen die stärksten Ausschläge *sehr gut* und *nicht genügend* auf.

Zwei dieser Aufsätze fungieren hier als Fallbeispiele, und zwar der bestbewertete, verfasst von Hermann Walter, und einer der am schlechtesten bewerteten, verfasst von Hermann Oberbeul. Geleitet wird die Auswahl von der Vermutung, der differierenden Bewertung entspreche eine möglichst große Verschiedenheit der Schülerprodukte. Aussagen darüber, welche fachkulturellen Einflüsse allgemein, partiell oder auch gar nicht wirksam sind, gewinnen so an Evidenz.

Nachfolgend werden beide Aufsätze vollständig wiedergegeben. Einige editorische Eingriffe werden dabei vorgenommen: Hervorhebungen im Original werden durch Kursivschrift markiert. Eine Zählung der Bögen erfolgt in eckigen Klammern. Texteingriffe des Lehrers werden in Fußnoten aufgeführt, die entsprechenden Anstreichungen im Text ignoriert. Die (kaum vorhandenen) offensichtlichen orthographischen Fehler und Inkonsequenzen werden stillschweigend verbessert, diesbezügliche Korrekturen des Lehrers ausgespart. Ausgespart werden auch die Köpfe der Prüfungsbögen. Diese geben jeweils Namen des Prüflings, Ort der Prüfung, Art der Prüfung, Prüfungsperiode an.

4.1 Beispiel A: Walters Aufsatz

[1] Gliederung.

Einleitung: In welcher Zeit spielt das Drama? Was für Menschen schildert Goethe?

Hauptteil: I. Auch Alfons ist, ein Mensch jener Zeit, ein wahrer Renaissance-Mensch. Dies zeigt sich:

A. In seinem Sinn für alles Schöne, für Wissenschaft und Kunst.

B. In seiner Freude am reinen, wahren [2] Genuß des Lebens.

II. Er trägt außerdem noch stark ausgeprägte individuelle Züge. Er ragt über die anderen Personen hervor durch Eigenschaften des Verstandes und Willens und des Herzens.

Ausführung.

Einleitung. In seinem „Torquato Tasso" führt uns Goethe in die Zeit der Renaissance, an einen jener kleinen Fürstenhöfe des mittelalterlichen Italiens, die ja noch heute vorbildlich sind als Schutz- und Pflegestätten von Wissenschaft und Kunst. [3] Er führt uns nach Ferrara in einen kleinen Kreis von Personen, zwischen denen sich das Drama abspielt. Mit großer Meisterschaft schildert uns Goethe[27] jene Menschen der Renaissance, in denen so wahr und lebenskräftig der Geist des klassischen Altertums wieder erstand, eine Prinzessin, die an ei-

---

27 Korrektur: „der Dichter".

nem bäuerlich einfachen Schäferleben dieselbe Freude findet wie am Studium der Schriften Platos, einen Antonio, der in seinem Scharfsinn und seiner nüchternen Denkweise mehr die verstandesmäßige Seite jener Bewegung ver- [4] tritt.

Hauptteil. Auch Alfons, der Herzog, ist ein wahrer Renaissance-Mann. Das zeigt sich in seinem ausgesprochenen Sinn für Kunst und Wissenschaft. Wie alle die kleinen Herrscher Italiens seiner Zeit, wie die Medicis und viele Päpste, hält er es gleichsam für seine Fürstenpflicht, an seinem Hofe Künstlern, Gelehrten und Dichtern eine Heimat zu schaffen und ihnen alle Schwierigkeiten aus dem Wege zu räumen, damit sie in Muße ihre Werke vollenden können, deren Ruhm auch mit auf ihn fallen wird, deren Genuß ihm Freu- [5] de und Befriedigung gewähren wird. Denn in rechter Weise das Leben genießen und sich am Schönen freuen, ist ihm wie den alten Griechen, von denen er es gelernt hat, der wahre Lebensinhalt. Nach vollbrachter Arbeit liebt er es, sich geistigen Genüssen hinzugeben, sei es nun in rechter Beschäftigung mit der Philosophie, sei es im heiteren Genuß eines Dichtwerkes.

Auch für frohe Feste und glänzende Turniere hat er Sinn und Verständnis, und er weiß sehr wohl die Annehmlichkeiten eines ungezwungenen Verkehrs mit [6] schönen, klugen Frauen zu schätzen.

Die klassische Bildung ist ihm jedoch kein äußerer Firniß geblieben wie so manchen Fürsten seiner Zeit, bei denen wir oft noch halb barbarische Züge finden, sie ist in sein innerstes Wesen eingedrungen, und er hat sich nicht nur mit der Philosophie und Kunst der Alten beschäftigt, weil in seiner Zeit für jeden, der für fein gebildet gelten wollte, ihre Kenntnis unerläßlich war, sondern auch, und zwar besonders, in dem Streben, sein eigenes Wesen abzuklären und sich zur wahren [7] Lebensweise emporzuarbeiten. So steht er denn auch über allen übrigen Personen des Dramas, unberührt vom Streit der Parteien, als kluger Vermittler, der die Schwächen der einzelnen richtig erkennt. Besonders dem noch unreifen, wankelmütigen Tasso gegenüber treten die ausgeprägten Eigenschaften seines Verstandes und Willens und die innere Harmonie seiner Persönlichkeit besonders[28] hervor. Mit scharfem Blick hat er dessen Schwächen erkannt, er versteht was den jungen Dichter bewegt, und übt Nachsicht und Geduld mit ihm. [8] So wie Tasso erkennt er auch alle anderen Menschen, die Gräfin, Antonio, und vor allem sich selbst.

Mit diesen hervorragenden Verstandeseigenschaften verbindet sich ein fester, entschlossener Wille und ein starkes Pflicht- und Rechtsgefühl. Überall, wo er kann, sucht er den Vorteil seines Landes wahrzunehmen,[29] die Geschäfte des Staates gehen jeder Erholung vor. Er reist sofort von Belriguardo ab, als Antonio ankommt, ohne Tassos Gedicht, das er erst gerade empfangen hat, zu lesen.[30] Trotz aller Zuneigung zu Tasso bestraft er ihn, weil er gegen das [9] Gesetz gefehlt hat.

Alle diese Eigenschaften, Klugheit, Scharfsinn und Willensstärke, haben seinem Antlitz einen Ausdruck verliehen, der, noch durch seine hohe ritterliche Gestalt verstärkt, für jeden, der ihm nahetritt, etwas Bezwingendes und Hoheitsvolles hat, das jede plumpe Vertraulichkeit ausschließt. Wie gebietend seine ganze Erscheinung ist, sehen wir am besten im Benehmen Tassos ihm gegenüber und in dem Umstande, daß selbst seine Schwester bei aller Zuneigung und allem Vertrauen zu ihm es nicht wagt, eine Bitte an ihn zu richten, sondern Leonore San- [10] vitale vorschickt.

---

28 Anmerkung: „Leicht zu vermeidende Wiederholung."
29 Korrektur: Semikolon.
30 Anmerkung: „Nicht ganz genau; auch mißverständlich! Etwa: Deshalb will er auch, als Antonio von Rom kommt, mit diesem von Belrig. abreisen und nach Ferrara zurückkehren, ohne … gelesen zu haben."

Trotz dieser gebietenden Hoheit ist Alfons doch nicht kalt und unnahbar; in seiner Brust schlägt ein warm empfindendes Herz. Seiner meist kränklichen Schwester gegenüber ist er freundlich und zuvorkommend und ist liebevoll um ihr Wohlergehen besorgt.

Dem jungen, unerfahrenen Dichter ist er ein väterlicher Berater und Leiter; er sorgt für seine kleinsten Bedürfnisse und wünscht sein ganzes Vertrauen zu besitzen. Er hat den Jüngling aus der Not befreit und ihm eine seiner Begabung passende Stellung gegeben. [11] Er urteilt stets milde über die Taten des raschen Jünglings, er mildert seine Gefangenschaft und beendet sie bald, trotzdem Tasso eine härtere Strafe verdient hätte. Er will ihn sogar verlieren und in die Fremde ziehen lassen, wenn es zu seinem Besten dient, und ohne Bitterkeit an ihn zurückdenken, ja, er will ihn wieder freundlich aufnehmen, wenn Tasso, enttäuscht und von der Welt verkannt, reumütig zu ihm zurückkehrt.

Eine noch innigere Zuneigung verbindet ihn mit Antonio, seinem treuen Diener, den er lieber als lieben, alten Freund [12] als als Untertanen betrachten will.

Antonio ist es auch, der seine Freundschaft am treuesten vergilt, der am besten ihn[31] versteht und würdigt. So groß ist seine Verehrung für ihn, daß er, der achso kühle, nüchterne Mann, ganz begeistert wird im Lobe seines Herrn, und sein Ausspruch über den Papst[32]: „Es ist kein schönrer Anblick in der Welt, als einen Fürsten sehn, der klug regiert," gilt sicherlich in gleichem Maße von seinem geliebten Herrn, Herzog Alfons von Ferrara.

4.2 „[E]in wohlgelungenes Bild"

„In großen Zügen, sich frei haltend von kleinlichem Beiwerk, gibt der Verfasser in edler, gewählter Sprache ein wohlgelungenes Bild des ‚Renaissance-Menschen.' Gegenüber diesen Vorzügen fallen einige kleine Mängel wenig ins Gewicht. *Sehr gut*", bewertet Oberlehrer Stierwaldt den Aufsatz Hermann Walters. Nahe liegt die Vermutung, dass Stierwaldts euphorisches Urteil damit zusammenhängt, dass Walters Ausführungen zentrale ideelle Gehalte des Konnexes „Klassik und Didaktik" reproduzieren.

Bereits in seiner Gliederung verweist Walter auf die charakterologischen Vorstellungen, die dem deutschen Unterricht zugrunde liegen, indem er von „Eigenschaften des Verstandes und Willens und des Herzens" spricht.[33] Deren ideale Ordnung wird im Zusammenhang mit Alfonso suggeriert: Vorrangig seien „die ausgeprägten Eigenschaften seines Verstandes und Willens", nachrangig die Gefühlswerte, die sich indes im Einklang mit den Forderungen des Verstandes befänden und so „die innere Harmonie seiner Persönlichkeit" begründeten. Mehrfach illustriert wird die Beschaffenheit des geläuterten Gefühlslebens: „starkes Pflicht- und Rechtsgefühl", dabei Milde, „ein warm empfindendes Herz" (das heißt im Zusammenhang: Mitleid, Empathie, Verantwortungsbewusstsein), „Zuneigung" zu Antonio. Die „hervorragenden Verstandeseigenschaften" äußerten sich im Erkenntnisvermögen, hier anschaulich gemacht anhand der Menschenkenntnis: Alfonso „erkennt" alle Personen seines Umfeldes, „und vor allem sich selbst". Hier klingen Psychologie und Psychologisieren mit ihrem hohen Stellenwert im deutschen Unterricht an, und auch, wohin das eigentlich führen soll: nicht nur zu angemessenem Verhalten – Gerechtigkeit im weiten Sinne – im sozialen Umfeld, sondern weitergehend zu Selbsterkenntnis und Selbstreflexion. Wo der Verstand bis zur letzten Konsequenz gebraucht werde, führe er zur Vernunft: Der Erkenntnis allgemeiner und allgültiger Gesetze, denen alles Temporäre und Individuelle nachzustehen habe; darauf

---

31 Anmerkung: „gebräuchlichere Stellung! ihn am besten".
32 Ergänzung: „Gregor".
33 Das Herz ist eine Metapher für ein positiv konnotiertes Gefühlsleben.

basiere die Pflicht, der sich der vernünftige Mensch freiwillig unterwerfe, Erkenntnis und Einsicht, nicht äußerem Zwang folgend. Alfonsos Pflichtübung – dass er „die Geschäfte des Staates" den persönlichen Bedürfnissen unbedingt vorzieht – basiert dieser Auslegung zufolge auf vernünftiger Einsicht, denn als souveräner Fürst könnte ihn keine äußere Gewalt dazu nötigen.[34]

Unter den *dramatis personae* erscheint Alfonso als dem Charakterideal am weitesten angenähert; deshalb habe er „etwas Bezwingendes und Hoheitsvolles" und „ragt über die anderen Personen hervor", nicht aufgrund seiner sozialen Position. Dass die Besten – das heißt: die dem Charakterideal am ehesten Entsprechenden – herrschen sollen, kennzeichnet Platons Staatsideal. Dieses scheint Walters Ausführungen zufolge in Goethes Ferrara realisiert; es verweist auf die Vorstellung, dass Güte des Charakters Gutes, Schlechtigkeit Schlechtes in den Lauf der Welt bringe. Implizit gelangen auch die Ränge Antonios und Tassos zur Sprache: Beide sind Alfonso unterlegen, Antonio steht diesem jedoch näher als Tasso. Auch hier entsprechen einander gesellschaftliche Stellung und charakterologische Bewertung.

Als dem Charakterideal weitgehend angenäherte – und so zwingend mit Menschenkenntnis ausgestattete – Persönlichkeit sei Alfonso zu pädagogischer Tätigkeit geeignet. Walter beschreibt insbesondere die Einwirkung auf den erziehungsbedürftigen Tasso: Alfonso sei „[d]em jungen, unerfahrenen Dichter […] ein väterlicher Berater und Leiter", habe diesem wirtschaftliche Sicherheit gegeben und verhelfe dessen Talent zur Entfaltung. Tassos Fehltritt ahnde Alfonso mild – da er die Motivation des Dichters richtig einschätze und so erkenne, dass kein böswilliges Verschulden vorliege –, aber Straflosigkeit komme ebenfalls nicht in Betracht. Indes basiere die Erziehung mehr auf Einsicht als auf Zwang: Dem eigenwilligen Dichter werde weitgehende Handlungsfreiheit zuerkannt und zugleich angedeutet, dass die fürstliche Gunst auch durch weitere Verirrungen Tassos keine Schmälerung erfahre. Milde statt Härte erscheint in diesem Falle angemessen, so lassen sich Walters Ausführungen weiterdenken, da letztere eher den pathologischen Zug des sensiblen Dichters förderte – wie dessen starke Reaktion auf den milden Arrest erweist.

Dem Charakterideal angenähert habe sich Alfonso durch Bildung. Im Zusammenhang mit der Referenzzeit kommt explizit der Renaissance-Humanismus zur Sprache: Alfonsos Hof wird jenen Fürstentümer zur Seite gestellt, „in denen so wahr und lebenskräftig der Geist des klassischen Altertums wieder erstand". Die normative Attribuierung – „wahr und lebenskräftig" – drückt Walters Affirmation gegenüber dem humanistischen Bildungskonzept aus. Auch Alfonsos „innerstes Wesen" sei durch „klassische Bildung" geprägt, und seine Befassung „mit der Philosophie und Kunst der Alten" erfolgte in der Absicht, „sein eigenes Wesen abzuklären und sich zur wahren Lebensweise emporzuarbeiten". Solche Verinnerlichung und Innerlichkeit kontrastiere mit dem Bestreben flacherer Charaktere, in zeitgeistiger Anbiederung mit bloßer Kenntnis der wieder modern gewordenen Stoffe zu kokettieren. Zugleich wird der Überzeugung Ausdruck verliehen, bestimmte Formen der Auseinandersetzung mit geistigen Gütern im Allgemeinen, mit wertvoller Kunst im Speziellen („in rechter Weise […] sich am Schönen freuen") wirkten charakterbildend. Dabei handle es sich um einen Prozess *ad infinitum*, in dem Alfonso nach wie vor befangen sei: „Nach vollbrachter Arbeit liebt er es,

---

34 Nur am Rande gelangt zur Sprache, dass Alfonso nicht der asketische Typus ist, den man sich bei solchen Ausführungen vorstellt, sondern Wohlleben durchaus zu schätzen weiß. Als etwas disparater Einschub verbleibt die Bemerkung, Alfonso schätze „frohe Feste und glänzende Turniere" sowie den Umgang mit „schönen, klugen Frauen". Freilich könnte impliziert sein, Alfonso sei gerade im rechten Maße lebensfroh und gesellig.

sich geistigen Genüssen hinzugeben, sei es nun in rechter Beschäftigung mit der Philosophie, sei es im heiteren Genuß eines Dichtwerkes."
Offenkundig exemplifizieren Walters Ausführungen die fachdidaktischen Vorstellungen von Charakterideal und Charakterbildung anhand der Charakteristik Alfonsos. Dies geschieht in großer Nähe zum Drama, worüber das Fehlen von Textstellenangaben – welches der Tatsache geschuldet sein dürfte, dass das Drama zum Zeitpunkt des Aufsatzschreibens nicht vorlag – nicht täuschen sollte.[35] Aus verschiedenen Textpassagen werden – größtenteils ohne Nacherzählung – Schlüsse auf Charaktereigenschaften gezogen, diese werden begrifflich erfasst und taxonomisch geordnet. So resultierten aus dem Erkenntnisvermögen des Fürsten Pflichtübung und Rechtstreue, aus seinem edlen Gefühlsleben Verantwortungsbewusstsein, Mitleid, Milde. In der harmonischen Persönlichkeit Alfonsos entsprächen Verstandesschluss und emotionale Regung einander meistenteils, widrigenfalls aber setze feste Willenskraft ersteren durch; möglicherweise stellt die Arretierung Tassos einen solchen Fall dar, vom Fürsten ungern vollzogen, vom Gesetz, das eine Ahndung der Straftat vorsieht, gefordert. Alle aufgeführten Züge Alfonsos werden solchermaßen verdichtet zu einem logisch konsistenten Persönlichkeitsportrait.
Noch eine weitere Vorstellung klingt an: Dass die Güte des Charakters in Relation stehe zu seinem Wirken im Drama. Alfonsos Fürstentum ist wohlgeführt, und seine Eingriffe im Zuge der Dramenhandlung verhindern nicht nur die Katastrophe, sondern bahnen eine dauerhafte Besserung – nämlich die Erziehung Tassos – an.
Historische Kontexte spielen für die Interpretation kaum eine Rolle; wo sie erwähnt werden, geschieht dies, gemessen an den Ausführungen des *Wegweisers* und selbst der *Erläuterungen*, in deutlich unterkomplexer Weise.[36] Nur beiläufig erwähnt wird Goethe selbst. Freilich verbürgt dessen „Meisterschaft", von der die Rede ist, Idealität des Dichters wie des Dichtwerks gleichermaßen.
Jedenfalls: Walters souveräner Umgang mit dem Stoff, seine Fähigkeit, diesen unter einem neuen Fokus umzuformen, geben dem Lehrer ein Indiz der Verstandes- und Willenskraft seines Zöglings. Dass auch ein veredeltes Gefühlsleben am Werke sei, klingt in dem der literarischen Figur sowie dem gesamten Dramengehalt gegenüber affirmativen und teilweise emphatischen Duktus an. Möglich, dass Stierwaldt dies aus Walters „edler […] Sprache" ersieht, welche er lobend erwähnt.

4.3 Beispiel B: Oberbeuls Aufsatz

[1] Gliederung.
Einleitung: Die Jugend Tassos bis zu seinem Aufenthalt in Ferrara.
Hauptteil: Alfons, Herzog von Ferrara.
A. Als Förderer der Dichtkunst.
I. Sein Verhältnis zu Tasso.

---

35 Ein interessantes Unterfangen wäre es, Schüleraufsätze wie den vorliegenden auf Textstellen des Referenzwerks zurückzuführen. Das kann hier nicht geleistet werden. Jedoch sei ein bezeichnendes Beispiel genannt: Oben wird ein disparat erscheinender Absatz erwähnt. Indes finden sich dafür Belege im Drama (Goethe 2008, V. 813–837). Folglich liegt die Vermutung nahe, dass Walter texttreu die im Drama enthaltenen Informationen wiedergibt, obwohl er sie nicht ganz in eine innere Verbindung zu dem Charakterbild, welches er zeichnet, zu setzen vermag (vgl. FN 34).

36 Insbesondere wird das Spannungsverhältnis zwischen Überlieferung und dichterischer Intention, das die Idealisierung des historischen Stoffes erforderlich machte und das gerade die Diskrepanz zwischen Alfonso II. und Goethes Alfonso betrifft, nivelliert.

B. Als Herrscher zu Ferrara.

I. Sein Umgang mit der Prinzessin und mit Leonore.

II. Urteil Tassos und Antonios über Alfons.

[2] III. Alfons als Staatsmann.

IV. Das Urteil des Herzogs im Streit zwischen Antonio und Tasso.

V. Nachgiebigkeit und Uneigennützigkeit des Herzogs.[37]

Ausführung.

Einleitung. Tasso wurde zu Sorrento in Italien geboren. Seine Jugend war keine glückliche. Sein Vater, ein heftiger Feind der Inquisition, wurde verbannt. Dieser Fluch übertrug sich auch auf den jungen Tasso, sodaß auch er fliehen mußte. Doch ertrug er sein Schicksal leicht, da ihm die Muse Trost gewährte. Mit achtzehn Jahren schrieb er sein erstes Werk,[38] durch das er sofort berühmt wurde. Dadurch war er in Zukunft von Sorgen befreit; denn edeldenkende Fürsten jener Zeit bemühten sich um ihn.

Hauptteil. A. Damals gebot zu Ferrara Alfons der Zweite [3] aus dem Hause Este. Wie andre Herrscher, so war auch er darauf bedacht, berühmte Männer, besonders Dichter, an seinen Hof zu fesseln. Seine Vorgänger hatten ebenfalls die Dichtkunst sehr geschätzt und gefördert, und mit Recht sagt Leonore Sanvitale: „Ferrara ward durch seine Fürsten groß."

I. Auch Tasso verweilte längere Zeit am Hofe zu Ferrara. Alfons war dem jungen Dichter sehr zugetan. Freundlich und huldvoll kam er ihm entgegen. Doch ungeduldig sieht er der Vollendung seines Gedichtes: „Das befreite Jerusalem," entgegen. Nicht nur der Dichter, sondern auch Ferrara soll durch dieses Werk berühmt werden. Er tadelt die Langsamkeit des Dichters und seinen Hang zur Einsamkeit. Leonore nimmt Tasso in Schutz und berichtet, daß der Dichter ihm sein Gedicht bald überreichen wird. [4] Auch die Prinzessin, Leonore von Este, tritt für Tasso ein und tadelt die Eile ihres Bruders.

B. I. Alfons ist über die Ermahnung seiner Schwester keineswegs ungehalten, sondern freundlich und dankbar nimmt er ihre Vorschläge an. Er ist zwar der Ansicht, daß ein Mensch nicht einem engen Kreise seine Bildung danken kann, sondern daß Vaterland und Reise auf ihn einwirken müssen, doch läßt er sich gern von Leonore[39] belehren. Sie ist andrer Meinung und sagt: „Es bildet ein Talent sich in der Stille, sich ein Charakter in dem Strom der Welt." Alfons bittet seine Schwester zu hindern, wenn er zu eifrig ist. Seiner Freude über Tassos Werk gibt er schon in folgenden Worten Ausdruck: „Dann soll das Vaterland, es soll die Welt erkennen, welch ein Werk vollendet worden. Ich nehme meinen Teil des Ruhms davon, und er wird in das Leben eingeführt."

[5] II. Kurz nach dieser Unterredung kommt Tasso und bringt dem Herzog das Gedicht. Hierbei gibt der Dichter seinen Gefühlen des Dankes Ausdruck und bezeichnet Alfons nahezu als seinen zweiten Vater, der ihn, „dessen jugendlicher Sinn durch das unverdiente Elend der Eltern getrübt wurde," gastlich aufgenommen hat. Nur an ihn hat er[40] gedacht, und nur für ihn will er schaffen und tätig sein. Der Herzog belohnt ihn mit einem Lorbeerkranz, mit dem Leonore[41] Tassos Haupt schmückt.

---

37 Anmerkung: „Die Gliederung ist nicht logisch!"

38 Anmerkung: „Steht nicht im Drama."

39 Anmerkung: „*Welche* L. ist das?"

40 Korrektur: „*habe* er bei der Abfassung des Gedichtes gedacht u. nur ihn *wolle*…"

41 Anmerkung: „Wieder unklar, welche L."

III. In diesem Augenblick wird die Ankunft Antonios gemeldet. Dieser kommt von Rom zurück, wo er als Vertreter des Herzogs wichtige Staatsgeschäfte erledigt hat. Freundlich wird er von Alfons umschlungen. Antonio schildert den Herzog[42] als Staatsmann. Aus seinen Worten hören wir, wie Alfons zu Rom und [6] zum Papste steht. Gregor hat den Herzog geradezu Freund genannt und läßt ihn herzlich grüßen. Er hat Alfons[43] liebgewonnen. Das Freundschaftsverhältnis ist sehr bezeichnend. Auch ist das Geschäft mit dem Papste glücklich erledigt worden. Sicherlich ist das der Tüchtigkeit[44] und Friedensliebe des Herzogs zu verdanken. Mit Recht kann Ferrara von Alfons sagen[45]: „Es ist kein schönerer Anblick in der Welt als einen Fürsten sehn, der klug regiert."

IV. Auch Antonio spricht sich lobend[46] über Alfons aus, wenn er zu Tasso sagt: „Mir war es längst bekannt, daß im Belohnen Alfons unmäßig ist, und du erfährst nur, was jeder von den Seinen [nur] schon erfuhr." Doch sind diese Worte wohl eher etwas höhnisch und bitter;[47] denn er beneidet Tasso, den er mit dem Lorbeer geschmückt antrifft. Kühl tritt er dem Dichter [7] entgegen. Als dieser ihn kurz darauf um seine Freundschaft bittet, kommt es zu einer heftigen Auseinandersetzung. Der Streit hätte einen ernsten Ausgang genommen, wäre nicht Alfons als Vermittler zwischen die Zankenden getreten. Ruhig läßt er sich über die Ursache des Streits unterrichten. Dann urteilt er. Doch tritt er hierbei nicht als strenger Richter auf. Tasso muß den Degen ablegen und darf sein Zimmer nicht verlassen. Antonio wird von Alfons ermahnt, freundlicher mit Tasso zu verfahren. Ohne Widerspruch hören Tasso und Antonio das Urteil; denn sie wissen, daß Alfons recht handelt. Doch ist Tasso so gekränkt, daß er Ferrara verlassen will.

V. Alfons hört von dem Vorhaben des Dichters und sucht ihn auf. Er möchte ihn gern an seinem Hofe behalten. Tasso aber lässt sich von seinem Entschluß nicht abbringen. Manch andrer Herrscher wäre hierüber ungehalten geworden. Alfons aber erfüllt die Bitte des Dichters. Er wünscht ihm gute Reise und hofft, daß er bald nach Ferrara zurückkehren werde. Zum Schluß gibt er ihm noch Empfehlungsbriefe mit, damit die Zukunft des Dichters gesichert sei.

4.4 „[N]ichts als Erzählung"

„Die Arbeit ist in ihrer ganzen Anlage verfehlt. O. versucht nicht, ein Bild von dem Charakter des Herzogs zu zeichnen, sondern gibt nichts als Erzählung. Daher kann, selbst bei mildester Beurteilung, die Arbeit nicht mehr genügend genannt werden. *Nicht genügend*", stellt Stierwaldt fest. Im vorliegenden Fallbeispiel steht dies Urteil in harschem Kontrast zu dem vorangegangenen; auf der Bewertungsskala liegen sich die beiden Arbeiten diametral gegenüber. Warum schneidet Oberbeul so schlecht ab?

Zunächst einmal lassen sich auffällige Ähnlichkeiten beider Aufsätze feststellen: Beide leiten mit einem historischen Abriss ein, beide bewegen sich nah am Referenztext, beide zeichnen

---

42 Korrektur: „den Papst!"
43 Anmerkung: „schon in früherer Zeit".
44 Anmerkung: „Inwiefern denn?"
45 Anmerkung: „...sagen, was Antonio mit Beziehung auf Papst Gregor ausspricht:"
46 Anmerkung: „Siehe unten!"
47 Anmerkung: „Widerspruch!"

Alfonso als positive Herrschergestalt, deren pädagogische Eignung sich erweist[48] und deren Wirken im Drama das Gute fördert.

In Oberbeuls Ausführungen gewinnt Alfonso seine Kontur durch eine Aufzählung verschiedener Charakterzüge. Am stärksten betont werden Freundlichkeit und Huld.[49] Milde schließt sich daran an,[50] die aber nicht auf Gerechtigkeit und Rechtmäßigkeit verzichte.[51] Außerdem verweisen „Tüchtigkeit und Friedensliebe" auf staatsmännische Befähigung, die in Form eines stark dekontualisierten Zitats – „Es ist kein schönrer Anblick in der Welt […]" – belegt wird. Ungeduld erscheint als negativer Zug Alfonsos, den aber Kritikfähigkeit ausgleiche.[52]

Von hier aus lassen sich die zentralen Probleme erkennen, die Stierwaldt verortet. Dasjenige auf der Textoberfläche ist offenkundig und benannt mit der Anmerkung, dass „nichts als Erzählung" präsentiert werde: Mehr deskriptiv fasst Oberbeul einzelne Szenen zusammen, wobei die hinsichtlich des Themas relevanten Argumente nicht selten nur impliziert werden. So führt der Abschnitt I explizit die Eigenschaften Freundlichkeit, Huld, Ungeduld auf; nur implizit tritt Kritikfähigkeit hinzu, die aber gerade geeignet ist, die disparate Zusammenstellung zu verbinden.[53]

Verbunden werden aber müssen die Charaktereigenschaften im Sinne der Konsistenz. Stets muss eine innere Logik des Charakters erkennbar sein: Wenn ein Herrscher freundlich, huldvoll und zugleich ungeduldig ist, dann ist das hierarchische Verhältnis dieser Eigenschaften zu klären. Dominieren – wie hier – im Zweifelsfall die positiven Eigenschaften, ist der negative Zug ein kleiner allzumenschlicher Makel; andernfalls eine bedenkliche Schwäche. Eine Charakteristik forderte stets diese Bewegung in die normative Charakterologie; zum eigenen Schaden führt Oberbeul sie nicht durch.

Vice versa reagiert Stierwaldt auf das Urteil, die erfolgreiche Verhandlung mit dem Papst gehe auf Alfonsos staatsmännische „Tüchtigkeit" zurück, mit der Frage: „Inwiefern denn?" Das Problem lautet nicht, Antonio habe anstelle Alfonsos die diplomatische Einigung erzielt. Dieser handelte ja im Auftrag des Fürsten und mit dessen vollem Einverständnis – hinter dem Erfolg des Gesandten die Weisheit des Herrschers zu sehen, ist folglich ein zulässiger Schluss. Vielmehr moniert Stierwaldt die ausbleibende Division des Tüchtigkeitsbegriff – seine kritische Nachfrage lautet eigentlich: Inwiefern ist Alfonso ein tüchtiger Staatsmann? Welche Charaktereigenschaften konstituieren diese Tüchtigkeit? Problematisch ist Oberbeuls phänomenologische Herleitung des Tüchtigkeitsbegriffs: Alfonso setzt erfolgreich sein Staatsinteresse durch, folglich ist er ein tüchtiger Staatsmann. Stattdessen sollte die Argumentation aber psychologisch bzw. charakterologisch erfolgen: Alfonsos zur Vernunft geklärter Verstand lässt ihn das Wohl des Staates in bestmöglicher Weise verfolgen; sein Wille zwingt demge-

---

48 Z.B. „der Dichter […] bezeichnet Alfons nahezu als seinen zweiten Vater", „Doch tritt er hierbei nicht als strenger Richter auf. Tasso muß den Degen ablegen und darf sein Zimmer nicht verlassen. Antonio wird von Alfons ermahnt, freundlicher mit Tasso zu verfahren."

49 Z.B. „[f]reundlich und huldvoll", „freundlich und dankbar", „Der Herzog belohnt ihn mit einem Lorbeerkranz", „[f]reundlich wird er von Alfons umschlungen", „Antonio spricht sich lobend über Alfons aus, wenn […]", „gibt er ihm noch Empfehlungsbriefe mit, damit […]".

50 Z.B. „nicht als strenger Richter", „[m]anch andrer Herrscher […]".

51 Z.B. Abs. „Der Streit […]".

52 Abschnitt I – „ungeduldig"; „dankbar nimmt er ihre Vorschläge an", „läßt er sich gern von Leonore belehren".

53 *In nuce* zeigt sich die von Stierwaldt problematisierte unterbleibende Schlussbildung in folgendem Passus: „Gregor hat den Herzog geradezu Freund genannt und läßt ihn herzlich grüßen. Er hat Alfons liebgewonnen. Das Freundschaftsverhältnis ist sehr bezeichnend." – Bezeichnend wofür?

genüber alle persönlichen Bedürfnisse in den Hintergrund; folglich ist er ein tüchtiger Staatsmann (und verhandelt deswegen erfolgreich).

Die fehlende Tiefe des Aufsatzes, welche das Vernichtungsurteil Stierwaldts konstatiert, wird auf mangelhaft angewandte Logik zurückgeführt. So komme es zu unzureichend begründeten und inhaltsarmen Zuschreibungen (Bsp. „Tüchtigkeit") sowie zur fehlenden Urteils- und Schlussbildung. Bereits der erste Kommentar des Lehrers lautet: „Die Gliederung ist nicht logisch!" Ist das aber alles?

Weder stellt Oberbeul eine innere Hierarchie der Charaktereigenschaften – und damit das Charakterideal – dar, noch eine Rangordnung der Charaktere gemäß ihrer Nähe zum Charakterideal. Über Alfonsos Bildungsgang wird nicht explizit informiert; die Bemerkung, dass er „die Dichtkunst" schätze, wird nicht mit seinen vorteilhaften Eigenschaften in Verbindung gesetzt, und die paraphrasierte Feststellung des Fürsten, „daß ein Mensch nicht einem engen Kreise seine Bildung danken kann, sondern daß Vaterland und Reise auf ihn einwirken müssen", weitet den Bildungsbegriff geradezu in nicht-humanistischer Weise aus. Humanismus, Bildungsideal und Charakterideal spielen schlichtweg keine Rolle in dem Aufsatz. Es drängt sich die Frage auf, inwieweit methodisch-systematische Unzulänglichkeiten das Urteil des Oberlehrers begründen – und inwieweit die fehlende Reproduktion idealer Gehalte in dieses einspielt.

In den Augen seines Lehrers beherrscht Oberbeul den Stoff nicht. Nicht nur spielt es keine Rolle, sondern es ist eher nachteilig, dass er imstande ist, die Dramenhandlung unter Hinzuziehung zahlreicher sentenzenhafter Zitate nachzuerzählen: Die geforderte Übertragungsleistung, die Umfokussierung auf den neuen externen Schwerpunkt, die Abstraktion vom Handlungsverlauf, misslingt dabei. Ebensowenig gewürdigt werden Oberbeuls über den Dramenhorizont hinausweisende historische Kenntnisse. Stierwaldt kommentiert trocken: „Steht nicht im Drama." Zentral ist nicht die Reproduktion bestimmter stoffbezogener Wissensstände, sondern die Anwendung eines bestimmten Fähigkeiten- und Fertigkeitenkanons, der fortgeschrittene Charakterbildung belegt – und möglicherweise unterschwellig die Reproduktion bestimmter idealer Gehalte, die in einem engen inhaltlichen Zusammenhang mit der Charakterbildung stehen.

4.5 Zwischenfazit

Die in beiden Aufsätzen vertretenen Auffassungen weichen nirgends gravierend voneinander ab. Jene Verse, mit denen Walter seine Ausführungen beschließt und die sentenzenhaft als *conclusio* fungieren, zitiert auch Oberbeul: „Es ist kein schönrer Anblick in der Welt / Als einen Fürsten sehn der klug regiert" (Goethe 2008, V. 639f.).[54] Beide Male wird Alfonso als guter Herrscher dargestellt, und auch die Art der Ausführung ähnelt sich teilweise – etwa die historisierende Einleitung. Nähe zur Dramenhandlung lässt sich in beiden Fällen konstatieren, im Falle Oberbeuls zeigt sich diese allerdings schärfer einerseits durch die

---

54 Bemerkenswert ist die Dekontextualisierung, denn tatsächlich spricht Antonio ja vom Papst, und die Übertragung der Zuschreibung auf Alfonso ist nicht gerade naheliegend. Nichtsdestoweniger besteht Stierwaldt indes auf philologische Präzision, indem er im Falle Oberbeuls ergänzt, dass „Antonio mit Beziehung auf Papst Gregor" spricht, und im Falle Walters, dass von „Gregor" die Rede ist (also von diesem speziellen Papst, nicht von irgendeinem – Päpsten *per se* kluge Regentschaft zu unterstellen, geht nicht an). Dass nun das gleiche Zitat von den beiden Schülern in dem gleichen, eher fernliegenden Zusammenhang zur Sprache kommt, lässt vermuten, es sei in dieser Weise im Unterricht hervorgehoben worden. So mutet es drollig an, dass der Oberlehrer nun in seinen Kommentaren gegen Verirrungen ankämpft, die er mutmaßlich zuvor in den Deutschstunden selbst verantwortete.

chronologische Schilderung, andererseits durch die Fülle an Zitaten. Naheliegend und nicht gerade unerwartet ist die Feststellung, dass während der Deutschstunden ein ähnlicher Blick auf das Drama geschult wurde.

Der Befund inhaltlicher Nähe bestätigt sich auch mit Blick auf *Wegweiser* und *Erläuterungen* als Vergleichsobjekte. In der Themenstellung ist der Fokus auf die Charaktere angelegt, die charakterliche Güte Alfonsos sowie seine pädagogische Eignung werden in beiden Aufsätzen herausgestellt. Im Falle Walters kommt insbesondere noch das Bildungsideal hinzu, wie überhaupt Walters Aufsatz *en détail* das Philosophem der Charakterbildung abbildet.

Historische Kontexte spielen – wie in beiden Druckschriften – in den Aufsätzen eine untergeordnete Rolle, kommen aber zur Sprache.[55] Walter gibt hier tendenziell Allgemeinwissen über die Renaissance wieder, während Oberbeul mit Kenntnissen aus Tassos Biographie promeniert – Angaben übrigens, die aus den *Erläuterungen* stammen könnten (vgl. Zipper 1905, 8f.). Dramentheoretisch-poetologische Ausführungen finden sich in den Aufsätzen nicht.

Das Großnarrativ, nach dem Goethe, einen Bildungsprozess durchlaufend, sich dem Charakterideal annäherte, und daraufhin, die Geschichte idealisierend, ein ideales Drama schuf, das seinerseits geeignet ist zur Charakterbildung, spiegelt sich allenfalls ganz fragmentarisch wider: In der affirmativen Haltung beider Primaner dem Referenztext gegenüber sowie auch in Walters Rede von Goethes „Meisterschaft". Letztere dürfte zu den gängigsten Vorstellungen jener Zeit gezählt haben, so dass es nicht verwundert, wenn Oberbeul derartiges nicht eigens erwähnt.

Bemerkenswert ist, dass im vorliegenden Beispiel aller Wahrscheinlichkeit nach bestimmte kanonische Standpunkte hinsichtlich Interpretation und Bewertung des Dramas im Zuge des Unterrichts gelehrt wurden, nicht jedoch die strukturgebenden weltanschaulichen Prämissen. Diese wurden nur implizit vermittelt, etwa in Form von Werturteilen: Die Schüler wissen, dass Alfonso ein guter Herrscher und ein vorbildlicher Charakter ist, aber wohl nicht zwingend, dass ein Charakterideal existiert, das diese Einschätzung begründet. Walter, der es allem Anschein nach kennt und damit operiert, brilliert – und Oberbeul, außerhalb dessen Blick es sich befindet, retten alle memorierten Sentenzen nicht.

Hier schließt sich nun eine Frage von zentralem Interesse an. Führen – gemäß dem Anspruch der Aufsatzlehre – logische Operationen Walter zum Auffinden des Charakterideals? Oder weiß Walter um die Existenz des Charakterideals und darum, von welch hohem Stellenwert es für die Fachkultur des deutschen Unterrichts ist, und schiebt es deshalb seiner Interpretation unter?

Beides dürfte der Fall sein. Einerseits argumentiert Walter logisch und psychologisch, indem er in Abstraktion vom gegebenen Text Charakterzüge des Herzogs sammelt und diese in eine taxonomische Ordnung bringt, während Oberbeuls Ausführungen gewissermaßen deskriptiv und phänomenologisch an der Dramenhandlung haften bleiben, ohne die gemachten Beobachtungen einem der Themenstellung entsprechenden inneren Prinzip zu unterwerfen. Jenes entspricht der Leistung, die die Aufsatzlehre vorsieht, dieses bleibt dahinter zurück – und insofern ist Stierwaldts Kritik auch gerechtfertigt.

---

55 Verglichen mit *Wegweiser* und *Erläuterungen* sind die Ausführungen beider Aufsätze klar unterkomplex. In schroffem Kontrast zu den Positionen beider Druckschriften wird beide Male suggeriert, der ideale Fürst des Dramas verweise auf ideale historische Vorbilder. Ausgeblendet wird also der künstlerische Idealisierungsprozess. Oberbeul differenziert überhaupt nicht zwischen Geschichtsschreibung und Drama. Der Hauptteil verbindet die historische Bemerkung unmittelbar mit der Dramenbetrachtung.

Andererseits ist bereits Walters *dispositio* das Charaktermodell Platons bzw. Schillers inskribiert; es tritt also als zentrales Strukturelement auf, das aller Wahrscheinlichkeit nach nicht induktiv dem Drama entnommen, sondern als externes Wissen deduktiv hinzugezogen wurde. Walter, darf man unterstellen, kannte nicht nur Charaktermodell und –ideal vorab, sondern wusste auch, dass sich damit jede Charakteristik im Sinne des Lehrers bestreiten ließ. Tatsächlich honorierte Stierwaldt diese Reproduktion seinem Fach zugrundeliegender ideeller Kerngehalte – und ignorierte bei Vergabe der Bestnote, dass auch Walters Aufsatz den Forderungen der Logik nicht in vollkommenem Maße genügt.[56]

Nach dem Gesagten erscheinen mir folgende thetische Schlüsse statthaft: Charakteristiken zielten auf Division des Seelenlebens ab, jedoch standen die drei Gattungen der Seelenkräfte von vornherein fest: Verstand, Wille, Gefühl. Induktiv, im Zugriff auf den Referenzstoff, waren dann die einzelnen Züge des betreffenden Charakters festzustellen und dem vorgegebenen Modell zu subsumieren. Beurteilt werden musste auch die jeweilige hierarchische Ordnung der Seelenkräfte. Das Werturteil, welches sich hieran üblicherweise anschloss, war wiederum am Charakterideal zu bemessen: Verstand herrscht, Wille beherrscht, Gefühl folgt oder wird unterdrückt.

Das steht in keiner Aufsatzlehre, und aktiv gelehrt wurden diese Vorstellungen nicht. Es erscheint fraglich, ob sie im anbrechenden 20. Jahrhundert überhaupt noch zum aktiven geistigen Repertoire eines durchschnittlichen Lehrers und Gelehrten zählten, oder ob sie unreflektiert tradiert und übernommen wurden.

Jedenfalls handelte es sich um sublime Prämissen: Nicht zwingend wurden sie in didaktischen Schriften dargelegt, dem *Wegweiser* sind sie eher offenkundig, den *Erläuterungen* – und vermutlich auch anderen Lektürehilfen – eher subtil eingeschrieben. Aber eingeschrieben sind sie. Sie rekurrieren auf das im didaktischen Diskurs und für den deutschen Unterricht des betrachteten Zeitraums zentrale Philosophem der Charakterbildung, den Nukleus von „Klassik und Didaktik", jenes untrennbaren Konnexes pädagogisch-didaktischer Prämissen und Intentionen.

Walters Aufsatz stellt Charakterbildung formal unter Beweis und reproduziert das Konzept der Charakterbildung inhaltlich. Mehr fachkulturelle Assimilation auf so engem Raum ist schwer denkbar. Dieser Tatsache verdankt er seine Bestbewertung.

5 Fazit

Ausgangspunkt meiner Ausführungen war ein hypothetisch angenommener Tradierungszusammenhang. In erster Instanz präge das disziplinäre Denkkollektiv im Diskurs einen spezifischen Denkstil, zeitige Fachkultur; hier die der Proto-Literaturwissenschaft eng verwandte Proto-Fachdidaktik des 19. Jahrhunderts. Lehr- und Einführungswerke dienten der Verbreitung etablierter Standpunkte sowie der Initiation neuer Aspiranten des Faches, stabilisierten so den Denkstil ideell und das Denkkollektiv personell; hier der *Wegweiser*, primär den Leh-

---

56 Ein Beispiel wurde oben bereits erwähnt, der Absatz „Auch für frohe Feste [...]". Will man ihn zugunsten Walters auslegen, also im Sinne einer kohärenten Charakteristik, dann bleibt es immerhin dabei, dass hier – wie von Oberbeul auch – nur mit Implikation gearbeitet, also kein Schluss aus dem Gesagten gezogen wird. Weitaus gravierender aber erscheint mir, dass Walters Ausführungen nicht konsequent halten, was seine Disposition verspricht. Diese untergliedert Alfonsos Persönlichkeit in zwei Wesensaspekte: I. Zeittypisches, II. Individuelles. In der Ausführung beginnt Gliederungspunkt II vermutlich ab „Alle diese Eigenschaften [...]". Wo man die Trennung auch ansetzt – keiner der beiden Abschnitte realisiert konsequent sein Thema.

rer, sowie die *Erläuterungen*, primär den Schüler adressierend. Der Schüleraufsatz schließlich stellt die Kontrollinstanz dar, inwieweit sich die Tradierung fachkultureller Elemente *in praxi* vollzieht.

Die frühe Literaturwissenschaft des 19. Jahrhunderts basierte auf Vorstellungen von Idealität. Diese erst verleihe ihrem Gegenstand die Dignität, welche die gelehrte Auseinandersetzung mit ihm rechtfertige. Im Kern basierten solche Werturteile auf Philosophemen Lessings, Goethes und Schillers. Diese wurden außerdem zu „Klassikern" erklärt; eine Auswahl ihrer Schriften galt als absoluter Höhepunkt deutschen Literaturschaffens. Hieran knüpften sich Narrative, nach denen der jeweilige Dichter sich durch einen spezifischen Bildungsgang charakterlicher Idealität annäherte, um dann ideale Literatur zu verfassen. Die Auseinandersetzung der frühen Literaturwissenschaft mit ihrem Stoff verlief zirkelförmig: Affirmative Lektüre und normativer Ritterschlag bedingten einander.

Diese ideellen Gehalte waren dem didaktischen Diskurs, aus dem der deutsche Unterricht in seiner festen Form hervorging, zutiefst inskribiert. Herausgestellt wurde indes die Vorstellung, ideale Literatur verhelfe wiederum ihren Rezipienten zur Annäherung an das Charakterideal. Hiervon leitete sich das oberste Unterrichtsziel der Charakterbildung her.

Wegweiser und *Erläuterungen* sind von diesen Vorstellungen merklich geprägt, jedoch in unterschiedlichem Grade. So appliziert der *Wegweiser* die Vorstellungen von Charakterideal und Charakterbildung sowohl auf seine literarhistorischen Ausführungen als auch auf die Interpretation des *Tasso*, expliziert sie jedoch weder inhaltlich noch als den eigenen Ausführungen zugrundeliegende ideelle Prämissen.[57] Anhand der Ausführungen des *Wegweisers* erfährt die Leserin vom Vorhandensein der Seelenkräfte Verstand, Wille, Gefühl sowie von einer wünschenswerten Ordnung derselben, jedoch werden die Philosopheme, von denen sich diese Vorstellungen herleiten, weder erwähnt noch erläutert, und davon, dass sie der Fachkultur, der der *Wegweiser* entstammt, zugrundeliegen, ist ebenfalls nicht die Rede.

Noch weitaus stärker abstrahieren die *Erläuterungen* von ihrer fachkulturellen Provenienz. Ihrem deskriptiv-kommentierenden Duktus sind die genannten ideellen Gehalte überwiegend fragmentarisch eingeschrieben. Sie werden impliziert, und ihre stringente Rekonstruktion erfordert wohl ihre Vorkenntnis: Man muss wissen, was man sucht, ehe man es in den *Erläuterungen* erkennen kann. Dann aber zeigt es sich deutlich.

Setzt man nun Diskurs, *Wegweiser* und *Erläuterungen* mittels der Frage nach Tradierung fachkultureller Gehalte in Verbindung, stellen sich die nachgeordneten Instanzen je als Teilmengen der vorangegangenen dar. Im fachdidaktischen Diskurs wird das zentrale Philosophem der Charakterbildung ausführlich erörtert und seine strukturgebende Funktion in der gesamten Unterrichtskonzeption offengelegt. Dem *Wegweiser* ist es insbesondere in Form der Teilbereiche Charakterideal und Bildungsvorstellung deutlich inskribiert. In den *Erläuterungen* findet es sich nur noch schemenhaft. Nichtsdestoweniger drohen auch letztere in keiner Weise, von der im Zeichen dieses Konzepts präfigurierten Art des Umgangs mit dem Referenzstoff abzuweichen. Bei seiner Wanderung durch die Instanzen durchläuft das Konzept der Charakterbildung einen Wandel von Explizitheit zu wachsender Implizitheit. Implizit aber bleibt es prägend.

---

57 Wenn Goethes *Tasso* nicht als ideales Kunstwerk gälte, das zur Charakterbildung der Schüler geeignet ist, oder immerhin Goethe als idealer Dichter und die behandelte Referenzschrift als Meilenstein auf seinem Bildungsgang (solchermaßen wurden Jugendschriften wie *Götz von Berlichingen* oder die ersten drei Dramen Schillers als Unterrichtsstoff gerechtfertigt), dann würde der *Wegweiser* ihn nicht behandeln.

Hinter diesem Phänomen lassen sich grundlegende Mechanismen verorten, die nebeneinander wirksam sind. Die Reduziertheit der *Erläuterungen* dürfte vor allem didaktischen Erwägungen geschuldet sein: Das hier Vorgetragene sollte einerseits wenig voraussetzungsreich und damit für Schüler leicht zugänglich sein und andererseits an interpretatorischem Gehalt der „Selbsttätigkeit" der Zöglinge nicht allzu sehr vorgreifen. Möglich, dass immerhin ersteres auch auf das Verhältnis von Fachdiskurs und *Wegweiser* zutrifft – dem praktizierenden „Schulmann" möchte man nicht die disziplinären Kontroversen in ihrer ganzen Komplexität zumuten –, ausschlaggebender aber dürfte für das vorliegende Beispiel sein, dass das Selbstverständliche – Charakterbildung und die damit verknüpften Philosopheme – innerhalb des disziplinären Denkkollektivs der Erläuterung nicht bedarf. Es wird als bekannt vorausgesetzt. An dieser Stelle setzt ein Mechanismus an, den ich als Abschliff bezeichnen möchte: Das als Selbstverständliches Tradierte, aus seinen historischen und ideellen Kontexten Losgelöste, nicht mehr argumentativ Gerechtfertigte, möglicherweise in seiner Komplexität Reduzierte wird zum Selbstläufer, mit dem zunehmend frei verfahren werden kann. Hier ist es nur noch Phrase, dort wird es mit ganz neuen Vorstellungen aufgeladen – und verliert auf Dauer seinen zentralen Stellenwert. Vielleicht steht dieser Mechanismus im Zentrum interner Wandelerscheinungen von Fachkulturen.

Was aber bedeuteten die in den genannten Druckschriften beobachteten Phänomene für die Unterrichtspraxis? Ein Lehrer, der seine Stunden zu Goethes *Tasso* auf den Ausführungen des *Wegweisers* aufbaute, musste dabei nicht in abstrakter Weise auf das Charakterideal zu sprechen kommen. Dass unkontrollierte Gefühlsausbrüche Tassos den Knoten der Handlung verschulden, dass Alfonsos höhere Vernunft die Katastrophe abwenden und Besserung anbahnen hilft, dass Antonio, in verständiger Weise die eigenen widrigen Emotionen seinem Willen unterwerfend, schließlich als geeigneter Erzieher Tassos erscheint, lässt sich induktiv dem Drama entnehmen. Beinah organisch damit verbunden erscheinen die Werturteile, Tassos Verhalten sei schlecht, Alfonsos gut, Antonios zunächst eher schlecht, schließlich gut. Und Schüler, deren Dramenlektüre durch die *Erläuterungen* begleitet wurde, wurden mit diesem engeren Deutungszusammenhang gar nicht explizit konfrontiert. Unter diesen Voraussetzungen entstand ein großer Spielraum für die Rolle, die die konzeptuell zentralen ideellen Gehalte des deutschen Unterrichts in dessen Praxis einnehmen konnten: Sie konnten ganzheitlich oder partiell, explizit oder implizit, reflektiert oder unreflektiert zum Tragen kommen, in Abhängigkeit vom Lehrer und von dessen Unterricht sowie von jedem einzelnen Schüler. Kurzum: In der Praxis des deutschen Unterrichts hatten dessen zentrale ideelle Gehalte einen unklaren Status inne.

Dass diese Feststellung zutrifft, belegen die beiden vorliegenden Aufsätze beispielhaft. In zwei Arbeiten desselben Jahrgangs werden die dem deutschen Unterricht zugrundeliegenden charakterologischen Vorstellungen einmal detailliert reproduziert, das andere Mal spielen sie keine sichtbare Rolle. Daraus darf man schließen, dass sie im Unterricht nicht explizit vermittelt wurden, anders als andere, vielleicht handfestere fachkulturelle Gehalte, die sich in beiden Aufsätzen finden: formaler Aufbau, Analyse auf Basis angewandter Logik mit historisierendem und normativem Einschlag, Art des Werturteils über Alfonso etc. Zugleich aber zeigt die Bewertung der Aufsätze, dass die Kenntnis jener sublimeren und zugleich elementaren Gehalte belohnt wurde.

Schließen möchte ich mit der These, dass gerade ideelle Kerngehalte – als das für den Eingeweihten *Selbst*verständliche einerseits, erst mit höheren disziplinären Weihegraden *Verständliche* andererseits – innerhalb von Fachkulturen auf subtilere Weise tradiert werden als konkretes Fachwissen und als fachspezifische Praktiken. Dadurch werden sie anfällig für Abschliff, für latenten Bedeutungsverlust. Basale Wandelerscheinungen innerhalb von Fachkulturen, die sich zwischen den Generationen vollziehen, erklären sich hieraus. Das um die ‚Klassiker‘ rankende ideelle Geflecht hatte längst seine elementare Bedeutung innerhalb der deutschen Literaturwissenschaft verloren, ehe es die ideologiekritischen Fachkolleginnen und –kollegen – so Hans Joachim Frank mit seiner *Geschichte des Deutschunterrichts* (1973) – in einem Scheingefecht erledigten.

Noch ein kleines Gedankenspiel. Walter und Oberbeul schlagen eine akademische Laufbahn ein. Oberbeul ist heilfroh, den deutschen Unterricht und Oberlehrer Stierwaldt, dem er eine Nachprüfung verdankte, hinter sich zu haben. Lessing, Goethe und Schiller sind ihm wie die sich daran knüpfende Emphase nachhaltig verleidet. Um das literaturwissenschaftliche Seminar macht er einen weiten Bogen. Wir verlieren ihn aus den Augen.

Anders sein ehemaliger Klassenkamerad Walter: Der zog bereits in der Tertia Goethe als Abendlektüre Karl May vor und sog schon zu Schulzeiten mit Begeisterung sämtliche Werke der „Klassiker" auf. Deren ideeller Kosmos ist ihm vertraut, erscheint ihm überzeugend, wirkt weltanschaulich prägend. Was er im deutschen Unterricht erfährt, stimmt damit überein, bestätigt und vertieft vorhandene Überzeugungen, und es fällt ihm auf dieser Grundlage nicht schwer, Aufsätze zu verfassen, die ganz das Wohlgefallen seines Lehrers finden. Jetzt, auf der Universität, ergreift Walter die Gelegenheit, sein Interesse mittels literaturwissenschaftlicher Studien zu nähren.

Lehrveranstaltungen und Fachliteratur knüpfen zunächst nahtlos an Walters ideellen Kosmos an. Im Zentrum Lessing, Goethe, Schiller, deren Vorstellungswelt, die sich in immer feineren Nuancen erschließen lässt durch Studien Leibniz', Spinozas, Kants; Aristoteles als Altmeister, Shakespeare als Vorbild, Gottsched und die französischen Klassizisten als Irrweg, Epigonen wie Grillparzer und Platen als schwaches Nachleuchten… Klassiker-Studien lassen sich in unterschiedlichste Richtungen treiben: Werkanalytisch, editionsphilologisch, geistes- und philosophiegeschichtlich, literarhistorisch. Walter geht ihnen eine Weile lang nach.

Da in der Literaturwissenschaft von Psychologie viel die Rede ist, dehnt er seine Studien auf diesen Fachbereich aus. Plötzlich tönen Dissonanzen: Was Wilhelm Wundt schreibt, was Sigmund Freud vertritt, will nicht zu Schillers charakterologischen Vorstellung und nicht zu den Idealen der „Weimarer Klassik" passen – und ist doch auf der Höhe der Zeit.

Dissonant erscheint auch, dass auf Walters Nachtisch mittlerweile Hauptmann und Huysmans liegen. Das Gute, Wahre, Schöne findet sich dort nicht, aber interessant genug ist die Lektüre – und Fragen, denen wissenschaftlich nachzugehen wäre, wirft sie auch auf.

Wie reagiert Walter? Möglich, dass er einen Abschliff aus der Tasche zieht, Charakterbildung – Charakterideal und Bildungsgedanke –, ihn von allen Seiten besieht und dann als kindisches Kleinod beiseite legt. Vielleicht hat er auch dieses Relikt aus Schulzeiten im Zuge seiner Studien mit philosophischen Marksteinen verbunden, von denen es eigentlich herstammt, und verteidigt nun jene als Errungenschaften höherer Einsicht gegenüber den Eintagsfliegen moderner Wissenschaft – oder verwirft sie als Kennzeichen historischer Irrwege.

Wie auch immer Walter sich verhält – er tritt damit in den diskursiven Zusammenhang seiner Fachkultur ein, und trägt dazu bei, diese im dialektischen Verhältnis mit dem zeitgenössischen Außenhorizont zu gestalten. Ob er dabei der fachkulturellen Tradition treu bleibt, ob er sie subversiv untergräbt – immer wird sie der Ausgangspunkt seines Zugriffs bleiben, so, wie der deutsche Unterricht sie ihm nahebrachte.

Lektürehilfen

Zipper, Albert (1905): Goethes Torquato Tasso (Erläuterungen zu Meisterwerken der deutschen Literatur, Bd. 15). Leipzig: Reclam.

Literatur

Ächtler, Norman (2017): Ästhetische Prämissen, methodische Ansätze und weltanschauliche Rahmungen der Dramendidaktik im Deutschen Kaiserreich – dargestellt am Beispiel der „Braut von Messina" von Friedrich Schiller. In: Dawidowski, Christian/Schmidt, Nadine (Hrsg.): Fachgeschichte in der Literaturdidaktik (Beiträge zur Geschichte des Deutschunterrichts, Bd. 71). Frankfurt/M.: Peter Lang, 209–238.

Apelt, Otto (1910): Der deutsche Aufsatz in den oberen Klassen der Gymnasien. Neue Folge. Ein historisch-kritischer Versuch. Leipzig und Berlin: B. G. Teubner.

Dawidowski, Christian (2014): Deutsche Philologie und Literaturpädagogik bis 1890. In: Geschichte der Germanistik 45/46, 41–53.

Dawidowski, Christian (2018): Fachgeschichte in der Literaturdidaktik. Ziele, Methoden, Desiderata. In: Boelmann, Jan (Hrsg.): Empirische Forschung in der Deutschdidaktik. Bd. 3: Forschungsfelder. Baltmannsweiler: Schneider Hohengehren, 147–162.

Elster, Ernst (1897): Prinzipien der Litteraturwissenschaft. Bd. 1. Halle/S.: Niemeyer.

Fingerhut, Karlheinz (1996): Die Herrschaft der Kommentare. Über das Verhältnis literarischer und literaturwissenschaftlicher Texte im Deutschunterricht. In: Lecke, Bodo (Hrsg.): Literaturstudium und Deutschunterricht auf neuen Wegen (Beiträge zur Geschichte des Deutschunterrichts, Bd. 27). Frankfurt/M.: Peter Lang, 51–69.

Fleck, Ludwik (2012, Erstauflage 1935): Entstehung und Entwicklung einer wissenschaftlichen Tatsache. Neunte Auflage. Frankfurt/M.: Suhrkamp.

Frick, Georg (1904): Wegweiser durch die klassischen Schuldramen. Erste Abteilung: Lessing – Goethe (Aus deutschen Lesebüchern. Epische, lyrische und dramatische Dichtungen erläutert für die Oberklassen der höheren Schulen und für das deutsche Haus, Bd. 5). Vierte Auflage. Leipzig und Berlin: Theodor Hofmann.

Geyer, Paul (1911): Der deutsche Aufsatz (Handbuch des deutschen Unterrichts an höheren Schulen, Bd. 1, 2. Teil). Zweite Auflage. München: C. H. Beck'sche Verlagsbuchhandlung.

Goethe, Johann Wolfgang (2008, Erstausgabe 1790): Torquato Tasso. In: Borchmeyer, Dieter (Hrsg.): Goethe. Klassische Dramen. Frankfurt/M.: Deutscher Klassiker Verlag, 731–834.

Klausnitzer, Ralf (2013): Regel und Regelanwendung. Wissenstransfer in Lehrwerken und das Problem der Interpretation. In: Sittig, Claudius/Standtke, Jan (Hrsg.): Literaturwissenschaftliche Lehrbuchkultur. Würzburg: Königshausen & Neumann, 41–66.

Kratz, Heinrich (1902) (Hrsg.): Die Lehrpläne und Prüfungsordnungen für die höheren Schulen in Preußen vom Jahre 1901. Neuwied und Leipzig: Heusers Verlag.

Laas, Ernst (1877): Der deutsche Aufsatz in den oberen Gymnasialklassen. Zweite Auflage. Berlin: Weidmannsche Buchhandlung.

Lehmann, Rudolf (1897): Der deutsche Unterricht. Eine Methodik für höhere Lehranstalten. Zweite Auflage. Berlin: Weidmannsche Buchhandlung.

Lessing, Gotthold Ephraim (2007, Erstausgabe 1766): Laokoon (hrsg. von Wilfried Barner). Frankfurt/M.: Deutscher Klassiker Verlag.

Ludwig, Otto (1988): Der Schulaufsatz. Seine Geschichte in Deutschland. Berlin und New York: De Gruyter.

Mackasare, Manuel (2017): Klassik und Didaktik 1871–1914. Zur Konstituierung eines literarischen Kanons im Kontext des deutschen Unterrichts (Deutsche Literatur. Studien und Quellen, Bd. 22). Berlin und Boston: De Gruyter.

Mackasare, Manuel (2018): Das Heroische als Grundzug. Heldentum als zentrales Element gelehrter Schillerrezeption 1871–1914. In: Helden. Heroes. Héros. E-Journal zu Kulturen des Heroischen, Special Issue 4, 37-46.

Mackasare, Manuel & Susteck, Sebastian (2019): Stilbildung. Lessings Nathan der Weise, eine bestandene Reifeprüfung und die Genese literaturwissenschaftlicher Fachkultur durch Lektürehilfen im frühen 20. Jahrhundert. In: Wirkendes Wort 69 (2/2019), 281–302.

Mackasare, Manuel (2019): Menschheit versus Animalität. Friedrich Schillers Gesellschaftsutopie. In: Jüttemann, Gerd (Hrsg.): Menschliche Höherentwicklung. Lengerich: Pabst, 121–131.

Martus, Steffen (2015): Wandernde Praktiken „after theory"? Praxeologische Perspektiven auf „Literatur/Wissenschaft". In: IASL 40/1, 177–195.

Martus, Steffen & Spoerhase, Carlos (2013): Eine praxeologische Perspektive auf ‚Einführungen'. In: Sittig, Claudius/Standtke, Jan (Hrsg.): Literaturwissenschaftliche Lehrbuchkultur. Würzburg: Königshausen & Neumann, 25–39.

Matthias, Adolf (1913): Erlebtes und Zukunftsfragen aus Schulverwaltung, Unterricht und Erziehung. Ein Buch für Freunde deutscher Bildung. Berlin: Weidmannsche Buchhandlung.

Mergen, Torsten (2014): Die vielen „Leben des Galilei". Eine Fallstudie zum Verhältnis von fachwissenschaftlichen Positionen und didaktisch-methodischen Konstruktionen in Lektürehilfen und Lehrerhandreichungen. In: Wrobel, Dieter/Müller, Astrid: Bildungsmedien für den Deutschunterricht. Vielfalt – Entwicklungen – Herausforderungen (Beiträge zur historischen und systematischen Schulbuchforschung). Bad Heilbrunn: Klinkhardt, 99–110.

Meves, Uwe (2000): Die deutsche Philologie und die Lehrerausbildung: Historische Perspektive aus aktuellem Anlaß. In: Förster, Jürgen (Hrsg.): Wieviel Germanistik brauchen DeutschlehrerInnen? Fachstudium und Praxisbezug. Kassel: Kassel University Press, 11–30.

Meves, Uwe (2011): Einleitung. In: ders. (Hrsg): Deutsche Philologie an den preußischen Universitäten im 19. Jahrhundert. Dokumente zum Institutionalisierungsprozess. Teilband I. Berlin und New York: De Gruyter, IX–XXVII.

Natorp, Paul (1909): Sozialpädagogik. Theorie der Willenserziehung auf Grundlage der Gemeinschaft. Dritte Auflage. Stuttgart: Frommann.

Platon (2010, Entstehung ca. 390–370 v. Chr.): Der Staat (übers. und hrsg. von Karl Vretska). Stuttgart: Reclam.

Reckwitz, Andreas (2003): Grundelemente einer Theorie sozialer Praxis. Eine sozialtheoretische Perspektive. In: Zeitschrift für Soziologie 32, 282–301.

Reh, Sabine (2016): Literatur lesen lehren im deutschen Unterricht. Lesehinweise in der Zeitschrift „Archiv für den Unterricht im Deutschen in Gymnasien, Realschulen und andern höhern Lehranstalten", 1843/1844. In: Reh, Sabine/Wilde, Denise (Hrsg.): Die Materialität des Schreiben- und Lesenlernens. Bad Heilbrunn: Klinkhardt, 159–190.

Reh, Sabine (2017): Statt einer pädagogischen Theorie der Schule: Eine Geschichte des modernen Fachunterrichts als Geschichte subjektivierender Wissenspraktiken. In: Reichenbach, Roland/Bühler, Patrick (Hrsg.): Fragmente zu einer pädagogischen Theorie der Schule. Weinheim und Basel: Beltz, 152–173.

Reh, Sabine & Pieper, Irene (2018): Die Fachlichkeit des Schulfaches. Überlegungen zum Deutschunterricht und seiner Geschichte zwischen Disziplinen und allgemeinen Bildungsansprüchen. In: Martens, Matthias/Rabenstein, Kerstin/Bräu, Karin/Fetzer, Marei/Gresch, Helge/Hardy, Ilonca/Schelle, Carla (Hrsg.): Konstruktionen von Fachlichkeit. Bad Heilbrunn: Klinkhardt, 21–41.

Schiller, Friedrich (2005, Erstausgabe 1799): Wallenstein (hrsg. von Frithjof Stock). Frankfurt/M.: Deutscher Klassiker Verlag.

Schiller, Friedrich (2008a, Erstausgabe 1793): Über Anmut und Würde. In: Rolf-Peter Janz (Hrsg.): Schiller. Theoretische Schriften. Frankfurt/M.: Deutscher Klassiker Verlag, 330–394.

Schiller, Friedrich (2008b, Erstausgabe 1795): Über naive und sentimentalische Dichtung. In: Rolf-Peter Janz (Hrsg.): Schiller. Theoretische Schriften. Frankfurt/M.: Deutscher Klassiker Verlag, 706–810.

Schiller, Friedrich (2008c, Erstausgabe 1801): Über das Erhabene. In: Rolf-Peter Janz (Hrsg.): Schiller. Theoretische Schriften. Frankfurt/M.: Deutscher Klassiker Verlag, 822–830.

Sittig, Claudius & Standke, Jan (2013): ‚Zur Einführung'. In: dies. (Hrsg.): Literaturwissenschaftliche Lehrbuchkultur. Würzburg: Königshausen & Neumann, 7–23.

Stüssel, Kerstin (1993): Zwischen Kompendium und ‚Einführung'. Zur Rolle der Lehrbücher in den Geisteswissenschaften. In: Peter Brenner (Hrsg.): Geist, Geld und Wissenschaft. Arbeits- und Darstellungsformen von Literaturwissenschaft. Frankfurt/M.: Suhrkamp, 203–230.

Weimar, Klaus (2003): Geschichte der deutschen Literaturwissenschaft bis zum Ende des 19. Jahrhunderts. Paderborn: Fink.

Sebastian Susteck

Höheres Lesen. Die praktisch-performative Logik von Literaturwissenschaft und -didaktik in schulischen Lektürehilfen zu Friedrich Schillers Drama *Wilhelm Tell* (1894 bis 2011)

Der Beitrag unter dem Titel ‚Höheres Lesen' untersucht Lektürehilfen zu Friedrich Schillers Drama Wilhelm Tell *aus der wohl einflussreichsten Lektürehilfen-Reihe* Königs Erläuterungen. *Im Rahmen einer praxeologischen Perspektive entwickelt er Befunde und Vorüberlegungen für ein größeres Forschungsprojekt, das historischen Beharrungs- und Wandlungsprozessen im Feld der Lektürehilfen nachgeht. Der Aufsatz skizziert die Stellung der Gattung zwischen Literaturwissenschaft, Literaturdidaktik und Schulpraxis. Er verfolgt historische Gattungsentwicklungen und den Wandel literaturwissenschaftlicher, -didaktischer und -unterrichtlicher Vorstellungen zwischen 1894 und 2011. Besonders geht es um eine „Literaturwissenschaft der Wissenschaftsliteratur" (Harald Weinrich), die Sprache, Darstellungsmodi oder Stimmführung der Lektürehilfen ernstnimmt und sie als performative Texte begreift, die Praktiken des Lesens, Schreibens oder Sprechens modellieren und anstoßen.*

1 Grundlagen[1]

Ansätze

Die Germanistik hat spätestens seit der zweiten Hälfte des 20. Jahrhunderts ein auffälliges Interesse an fachlicher Selbstreflexion. Geht es zum einen um institutionelle Entwicklungen, politische Verstrickungen und ideologische Vereinnahmungen, geht es zum anderen um die Bedingungen, aus denen heraus wissenschaftliche Erkenntnis gewonnen wird. Im zweiten Fall steht einer Klage über die unzureichende theoretische Durchdringung eigener Forschung die Sorge gegenüber, ganz in Grundfragen zu verfangen und das ‚eigentliche' Objekt literaturwissenschaftlicher Arbeit nicht mehr zu erreichen (vgl. Martus 2015a, 180). Zugleich schichten sich die Analysen auf, wenn selbst das Interesse an Bedingungen der Erkenntnis erstaunlich wirkt und nicht allein zu klären bleibt, wie die Germanistik Erkenntnisse schafft, sondern auch das Interesse an dieser Klärung als germanistisches Interesse erklärungsbedürftig wird. Dass die Bedingungen eigener Erkenntnisgewinne auf sehr unterschiedlichen Reflexionsniveaus, mit sehr unterschiedlichen Ansätzen und mit sehr unterschiedlichen Reichweiten zum Thema werden, verkompliziert eine ohnehin schwierige Lage zusätzlich.

Für die Analyse der Bedingungen, aus denen germanistische und speziell literaturwissenschaftliche Erkenntnisse entstehen, sind nicht nur erkenntnistheoretische oder semiotische

---

1 Ich danke Gabriela Aab für Recherchen und Vorarbeiten zum folgenden Text.

Ansätze im weiten Sinne relevant. Vielmehr gewinnen gegenwärtig mindestens zwei Ansätze Prominenz, die eher aus dem Kontext alltagsweltlicher Beobachtung stammen, miteinander eng verflochten sind und als Interesse an germanistischer Handlungspraxis und germanistischer Fachkultur beschrieben werden können.[2] Die praxeologische Perspektive – die unter wechselnden Namen gepflegt wird (vgl. Martus 2015a, 181; Martus & Spoerhase 2009, 90) – richtet ihr Interesse zuvörderst auf „Handlungsroutinen" und damit auf jenes Fundament, das Wissenschaften wesentlich konstituiert und sich vermeintlich dennoch „‚von selbst' versteht und deshalb für die Handelnden ‚unsichtbar' bleibt." (Ebd., 89) Es geht um „die ‚handwerklichen' Wissensformen […] des Textumgangs, der Begriffsbildung, der Themenfindung, der Wissensordnung, der Validierung und Darstellung von Wissensansprüchen". (Ebd.) In Rede stehen einzelne Praktiken im Sinne einzelner Handlungsweisen, die zusammengenommen Praxen formen, womit komplexe Handlungsfelder gemeint sind, die sich aus zusammenhängenden und koordinierten Praktiken ergeben (vgl. Martus 2015a, 193). Die Erforschung von Fachkulturen zeigt demgegenüber, wie sich akademische Disziplinen voneinander unterscheiden und wie wichtig gerade solche Unterschiede sind, die sich unterhalb explizit reflektierter Gegenstände befinden (vgl. etwa Arnold & Fischer 2004).[3] Resultat sind bei beiden Ansätzen zahlreiche aufschlussreiche Beobachtungen. So tritt unter anderem eine enge Verflechtung zwischen bewusst erhobenen methodologischen Ansprüchen und den Inhalten der unterschiedlichen Wissenschaften mit vordergründig kontingenten und scheinbar wenig relevanten Handlungs- und Verhaltensweisen ihrer Vertreter hervor (vgl. aufschlussreich Jahr 2009). Auch ergeben sich konzeptionelle wie terminologische Impulse, die etwa auf die Volatilität und Problematik der dichotomischen Verwendung der Begriffe Theorie und Praxis verweisen und geeignet sind, ebenso ubiquitäre wie unscharfe und -produktive Redeweisen zu durchbrechen. Als fruchtbarer Ansatz erscheint etwa, „Vermittlungsprobleme, die bislang vornehmlich als Spannung von Theorie und Praxis konzipiert wurden, als Praxis-Praxis-Probleme zu reformulieren". (Martus 2015a, 181)

Was literaturwissenschaftlich zunehmend beobachtet wird, ist auch erziehungswissenschaftlich und didaktisch relevant. Dass praxeologische Fragen in Erziehungswissenschaft und Didaktik verschattet sind, mag erstaunen, wenn man die Affinität dieser Wissenschaften zu sogenannter ‚Praxis' bedenkt. Während sich die Literaturwissenschaften durch eine oft ebenso problematisierte wie ostentativ vorgetragene Distanz zu Nutzenkalkülen auszeichnen, haben Erziehungswissenschaft und Didaktiken wenigstens eine sektoriell utilitaristische Ausrichtung, da sie reflektierten Schulunterricht ermöglichen und dafür qualifizieren sollen. Wie Michael Kämper-van den Boogaart in einem ersten Versuch praxeologischer Reflexion der Literaturdidaktik andeutet, resultiert daraus freilich eine Orientierung, die Praxis oft primär *im Außen* des eigenen wissenschaftlichen Handelns verortet (vgl. 2015, 207),[4] die eigene

---

2 Literaturwissenschaftlich leitend ist in diesem Zusammenhang gegenwärtig ein Forschungsprojekt von Lutz Danneberg, Michael Kämper-van den Boogaart, Steffen Martus, Stephan Porombka, Jörg Schönert und Carlos Spoerhase (vgl. Martus & Spoerhase 2009, 89, Fußnote 1), dem der vorliegende Aufsatz zentrale Gedanken und Literaturhinweise verdankt. Vgl. auch Martus & Spoerhase 2013; Kämper-van den Boogaart 2015; Spoerhase 2015a; Martus 2016. Vgl. als historisch wegweisend den Band von Brenner 1993.

3 Wer Historiker sei, notiert für die Geschichtswissenschaften Daston 2000, 19, entscheide sich letztlich durch die Kenntnis von Praktiken, „in Jahrhunderten entwickelt, weltweit in Seminaren gelehrt, eingewoben in fast jedes von einem professionellen Historiker geschriebene Werk."

4 Vgl. für einige knappe Hinweise auf die Schwierigkeit der Theorie-Praxis- bzw. Wissenschafts-Praxis-Dichotomie mit Blick auf Didaktiken und Unterricht auch Susteck 2015, 12-16. Mit Blick auf die Verortung von ‚Praxis' lediglich im Außen von Wissenschaft fordert Martus 2015a, 181, „die Praxis der Literaturwissenschaft [dürfe]

Wissenschaftspraxis dagegen wenig reflektiert.[5] Dem entspricht, dass sich auch die Reflexion von Fachkulturen in Erziehungswissenschaft und Didaktiken zuvörderst auf *Schulfächer* und ihre Kulturen bezieht (vgl. etwa Lüders 2007; mit Blick auf den Deutschunterricht Willems 2007; Haag & Götz 2012), obwohl auch eine auf die Universität abzielende sozialwissenschaftliche und erziehungswissenschaftliche Fachkulturforschung existiert (vgl. beispielsweise Huber 1991; Friebertshäuser 1992; Engler 1993; Multrus 2004). Tatsächlich stellen sich die Verhältnisse in Erziehungswissenschaft und Didaktiken komplex und schwierig dar, wenn es um praxeologische Forschungsansätze und solche der Fachkulturforschung geht. Nicht nur ist anzunehmen, dass ‚externe' Kulturen und Praktiken der Schule und ‚interne' der Erziehungswissenschaft und der Didaktiken nicht völlig voneinander losgelöst existieren und Kulturen der Schulfächer etwa für die didaktische Ausbildung von Studierenden wie für die Forschungsarbeit von Wissenschaftlerinnen und Wissenschaftlern relevant sind (vgl. Winkler 2015). Auch wandern schulische Vermittlungsprozeduren und Standards in schwer quantifizierbarer Weise in die Wissenschaften selbst ein, wo sie die Praxis akademischer Lehrveranstaltungen beeinflussen. Da Erziehungswissenschaft und Didaktiken die Vermittlung bestimmter (Fach-)Kenntnisse und prozeduraler Fähigkeiten in Lehr-Lernsituationen als signifikanten Teil ihres Gegenstandsbereiches behaupten, muss sich in ihnen nachgerade zwangsläufig ein (Selbst-)Anspruch bilden, eigene, wie immer diffuse Ansprüche, die ursprünglich aus der Wissenschaft in die Schule zielten, in analogen akademischen Situationen gleichfalls zu erfüllen. Schließlich ist eine praxeologische Reflexion speziell der germanistischen Literaturdidaktik ebenso interessant wie schwierig, weil diese Didaktik (a) historisch in enger Verbindung zur Literaturwissenschaft existiert hat, sie (b) gegenwärtig aber bemüht ist, traditionelle fachwissenschaftliche Kopplungen zu lockern oder gar aufzugeben, aus denen sie bisher einen Teil ihrer Identität bezog.[6] Ein gefestigtes Selbstbild von Literaturdidaktikerinnen und -didaktikern und eine konsolidierte entsprechende Handlungspraxis dürften jedenfalls weit schwieriger zu identifizieren sein als im Falle der Literaturwissenschaften.[7]

Gegenstand der Untersuchung
Um der Frage nach der „Alltäglichkeit insbesondere *literaturwissenschaftlichen Arbeitens*" (Spoerhase & Martus 2013, 221) nachzugehen, ist 2013 in der *Zeitschrift für Germanistik*

---

nicht (nur) außerhalb ihrer selbst gesucht, sondern die literaturwissenschaftliche Praxis selbst sollte beobachtet werden." Vgl. auch ebd., 190.

5 Wobei dieses Problem in den letzten Jahren an Relevanz gewonnen hat, bestimmt sich doch zumal die Deutsch- und Literaturdidaktik in bisher unbekannter Weise als empirische Wissenschaft neu. Kämper-van den Boogaart 2015, 209f., betont folgerichtig, dass neben einer Praxis, die „zum Beispiel Vorschläge für den schulischen Deutschunterricht unterbreitet", zunehmend „empirische Projekte" der Forschung mit „szientifische[m] Drift" an Gewicht gewinnen und die interne Wissenschaftspraxis der Didaktik prägen. – Vgl. für die skizzierte Außenorientierung der *Erziehungswissenschaft* etwa die Überlegungen von Sabine Reh und anderen, die gegenüber literaturwissenschaftlichen und -didaktischen Projekten auch andere Theoriereferenzen aufweisen: Z.B. Reh u.a. 2011, 209-222; Reh 2014, 183-207; Ricken & Reh 2017, 247-258.

6 Vgl. einflussreich etwa die Überlegungen von Abraham & Kepser 2009, die eine Didaktik entwerfen, welche „das gesamte Handlungsfeld ‚Literatur'" (ebd., 64) umfassen soll und nicht länger von der Literaturwissenschaft als „germanistische[r] Mutterwissenschaft" (ebd., 47) abhängt, sondern die Impulse aus zahlreichen wissenschaftlichen Disziplinen aufgreift und neu verknüpft. Zu den Begründungsmustern einer von der Germanistik und Literaturwissenschaft ‚unabhängigen' Literaturdidaktik kritisch Brüggemann 2014, 143-176.

7 Man habe es in der Literaturdidaktik, schreibt Kämper-van den Boogaart 2015, 211, „mit Akteuren zu tun […], deren dominante Routinen nicht auf langwährende Muster akademischer Praktiken zurückzuführen sind und deren Habitus vergleichsweise wenig robuste Gemeinsamkeiten aufweisen."

ein umfänglicher Blick auf „Egodokumente" und „administrative Quellengattungen" sowie auf „Praktiken des philologischen Lesens, Sammelns, Ordnens, Exzerpierens, Notierens, Protokollierens und Redigierens" (Spoerhase & Martus 2013, 224) geworfen worden. Dabei erfolgte eine starke institutionelle und personale Rückbindung der Untersuchungen (vgl. für ähnliche Bemühungen Müller & Richter 2013; Pichler 2017). Demgegenüber rekonstruieren die im Folgenden entwickelten Überlegungen Praxis weniger als Handeln menschlicher Aktanten denn als Handeln *in* und *durch* Texte. Sie gehen davon aus, dass das selbstverständliche Wissen der Literaturwissenschaft und ihre Handlungsroutinen *auch* in Texten eingeschlossen sind, die dieses Wissen und diese Routinen nicht metareflexiv öffnen, und dass die in Texten eingeschlossenen Praktiken zugleich weitere Praktiken anstoßen – und anstoßen sollen –, die oft unreflektiert bleiben. Es sind vor allem Gattungen mit Affinität zu Gebrauchszwecken, die, meist unbeobachtet und unerforscht, aufschlussreiche Analysen ermöglichen und praxeologischen Interessen entgegenkommen. Auch, wenn es im Folgenden um sogenannte ‚Lektürehilfen' geht, wird auf eine entsprechende Textgattung fokussiert. Sie gehört seit dem 19. Jahrhundert zu den Erfolgsgattungen des Sachbuchmarktes und erhebt den Anspruch, für Lehrerinnen und Lehrer wie Schülerinnen und Schüler des höheren Schulwesens relevante Informationen zu literarischen Werken bereitzustellen, um eine erfolgreiche Unterrichts- und Prüfungsgestaltung zu erlauben. Lektürehilfen bilden eine stupende Masse an stets ähnlich aufgebauten, in ihrer Essenz erstaunlich statischen Schriften, deren Existenz dem flüchtigen Blick ebenso selbstverständlich scheint wie sie bei näherer Reflexion unwahrscheinlich ist (vgl. exemplarisch Mergen 2014, 103). Ihre Nähe zum Erziehungssystem und zur Schule mag sie dabei aus akademischer Sicht wenig satisfaktionsfähig, ja wenig relevant erscheinen lassen. Wenn es jedoch eine Praxis der Wissenschaft gibt, die gesellschaftlich wirkt, bilden die Lektürehilfen bis heute einen zentralen Teil dieser Praxis, dessen Prominenz wie Persistenz bemerkenswert ist. In doppelter Weise schreiben sie an Kultur mit, nämlich an einer literarischen Hochkultur, die nicht nur aus literarischen Werken, sondern aus einem spezifischen Diskurs über diese Werke besteht, und an einer wissenschaftlichen Fachkultur, die diese Hochkultur mitbegründet und gestaltet.[8]

Bereits die vermutlich einflussreichste – bereits durch ihr Format *als Reihe* stilbildende (Mergen 2014, 109) – Lektürehilfereihe mit dem Titel *Dr. Wilhelm Königs Erläuterungen zu den Klassikern* bzw. ab Mitte der 1970er Jahre[9] *Königs Erläuterungen und Materialien* hat nicht allein jene rund 500 Titel hervorgebracht, die die offizielle Zählung des ab 1898 verantwortlichen[10] Bange-Verlags suggeriert. Vielmehr muss man die einzelnen Titel multiplizieren, existieren viele doch in mehreren Ausgaben, die durch unterschiedliche Autorinnen und Autoren im Laufe der Zeit erstellt wurden. Die Tatsache, dass die Lektürehilfen konsequent an den literarischen Werken ausgerichtet sind, die sie behandeln, Band 1 von *Königs Erläuterungen* also an den Referenztext *Wilhelm Tell* gebunden ist, obwohl er 1894 von Richard Stecher

---

8   Entsprechend betont Fingerhut 1996, 52, „daß uns Literatur, insbesondere solche des ‚Kanon', immer nur nach Maßgabe der Rahmenvorgaben zugänglich ist, die von den aktuell herrschenden Kommentaren gesetzt sind." Er verwendet dabei einen sehr weiten Begriff des Kommentars (vgl. ebd.). Auch wenn man Fingerhuts Einschätzung in ihrer ganzen Schärfe und ihrem Determinismus nicht teilt, ist unverkennbar, dass Hochkultur nicht nur Texte bezeichnet, sondern auch ein spezifisches Wissen und Kommunizieren über sie, das nicht zuletzt schulisch vermittelt wird.

9   Vgl. die historischen Hinweise auf https://www.bange-verlag.de/geschichte-des-verlags (15.02.2018).

10 Vgl. zu den etwas komplizierten publizistischen Verhältnissen https://www.bange-verlag.de/geschichte-des-verlags (15.02.2018).

„herausgegeben" wird,[11] 1954 von (Gymnasial-)Professor Dr. Oswald Woyte stammt, 1979 von Dr. Hans Ulrich Lindken, 2001 von Beate Nordmann sowie 2011 von Volker Krischel verfasst wird, ist dabei selbst bereits erklärungswürdiger Teil des Phänomens Lektürehilfe. Nicht zu übersehen ist, dass zahlreiche der großen Bildungsverlage im Bereich von Lektürehilfen engagiert sind und dass die Zahl verfügbarer Reihen im 20. Jahrhundert nicht ab-, sondern zugenommen hat.[12]

Bei den folgenden Ausführungen handelt es sich um Vorüberlegungen zu einem Forschungsprojekt, die in gleich zweifacher Hinsicht skizzenhaft bleiben. Erstens wird nur eine überaus schmale Materialbasis befragt, die signifikant zu erweitern bleibt. Analysiert werden im Folgenden die fünf Lektürehilfen unterschiedlicher Autoren zu Friedrich Schillers *Wilhelm Tell* aus der erwähnten Reihe, und zwar jeweils in Erstpublikation. Die entsprechende Fokussierung bedeutet bereits Vereinfachung, existieren doch zwischen den Autorenwechseln kleinere wie größere Änderungen in den Lektürehilfen, die kaum umfassend zu rekonstruieren sind. Zweitens geht es um eine sehr selektive Präsentation von Forschungsaspekten. Lässt man sich auf die in Rede stehenden Lektürehilfen ein, gibt es eine Vielzahl auffälliger Phänomene und potenzieller Befunde, deren Angebot an dieser Stelle nicht annähernd ausgeschritten zu werden vermag. So kann ihre Überprüfung jenen Fragen nachgehen, die in der spärlichen Literatur zum Thema (vgl. Fingerhut 1996; Mergen 2014; Brand 2014; Grossen & Seele 2017) schon verfolgt werden, indem nach der fachwissenschaftlichen Güte und der Aktualität einzelner Hilfen gefragt wird. Praxeologisch relevanter sind jedoch Fragen, die darauf abzielen, welche performativen Akte in den Lektürehilfen angelegt sind und welche Handlungsroutinen sie fest- wie fortschreiben.

Lektürehilfen stellen – wie sich noch näher zeigen wird – eine Textsorte dar, die doppelt in Zirkelstrukturen von Praxis eingebunden ist. Dabei gilt zunächst, dass die Lektürehilfen eine Praxis spiegeln, die sie zugleich mit erzeugen und stabilisieren. Dieser erste Aspekt betrifft eine schwer überschaubare, noch zu explorierende Anzahl von Phänomenen, und zwar zumal deshalb, weil die Lektürehilfen mehrreferenziell operieren und potenziell literaturwissenschaftliche, didaktische – im Sinne wissenschaftlicher Didaktik – und schulische Bezüge haben, die sich überlagern.[13] Dabei geht es nicht zuletzt um die Formung der thematisierten Gegenstände, also die Vorstellung dessen, was ein literarisches Werk sei und wie man mit ihm umzugehen habe. In Rede stehen hierbei insbesondere Lese- und Sprechpraktiken. Der Blick richtet sich auf das, was Andreas Reckwitz in einer Übersicht über soziologische Theorien sozialer Praktiken als „Materialität der Praktiken" bezeichnet, nämlich eine Musterbildung

---

11 Zitate aus diesem Band und allen weiteren Lektürehilfen werden im Folgenden mit Jahr und Seitenzahl im laufenden Text nachgewiesen.

12 Historisch stehen die seit ca. der Mitte des 19. Jahrhunderts in Einzelbänden auftretenden Lektürehilfen neben monographischen Darstellungen ähnlichen Inhalts. Wegweisend ist hier die Reihe *Aus deutschen Lesebüchern: Epische, lyrische und dramatische Dichtungen erläutert für die Oberklassen der höheren Schulen und für das deutsche Haus.* Sie enthält etwa für die als höchstwertig angesehene Gattung des Dramas den mehrbändigen *Wegweiser durch die klassischen Schuldramen.* Ursprünglich ist er in vier Abteilungen untergliedert: 1. Lessing und Goethe, 2. und 3. Schiller, 4. Kleist, Shakespeare, Lessings *Hamburgische Dramaturgie.* – Zu den verschiedenen im 19. und 20. Jahrhundert existierenden Lektürehilfereihen kommen bemerkenswerterweise im ausgehenden 20. und frühen 21. Jahrhundert verschiedene hinzu wie *Interpretationen Deutsch* (im Stark-Verlag) (seit 1998), *Reclam Lektüreschlüssel* (seit 2001), *Klett Lektürehilfen* (seit 2005) oder *Schroedel Interpretationen* (seit 2008).

13 Die Multireferenzialität lässt sich dabei aus verschiedenen Richtungen feststellen und potenziert sich, wenn sie sich in einzelnen Referenzbereichen wiederholt oder dort antizipiert wird. Es gehe bereits in der Literaturwissenschaft, meint Martus 2015a, 182, um eine „multiple Leistungsorientierung [...] im Spannungsfeld von Wissenschaft, Erziehung und Kunst".

des Wahrnehmens und Handelns und die Mobilisierung „körperlich-leiblich[en]" Wissens eingeschränkter „Explizierungsfähigkeit" (Reckwitz 2003, 290). Es gilt darüber hinaus, dass Lektürehilfen als Schrifttexte zugleich Ausdruck von Praxis sind und sie in sich speichern, aber die Praxis *nicht vollständig* inkorporieren. Zirkelstrukturen existieren in diesem zweiten Sinne, weil die praxisangemessene Nutzung der Lektürehilfen selbst bereits Praxiskenntnisse voraussetzt, während die Lektürehilfen zugleich Praxis formen. Hier liegt ein besonders anspruchsvolles Problem für die germanistische Forschung. Eine Analyse von Lektürehilfen setzt zumal dann, wenn sie historisch operiert, Kontextwissen zu Praktiken und Praxen voraus. Es muss gegeben sein, um die Lektürehilfen allererst verstehen zu können und ihren Beitrag zur Praxis zu erfassen, was das Bild dieser Praxis zugleich ergänzt, modifiziert und jedenfalls informiert. In der Terminologie von Reckwitz ist damit die zweite Seite praxeologischer Forschung angesprochen, die sich auf die „Materialität der Dinge" konzentriert, welche lediglich als „ein Teilelement von sozialen Praktiken" (ebd., 290f.) fungieren.

Zwischen Literaturwissenschaft und Literaturdidaktik

Metaphorisch gesprochen repräsentieren Lektürehilfen ein Unbewusstes der Literaturwissenschaft *und* der Literaturdidaktik. Dabei hängt es von der jeweiligen Blickrichtung ab, was an ihnen sichtbar wird.[14] Die entsprechende Besonderheit der Gattung hat in den vergangenen Jahrzehnten deutlich an Signifikanz gewonnen, was sowohl an literaturwissenschaftlichen als literaturdidaktischen Entwicklungen liegt, aber vor allem darin begründet ist, dass Literaturwissenschaft und -didaktik in einem zunehmend komplizierten Verhältnis zueinander stehen. Die Lektürehilfen sind bei heutiger Rezeption daher historisch interessant, machen zugleich aber aktuelle Entwicklungen sichtbar. Dies gilt ungeachtet ihrer vergleichsweise geringen eigenen – text- wie gattungsgenetischen – Geschichtlichkeit, die im Gegenteil schon kleine Veränderungen seismographisch interessant wirken lässt.[15]

Didaktisch wie schulisch erscheinen Lektürehilfen zumal gegenwärtig als Repräsentanz von Literaturwissenschaft im Literaturunterricht. Wissenschaftlichkeit ist dabei nicht nur durch bestimmte Programme geprägt und sie bestimmt sich nicht nur über den Wahrheitsanspruch gemachter Aussagen. Sie gewinnt ihren Status irritierenderweise auch durch die ostentative Distanz zu dem, was man ‚Didaktik' nennt, und durch ein wenigstens vermeintliches Beharren auf der ‚Sache'. Auffällig ist dabei insbesondere die Persistenz der Gattung Lektürehilfe mit Blick auf die Sekundarstufe II, mehr aber noch die Sekundarstufe I. Während eine Didaktik der sogenannten ‚Kompetenzorientierung' in den letzten Jahrzehnten ein gebrochenes Verhältnis zur Hochkultur und -literatur sowie mit ihr assoziierten kulturellen Wissensbeständen verstärkt hat, das aber unzweifelhaft schon zuvor existierte, beharren die Lektürehilfen genau auf dieser Kultur und Literatur und diesem Wissen und indizieren in ihrer Existenz Widerständigkeit gegen didaktische Vorstellungen. *Literaturwissenschaftlich* betrachtet werden Lektürehilfen dagegen einem Feld schulischer Praxis und fachdidaktischen Schrifttums zugeordnet, von dem die Literaturwissenschaft sich selbst dort abzugrenzen sucht, wo sie ei-

---

14 Als Element einer „Einführungsliteratur" mit uneindeutiger Stellung interpretiert Mergen 2014, 99, „die als Monographien publizierten Lektürehilfen zu den kanonisierten Schullektüren" und verweist auf „die programmatische Spannung zwischen fachlicher bzw. fachwissenschaftlicher Solidität einerseits und leserorientierter Darstellung in didaktisch und methodisch ausgerichteter Form andererseits".

15 Es handelt sich, wie sich noch näher zeigen wird, um eine Gattung, die *involutiv* operiert, wenn über alle Verschiebungen hinweg „[v]orhandene Formen und Mittel [...] wiederverwendet, abgewandelt, diversifiziert und verfeinert" werden, wie Luhmann 1980a, 87, mit Blick auf Texte der Frühen Neuzeit festhält.

gene didaktische Praktiken – nämlich *im Studium* verankerte – erforscht.[16] Was dabei neben berechtigten Einwänden gegen eine wissenschaftliche Anerkennung der Lektürehilfen wirkt, dürfte ein literaturwissenschaftliches Selbstbild sein, das seinerseits die eigenen Praktiken nur selektiv wahrnimmt. So bringt die literaturwissenschaftliche Perspektive gegen Lektürehilfen nicht nur ein Qualitätsargument sowie ein Innovations- und Problematisierungsgebot in Stellung, auf das noch einzugehen bleibt. Sie mobilisiert gegen solche Texte auch die eigene Theoriebildung in ihren innerwissenschaftlich popularisierten Formen und muss daher etwa Anstoß an der Selbstverständlichkeit nehmen, mit der Lektürehilfen an Größen wie dem Werk oder dem Autor orientiert sind, aber etwa auch an einer impliziten Arbeit dieser Hilfen an der Affirmation des literarischen Kanons.[17] Die Zurückweisung vollzieht sich dabei ungeachtet der Tatsache, dass die literaturwissenschaftlichen Literaturtheorien – oder besser: die literaturwissenschaftlichen „Theoriepraktiken" – selbst nicht reklamieren können, über die tatsächlichen literaturwissenschaftlichen „Praktiken z. B. der Textanalyse oder Interpretation" (Martus 2015a, 188) zuverlässig zu informieren (hierzu auch Jannidis u.a. 1999a; Winko 2002; Winko u.a. 2006). Man hat es so gesehen mit einem Doppelphänomen zu tun, da einerseits die Lektürehilfen zu einem sicherlich nicht unerheblichen Anteil praktizieren, was in der Literaturwissenschaft breit praktiziert wird, nicht aber das Selbstbild dieser Wissenschaften bestimmt, wenn es darum geht, das eigene Verhältnis zur Textgattung Lektürehilfe zu klären. Andererseits aber hat die entsprechende Problemkonstellation auch einen zeitlichen Index, resultiert das Problem doch aus inkongruenten Entwicklungen zwischen Lektürehilfen, literaturwissenschaftlichen Arbeits- und Theoriepraktiken.[18]

Nutzt man die fünf Lektürehilfen zu *Wilhelm Tell*, zeigt sich, wie die umrissene literaturwissenschaftliche *und* literaturdidaktische Wahrnehmung bis in Details hinein bedient werden. Die Nähe der Lektürehilfen zur Sache der Literatur – die bei näherer Betrachtung überwiegend eine Sache der Literaturwissenschaft ist – ergibt sich am auffälligsten aus einem weitgehenden Fehlen unmittelbarer Ausrichtung der Texte auf Unterricht. Wenn die Lektürehilfen überhaupt eindeutig schulische Elemente enthalten, sind diese weniger unterrichts- denn prüfungsbezogen wie insbesondere Muster- und Übungsaufgaben.[19] Erst die Lektürehilfe von 1979 enthält – wenigstens in den untersuchten Bänden – dezidiert unterrichtsbezogene Reflexionen, deren Platzierung im Text aber dafür sorgt, dass das ‚wissenschaftliche' Profil der Hilfe nicht geschmälert wird. In einem vorangestellten, weniger als eine Seite umfassenden Kapitel mit dem Titel *Einleitende Bemerkungen zu Schillers „Tell" im Schulunterricht* werden dabei ironischerweise antididaktische Überlegungen entwickelt, die nicht nur die Dichoto-

---

16 Vgl. so die aufschlussreiche Wahl von Themen und analysierten Textgattungen im Band von Sittig & Standke 2013. Systematisch setzen die Überlegungen hier am „Übergang von den höheren Schulen auf die Universität" (Martus & Spoerhase 2013, 39) ein.

17 Die sich freilich weniger eindeutig zeigt, als man meinen sollte. Die gegenwärtige Situation im Feld der Lektürehilfen zeigt eine Orientierung vornehmlich an kommerziellen Interessen, nicht solchen des Kanons – sodass weniger ‚der' (hoch-)literarische Kanon als Bezugspunkt gelten kann denn der Kanon schulisch erfolgreicher Titel.

18 Exemplarisch bieten Fotis Jannidis u.a. 1999b, 15f., eine wissenschaftssoziologische Antwort auf die Frage an, weshalb radikale Autorkritik gerade ab den späten 1960er Jahren eine positive und langfristig wirksame Rezeption erfuhr. Sie verweisen auf einen „Geltungsschwund der Literatur als Faktor der sozialen Differenzierung" (ebd., 16f.), der in seinen Folgen von der Literaturwissenschaft abgefedert werden musste, was durch neue Formen der Literaturinterpretation geschah, die „schroff von einer als ‚naiv' bezeichneten" (ebd., 17) älteren Praxis abgesetzt wurden. An entsprechenden Absetzbewegungen haben sich die Lektürehilfen sicherlich nicht beteiligt.

19 Wenn auch primär unterrichtsbezogene Aufgaben sehr vereinzelt vorkommen mögen, wie in den hier ausgewerteten Texten im Beispiel von 2001, 95 (erste Aufgabe).

mie zwischen wissenschaftlicher Didaktik und Unterrichtspraxis grundlegen, sondern auch gegen „Didaktikerphilosophie" und „Didaktiker-Kisuaheli" (5) Position beziehen.[20] Dagegen verfügt die Lektürehilfe von 2001 über knappe didaktische Vorüberlegungen, die bemüht sind, der Lektüre von *Wilhelm Tell* im Unterricht einen Sinn zuzuweisen. Demnach gilt nicht nur, dass „sowohl der Titelheld als auch die übrigen Figuren mit ihrem Mut, ihren Ängsten, ihrer Liebe gut nachvollziehbar für SchülerInnen sind", sondern auch, dass sich der Text gerade deswegen „als Einführung in die Gattung ‚Drama'" (4) anbietet. Allerdings kann man den Lektürehilfen bei ausreichender Vertrautheit mit der Geschichte des Literaturunterrichts einen teils impliziten Unterrichtsbezug entbergen. Im Ganzen aber sind sie kaum konkret auf Unterrichtszusammenhänge abgestimmt, sondern erscheinen vielmehr als informierende und im Dienst des literarischen Werks stehende Arbeiten.[21] Hinzu kommt eine Orientierung an wissenschaftlichen Arbeitstechniken, die wenigstens vordergründig vorhanden ist, so durch Literaturangaben und – in den neueren der ausgewerteten Lektürehilfen – durch in Fußnoten ausgewiesene Referenzen.[22]

Die Nähe der Lektürehilfen zur Didaktik ergibt sich gegenläufig gerade aus den Passagen, die offenkundig einen schulischen Bezug haben. Sie ergibt sich aber vor allem aus der Art des dargebotenen Wissens, das im Wesentlichen unstrittiges Faktenwissen zu sein scheint, welches vor jeder literaturwissenschaftlichen Kontroverse steht. Kämper-van den Boogaart, Steffen Martus und Carlos Spoerhase haben 2011 mit der Ausarbeitung der Unterscheidungen zwischen problematisiertem und entproblematisiertem Wissen und Erziehungs- und Wissenschaftssystem an Überlegungen Niklas Luhmanns erinnert, der ein alltägliches Wissen, das als „Tatsachenwissen" (Luhmann 2002, 134) erscheint und vielfach durch die Massenmedien vermittelt ist, vom Wissen der Wissenschaft trennt (vgl. Luhmann 1980b, 178). Während das alltägliche Wissen dem „Vergessen" anheim gegeben werde, wenn es nicht mehr aktuell oder brauchbar scheint, werde das wissenschaftliche Wissen zum Gegenstand „der skeptischen Bezweifelung und der Widerlegung" *im Rahmen von Wissenschaft selbst*, die hierfür „theoretische Kontexte und Methodenprogramme" (ebd.) bereitstellt. Zum „Problem" in Bildungseinrichtungen wird Luhmann die „Lehrbarkeit wissenschaftlichen Wissens" (2002, 133), wobei sich dieses Problem aus dem „Widerspruch zwischen Wahrheitsgehalt und Effektivität der Lehre" (ebd.) ergibt. „Die Erziehung möchte weitergeben, woran man sich halten kann. Die Forschung setzt auf eine offene, gestaltungsfähige Zukunft mit mehr Problemen als Problemlösungen" (ebd.). Geht es im ersten Fall darum, positive Wissensbestände als stabil zu

---

20 Es geht insbesondere um die Frage, ob *Wilhelm Tell* ein geeigneter Text für achte und neunte Klassen „aller Schularten" sei, deren Beantwortung den „Unterrichtenden" (1979, 5) überantwortet wird. Kritisch betrachtet wird zudem das Vorhaben, „ein für die Bühne bestimmtes und konzipiertes Werk [...] nur lesen zu wollen." (Ebd.) Scharf wendet sich der Text gegen didaktische Experimente wie die Idee einer fruchtbaren ‚didaktischen Verfrühung' Rolf Geißlers.

21 Es mangele in zahlreichen Lektürehilfen, notiert so bereits Sauer 1984, 138f., an „Hinweis[en] zur unterrichtlichen Behandlung [...]. Begründungen für die Wahl der Werke, Überlegungen, in denen man differenziert zwischen einer Interpretation und dem, was im Unterricht Platz haben sollte, finden sich indes nirgends: daran gemessen, haben wir es letztlich nicht mit eigentlich didaktischer Literatur zu tun, sondern lediglich mit einer Art spezieller Fachliteratur. Stellt man dies in Rechnung, dann erweisen sich die Bände aus dem Bange-Verlag [= *Königs Erläuterungen*] schlicht als überflüssig".

22 Denen bemerkenswerterweise teils vorgeworfen werden kann, lediglich eine Simulation von Wissenschaft zu leisten, wenn sie nicht auf Forschungsliteratur, sondern andere Lektürehilfen verweisen. Zu beobachten ist in diesen Fällen eine Selbstreferenzialisierung, bei der Lektürehilfen bloß noch aufeinander Bezug nehmen und „einen geschlossenen Kreis pädagogischer Literaturvermittlung" bilden, wie mit Blick auf Literaturgeschichten Fohrmann 1989, 252, schreibt.

präsentieren und einprägsam zu machen, geht es im zweiten Fall darum, Dinge zu klären *und* Ungeklärtem Form zu geben und dabei auch das, was man geklärt meint, permanent als vorläufig und unzureichend auszuweisen sowie für Reproblematisierungen offen zu halten. Die Lektürehilfen stehen insgesamt im Banne eines Tatsachenwissens – entproblematisierten Wissens –, das aus der Perspektive ‚eigentlich‘ wissenschaftlicher Praxis verdächtig scheint.[23] Für die analysierten Lektürehilfen ist entsprechend kennzeichnend, dass es sich um vergleichsweise wenig individualisierte, ja teils gesichtslose Texte handelt. Die Arbeiten zu *Wilhelm Tell* enthalten in ihrer äußeren Erscheinung – nämlich auf ihrem Umschlag – keine Nennung ihrer Autoren. Zusammen mit einer Bandnummer, die allein am literarischen Referenzwerk orientiert ist und eine Identität von Texten prätendiert, die faktisch nicht vorhanden ist, wird eine weitgehende Bedeutungslosigkeit von Autorschaft für die Lektürehilfen suggeriert, die adäquat ist, wo keine individuelle Sinnstiftung erwartet wird.[24] Was den Lektürehilfen nicht nur auf ihrem Umschlag, sondern vor 1979 insgesamt fehlt, sind zudem Jahreszahlen ihrer Drucklegung. In Anbetracht der scheinbaren Unstrittigkeit, ja Selbstverständlichkeit vermittelten Wissens wirken genauere Lokalisierungen der Texte unnötig. Zugleich tritt ein doppeltes Verhältnis zur Zeit hervor, das für die Lektürehilfen charakteristisch ist. Sie sind einerseits zeitenthoben, insofern sie vermeintlich darlegen, was galt und gilt. Sie sind andererseits aber auch der Zeit verfallen, weil sie erkennbar für den Tagesgebrauch gedruckte Texte darstellen, die einen pragmatischen Zweck erfüllen, zu nutzen und zu vergessen sind. Dem entspricht, dass sie traditionell vergleichsweise billig zu erwerben und günstig produziert, gering im Umfang und erkennbar für Gebrauchszwecke bestimmt sind.[25]

2 Untersuchungen

2.1 An den Grenzen der Gattung: 1979

Vorbemerkungen

Blickt man auf die Reihe der fünf Lektürehilfen zu *Wilhelm Tell*, ist zunächst auffällig, dass die Arbeiten von 1894 und 1954 eine bis in die 1970er Jahre reichende Stasis erzeugen, indem sie weitgehend identisch sind. Der Text von 1894 kehrt daher noch 1954 wieder, wenn er auch geringfügig modifiziert sowie typografisch verändert ist und wenn auch die ursprünglichen Kapitel *Die Entstehung und Aufnahme des „Wilhelm Tell“, Sprachliche und sachliche*

---

23 Dieser Eindruck wird bemerkenswerterweise auch nicht dadurch geschmälert, dass sie in einer für die literaturwissenschaftliche Fachkultur charakteristischen Weise sprachliche Relativierungszeichen enthalten und dazu tendieren, die Gültigkeit gemachter Aussagen teils einzuschränken. Vgl. in diesem Zusammenhang Hyland 2004, 20-40 u. 104-131.

24 „[I]m Rahmen des pädagogischen Dispositivs gilt der Autor nicht als individueller Schöpfer [...]; der pädagogische Autor erscheint vielmehr als eine Funktionsstelle, die als Position erhalten bleibt, auch wenn ihre individuellen Besetzungen wechseln“, schreibt Fohrmann 1989, 253. – Interessant ist, wer für die Lektürehilfen bevorzugt als Autor in Frage kommt. Der Akzent liegt oder lag hier offenbar lange auf schulpraktisch erfahrenen Personen, was sicherlich sinnvoll ist, aus literaturwissenschaftlicher Sicht aber den wissenschaftlichen Charakter der Texte unterminieren kann. Abgeschwächt wird in jedem Fall ein Problem, das *universitäre* Einführungs- und Lehrbücher prägt, wenn dort Autoren „immer als Erzieher und als Forscher“ (Martus & Spoerhase 2013, 32) kommunizieren. Der Königs Erläuterungen publizierende Bange-Verlag zielt in seiner gegenwärtigen Autorensuche auf „Lehrer, Referendar[e] oder wissenschaftliche[] Mitarbeiter“ (https://www.bange-verlag.de/autor-werden (15.02.2018)).

25 Als „Bändchen“ – im Diminutiv – weist das Titelblatt die Lektürehilfe von 1894 aus. Der Kaufpreis beträgt zu dieser Zeit 40 Pfennig.

Erläuterungen, Der Gang der Handlung, Die Charaktere und *Die Tellsage* 1954 durch eine *Inhaltsübersicht* und die Kapitel *Die Quellen des Dramas, Geflügelte Worte* und *Dispositionen und Aufsätze* ergänzt sind.[26] Ab einer grundlegenden Überarbeitung der Reihe *Königs Erläuterungen* in den 1970er Jahren entsteht demgegenüber größere Entwicklungsdynamik, die an den Ausgaben von 1979, 2001 und 2011 ablesbar ist. Versucht man, sich einen Überblick über die *Inhalte* der fünf Lektürehilfen zu verschaffen, zeigen sich für die Zeit von 1894 bis 2011 eine Vielzahl von Kategorien. Es geht um Entstehung, Rezeption und Quellen des Dramas, den historischen Hintergrund, Wort- und Sacherläuterungen, Angaben zur Handlung, Erläuterungen zu Charakteren und zur Figurenkonstellation, Interpretationsansätze, die Tellsage, die Biographie Friedrich Schillers, zentrale Textzitate, Aufgaben und Übungen und *Wilhelm Tell* im Unterricht. Auch kommen bibliographische Angaben, eine Schnellübersicht wichtiger Aspekte oder ein Stichwortverzeichnis vor.[27] Nur drei Elemente treten jedoch in allen Lektürehilfen auf und erscheinen damit als innerer Kern der Gattung. Dies sind Angaben zur Entstehung und Rezeption des Werks, Sprach- und Sacherläuterungen und Angaben zur Handlung bzw. zum Inhalt. Demgegenüber ist etwa neueren Datums, was man ebenfalls mit Lektürehilfen assoziieren kann, nämlich detailliertes Wissen zum Autor, aber auch Wissen zu unterschiedlichen Interpretationsansätzen. So enthalten die hier ausgewerteten Hilfen erst ab 1979 Kapitel, die sich speziell mit der Biographie Friedrich Schillers befassen, welche jeweils tabellarisch dargestellt wird (vgl. 1979, 6-8). Sie privilegieren entsprechend das Werk über den Autor. Wertet man dies praxeologisch und fachkulturell aus, scheinen vollständige Biographien für die frühen Lektürehilfen von untergeordneter Wichtigkeit zu sein, da die Texte Narrative poetischer Produktivität bevorzugen, die eng an einzelne Werke gekoppelt bleiben und Lebensläufe als Epiphänomene des gelungenen Werks selektiv wahrnehmen.[28] Demgegenüber sind die neueren Lektürehilfen einem Ideal wissenschaftlicher Wahrheit und Vollständigkeit verpflichtet, dem die starke Selektivität älterer Ausgaben nicht genügt.

Lektürehilfe mit ambivalenter Stellung

Die Durchsicht der Lektürehilfen zu *Wilhelm Tell* wird im Folgenden mit drei Schwerpunkten vollzogen werden, die sich als besonders ergiebig erweisen. Es geht (1.) um einen exemplarischen Blick auf Gattungs*grenzen*, die *ex negativo* auf Gattungsmerkmale hinweisen. Es geht (2.) um sprachliche und darstellungstechnische Verschiebungen in den Lektürehilfen, die mehr als bloß stilistischer Natur sind und einen Einblick in die performative Dimension der Lektürehilfen zwischen 1894 und 2011 und in ihnen angelegte Praktiken versprechen. Schließlich folgt (3.) ein Blick auf Lesepraktiken und -programme, die in den unterschiedlichen Lektürehilfen unterschiedlich angelegt sind und sich als wichtiger, aber auch besonders schwieriger Aspekt der Diskussion erweisen.

Sucht man aus praxeologischer und fachkultureller Sicht Ordnung in die Reihe der Lektürehilfen zu bringen, ist vor allem die ambivalente Stellung der Lektürehilfe von 1979 aussa-

---

26 In beiden Fällen ist den eigentlichen Kapiteln das Widmungsgedicht des *Wilhelm Tell* unkommentiert vorangestellt, worauf noch einzugehen sein wird; 1954 lautet die Überschrift des Kapitels zu den Charakteren *Charakteristik der Hauptpersonen des Dramas*.

27 Festzustellen ist eine Anreicherung der Lektürehilfen der 2000er Jahre mit visuellen Elementen – mit darstellenden Bildern, aber auch mehr oder minder informativen Schaubildern, ja selbst einer skizzenhaften Landkarte (2001, 89) – und zahlreichen Angeboten, die offenbar die Orientierung im Text erleichtern sollen.

28 Ausgewählte Aspekte von Lebensläufen werden nach erprobten Mustern mit ausgewählten Werken verbunden, ja sogar unterschiedliche Autoren werden so aufeinander bezogen, wie Mackasare 2017, 112-130, nachzeichnet.

gekräftig. Diese Lektürehilfe, die in eine Zeit der Bildungsexpansion, Soziologisierung des Wissens und der Ideologiekritik fällt, scheint vordergründig die Reihe der Lektürehilfe zu spalten, indem sie im Zusammenhang einer in der zweiten Hälfte der 1970er Jahre erfolgenden grundlegenden Überarbeitung von *Königs Erläuterungen* tatsächlich Neues erprobt. Während einzelne Elemente des reformierten Textes auch in den folgenden Jahrzehnten erhalten bleiben – wie etwa die erwähnte tabellarische Darstellung von Schillers Biographie –, kehren die späteren Lektürehilfen von 2001 und 2011 aller Änderungen ungeachtet jedoch in wesentlichen Hinsichten zur Tradition *vor* 1979 zurück. Tatsächlich wird spätestens 1986,[29] und damit deutlich vor dem Wechsel von Autoren im Jahr 2001, eine Überarbeitung der Lektürehilfe von 1979 vorgenommen, die auf die älteren Hilfen zurückgreift und damit in einer Weise, die man durchaus hektisch nennen kann, eine Korrektur durchführt (vgl. Lindken 1986). Es ist die entsprechende Ambivalenz, die die Lektürehilfe von 1979 zu einem geeigneten Text macht, an die Grenzen der Gattung zu führen. An ihr lässt sich zunächst eruieren, was im Rahmen der Gattung vermutlich nicht funktioniert und als Teil literaturwissenschaftlicher und -didaktischer Praxen und Fachkulturen dysfunktional ist.

Die frühen Lektürehilfen schildern die Entstehung des Dramas – die hier zunächst exemplarisch herausgegriffen sei – als harmonische künstlerische Leistung, wobei sie den Blick besonders auf das Verhältnis von Goethe und Schiller und den Kontext ,Weimarer Klassik‘ richten. Die Lektürehilfe von 1894 eröffnet das Kapitel *Die Entstehung und Aufnahme des „Wilhelm Tell"* mit den Worten:

> Als Goethe im Herbst 1797 zum dritten Male in der Schweiz war und mit seinem Freunde, dem Maler und Kunstforscher Heinrich Meier, in der schönen Alpennatur umherwanderte, schrieb er von Stäffa aus am 14. Oktober an Schiller u. a. folgendes:

> „Was werden Sie sagen, wenn ich Ihnen vertraue, daß sich hier auf ein poetischer Stoff hervorgethan hat, der mir viel Zutrauen einflößt […]."

> Schiller ging auf diese Idee des Freundes mit außerordentlicher Lebhaftigkeit ein, auch ihm erschien die Tellsage für äußerst geeignet zur epischen Behandlung, wenigstens ebenso geeignet wie „Herrmann und Dorothea". (4)

Diese Ausführungen erscheinen in der Lektürehilfe von 1954 in modifizierter Form wieder, wo zudem Quellentexte identifiziert werden, die Schiller für seine Arbeit an *Wilhelm Tell* genutzt hat. Erneut liegt der Akzent auf Schillers poetischer Tätigkeit, die aus den Quellen „ein Drama von höchster Naturwahrheit" (8) erzeugt habe. Dabei wird Schillers konstruktive Leistung und ein freier Umgang mit den Quellen thematisiert (vgl. 10), insgesamt aber Wert darauf gelegt, dass Schiller einen gegebenen ,Stoff' „durchgeistigt und durch seine Kunst auf unerreichbare Höhe gehoben" (12) habe. Besonders herausgestellt wird die Apfelschussszene aus Aegidius Tschudis *Chronicon Helveticum*, die auf anderthalb Seiten der Lektürehilfe zitiert und als Vorlage der Dramenszene III/3 gewürdigt wird.

Blickt man vor solchem Hintergrund auf die Lektürehilfe von 1979, ist zuerst auffällig, dass sie eine gänzlich andere Haltung einnimmt, die besonders eine konstitutiv distanzierte und kritische Haltung ist. Eingangs werden in Form einer schlichten Chronik *Die ,historischen' Ereignisse* nach Tschudi von 1304 bis 1308 referiert, wobei die einfachen Anführungsstriche im Titel als Relativierungszeichen zu verstehen sind. Wird festgestellt, Schiller habe den „historischen Handlungsverlauf […] weitgehend aus seinen Quellen" (9) übernommen, wird

---

29 Vermutlich schon ab 1983, doch konnte dies nicht exakt rekonstruiert werden, da die entsprechende Lektürehilfe bibliothekarisch nicht zu ermitteln war.

sodann betont: „Schiller verfährt willkürlich mit dem Stoff, indem er ihn teilweise rafft, zum Teil aber auch erweitert. Die Tell-Episode tritt in den Mittelpunkt seines Dramas, im ‚Chronicon' hingegen bildet sie ein Detail unter vielen andern. Schillers Quellen sind nicht mit den Maßstäben moderner Geschichtswissenschaft zu messen." (9) „Zum Vergleich" (9) wird ein Auszug aus einem historischen Werk von 1970 gegeben, das auf insgesamt zweieinhalb Seiten ohne jede weitere Erläuterung zitiert wird. Im Folgenden werden, wie schon 1954, Schillers Quellen zum Drama benannt. Anders als 1954 werden diese Quellen aber nicht weiter kommentiert oder zitiert. Im Gegenteil werden zur Entstehung des *Wilhelm Tell* ausführlich – über knapp zwei Seiten (vgl. 1979, 13f.) – Goethes Äußerungen vom 6. Mai 1827 nach Eckermann wiedergegeben. Dies erfolgt erneut weitgehend ohne Kommentar, jedoch nach der bemerkenswerten Globaleinschätzung, die „Äußerungen Goethes mehr als 20 Jahre nach Entstehung des Werkes sind mit einiger Vorsicht und Zurückhaltung zu werten." (12)

In den Lektürehilfen tritt eine unterschiedliche Konstruktion der verhandelten Gegenstände deutlich hervor. Dies gilt ungeachtet der Tatsache, dass insbesondere die Lektürehilfen von 1954 und 1979 in grundlegenden Sachfragen übereinstimmen würden, wenn man bemüht wäre, sie in eine ‚neutrale', an vermeintlich zentralen Propositionen orientierte Sprache zu übersetzen. Es geht mithin um Unterschiede, die nicht zuletzt *performativ* generiert werden. Sie entfalten sich durch ausgesprochene und unausgesprochene Bewertungen, durch die Anordnung und Auswahl von Zitaten und Materialien und durch Hintergrundkonstrukte, die nicht expliziert werden.[30] Die Lektürehilfe von 1954 beurteilt Schillers Drama als poetische Leistung mit einem – im Detail nicht näher explizierten – Wahrheitsanspruch. Dabei werden Schillers Quellen weder am Maßstab moderner Historiographie bemessen – obwohl auch die Lektürehilfe später erklärt, es stehe fest, „daß alles an der Erzählung von Tell erfunden ist" (52) – noch wird der Abstand von Schillers Werk zu diesen Quellen besonders betont. Wenn darauf hingewiesen wird, Charaktere wie „Ulrich von Rudenz […] sowie seine Geliebte Bertha von Bruneck [seien] vom Dichter frei erfundene Personen" (10), handelt es sich um eine Äußerung, die Schillers Arbeit im Kontext eines Konstrukts ‚poetischer Lizenz' verortet. Der Dichter ist demnach frei, geschichtlichen Stoff bzw. den Stoff aus Quellentexten zu variieren und zu ergänzen, was dessen grundsätzlichen Quellenbezug nicht in Frage stellt. Entsprechend betont die Lektürehilfe zugleich Schillers poetische Sublimierung *und* die Nähe seines Dramas zu den Quellen, was besonders über die Apfelschussszene erfolgt, die im Drama prominent ist und deren historische Fassung ausführlich aus Tschudis *Chronicon* zitiert wird. Die Lektürehilfe von 1979 inszeniert sich dagegen als kritisch in einem doppelten Sinne. Sie akzentuiert Schillers freien Umgang mit den Quellen und stellt sie, ohne dies freilich näher auszuführen, in ein skeptisches Licht, das in einem Wort wie ‚willkürlich' ebenso zum Ausdruck kommt wie in der Hervorhebung der Tatsache, die berühmte Apfelschussszene sei in den Quellen allenfalls ein *Detail*. Zugleich betrachtet sie den Wert der Quellen insgesamt skeptisch und bezieht sie nicht nur auf Schillers Schaffen, sondern kurzerhand auf die moderne Geschichtsschreibung, die ‚vergleichend' hinzugezogen wird.

Über all dies hinaus ist auffällig, wie stark die Stimme des Autors 1979 hinter zitierte Texte weiterer Autoren zurücktritt. In den Lektürehilfen der Jahre 1894 und 1954 ist ihr jeweiliger

---

30 Es sind Unterschiede, die entsprechend nicht erfasst werden, wo man eine Reduktion der Lektürehilfen auf Fragen vornehmen würde, die lauteten: Was waren Schillers Quellen bei der Niederschrift des *Wilhelm Tell*? Hat Schiller sich in seinem Drama genau an diese Quellen gehalten? Sind diese Quellen historisch rückhaltlos belastbar?

Autor stark präsent, präsentiert, ordnet, erklärt, erzählt und bewertet. 1979 dagegen sollen Quellen vergleichsweise häufig für sich sprechen. Was genau der Leser aus der modernen historischen Darstellung entnehmen kann, die er mit Tschudis *Chronicon* vergleichen mag, bleibt ungesagt. Zugleich wird einerseits pauschal gewarnt, das Gespräch von Goethe mit Eckermann sei mit Vorsicht zu rezipieren. Andererseits wird dies weder substanzialisiert noch verhindert es das überaus umfangreiche, mehrere Seiten umspannende Zitat.

In der Lektürehilfe von 1979 ist insgesamt die überaus umfangreiche Wiedergabe von Materialien ebenso wie das umfangreiche Zitieren ansonsten nicht näher kommentierter Texte bemerkenswert. Nicht nur werden Briefstellen zur Entstehung des *Wilhelm Tell* als Material angeboten. Es erscheint nun auch ein Kapitel *Materialien zur Wirkungsgeschichte des Schillerschen „Wilhelm Tell"* und ein weiteres *Die wissenschaftliche Auseinandersetzung mit Schillers Wilhelm Tell*, wobei in letzterem drei Stimmen, nämlich Wilhelm Diltheys (vgl. 45-52), Friedrich Sengles (vgl. 52f.) und Benno von Wieses (vgl. 53-64) zu Worte kommen.

Probleme der Inhaltsangabe

Fruchtlose und dennoch überaus bemerkenswerte Episode bleibt auch, wie die Lektürehilfe von 1979 im Unterschied zu den Hilfen von 1894, 1954, 2001 und 2011 versucht, das Kapitel *Inhaltsangabe* zu gestalten, das ersetzt, was 1954 *Gang der Handlung* heißt. Was 1954 vierzehn Seiten umfasst (vgl. 32-45) und dabei der Einteilung des Dramas in Akte und Szenen folgt, nimmt 1979 sieben Seiten (vgl. 37-43) eines zusammenhängenden, nicht unterteilten und nicht mit Akt- und Szenenreferenzen versehenen Textes ein. Ein längeres Zitat vom Anfang dieses Textes deutet an, worin jene Innovation besteht, die nicht dauerhaft nachwirkt.

> Gleich mit der ersten Szene schlägt Schiller die Zuschauer und Leser in seinen Bann durch einen grellen dramatischen Effekt: In die Idylle bricht schroff die Geschichte ein. Man hört den „Kuhreihen und das harmonische Geläut der Herdenglocken", hört einen Fischerknaben, der das „Paradies" [...] besingt, bis unversehens die sonnenbeschiedene [sic!] Landschaft sich verändert, „Schatten von Wolken" metaphorisch eine tödliche Gefahr anzeigen: Baumgarten ist auf der Flucht vor des Kaisers Reitern, die ihm nachsetzen, weil er des Kaisers Burgvogt erschlug, der sich an seinem Weib vergehen wollte. Die österreichische Fremdherrschaft provoziert die Notwehr der Schweizer, deren Existenzweise naiv-idyllisch war, nicht der verändernden Kraft der Geschichte ausgesetzt, sondern vom Kreislauf der Natur umfangen: „Denn so wie ihre Alpen fort und fort / Dieselben Kräuter nähren, ihre Brunnen / Gleichförmig fliessen, Wolken selbst und Winde / Den gleichen Strich unwandelbar befolgen, / So hat die alte Sitte hier vom Ahn / Zum Enkel unverändert fortbestanden." – Das natürliche Gleichmaß des Lebens wird aufgehoben durch den destruktiven Herrschaftsanspruchs Österreichs, den die vereinigten Lande Schwyz, Uri, Unterwalden niederschlagen, daß sie sich eine neue Freiheit, eine neue Idylle erobern: So durchsichtig ist hier der kulturphilosophische Dreischritt: erste Idylle – Geschichte – zweite Idylle, der auch den Bauplan der klassischen ästhetischen Schriften Schillers (vgl. besonders Übernaive [sic!] und sentimentalische Dichtung) reagiert [sic!]. Weniger leicht durchschaubar sind die dramatischen Formen, die Personenkonstellationen und die Symbole, in denen Schiller diesen Dreischritt versinnbildlicht. (37f.)

Auffällig ist zunächst der Eindruck, keine Inhaltsangabe im traditionellen Sinne vorzufinden. Er resultiert wesentlich daraus, dass der Text dem Handlungsverlauf des Dramas vergleichsweise wenig Aufmerksamkeit schenkt und stattdessen geschichtsphilosophische Modelle und abstrakte Situationsbeschreibungen verfertigt. Dies wirkt bis in sprachliche Details hinein, wenn erst das vierte Satzgefüge des Textes eigentlich auf Handlungselemente eingeht, dabei unvermittelt mit dem Namen eines Protagonisten – „Baumgarten" – beginnt und Handlungsangaben überaus gedrängt in hypotaktischer Konstruktion präsentiert. Insgesamt löst der Text traditionelle Unterscheidungen auf, die für literaturwissenschaftliche Zugriffe charakteristisch sind, wie etwa die Differenz zwischen Beschreibung und Bewertung. So zurückhaltend der Autor der Lektürehilfe an anderen Stellen verfährt, so offensiv wie beiläufig *wertet* er im zitierten Textteil, wenn es um Schillers ‚grelle' Dramatik oder seine ‚durchsichtige' geschichtsphilosophische Konstruktion geht. Zugleich fertigt der Text mit Blick auf die Drameninhalte Makropropositionen an, die einen Abstraktionsgrad erreichen, der die Frage aufwirft, inwiefern noch Inhalte wiedergegeben und inwiefern das Drama schon gedeutet wird. So geht die inhaltliche Wiedergabe in die Erklärung über, *Wilhelm Tell* folge dem triadischen Schema von Verlust und Wiedergewinn der Idylle. Der Ausgriff über den Text hinaus, der *en passant* eine gesamte philosophische Arbeit Schillers als Gewähr für die eigene Globaldeutung aufruft, ist ebenso auffällig wie der Wechsel zwischen einer Wiedergabe von Handlungselementen, die mit dem Beginn des Dramas beginnt, und Erläuterungen, die wenige Zeilen später schon auf das Ende des Textes ausgreifen, wenn die Niederschlagung der österreichischen Herrschaftsansprüche erwähnt wird. Der Text von 1979 setzt sich derart deutlich von demjenigen von 1954 ab.[31]

Auch wenn der Autor der Lektürehilfe von 1979 im Kontext der Inhaltsangabe präsenter und wertungsfreudiger agiert als an jenen Stellen, an denen vor allem Quellen und Materialien präsentiert werden, scheinen beide Aspekte zusammenzugehören. Die Lektürehilfe richtet sich 1979 an einen aufgeklärten und im emphatischen Sinne *kritischen* Expertenleser, der unter anderem über detaillierte Kenntnisse des Textes und seines Handlungsverlaufs verfügt und der ästhetisch, philosophisch und sozialwissenschaftlich geschult ist, um souverän eigene Bewertungen und Einordnungen vollziehen zu können.

---

31 Hier beginnt der Text in folgender Weise (Absätze sind durch Schrägstriche ersetzt): „Gang der Handlung / 1. Akt / Der erste Akt ist der größte Teil der sog. Exposition des Dramas, d. h. er gibt uns die zu seinem Verständnis nötige Vorgeschichte. Der Dichter will in seinem Stück zeigen, wie sich ein edles Volk von unerträglicher Knechtschaft befreit. Deshalb muss er uns zunächst mit dem tyrannischen Treiben seiner Bedrücker, der Landvögte in den schweizerischen Urkantonen, bekannt machen und sodann die Stimmung des Volkes schildern […]. / 1. Szene / In heiterem Sonnenscheine liegen die grünen Matten des Schwyzer Landes drüben auf dem anderen Ufer des Vierwaldstätter Sees vor uns, während wir uns auf seinem westlichen Ufer befinden." (1954, 32) Zwar finden sich auch hier schon deutliche Wertungen, wenn etwa das schweizerische Volk als ‚edel' und seine ‚Knechtschaft' als ‚unerträglich' bezeichnet wird. Was immer man von ihnen halten mag, sind sie jedoch entweder in einer Weise kontextualisiert, die sie als Teil einer Textdeutung erscheinen lässt, welche als Auseinandersetzung mit der dichterischen Intention auftritt, oder sie als Attribute der Dramenwelt ausstellt, was den – aus heutiger Sicht bestreitbaren – Anspruch ausdrückt, es gehe um inhärente Elemente des Schiller'schen Textes und seiner Semantik. In beiden Fällen trifft daher schon die frühe Lektürehilfe Entscheidungen, die man als problematisch ansehen kann, doch zielt sie weniger darauf, die Differenz zwischen Textdeutung und Textwiedergabe als Differenz zu unterminieren, wie dies 1979 geschieht. – Angesprochen sind Grundprobleme der Literaturwissenschaft, die bis heute kontrovers verhandelt werden, obwohl sie von scheinbar schlichten Fragen ausgehen. Es geht etwa um das Problem, inwiefern das ‚edle Volk' oder die ‚Knechtschaft' des Jahres 1954 und die ‚Geschichte' des Jahres 1979 beide gleichermaßen oder überhaupt in Schillers Text *vorhanden* sind. Fricke 1991a, 12, deutet die Schwierigkeit an einer kontingent gewählten, doch sehr pointierten Stelle mit den Worten an: „Eine Wissenschaft von der Literatur kann, als intersubjektives Unternehmen, nur das zum Gegenstand haben, was an einem literarischen Text jedem Leser gegenüber konstant bleibt. In dieser Weise konstant ist aber nicht der Kommunikationsgehalt, sondern nur das Kommunikationsmittel – also der Text als empirisch fassbarer Gegenstand. […] [D]er ‚Inhalt' eines literarischen Textes – die konventionelle Semantik der verwendeten Wörter ebenso wie etwa die fiktionale ‚story' – ist Element des Kommunikationsmittels, nicht Teil des Kommunikationsgehalts." In den Blick kommen dabei nicht nur literaturwissenschaftliche, sondern auch literaturdidaktische Probleme, die zurzeit lesepsychologisch unter anderem auf das Konzept des ‚mentalen Modells' bezogen werden, das 1983 populär wurde. Vgl. etwa Susteck 2015, 159-196 u. 240-269.

So innovativ die Lektürehilfe von 1979 wirken mag und so sehr sie einzelne Impulse an die Lektürehilfen der Jahre 2001 und 2011 weitergibt, so deutlich werden drei Grenzen, an die sie stößt und in denen man nichts Geringeres als Grenzen der Gattung vermuten darf. Dies ist (1.) der Fall, wo sich der Akzent in Richtung einer Quellenkompilation verschiebt, die mit einem Leser rechnet, der das gebotene Material selbst auswertet und synthetisch zu einem Ganzen fügt. Es ist (2.) der Fall, wo eine eigene Stimme der Lektürehilfe – bzw. ihres Autors – in den Hintergrund tritt und allererst ‚Dinge‘ – also wesentlich Schriftzeugnisse in ausufernden Zitaten – für sich sprechen sollen. Es ist (3.) der Fall, wo die Stimme der Lektürehilfe zwar hörbar ist, aber den Text in einer Weise organisiert, die in vielfacher Hinsicht Grenzen auflöst, welche der Orientierung des Lesers dienen können. Wie problematisch dieser Weg ist und wie rasch er wieder verlassen wird, zeigen die bereits angesprochenen, eiligen Überarbeitungen des Jahres 1986. Zunächst werden die 1979 etablierten Materialteile zusammengezogen – die Materialien zur Entstehung des Dramas, zur Wirkungsgeschichte und zur wissenschaftlichen Auseinandersetzung mit *Wilhelm Tell* – und ans Ende des Lektüreschlüssels verschoben. Ein kurzes Materialkapitel *Der „Tell" auf der Bühne* kommt hinzu. Die Wort- und Sacherklärungen rücken im Gegenzug nach vorne. Die zitierte *Inhaltsangabe* wird in *Inhaltsskizze* umbenannt, bleibt aber ansonsten bestehen. Ihr wird jedoch kurzerhand ein neues Kapitel *Der Gang der Handlung* beigeordnet, und zwar in der – geringfügig modifizierten – Version von 1954, womit sich die inhaltsbezogenen Kapitel ausnahmsweise verdoppeln. Ebenfalls aus der Lektürehilfe von 1954 wird das Kapitel *Charakteristik der Hauptpersonen* aufgenommen, das 1979 eigentlich gestrichen worden war und leicht bearbeitet zurückkehrt. Was entsteht, ist der Eindruck einer notdürftigen und eiligen Reparatur, die die Gattung aus forcierter Innovation in traditionelle Bahnen zurückführt.

2.2 Verschiebungen in Sprache und Darstellung

Ein Widmungsgedicht

Auch wenn die Lektürehilfe von 1979 an vielen Stellen darauf verzichtet, dargebotenes Material näher zu kommentieren, vollzieht sie Kontextualisierungen, die noch aus heutiger Sicht angemessen scheinen und in den älteren Lektürehilfen fehlen. Dies gilt auffällig bezüglich des Widmungsgedichtes, das Schiller einer Ausgabe des *Wilhelm Tell* beigab, die er am 25. April 1804 an den Kurfürsten von Mainz, Carl Theodor von Dalberg, sandte (vgl. die Erläuterungen in Schiller 1993, 124f.), und dessen Betrachtung hier genutzt werden soll, um zum zweiten Untersuchungsschwerpunkt überzuleiten, der sich mit sprachlichen und darstellungstechnischen Verschiebungen in den Lektürehilfen sowie deren praxeologischen Implikationen befasst.

In den fünf untersuchten Lektürehilfen erscheint das Widmungsgedicht nicht weniger als drei Mal. In den grundlegenden Überarbeitungen wird es letztmalig 1979 abgedruckt,[32] wo es als Anstoß zu einem eigenen Kapitel mit dem Titel *Schiller und die französische Revolution von 1789* genutzt wird. In den Lektürehilfen von 2001 und 2011 wird es nicht mehr reproduziert. Hingegen steht es in den ausgewerteten Lektürehilfen von 1894 und 1954 jeweils exponiert am Textanfang, und zwar ohne jedwede Erläuterung oder explizite Kontextualisierung.

---

32 Übersteht aber die Umarbeitung von 1986. Hingegen fehlt es interessanterweise etwa in der, noch von Richard Stecher verfassten, Ausgabe der Lektürehilfe von 1939.

Der kommentarlose Abdruck des Widmungsgedichts kann nicht nur erstaunen, sondern ist auch geeignet, Referenzen und Ansprüche in den Lektürehilfen anzuzeigen, die mit literaturwissenschaftlichen, vor allem aber schulischen und literaturdidaktischen Praktiken zusammenhängen. Ausschließen darf man, dass es 1894 und 1954 in seiner ursprünglichen Funktion, nämlich als Gedicht mit persönlicher Ansprache und indirektem Fürstenlob wie indirekter Fürstenmahnung reproduziert wird. Ebenso ausschließen lässt sich, dass es als kulturhistorisches Dokument Abdruck findet. Stattdessen muss man annehmen, dass das Gedicht als Schlüssel zu Schillers Drama dienen soll und jedenfalls als Träger einer moralischen *und* ästhetischen Botschaft, die die frühen Lektürehilfen als relevant und gültig erachten. Damit ist inhaltlich eine bestimmte Problemmarkierung bezüglich *Wilhelm Tells* vorgenommen, als dessen zentrale Frage erscheint, wie Gewalt in der Politik zu rechtfertigen ist? Zugleich ist als Öffnung zum Drama die Antwort formuliert, zu rechtfertigen sei sie bloß unter bestimmten Bedingungen, die im schweizerischen Fall gegeben seien. Angenommen wird, dass Leserinnen und Leser der Lektürehilfen die entsprechende Botschaft verstehen, ohne darüber unmittelbar informiert zu werden. Auch wird die Botschaft als zeitlos imaginiert und insbesondere nicht, wie dies 1979 geschieht, an den historischen Kontext der Französischen Revolution rückgebunden. Zugleich aber wird das Widmungsgedicht Träger einer ästhetischen Botschaft, was seinen Abdruck in Gänze erst erklären dürfte. Damit tritt ins Zentrum, was für praxeologische und fachkulturelle Forschungen zuvörderst relevant ist, nämlich eine implizite, *performative* Dimension der Lektürehilfen. Der Abdruck des Widmungsgedichts gibt dem Dichter Schiller vor jedem diskursiven Text das erste Wort. Zugleich werden die Lektürehilfen mit einem poetischen Text eröffnet, und zwar einem vollständigen, nicht fragmentierten Text. Der unkommentierte Komplettabdruck schafft schließlich Raum für Reflexivität. Nicht zu unterschätzen sein dürfte zugleich, dass dem Widmungsgedicht hier die Rolle zugedacht wird, einladend zu wirken, sich auf Schillers Drama, und damit zugleich die Lektürehilfen, einzulassen. Für die Übernahme einer solchen Aufgabe scheint es inhaltlich geeignet, insofern eine derartige Einladung in seinen letzten zwei Versen ausgesprochen scheint.[33] Es ist dafür jedoch auch performativ geeignet und kann nicht zuletzt eine Unterrichtseinheit zu Schillers Gedicht eröffnen, wo es sich der *Rezitation* anbietet.

Die frühen Lektürehilfen stellen den Literaturunterricht daher als einen nicht zuletzt ästhetisch gestalteten Sprachraum vor, den sie zugleich zu erzeugen versuchen. Es geht um eine Auseinandersetzung mit literarischen Werken, dabei jedoch wesentlich um eine spezifische sprachlich-performative Modellierung dieser Auseinandersetzung. In ihr verbinden sich philologische Gelehrsamkeit, Unterrichts- sowie Text- und Aufsatzmodellierung. Die Lektürehilfen als zu lesende Texte, der Lehrervortrag, der sich dieser Hilfen bedient, die Schülerrede und der Schüleraufsatz sind wenigstens idealerweise eng miteinander verknüpft, und zwar über ein doppelseitiges Band geistiger Haltungen und Erfahrungen und korrespondierender Sprache.[34] Hinzu treten unterschiedliche Vorstellungen des Aufsatzunterrichts, wie etwa nach

---

33 Die zweite Strophe lautet: „Doch wenn ein Volk, das fromm die Herden weidet, / Sich selbst genug, nicht fremden Guts begehrt, / Den Zwang abwirft, den es unwürdig leidet / Doch selbst im Zorn die Menschlichkeit noch ehrt, / Im Glücke selbst, im Siege sich bescheidet: / – Das ist unsterblich und des Liedes wert. / Und solch ein Bild darf ich Dir freudig zeigen; / Du kennst's, denn alles Große ist Dein eigen." (1894, 3; vgl. Schiller 1983, 179.)

34 Die Lektürehilfen sind dabei in mehrere historische Zusammenhänge eingepasst, in denen sich im ausgehenden 19. Jahrhundert insbesondere eine neue Literaturdidaktik und ein rhetorisches Erbe verbinden. Auf der einen Seite stehen Unterrichtskonzepte, die sich mit Begriffen wie ‚Literatur' und ‚Lektüre' charakterisieren lassen (vgl. Paulsen 1885.) Spätestens ab den 1840er Jahren gewinnen Grundannahmen moderner Ästhetik und die Forde-

dem Zweiten Weltkrieg das Konzept der sprachgestaltenden Aufsatzlehre (vgl. Ludwig 1988; Lösener & Ludwig 2007; Mackasare 2017, 171-203).

Sprachschwierigkeit, Sprachduktus und Techniken der Darstellung

Nun mag es scheinen, dass die bisherigen Erläuterungen die Rolle des Widmungsgedichtes in den Lektürehilfen zu *Wilhelm Tell* überlasten. Nötig ist daher eine ergänzende Auswertung weiterer Elemente. Auch wenn man die Kapitel *Entstehung und Aufnahme des „Wilhelm Tell"*, mehr aber noch *Der Gang der Handlung* beachtet, zeigt sich, dass die Lektürehilfen sichtlich an dem interessiert sind, was als sprachlich-gedankliche wie ästhetische Qualität firmieren kann. Insbesondere zielen sie darauf ab, in der Auseinandersetzung mit einem ästhetischen Werk selbst ästhetische Erfahrung zu erzeugen, wenigstens aber anzubahnen, und zwar durch Sprache und Darstellung anzubahnen.[35] Ersichtlich wird dies vor allem, wenn man den Blick über die Lektürehilfen von 1894 und 1954 hinaus ausweitet und beobachtet, wie sich etwa der Text zum Gang der Dramenhandlung bzw. zum Inhalt 2001 und 2011 verändert. Dabei erscheinen zwei Elemente in enger Verbindung, nämlich einerseits eine zunehmende sprachliche Vereinfachung der Texte und andererseits eine Veränderung ihres Duktus.

Was den Aspekt reduzierter Sprachschwierigkeit betrifft, soll hier lediglich eine statistische Annäherung wiedergegeben werden, die durch das moderne sprachwissenschaftliche Instrument des Lesbarkeitsindexes gegeben ist. Greift man etwa die Ausführungen zur Szene I/2 heraus und vergleicht die Lektürehilfen von 1894, 1954 und 2001, ergeben sich nach der etablierten ‚ersten neuen Wiener Sachtextformel' unterschiedliche *sprachliche* – weitere Erwägungen beiseite lassende – Schwierigkeitsgrade.[36] Nimmt man den Anspruch der Formel ernst, die Eignung von Sachtexten für Schulstufen auszuweisen, wäre im Jahr 1984 der Text von 1894 sprachlich etwa in der österreichischen Jahrgangsstufe 9, der von 1954 etwa in

---

rung nach einer Lektürepraxis im Zeichen des Erlebens an Gewicht. (Vgl. Jäger 1973, 145f.) Auf der anderen Seite geht es um einen Unterricht, der das 19. Jahrhundert noch immer als ein „rhetorisches" erweist (Breuer 1974, 150.) Zwar wird die Rhetorik in Preußen 1892 und 1898 aus dem Oberstufenunterricht „verdrängt" (ebd., 163), um 1901 gänzlich zu verschwinden (vgl. ebd., 164). Der Deutschunterricht wird dennoch in der zweiten Hälfte des 19. Jahrhunderts zum Ort systematischer Denkschulung, an dem besonders im Bereich des Aufsatzunterrichts eine „Unterweisung in der Logik und Rhetorik" (Frank 1973, 203) angestrebt wird. Ablesbar ist diese Entwicklung unter anderem an der Karriere eines weiteren Faches, der ‚philosophischen Propädeutik', die in Preußen seit 1825 auf Anregung Hegels eingerichtet wird und die Grundbegriffe der Logik und empirischen Psychologie vermitteln soll (vgl. Breuer 1974, 162; Paulsen 1885, 604). 1856 wird sie in den preußischen Deutschunterricht integriert (vgl. Frank 1973, 207), wodurch ein fachlicher Zusammenschluss bereits in der Antike einander nahestehender Disziplinen erreicht wird. Insbesondere wird der „ursprüngliche Zusammenhang von Logik und Rhetorik" zur „Grundlage für den Deutschunterricht mindestens auf der Oberstufe des Gymnasiums." (Ebd., 199) – Vgl. zur schwierigen Stellung der Rhetorik seit dem frühen 19. Jahrhundert und für den Versuch einer Erklärung ihrer ambivalenten Position Steinfeld (2004).

35 Die sich hier andeutenden Zusammenhänge sind bis in die Gegenwart relevant und haben spätestens seit den 1970er Jahren eine Debatte um die angemessene Wissenschaftssprache speziell der Literaturwissenschaft ausgelöst. Ein großes Bedürfnis dieser Wissenschaft, einen ästhetischen Gegenstand darstellend anzunähern, belegt umfassend Fricke 1977. Interessanterweise kommt er in Fricke 1991b, 47f., zu dem Ergebnis, durch „die intensive literaturwissenschaftliche ‚Methodendiskussion' (besonders zwischen 1965 und 1975) hat die Tendenz zur verbalen Suggestion nicht etwa abgenommen, sondern sie ist sogar noch *angestiegen'*". Die Lektürehilfen bestätigen dies nicht, wie sich zeigen wird. – Vgl. zur Sprache der Literaturwissenschaft etwa auch Spillner 1981. Gärtner 2001 sieht in der Literaturwissenschaft einen zyklisch wiederkehrenden Ruf nach Klarheit und Verständlichkeit eigener Texte, der jedoch zu keiner dauerhaften Problemlösung zu führen scheint.

36 Nämlich in Zahlen ausgedrückt Schwierigkeitsgrade von 8,39 (1894), 7,3 (1954) und 6,8 (2001). – Vgl. Bamberger & Vanecek 1984. Zur verwendeten Berechnungsformel ebd., 83.

der Jahrgangsstufe 8 und der von 2001 in der (späten) Jahrgangsstufe 6 oder 7 verwendbar gewesen. Zwar ist die begrenzte Belastbarkeit entsprechender Berechnungen evident. Ignoriert wird etwa die Nutzung von Lesbarkeitsprofilen, die Faktoren jenseits rein sprachlicher Aspekte berücksichtigen und ebenfalls Teil des Wiener Modells sind (vgl. Bamberger & Vanecek 1984, 93-96). Dennoch sind die ermittelten Werte als erste Stütze von Beobachtungen nutzbar, die mit Blick auf weitere Faktoren noch zu belegen blieben.[37]

Neben der reduzierten Sprachschwierigkeit tritt 2001 eine deutliche Veränderung des Textduktus in den Blick, die man zunächst mit dem Schlagwort der ‚Versachlichung', wenn nicht ‚Verwissenschaftlichung' belegen könnte. Dass es um mehr geht, nämlich eine Veränderung, die in multiplen Entwicklungen verankert ist, zeigt ein vergleichender Blick auf den Beginn der Zusammenfassung der Szene I/1.[38]

1954	2001
In heiterem Sonnenscheine liegen die grünen Matten des Schwyzer Landes drüben auf dem anderen Ufer des Vierwaldstätter Sees vor uns, während wir uns auf seinem westlichen Ufer befinden. Der Fischerknabe singt im Kahn ein Lied von der geheimnisvollen Macht, die der See auf die an seinen Ufern ruhenden Menschen ausübt, vom Berge tönt das Abschiedslied des Hirten, und von der Höhe klingt des Alpenjägers Weise. Doch plötzlich ändert sich das Wetter. Ein Gewitter zieht heran, und fern in den Bergen hört man das dumpfe Rollen des Donners. Der Fischer tritt aus seiner Hütte und Hirt und Jäger gesellen sich zu ihm. „Es wird ein hartes Wetter werden", meinen die drei. Da stürzt ein Mann zu ihnen: Baumgarten. (32f., zu I/1)	Der erste Akt beginnt mit der Darstellung einer idyllischen harmonischen Welt. Dazu dient die sehr ausführliche Regieanweisung (z. B. grüne Matten, heller Sonnenschein, Eisberge, Kuhreihen, harmonisches Geläut der Herdenglocken) und der Gesang des *Fischerknaben* (besingt die geheimnisvolle Macht des Sees), des *Hirten* (Abschiedslied) und des *Alpenjägers* (besingt die Unerschrockenheit der Jäger). Hier herrscht noch das alte Gesetz, Traditionen werden über Generationen weitergegeben, jedes Ding hat seinen Platz. Die folgenden Regieanweisungen (dumpfes Krachen in den Bergen, Schatten von Wolken) deuten auf ein Ende der Idylle hin. Während sich der Fischer, der Jäger und der Hirte über das herannahende Unwetter unterhalten, stürzt *Baumgarten* zu ihnen. (41, zu I/1)

Die Lektürehilfe von 1954 – die eng an den Text von 1894 angelehnt ist – widmet sich der ersten Szene mit einem Stil, den man *schulisch* oder *schulrhetorisch* nennen mag und der sprachlich Prinzipien der Aufsatzlehre folgt (vgl. die Hinweise bei Gärtner 2001, 84f.). Auffällig ist insbesondere die Nutzung der Adjektive und Partizipien, die offenbar die Szenerie quasi-malend in die Vorstellung des Lesers heben sollen. Auch darüber hinaus ist ein

---

37 Was sich hinter den Rechenwerten verbirgt, wird anschaulich, wenn man für Szene I/2 aus Wilhelm Tell jene Parameter ausweist, die in die Berechnung eingehen. Die an der Wörterzahl gemessene Textlänge bleibt zwischen 1894 und 1954 nahezu gleich, nimmt 2001 aber signifikant ab. Die Satzlänge umfasst 1894 im Mittel 24 Wörter, 1954 sind es 19 und 2001 noch 16. Der prozentuale Anteil der Wörter mit mehr als sechs Buchstaben fällt jeweils leicht, der prozentuale Anteil dreisilbiger Wörter fällt zwischen 1894 und 1954, steigt 2001 aber wieder an. Der prozentuale Anteil der einsilbigen Wörter nimmt von gut 50% (1894) auf knapp 54% (1954) und schließlich knapp 58% (2001) zu.

38 Es geht mithin um komplexe Zusammenhänge, deren Erforschung bereits Danneberg 1993, 116f., fordert, der mit Verweis auf Harald Weinrich von einer „Literaturwissenschaft von der Wissenschaftsliteratur" (ebd., 117) spricht (vgl. Weinrich 1985, 35). Zwar muss bezweifelt werden, dass Danneberg in seinen Überlegungen an Lektürehilfen denkt, deren Zugehörigkeit zur wissenschaftlichen Literatur, wie gesehen, durchaus hinterfragt werden kann. Dennoch sind die entsprechenden Ausführungen anregend.

sprachlich manifestiertes Interesse daran sichtbar, den Leser zu animieren, sich die dargestellte Situation vorzustellen. Entsprechend wird inkludierend formuliert, ›*vor uns liegen* die
grünen Matten.‹ Überraschende Entwicklungen werden mit der Formulierung ›plötzlich‹ be-
schworen, der die erneut inkludierend gemeinten Worte folgen, ›fern in den Bergen *hört man
das dumpfe Rollen des Donners*‹. Selbst die Syntax aber steht im Dienste der Vorstellungsbildung, wenn die syntaktische Konstruktion, die die Ankunft Baumgartens darstellt, einen
überraschten Ausruf zu implizieren scheint: ›Da stürzt ein Mann zu ihnen: Baumgarten.‹
Die Lektürehilfe von 2001 wirkt dagegen wie eine Negation der früheren Texte. Der erste Satz scheint nicht zu intendieren, den Leser in die Vorstellungsbildung zu involvieren.
Er spricht überhaupt nicht von einer konkret gegebenen Dramenwelt, sondern bezieht sich
mit der technischen Rede vom ›ersten Akt‹ und der ›Darstellung‹ auf den Text des Dramas
im engeren Sinne, sowie mit der Rede von einer ›idyllischen harmonischen Welt‹ auf die
Uferszene lediglich im Modus verallgemeinernder Abstraktion. Die Details des skizzierten
Bühnenbildes werden in Klammern erwähnt, und zwar nicht als unmittelbar zu vergegen-
wärtigende, sondern als Elemente von Regieanweisungen, was ihren textuellen Status betont.
Auch Auftreten und Handeln der Figuren werden explizit funktionalisiert und in den Kontext einer Darstellungsabsicht gestellt. Charakteristisch ist auch die veränderte Syntax des
letzten Satzes, ›Während sich der Fischer, der Jäger und der Hirte über das herannahende
Unwetter unterhalten, stürzt *Baumgarten* zu ihnen‹, der jene Simulation einer Überraschung
oder Bestürzung tilgt, die sich in den früheren Ausgaben findet.[39]
Ähnliche Befunde lassen sich machen, wenn man die Lektürehilfen von 1954 und 2011 in
ihrer Darstellung jener Szene betrachtet, der mit Blick auf *Wilhelm Tell* unisono besondere
Bedeutung zugemessen wird, nämlich Szene III/3 mit der Darstellung des Apfelschusses.

1954	2011
Walther fragt den Vater nach Allerlei, was er sieht, und macht altkluge Bemerkungen zu dessen Antworten. Eben kommen Sie zu dem Hute, und Tell will ohne Gruß vorübergehen, da macht ihn der Knabe auf den Hut aufmerksam. „Was kümmert uns der Hut? Komm, laß uns gehen!“, antwortet ihm dieser und will weitergehen. Aber schon wird er von Frießhardt festgehalten. Auf Walthers Hilferufe eilen Leute herbei und suchen Tell zu befreien, als plötzlich Geßler selbst, auf der Rückkehr von der Jagd hinzukommt. Im Nu übersieht er die Lage und erkennt, wie er den gefürchteten Schützen am empfindlichsten treffen kann. Er lässt sich erzählen, was vorgefallen ist, und bestimmt, daß Tell zur Strafe einen Apfel von des Kindes Kopf schießen soll. Tell ist über dieses unmenschliche Verlangen Geßlers	Tell erklärt Walther die Freiheit der Schweiz. Er ignoriert den Hut und wird von den beiden Wächtern verhaftet. Walther ruft die Umstehenden um Hilfe an. Der Pfarrer verteidigt Tell als Ehrenmann; Walther Fürst will für ihn bürgen, aber die Wächter lassen sich arrogant und schroff auf keine Diskussion ein. Als die Stimmung für die Wächter immer bedrohlicher wird, erscheint der Landvogt Geßler mit Gefolge. Geßler lässt sich das Geschehen erzählen. Er erkennt Tells Entschuldigung nicht an und befiehlt ihm, einen Apfel vom Kopf seines Sohnes zu schießen. Tell ist entsetzt und bittet um Gnade, aber Geßler bleibt bei seinem Befehl. Er lässt sich auch durch die Bitten der Umstehenden sowie Berthas, die sich mit Ulrich von Rudenz in seinem Gefolge befindet, nicht erweichen. Tell bietet Geßler sein

---

39 Der Text von 2011 hebt auf Seite 33 den forciert wissenschaftlichen Gestus von 2001 zwar wieder auf. Wie
   schon 1894 und 1954 darf der Leser nun direkt erfahren, was im Drama geschieht. Anders als in den älteren Texten beginnt auch die Lektürehilfe von 2011 aber mit einer allgemeinen, also nicht individualisierten Zustands-
   beschreibung, die gegenüber der eigentlichen Dramenhandlung deutlich abstrahiert, und stellt sie wesentliches
   Geschehen überaus verknappt und nüchtern dar.

1954	2011
entsetzt. Wie leicht kann der Schuß fehlgehen! Soll er zum Mörder seines Kindes werden? Flehentlich bittet er den Landvogt, ihm den Schuß zu erlassen; der aber pflückt unter höhnischem Lächeln einen Apfel vom Baume und läßt ihn dem Knaben aufs Haupt legen. Nochmals bittet Tell um Gnade. Umsonst! „Du schießest oder stirbst mit deinem Knaben" ist Geßlers Antwort. Auch seine Nichte Bertha bittet für Tell. Umsonst! Umsonst auch das Flehen Walther Fürsts, des Pfarrers und all der anderen. Geßler bleibt in seiner Hartherzigkeit unerbittlich. Da spannt Tell die Armbrust und legt den Pfeil auf, aber der Arm sinkt ihm herab, und die Knie zittern. Plötzlich nimmt er einen zweiten Pfeil aus dem Köcher und steckt ihn zu sich. Da, während alle bekümmert auf den unglücklichen Vater blicken, tritt Rudenz vor und verlangt von Geßler klar und bestimmt die Zurücknahme des Befehls. […] Da hört man den Ruf: „Der Apfel ist gefallen!" und fröhlich kommt der Knabe mit Pfeil und Apfel angesprungen. (39, zu III/3)	eigenes Leben an, aber Geßler besteht auf dem Schuss. Während Ulrich den Vogt zur Rede stellt, sich von ihm lossagt und sich auf die Seite der Schweizer stellt, schießt Tell den Apfel vom Kopf seines Sohnes. (39f., zu III/3)

Von der Nutzung wörtlicher Zitate über temporale Angaben – ‚eben', ‚da', ‚im Nu' oder ‚plötzlich' – Exklamationes und die Formulierung von Fragen sucht der Text von 1954 eine Verlebendigung des Dargestellten für die Vorstellungsbildung und damit Suggestivkraft zu erreichen. Anders als in Szene I/1 geht es dabei nicht nur um die Vorstellung sinnlicher Eindrücke, sondern auch diejenige emotionaler Zustände und gefühlsbesetzter Gedankengänge. Der Versuch, den Leser emotional-imaginativ zu engagieren, wird dabei selbst auf syntaktischer Ebene verfolgt. So wird besonders Geßlers Insistenz nicht allein benannt, sondern über mehrere Sätze und speziell durch die dreimalige Wiederholung des Wortes ‚umsonst' vorgeführt. Zwar werden Geßlers fehlender Gnade auch 2011 mehrere Sätze gewidmet, doch ist nicht nur die Zahl geringer, sondern auch die rhetorische Kraft ist mindestens der Intention nach schwächer, wenn auf die Wortwiederholung verzichtet wird.[40]

Ein Interesse an der Adressierung von Vorstellungskraft zeigt sich auch an Stellen der Lektürehilfen, die weniger auffällig sind, wie im Bereich der sprachlichen und sachlichen Erläuterungen. Bereits von der Anzahl kommentierter und erläuterter Formulierungen her sind

---

40 Die sprachliche Besonderheit der frühen Lektürehilfen fällt, sei abschließend ergänzt, auch dann auf, wenn man bemerkt, wie sehr die textuellen Reformen der 1970er Jahre die Lektürehilfen vor Anpassungsprobleme stellen. Während für die Lektürehilfen von 1894 und 1954 gilt, dass sie sprachlich-inhaltlich über alle ihre Teile homogen wirken, machen sich 1979, vor allem aber ab 1988 (vgl. dazu oben) und 2001 auffällige Heterogenitäten bemerkbar, die erst 2011 wieder weitgehend beherrscht scheinen. Eigentümlich aus Zeit und Text gefallen wirkt etwa der Versuch, in der auf sprachliche Einfachheit zielenden Lektürehilfe von 2001 eine Kurzzusammenfassung einzelner dramatischer Werke Schillers zu geben. Sie lautet für *Don Carlos*: „Dem absoluten Monarchen Philipp II von Spanien tritt der Marquis Posa gegenüber […]. Er zeigt die Unbeirrbarkeit eines Idealisten, dessen Untergang den Glauben an die Freiheit nicht zerstören kann. Er opfert sich für Carlos und erlangt dadurch Größe, während die bestehende Ordnung nicht überleben kann, da sie die Menschenwürde verachtet." (13)

sie 2001 und 2011 gegenüber den frühen Lektürehilfen von 1894 und 1954 so ausgedünnt, dass es fast erstaunt, die Kapitel noch vorzufinden. Was 1894 ganze 38 Seiten und 1954 rund 21 Seiten umfasst, nimmt 2001 noch 10 Seiten und 2011 noch vier Seiten ein. Eng damit verwoben sind jedoch auch inhaltliche Veränderungen, die man etwa erneut mit Blick auf die Szene III/3 fassen kann, wenn man die Ausgabe von 1954 – die hier deutlicher als im Fall der Handlungszusammenfassung von derjenigen des Jahres 1894 abweicht – und die Ausgabe von 2001 nebeneinander legt. Mit eingefügten Unterstreichungen liest sich dies ausschnittsweise so:

1954	2001
Bannberg: östlich von Altdorf; so genannt, weil es bei Todesstrafe verboten war, dort Bäume zu fällen, da sie den Ort vor Lawinen schützten.	Bannberg: Die Bäume dürfen dort nicht geschlagen werden, da sie vor Lawinen schützen sollen
Reverenz: Verehrung. [...]	Naturvergeßnen Sohn: Sohn, der seine Pflichten vergißt
Mit dem Hochwürdigen: Mit der geweihten Hostie, dem sogenannten Sanctissimum (Hochheiligen) oder Venerabile (Verehrungswürdigen).	Hochwürden: Sanctissimus = Allerheiligstes, geweihte Hostie
die Monstranz: Das oft sehr kunstvoll geschmiedete goldene oder silberne Gehäuse für die geweihte große Hostie, das der Priester der Gemeinde zeigt. Schiller verwechselt hier die Monstranz mit dem Cimborium, dem Speisekelch, einem mit Deckel versehenen Kelche, worin kleine Hostien zur Darreichung beim Abendmahl aufbewahrt und zu Kranken getragen werden. [...]	Monstranz: Gefäß, in dem die Hostie aufbewahrt wird
die weißen Hörner: die mit ewigem Schnee bedeckten Berge. [...]	Referenz machen: Ehrerbietung zeigen [...] (83, zu III/3))
Ein Verräter, ich: Die schweren Beschuldigungen Frießhardts erregen Tell aufs heftigste, doch läßt er sich zu keiner Gewalttat hinreißen. [...] (24f., zu III/3)	

Die Faktoren, die zur Veränderung zwischen den Lektürehilfen geführt haben, scheinen im Fall der Wort- und Sacherklärungen weniger klar identifizierbar zu sein als im Fall der Erläuterungen der Handlung, wie auch die Funktionalität der Wort- und Sacherklärungen und ihre Motivation im Einzelfall nicht völlig klar ist. Betrachtet man jedoch besonders die unterstrichenen Stellen, darf man davon ausgehen, dass der Text von 1954 sowohl geeigneter dafür ist als auch größeres Interesse daran hat, eine Vorstellung von der Dramatik des Geschehens zu vermitteln sowie sinnliche Vorstellungen des Geschehens anzuregen.

Zu bedenken ist dabei, dass die Texte wohl nicht allein zur stillen Lektüre gedacht waren. Vielmehr muss man annehmen, dass gerade die frühen Lektürehilfen in ihrem Interesse an ästhetischer Erfahrung und an Sprachräumen darauf abzielten, den Übergang von Lese- zu Sprach- und Schreibpraktiken zu ermöglichen. So konnten die Formulierungen der Lektürehilfen in den Lehrervortrag und das Unterrichtsgespräch eingehen und gegebenenfalls etwa in Schüleräußerungen wie -aufsätzen repliziert werden, wobei alle Äußerungen daran interessiert waren, dem literarischen Werk durch imaginative und sprachliche Anverwandlung gerecht zu werden. Entsprechende Angebote finden sich 2001 und 2011 dagegen nicht mehr oder bestenfalls sehr reduziert.

2.3 Praktiken des Lesens

Literaturwissenschaftliches Lesen

Als dritter Schwerpunkt der Untersuchung soll der Blick auf Lesepraktiken und -programme gelenkt werden, die in den unterschiedlichen Lektürehilfen unterschiedlich angelegt sind und sich als wichtiger Aspekt der Diskussion erweisen. Hierbei ergibt sich eine überaus komplizierte Lage von Befunden, die verschiedene Differenzierungen nötig macht und nur vorläufig geordnet werden kann.

Marie Antoinette Glaser hat bereits 2005 in einer bemerkenswerten praxeologischen Arbeit versucht, ‚Literaturwissenschaft als Wissenschaftskultur' zu profilieren und dabei eine Reihe typischer Merkmale literaturwissenschaftlichen Lesens benannt.[41] Der von ihr skizzierten literaturwissenschaftlichen Lesepraxis geht es wesentlich um die Regulation des Verhältnisses von Stellenlektüre und Globallektüre. Die literaturwissenschaftliche Stellenanalyse setzt ein erhebliches Verständnis des literarischen Textes in seiner Gesamtheit voraus. Literaturwissenschaftliche Arbeit beginnt gewöhnlich dort, wo das literarische Werk ein schon verstandenes ist, das gleichwohl Fragen offenlässt und jedenfalls der tieferen, interpretatorischen Entschlüsselung bedarf, welche von Einzelstellen ausgeht und ihnen großes Gewicht gibt.[42] Im Hintergrund finden sich dabei Grundüberzeugungen, wonach literarische Werke in jedem Element ein Maximum an Bedeutung konzentrieren und ästhetisch gestaltet sind, was eine Vertiefung in Einzelstellen zur pragmatisch notwendigen, aber auch normativ gebotenen Praxis der Auseinandersetzung mit dem Werk macht (vgl. zum literaturwissenschaftlichen Lesen aktuell auch Spoerhase 2015b). Dabei kann man die Rede von der Relationierung von Stellenlektüre und Globallektüre auch durch die Rede von Beschleunigung und Verzögerung substituieren. Der Leseprozess eilt durch das Werk voran, um plötzlich zu stocken, sich an einzelnen Sätzen oder kurzen Passagen aufzuhalten, sie zu reflektieren und auf den Gesamttext zu beziehen.[43]

---

41 „In literaturwissenschaftlichen Abhandlungen werden Argumentationen an der Beschreibung eines Details, eines Wortes, einer Wendung des zu kommentierenden Textes festgemacht. Das Lesen des Textes auf Details hin, die Technik seiner Untergliederung in Abschnitte und Paragraphen oder einzelne Zeilen, beruht auf der Grundannahme, dass Einzelheiten im Text die Bedeutungsträger sind, von denen aus der Text erschlossen werden kann. […] Der Blick der Studierenden [der Literaturwissenschaften] auf den Text wird angeleitet, Details zu erkennen." (Glaser 2005, 122) Dabei gilt zudem, dass Bedeutungs- und speziell Bild- und Motivzuweisungen an einzelne Textstellen nicht beliebig erfolgen, sondern zumeist historisch und kulturell abzusichern sind sowie durch wissenschaftliche Erkenntnisse angeleitet werden. „Das richtige Erkennen der ‚richtigen' Motive und Bilder muss erlernt werden. In den vielen Handbüchern und Lexika […] finden die Studierenden die Ordnung des Wissens, die sie ihrer Arbeit zugrunde legen sollen." (Ebd., 124) Vgl. auch bereits dies. 2004.

42 „Jeder Typ der wissenschaftlichen Kommentierung", vermerkt entsprechend Fingerhut 1996, 59, „verlangt dabei unterschiedliche Lesestrategien, die ihn am Text durch Zitation und Hervorhebung von Kernstellen zum Erfolg führen. […] Der Kommentar gewinnt desto gewichtigeres Eigenprofil, je mehr es ihm gelingt, Beobachtungen der gleichen Art zu einem Netz miteinander zu verknüpfen." (Hervorhebung getilgt.)

43 Wie relevant die literaturwissenschaftliche Lesepraxis ist, zeigt sich darin, dass die jeweils als signifikant gesetzten Textstellen zu wandern vermögen, ohne dass dadurch das Grundprinzip literaturwissenschaftlichen Lesens außer Kraft gesetzt wäre. So besteht das Prinzip literaturwissenschaftlicher Innovation – wie Glaser herausarbei-

Man darf vermuten, dass literaturwissenschaftliches Lesen im skizzierten Sinne traditionell für die Praxis *und* die Didaktik des Literaturunterrichts leitend war. Tatsächlich sind die Lektürehilfen dem literaturwissenschaftlichen Lesemodus von Anfang an verpflichtet. Sie antizipieren zwar ein Interesse am gesamten literarischen Werk, ja geben einen Überblick über dieses Werk und ermöglichen es teilweise sogar, die Werklektüre zu ersetzen.[44] Zugleich aber antizipieren sie die Arbeit mit und an Textstellen, wobei dies in unterschiedlichen Teilen der Lektürehilfen unterschiedliche Formen annimmt. Sehr deutlich zeigt dies die Lektürehilfe von 1894, die speziell die ästhetische Kraft von *Wilhelm Tell* durch Stellenverweise zu beglaubigen versucht und sie auf diese Weise für Unterricht fruchtbar machen will. So heben die Ausführungen *Die Entstehung und Aufnahme des „Wilhelm Tell"* nicht nur – wie bereits gesehen – die Bedeutung der Apfelschussszene hervor, sondern würdigen Schillers Arbeit mit Verweis auf seine Fähigkeit, „durch das liebevollste Sichversenken in die intimsten Kleinigkeiten der Natur und der Sitten des Schweizerlandes ein Drama von der höchsten Naturwahrheit geschaffen" (7) zu haben. Hervorgehoben werden sodann Verse aus der Szene I/1, die für ihre Kunstfertigkeit gelobt und auf Schillers Quellenlektüre zurückgeführt werden, indem gezeigt wird, wie Schiller einzelne Ausdrücke aus Johann Jacob Scheuchzers *Naturgeschichte des Schweizerlandes* übernommen habe (vgl. 7f.).

Interessanterweise fehlt den ausgewerteten Lektürehilfen zu *Wilhelm Tell* allerdings eine konsensuelle und überzeitliche Liste von Textstellen, durch die die wichtigsten Verse des Dramas repräsentiert wären. Fokussiert man nur auf die Kapitel, die sich mit dem Drameninhalt, der Charakterisierung von Figuren und Interpretationsansätzen befassen – und klammert man damit etwa die Wort- und Sacherklärungen aus – existieren immerhin vier Passagen, auf die jeweils vier der fünf Lektürehilfen explizit Bezug nehmen,[45] nämlich

- Hedwigs Vorwurf an Wilhelm Tell, „Dachtest du denn gar nicht/An Weib und Kind?" (V. 1527f.);
- Tells Erwiderung „Lieb Weib, ich dacht' an euch,/ Drum rettet' ich den Vater seinen Kindern" (V. 1528f.);
- Berthas Aufforderung an Rudenz, „Kämpfe/ Für's Vaterland, du kämpfst für deine Liebe" (V. 1728f.) ;
- der Ausruf der Umstehenden bei Geßlers Tod, „Das Land ist frei." (V. 2821)

Betrachtet man die Auflistung, scheint es sich um eine Zusammenstellung vergleichsweise kontingenter Befunde zu handeln, deren Frequenz in den Lektürehilfen womöglich darauf zurückzuführen ist, welche Passagen der *Lektürehilfetexte* selbst in welcher Weise tradiert werden. Der entsprechende Eindruck verstärkt sich, wenn man zusätzlich jene Textstellen dokumentiert, die in drei der fünf ausgewerteten Lektürehilfen explizit aufgerufen werden, näm-

---

tet – wesentlich in einer Rekonfiguration als relevant gesetzter Textelemente, wobei ‚neuen Details' besondere Relevanz zukommt. Vgl. Glaser 2005, 132f.; auch schon Glaser 2004, 143f.

44 Pointiert vermerkt in diesem Zusammenhang Fingerhut 1996, 67: „Kulturell gefährdet ist der literarische Kanontext aber auch dann, wenn er durch seine Kommentare selbst überflüssig zu werden scheint. Gibt es Gymnasiasten, die sich öffentlich rühmen, ‚mehr als zehn Punkte geschrieben' zu haben, ohne den literarischen Text [...] gelesen zu haben, [...] so ist das ein Zeichen für den Tod der Literatur im Kontext ihrer Pflege." Die hier beobachtete Substitution des ‚eigentlichen' literarischen Textes durch Sekundärtexte dürfte durch die Möglichkeiten der Digitalisierung mittlerweile in einer Weise verbreitet sein, die man sich in den 1990er Jahren kaum vorstellen konnte. Eine Antwort hat die Didaktik bislang nicht.

45 Die folgenden Versangaben zu *Wilhelm Tell* beziehen sich auf die Zählung der Schiller-Nationalausgabe, auf die die Angaben in den Lektürehilfen umgerechnet wurden. Vgl. Schiller 1980.

lich die Verse 288, 313, 420, 422f., 442f., 444f., 2709f. und 3142f. Nimmt man alle Stellen ernst, haben die Lektürehilfen besonderes Interesse am Charakter Wilhelm Tell und seiner Entwicklung sowie – damit verknüpft – an der Verbindung des vermeintlich Privaten und des vermeintlich Politischen. Als Ausgangspunkt praxeologischer und fachkulturbezogener Forschung ist jedoch vor allem der Doppelbefund einer Unvermeidbarkeit von Stellenreferenzen und einer vergleichsweise variablen Bestimmung der Stellen zu notieren.

Modellierungen des Lesens

Ein zentrales Problem impliziter Lektürepraktiken besteht darin, dass die Frage nach ihnen mit Blick auf die Lektürehilfen nicht – im Wortsinne – *einfach* zu beantworten ist. Zu fragen ist vielmehr (1.), ob neben der Verankerung in einer literaturwissenschaftlichen Lesepraxis auch eine Verankerung der Lektürehilfen in einer literaturdidaktischen Lesepraxis zu konstatieren wäre und was dies bedeutet. Diese Frage wird offenbar in dem Moment virulent, in dem literaturwissenschaftliche und literaturdidaktische Lesemodelle signifikant zu divergieren beginnen und erfasst daher vor allem die Lektürehilfen der 2000er Jahre ganz. Zu fragen ist aber, (2.), auch, inwiefern es in den Lektürehilfen eine nach außen gerichtete und eine interne Logik des Lesens und ein nach außen gerichtetes und internes Leseprogramm gibt. Unter einem nach außen gerichteten Leseprogramm wäre dabei ein Leseprogramm zu verstehen, das modelliert, wie das Objekt der Betrachtung, nämlich *das literarische Werk* zu lesen sei. Ein internes Leseprogramm bezöge sich dagegen auf die Frage nach der angemessenen Lektüre der Lektürehilfen selbst.

Was die erste der zwei Fragen angeht, lässt sich feststellen, dass die von Glaser skizzierte Lesepraxis aus literaturwissenschaftlicher Sicht so selbstverständlich wirkt, dass sie fast alternativlos scheint. Dass dem nicht so ist, zeigen unter anderem Rekonfigurationen im Bereich der Lese- und Literaturdidaktik, die seit etwa dem Jahr 2000 zu beobachten sind. Sie sind potenziell geeignet, eine Divergenz zwischen Literaturdidaktik und Literaturwissenschaft zu generieren, wenn sie die Literaturdidaktik in eine allgemeine Lesedidaktik überführen. Zwar sind entsprechende didaktische Überlegungen vor allem auf die Sekundarstufe I bezogen – in der freilich gerade *Wilhelm Tell* teils unterrichtet wird –, nicht aber auf die nach wie vor besonders literaturaffine Sekundarstufe II. Dennoch dürfen ihre weiterreichenden Effekte nicht unterschätzt werden. Lesen erscheint in der gegenwärtigen Didaktik – sehr knapp gesagt – als psychische Konstruktionsleistung und Effekt einer Reihe von mentalen Teiltätigkeiten, wobei gewöhnlich zwischen Dekodiertätigkeiten, der Bildung lokaler und globaler Kohärenz, der Aktivierung des Wissens über Superstrukturen oder der Bildung mentaler Modelle unterschieden wird (vgl. etwa Willenberg 2007; Rosebrock & Nix 2015, 17-20). Entsprechende Modellierungen sind lesepsychologisch grundiert (vgl. Richter & Christmann 2002, 28-34; Grzesik 2005, 128-355; Christmann & Groeben 2006, 148-172; Christmann 2010, 159-179) und sie haben im Rahmen der traditionell divergenten (vgl. Weimar 1997) germanistischen Teildisziplinen von Sprach- und Literaturwissenschaft eine stärkere Affinität zur Sprachwissenschaft, als dies früher oft der Fall war.[46] Nun ist weniger entscheidend,

---

[46] Dies liegt zunächst daran, dass die Sprachwissenschaft pragmatisch wie textlinguistisch Interesse an der Entwicklung allgemeiner, d.h. textsortenübergreifender Kommunikations- und Lesemodelle hat, die die Literatur neben anderem aufnehmen können, aber auch für Sachtexte offen sind, welche didaktisch Konjunktur haben. Hingegen ist die Literaturwissenschaft stark an literarischen Texten orientiert, und zwar ungeachtet aller Erweiterungen des Textbegriffs seit den 1970er Jahren. Darüber hinaus ist die Sprachwissenschaft traditionell als Wissenschaft von Sprachebenen organisiert und verbindet Mikro- und Makroebenen, was den lesepsychologischen

was in didaktischer Fachliteratur modelliert wird. Wichtig sind Praktiken der Didaktik wie Praktiken des Unterrichts, die in der Modellierung angelegt sind und sich aus ihr potenziell ergeben. Denkbar sind so neue unterrichtliche Schwerpunktsetzungen wie eine Arbeit an Lesegeschwindigkeit und Dekodiergenauigkeit noch in der späteren Sekundarstufe I, eine Fokussierung auf mentale Verknüpfungsleistungen, die literaturwissenschaftlich als traditionell reflexionsunwürdig gelten, oder ein fundamental neues Interesse an Sachtexten und Informationsentnahme (vgl. etwa Gailberger & Nix 2013).[47] Zwar ist nicht zu übersehen, dass auch die lesepsychologischen Neuorientierungen der Literaturdidaktik teils starke konzeptionelle und terminologische Impulse dafür geben, Besonderheiten literarischen Lesens und literarischer Texte zu beschreiben und gewinnbringend auf Schülerwissen und -können beziehen zu wollen (vgl. Rosebrock & Nix 2015, 136-152; Susteck 2015, 143-159; Möbius & Steinmetz 2016). Intensiv wird an Wegen gearbeitet, Schülerinnen und Schülern im Unterricht Grundprinzipien literarischer Textkonstitution und Kommunikation zu verdeutlichen oder Aufgabenstellungen zu erzeugen, um literarische Texte handelnd wie analytisch für sie zu öffnen.[48] Dennoch wird man diagnostizieren können, dass das genuin literaturwissenschaftliche Lesen in der aktuellen Literaturdidaktik wie im Unterricht selbst nicht mehr alternativlos ist.

Multiplizierung des Textes

Aller Debatten der literaturdidaktischen Publizistik ungeachtet ist die Frage, ob neben der Verankerung in einer literaturwissenschaftlichen Lesepraxis auch eine Verankerung der *Lektürehilfen* in einer eigenen literaturdidaktischen Lesepraxis zu konstatieren wäre, dennoch zu verneinen. Vielmehr gilt, dass das literaturwissenschaftliche Lesemodell, das mit Glaser skizziert wurde und lange mit literaturdidaktischen Lesevorstellungen kongruent war, in allen untersuchten Lektürehilfen vorhanden ist und noch das Rückgrat der Hilfe von 2011 bildet.[49]

Komplexer stellt sich die zweite oben aufgeworfene Frage dar, die nach einer nach außen gerichteten und nach einer internen Logik des Lesens der Lektürehilfen fragt. Auf sie kann zunächst global geantwortet werden, dass sich in den Lektürehilfen eine nach außen gerich-

---

Ansätzen korrespondiert. Auf diese Weise entsteht mindestens die Suggestion, Modelle generieren zu können, die den Sprach-, Schreib- und Leseunterricht insgesamt strukturieren und instruktionistisch wie diagnostisch auf allen Ebenen Interventionspotenzial haben. Demgegenüber besteht die wesentliche Pointe literaturwissenschaftlichen Lesens, wie skizziert, in seiner holistischen Orientierung, die prinzipiell ,niedere' Ebenen von Sprache und Text vernachlässigt. Trotz der Kritik am Werkbegriff ist der zentrale Referenzpunkt literaturwissenschaftlichen Lesens weiterhin das Werk, das in wesentlichen Hinsichten immer schon verstanden ist und vor allem an besonders signifikanten Stellen der vertiefenden Diskussion unterzogen wird.

47 Den langfristig möglichen Effekt einer Neuausrichtung für Unterricht beschreibt Paefgen 1999, 29, bereits in großer Klarheit. Gerade weil „eine der Basisaktivitäten des Literaturunterrichts inzwischen als eine anspruchsvolle Aufgabe[] und Tätigkeit eingeschätzt wird – das Lesen –, scheint der Literaturunterricht an einer Wende zu stehen: Entweder wird die Literatur […] zu einem weiterhin gelehrten, aber randständigen Lerngegenstand […]. Oder die Literatur wird aus dem Deutschunterricht herausgenommen".

48 Was auch eine Kritik an der Verkopplung von Literaturunterricht und Aufsatzunterricht einschließt, die seit dem 19. Jahrhundert etabliert ist. Vgl. aus umfangreicher aktueller Literatur die zahlreichen Arbeiten Juliane Kösters (etwa 2008). Vgl. auch Pieper 2008; Freudenberg 2012; zudem Susteck 2018.

49 Dass die Lektürehilfe von 2011 dem traditionell literaturwissenschaftlichen Lesemodell verpflichtet ist, lässt sich übrigens am genuin schulbezogenen Teil der Hilfe ablesen, nämlich an Musteraufgaben und korrespondierenden Lösungsskizzen. Diese Aufgaben – die durch die Höflichkeitsform der Anrede aufschlussreicherweise der Sekundarstufe II zugeordnet sind – sind durchaus im Rahmen modernen Literaturunterrichts denkbar, dabei aber zugleich konservativ und deutlich literaturwissenschaftlich orientiert, wenn sie auf einzelne Textszenen und -passagen fokussieren.

tete und eine interne Referenz literaturwissenschaftlichen Lesens annähern und überlagern. Die Arbeit am Verständnis durch eine Poetik signifikanter Textstellen ist in sämtlichen Lektürehilfen als Vorgabe für die Arbeit mit der Literatur gestaltet und in diesem Sinne nach außen gerichtet. Auch intern aber ist die literaturwissenschaftliche Lesepraxis für die Lektürehilfen relevant, die teils darauf angelegt scheinen, dass in ihrer Lektüre diese Lesepraxis dupliziert werde, wenn etwa die Darstellung des Handlungsverlaufs rasche Lektüre nahelegt, um im nächsten Moment durch Verweis auf eine literarische Textstelle oder gar ihr Zitat zur Verlangsamung der Lektüre und zur Reflexion anzuregen, oder wenn sprachliche Annäherungen und Anlehnungen der Lektürehilfen an Schiller dazu einladen, Formulierungen einzuprägen oder abzuwägen.[50] Allerdings wird man einschränken müssen, dass die Lektürehilfen als Sachtexte dem literaturwissenschaftlichen Lesen kaum in *allen* Aspekten entgegenkommen werden. Vor allem aber gilt, dass die mimetische Relation zwischen außengerichteter und interner Lektürepraxis im Zeichen literaturwissenschaftlichen Lesens sich in den neueren Lektürehilfen partiell auflöst, wenigstens aber ergänzt wird. Dies wird besonders deutlich, wenn man auf die Lektürehilfe von 2011 fokussiert, die Tendenzen verstärkt, die in den untersuchten Texten erstmals 2001 auffällig werden und die insbesondere die Textorganisation betreffen. Man mag hier eine Affinität auch zu neuen literaturdidaktischen Lesevorstellungen erkennen,[51] doch scheinen eher publikationsspezifische Aspekte im Vordergrund zu stehen.

Die Lektürehilfe von 2011 beginnt mit einem Kapitel *Das Wichtigste auf einen Blick – Schnellübersicht*, das vorgibt, die zentralen Informationen der Lektürehilfe zu versammeln. Erklärtermaßen geht es hier darum, dass sich „jeder Leser in diesem Band sofort zurechtfindet und das für ihn Interessante gleich entdeckt" (6). Damit ist explizit ein Hinweis auf erwartete Leseaktivität gegeben, nämlich auf eine solche Leseaktivität, die die Lektürehilfe nur selektiv wahrnimmt und welcher die Lektürehilfe in ihrer Machart tatsächlich entgegenkommt.[52] Praxeologisch und fachkulturell wichtiger als die expliziten Einlassungen ist freilich, welche besonderen Lesepraktiken in der Lektürehilfe *für die Lektürehilfe* angelegt sind. Als entscheidend erweist sich dabei ein Phänomen, das man versuchsweise als *Multiplizierung des Textes* bezeichnen kann und das den frühen Lektürehilfen fremd ist.

Betrachtet man zunächst die Darstellung des Handlungsverlaufs des Dramas, greift noch die Lektürehilfe von 2011 den Text von 1894 auf. Dieser ist aber nicht nur überarbeitet, sondern erscheint 2011 auch als gänzlich neu kontextualisiert. Bereits die *Schnellübersicht* enthält eine Kurzzusammenfassung der Dramenhandlung, die ungekürzt lautet:

> Inhalt: Das Stück hat fünf Aufzüge. Der rechtschaffene Schweizer Jäger Wilhelm Tell wird vom brutalen Landvogt Geßler gezwungen, einen Apfel vom Kopf seines Sohnes zu schießen. Tell muss erkennen, dass er sich aus dem Befreiungskampf seines Landes nicht mehr heraushalten kann. Er

---

50 Vgl. zu bemerkenswerten Grenzverwischungen im didaktischen Diskurs des 19. Jahrhunderts, bei denen etwa Formulierungen oder Gedanken von Referenzautoren ohne Markierung des Bezugs in Sekundärtexte übernommen werden, Mackasare 2017, 133-139.

51 Diese Lesevorstellungen sind mit einem Interesse an Lesestrategien verbunden, die unter anderem die Einteilung von Texten in Abschnitte, die Formulierung von Zwischenüberschriften, die Verschlagwortung etc. nutzen. Vgl. für eine knappe Übersicht z.B. Rosebrock & Wirthwein 2016, 127f.

52 Die Schnellübersicht folgt bereits einer sehr ausführlichen – und übersichtlichen – Inhaltsangabe und ist daher keineswegs mit einer solchen zu verwechseln. Sie gibt nicht nur einen Überblick über die Lektürehilfe, indem sie auf die einzelnen, noch folgenden Kapitel verweist; der hier entworfene Überblick besteht vielmehr zugleich aus der Auflistung von Informationen, die aus dem noch Folgenden extrahiert sein sollen und auf es verweisen, jedoch auch isoliert rezipiert werden können.

tötet Geßler und gibt damit das Zeichen zum Volksaufstand. Die österreichischen Vögte werden vertrieben und das Land befreit. (7, (Absätze getilgt))

Schlägt man die eigentliche *Inhaltsangabe* auf, sieht man sich einer weiteren Zusammenfassung gegenüber, die der szenenweisen Darstellung der Dramenhandlung vorangestellt ist.[53] Ohne dass beide Zusammenfassungen exakt übereinstimmen würden, sind erzeugte Redundanzen, aber auch komplementäre Aspekte auffällig. Auf die zweite Zusammenfassung folgt die szenenweise Wiedergabe der Dramenhandlung (vgl. 33-44), die allerdings von den Zusammenfassungen der Lektürehilfen von 1894 und 1954 abgesetzt ist, indem nun jeder Szene eine inhaltliche Überschrift – wie etwa bei I/1 *Tell rettet Baumgarten vor den Chargen des Burgvogts* – übergeordnet ist. Zusätzlich zu diesen Überschriften existieren Notizen in Marginalspalten, die auf wichtige Aspekte der Szenen hinweisen sollen, wobei sie teilweise beinahe eine eigene Zusammenfassung der Dramenhandlung bieten.[54] Der eigentliche Text der Handlungszusammenfassung ist auf diese Weise vierfach eingefasst. Es entstehen so eigentlich fünf Texte, die miteinander interagieren, aufeinander verweisen und ein komplexes Zusammenspiel von Redundanz und Varietät entfalten.

Blickt man auf die Ausführungen der *Schnellübersicht* zum zweiten Kapitel, in dem es um „Schillers Leben und […] den zeitgeschichtlichen Hintergrund" (6) geht, ergeben sich ähnliche Beobachtungen. Seine relevantesten Aspekte werden bereits in der *Schnellübersicht* in vier Aussagen gebündelt, nämlich

- Friedrich Schiller lebte von 1759 bis 1805. 1799 zog er nach Weimar, der „Kulturhauptstadt Deutschlands", und war dort mit Goethe der wichtigste Autor der Weimarer Klassik.
- In Wilhelm Tell schildert Schiller den Freiheitskampf der Schweiz vom Heiligen Römischen Reich Deutscher Nation.
- Das prägende Ereignis der Zeit war die Französische Revolution und in ihrer Folge die Eroberungskriege Napoleons.
- Wilhelm Tell ist Schillers letztes vollendetes Stück. Es wurde 1804 uraufgeführt. Zuvor war Schiller durch seine Freiheitsdramen, seine klassischen Stücke sowie seine Balladen berühmt geworden. (6)

Im zweiten Kapitel korrespondiert dem ersten Aspekt eine umfangreiche tabellarische Darstellung von Schillers Leben (vgl. 10-16), was – wie dargelegt – erst 1979 in die Lektürehilfen eingeführt wird. Die entsprechende Tabelle enthält vier Spalten und stellt nicht nur – wie noch 1979 und 2001 (vgl. 5-11) – Jahreszahlen Ausführungen zu biographischen Ereignissen gegenüber, sondern platziert jeweils Jahreszahlen, Ortsangaben, biographische Ereignisse und Altersangaben Friedrich Schillers nebeneinander. Damit wird auf gleich mehrere Weisen ein rascher Zugriff auf Schillers Leben ermöglicht. Dem zweiten und dritten Aspekt aus der

---

53 Sie lautet ungekürzt: „Die drei Schweizer Urkantone Schwyz, Uri und Unterwalden leiden unter der Willkürherrschaft der Habsburger Vögte. Widerstand regt sich. Die drei Kantone schwören, sich auf dem Rütli beizustehen. [Gemeint ist wohl: …schwören sich auf dem Rütli, einander beizustehen.] Der Jäger Wilhelm Tell wird vom Landvogt Geßler gezwungen, einen Apfel vom Kopf seines Sohnes zu schießen. Als Tell Geßler tötet, wird das zum Fanal des Volksaufstandes, der mit der Befreiung der Schweiz endet." (2011, 33)

54 In Gänze lauten sie: Zerstörung der Idylle – Werner Stauffachers Angst vor einem Krieg – Tell will sich nicht in die Politik einmischen – Onkel und Neffe: unterschiedliche Ansichten – Man will ein freies Volk von Brüdern sein. – Tell erklärt seinem Sohn die Freiheit der Schweiz. – Tell wird verhaftet. – Tell gelingt die Flucht. – Attinghausens Vision einer freien Schweiz – Tell tötet Geßler, um seine Familie zu schützen. – Zerstörung der Zwingburgen – Ermordung des Königs durch seinen Neffen – Tell hilft dem Königsmörder.

Schnellübersicht entspricht ein Unterkapitel zum zeitgeschichtlichen Hintergrund, das nicht nur in vier Abschnitte zerfällt (vgl. 17-23), die mit Überschriften und Angaben in Marginalspalten versehen sind, sondern dem auch eine weitere Übersicht vorangestellt ist, die „[w]ichtige Stichwörter zum zeitgeschichtlichen Hintergrund" (17) enthält. Dem vierten Aspekt schließlich korrespondiert ein Unterkapitel *Angaben und Erläuterungen zu wesentlichen Werken* Schillers (vgl. 24-28). Neben Informationen in Marginalspalten ist hier eine vorangestellte Zeitleiste enthalten, die sehr knapp Angaben zur Tätigkeit Schillers macht. Zudem findet sich eine graphische Darstellung, die die Dramen der Weimarer Klassik von der *Wallenstein*-Trilogie bis *Wilhelm Tell* listet und vier Einflussfaktoren auf sie benennt (vgl. 24), was Aspekte der vorangehenden Unterkapitel und des folgenden Textes aufgreift.

Demgegenüber präsentieren die Lektürehilfen von 1894 und 1954 ihren Text ausnahmslos als kontinuierlichen Text, wenn man von den Wort- und Sacherklärungen, den Sentenzen sowie den Aufsatzvorschlägen und Lösungsskizzen im Jahr 1954 absieht.

Versucht man für Veränderungen implizierter Lesepraktiken Begriffe zu finden, stehen die älteren Lektürehilfen im Zeichen *philologischer* Praxis, und zwar im Wortsinne. Hingegen deutet sich in den neueren Lektürehilfen eine Praxis der *Professionalität* an, die sich pragmatischen Zielen deutlich stärker verpflichtet sieht.[55] Damit ist eine praxeologische und fachkulturbezogene Diagnose formuliert, die zwar nicht in jedem Fall empirisches Nutzerverhalten von Lektürehilfen erfassen wird, mindestens aber eine Vorstellung vorgesehener Nutzung fasst, die in den Lektürehilfen angelegt ist. Die Lektürehilfen von 1894 und 1954 suggerieren in weiten Teilen den Anspruch, es gehe nicht nur um eine Gesamtlektüre von Literatur, sondern auch der Lektürehilfen selbst. In jedem Fall ist das Angebot, sie selektiv zur Informationsentnahme zu nutzen, in ihnen nur bedingt vorgebahnt. Hierzu trägt offenkundig das Fehlen jener leserunterstützenden Ergänzungstexte bei, die 2001 und 2011 wichtig werden, das Fehlen von Zwischenüberschriften und Informationen in Marginalspalten,[56] von Kurzzusammenfassungen oder Stichworten zum eigentlichen Text. Noch existiert überwiegend *ein* Text bzw. textuelle Eindimensionalität. Zu bemerken ist aber auch der tendenziell epische Charakter der Lektürehilfen, die Tatsache also, dass zentrale Teile narrativ strukturiert sind und offenbar darauf abzielen, auch sprachlich und ästhetisch zu gefallen, den Leser positiv anzusprechen und in Imaginationsbildung zu involvieren. Das implizite Lektüremodell der älteren Hilfen, es gehe um ihre weitgehend lineare Gesamtrezeption zur umfassenden Information über ein bedeutendes literarisches Werk, zielt so wenigstens dem Gestus nach auf einen Leser als Philologen oder philologisch Interessierten, der sich bilden will.[57] Mimetisch wird die Lektüre der Lektürehilfen der des literarischen Werks nicht zuletzt dadurch angenähert, dass die Lektürehilfen suggerieren, zu ihrer Lektüre sei Zeit vonnöten. Das impli-

---

55 Dabei sind entsprechende Entwicklungen älter als die Lektürehilfe zu *Wilhelm Tell* von 2011 und werden bei Mergen 2014, 107, etwa schon in einer Brecht-Lektürehilfe der späten 1980er Jahre verortet. Unter den Schlagworten „Kompaktheit, Prüfungsrelevanz, verständliche Aufbereitung, relevantes Überblickswissen" (ebd.) stehen Mergen zufolge jedoch vor allem Texte ab den 1990er Jahren, die auf diese Weise auch gesteigerten kommerziellen Erfolg erreichen.

56 Wobei sich die Beobachtung an ,Königs Erläuterungen' diesbezüglich nicht historisch verallgemeinern lässt. Orientierende Schlagworte in Marginalspalten finden sich so beispielsweise bereits bei Kuenen 1902.

57 „Bis in die 1960er Jahre brachte man das emotionsgeschichtliche Fundament der Philologie als Liebe zum Wort offensiv zur Geltung und durfte damit auf Akzeptanz im Wissenschaftssystem hoffen", schreibt Martus 2008, 134, der in seinem Beitrag wichtige Hinweise auf die tiefere Beschaffenheit der Philologie sowie ihre Entstehung gibt, deren Betrachtung auch für die Diskussion von Lektürehilfen relevant ist. Vgl. zur Figur ,des' Philologen in der aufschlussreichen Überspitzung literarischer Inszenierungen Erhart 2014.

zite Lektüremodell der neueren Lektürehilfen steht dagegen im Zeichen eines springenden Blicks, der auf unterschiedlichen textuellen Ebenen operiert und sich für Unterrichts- oder Prüfungszwecke professionell informieren möchte. Er folgt dabei weniger einer wörtlich verstandenen Philologie denn informatorischer Gewandtheit.[58]

3 Ausblick

Die vergleichsweise wenigen, explorativ generierten Ergebnisse des vorliegenden Aufsatzes deuten ausschnittsweise die mögliche Reichweite eines Forschungsprojekts an, das sich Lektürehilfen aus praxeologischer Perspektive und solcher der Fachkultur widmet. Heuristisch lassen sich die an Beispielen zu *Wilhelm Tell* skizzierten Entwicklungen durch Verweis auf *Zeitläufte* und *Normgefüge* näher eingrenzen und systematisieren. Die Rede von *Zeitläuften* weist daraufhin, dass sich in der Geschichte der Lektürehilfen Literaturwissenschaft, Literaturdidaktik und schulische Praxis übereinander legen, mindestens aber zwei historische Bifurkationen angenommen werden müssen. Als Folge der *literaturwissenschaftlichen* Methoden- und Theoriediskussion der 1960er und 70er Jahre spalten sich die Lektürehilfen von Teilen der Literaturwissenschaft ab, und zwar gerade solchen, deren Praktiken – die zumeist Theoriepraktiken sind – gewöhnlich als identitätsstiftend für die moderne Literaturwissenschaft gelten. Dass die Gattung Lektürehilfe Methoden- und Theorieinnovationen entweder nicht oder nur auf spezifische Weise mitvollzieht, platziert sie dabei in einer bemerkenswerten Zwischenstellung. Sie fällt einerseits hinter Ansprüche und Selbstbeschreibungsmuster der modernen Literaturwissenschaft zunehmend zurück, profiliert sich andererseits aber als Gattung im Zeichen von Handlungspraxis wie des literaturwissenschaftlich Unhintergehbaren und unmittelbar Evidenten. Ihre primär literaturwissenschaftliche Referenz wird dabei nicht durchbrochen.[59] Ab den 2000er Jahren geraten Lektürehilfen *didaktisch* unter Druck. In Folge internationaler Schulleistungsstudien kommt es zu einer bildungspolitischen, didaktischen und erziehungswissenschaftlichen Neuorientierung am Ideal des Könnens gegenüber einem Ideal des Wissens – ‚Kompetenzorientierung‘ –, zu einer skeptischen Musterung von wissenschaftspropädeutischen Zielen und dem Versuch der Literaturdidaktik, sich als eigene Disziplin jenseits der germanistischen Literaturwissenschaft zu konstituieren, was Affinitäten zur Sprachwissenschaft und Lesepsychologie und neue Modellierungen von Lesepraktiken einschließt. Bislang kann zwar bestenfalls eine schwache Korrespondenz zwischen Neujustierungen der Didaktik und der Lektürehilfen beobachtet werden. Die Entwicklung ist mittelfristig jedoch geeignet, die Kopplung zwischen Didaktik und schulischer Praxis einerseits

---

58 Vgl. in diesem Zusammenhang auch den knappen Überblick zur Geschichte des Literaturunterrichts mit einem besonderen Akzent auf einem Vergleich der Situationen um 1900 und um 2000 bei Dawidowski 2013.

59 Konstituiert sich die deutsche Philologie im 19. Jahrhundert bekanntermaßen mit Bezug auf einen sozialen „Bildungsraum" und stabilisiert sie sich dadurch, dass dieser „die Produkte einer auf breitere Öffentlichkeit abgestellten wissenschaftlichen Produktion als Leistung einfordere und abnahm", wie etwa Fohrmann 2015, 159, notiert, ist die Nachfrage nach literaturwissenschaftlichem Wissen durch ein bildungsorientiertes Milieu heute weitgehend erodiert. Dennoch lässt sich nicht behaupten, dass „Leistungen der Literaturwissenschaft" gesellschaftlich verschwunden sind, sondern es kommt „zum Rückgang der expliziten Nachfrage nach diesen Leistungen bei gleichzeitiger Proliferation literaturwissenschaftlichen Wissens in eine Vielzahl von gesellschaftlichen Teilsystemen, also diversifizierten und gleichzeitig erhöhten Anwendungsfällen." (Ebd., 160) Auch vor solchem Hintergrund fällt die klar literaturwissenschaftliche Kodierung der Lektürehilfen gerade in schulischen Kontexten auf.

und Literaturwissenschaft andererseits zu lösen, was die Gattung Lektürehilfe delegitimieren würde.

Die Lektürehilfen erfahren in und ab den 1970er Jahren Veränderungen, die zuvor über hundert Jahre stabile Praktiken modifizieren. Sucht man hierfür nach einem Deutungsansatz, ist insbesondere die implizite *Normordnung* der Lektürehilfen von Relevanz und sowohl historisch als auch systematisch aufschlussreich. Sowohl die Literaturwissenschaft als auch Schule und Literaturdidaktik sind als Räume multipler und in ihrem Verhältnis unklarer Normsetzungen fassbar, wobei die drei Bereiche sich teils überlagern, teils aber auch getrennt bleiben. Mindestens vier Spannungsfelder treten in den Blick, nämlich zwischen

• Nähe und Distanz zum literarischen Werk,
• Ästhetik und Diskursivität der Werkbehandlung,
• Sinnstiftung und Kritik und
• Konsens- und Gemeinschaftsstiftung vs. Ausweis von Dissens und Pluralisierung.

Keine der dichotomisch ausgewiesenen Positionen kann literaturwissenschaftlich oder gar -didaktisch per se als illegitim gelten. Heuristisch formuliert, scheinen die frühen Lektürehilfen in den benannten Spannungsfeldern prinzipiell in Richtung des jeweils ersten Begriffs, die späteren in Richtung des zweiten zu tendieren. Praxeologisch entscheidend sind weniger einzelne Aussagen in ihrem propositionalen Gehalt, die Lektürehilfen über literarische Werke treffen, als Weisen des Aussagens im Zusammenhang von Textpassen, Kapiteln oder ganzer Lektürehilfen. Nähe zum literarischen Werk ergibt sich etwa aus dem Versuch, den Leser der Lektürehilfen imaginär an Schauplätze des literarischen Geschehens zu versetzen, also aus einer quasi-Literarisierung des Textes der Lektürehilfe, die sich homolog zum literarischen Werk zu verhalten sucht. Damit wird zugleich die Spannung zwischen Ästhetik und Diskursivität zugunsten der Ästhetik aufgelöst. Die Resultate sind auch deshalb bemerkenswert, weil hier mit einem Wissenschaftsbegriff operiert wird, dem Wahrheitsfragen zwar nicht unwichtig sind, der aber ästhetische Darstellungs- und Rezeptionseffekte prämiert.[60]

Auf der Basis eines größeren Textkorpus kann eine Erforschung von Lektürehilfen eine Reihe historischer wie systematischer Fragen beleuchten, die nicht zuletzt Fragen literaturwissenschaftlichen und -didaktischen Gesellschaftsbezugs sind. Historisch wäre die Forschung dabei in bereits bestehenden Arbeiten verschiedener Provenienz zu verankern, die die Wissenschaftsgeschichte von Literaturwissenschaft und -didaktik ebenso verhandeln wie Schul-, Unterrichts- und Prüfungsgeschichte (vgl. unter anderem Barner & König 1996; Bollenbeck & Knobloch 2001; Caduff & Gamper 2001; Bogdal & Müller 2005; Klausnitzer & Spoerhase 2007; Rickes, Ladenthin & Baum 2007). Systematisch hätte sie neben soziologischen Grundsatzreflexionen jene Diskurse zu beachten, in denen der Wert von Bildung auf sehr unterschiedliche Weise und mit sehr unterschiedlichen Definitionen verhandelt wird und die das Unterrichtsfach Deutsch als traditionell unklar referenzialisiertes Schnittstellenfach in besonderer Weise affizieren.

---

60 Die Literaturwissenschaft stellt, betont etwa Martus 2015a, 185, „ein eminent multinormatives Unternehmen" dar, in dem sogar „Teile der *scientific community* akzeptieren, dass mangelnde Sachkenntnis […] durch ein gutes Gespür für ‚fruchtbare' Fragen oder ‚bahnbrechende' Thesen ausgeglichen werden kann. […] [V]ielleicht drehen sich viele literaturwissenschaftliche Debatten weniger um ‚Sachfragen' als vielmehr um die unterschiedliche Akzentuierung und Ordnung eines Normengefüges." Bezogen auf Lektürehilfen könnte dies etwa meinen, dass sachliche Mängel nachsichtig beurteilt würden, wenn als Beurteilungsmaßstab die Fähigkeit der Texte gälte, Kernprobleme eines literarischen Werkes anschaulich oder seine fiktive Welt vorstellbar zu machen. Vgl. vertiefend auch Martus 2016 & 2015b.

Dass Lektürehilfen doppelt in Zirkelstrukturen der Praxis eingebunden sind, wie oben skizziert wurde, und dass diese Einbindung zudem multireferenziell erfolgt, ist dabei ein Grund für die Schwierigkeit des Unterfangens und die Notwendigkeit, eine Vielzahl von Lektürehilfen mit unterschiedlichen Entstehungsjahren, unterschiedlichen literarischen Bezugswerken und aus unterschiedlichen Verlagsreihen auszuwerten. Nur so ist ein umfassenderes Bild jener wissenschaftlichen Praktiken und Praxen zu gewinnen, die von den Lektürehilfen aufgenommen und mitgeprägt werden, und können die Fachkulturen jener Disziplinen in den Blick treten, denen die Lektürehilfen effektiv angehören und die sie ungeachtet der eigenen konstitutiv marginalisierten Position mitgestalten. Wie sehr der Blick durch die Fokussierung auf *eine* Folge von Lektürehilfen zu einem Werk verstellt bleibt, zeigt sich ungeachtet aller Befunde bezüglich der ausgewerteten Hilfen zu *Wilhelm Tell*. Welche Wissenschaftspraktiken und -praxen Lektürehilfen *insgesamt* etablieren, ist hier nur bedingt zu eruieren, da die Zahl ausgewerteter Texte noch zu klein ist, von Verlagsentscheidungen beeinflusst wird,[61] im konkreten Fall eine außergewöhnlich lange Tradition hat,[62] aber auch von Gattungs-, Autor- und Werkeffekten beeinflusst ist. Die Lektürehilfen zu Schillers Drama mögen davon geprägt sein, dass ein versifizierter Dramentext in einem Sachtext in Prosa zu verhandeln war, werden von jenen Attributen beeinflusst, die Schiller in schulischen Kontexten bereits des 19. Jahrhunderts zugeschrieben wurden (vgl. Mackasare 2017, 124-127), und haben mit der Tatsache zu tun, dass *Wilhelm Tell* vermeintlich oder tatsächlich ein Drama um einen außergewöhnlichen Charakter darstellt, was wissenschaftlich wie didaktisch weitreichende Implikationen haben kann. Eine Ausweitung der Textbasis dagegen wird klären helfen, welche Praktiken und Praxen und welche Hoch- und Fachkultur(en) die Gattung der Lektürehilfe mit erzeugt und welche Rückschlüsse für diese Kultur(en) aus ihr gewonnen werden können.

Lektürehilfen

Krischel, Volker (2011): Textanalyse und Interpretation zu Friedrich Schiller: Wilhelm Tell (Königs Erläuterungen, Bd. 1). Hollfeld: Bange.

Kuenen, Eduard (1902): Schillers Wilhelm Tell, erläutert und gewürdigt für höhere Lehranstalten sowie zum Selbststudium. 6. Aufl. Leipzig: H. Bredt.

Lindken, Hans Ulrich (1979): Erläuterungen zu Friedrich Schillers Wilhelm Tell (Königs Erläuterungen und Materialien, Bd. 1). Hollfeld/Ofr.: Bange.

Lindken, Hans Ulrich (1986): Erläuterungen zu Friedrich Schiller: *Wilhelm Tell*. 3. erw. Aufl. (Königs Erläuterungen und Materialien, Bd. 1). Hollfeld: Bange.

Nordmann, Beate (2001): Erläuterungen zu Friedrich Schiller: Wilhelm Tell (Königs Erläuterungen und Materialien, Bd. 1). Hollfeld: Bange.

Stecher, Richard (o. J. [1894]): Erläuterungen zu Schillers Wilhelm Tell für Schule und Haus (Reclam Lektüreschlüssel). Leipzig: Reclam.

Stecher, Richard (o. J. [1939]): Erläuterungen zu Schillers Wilhelm Tell. 26. Neu bearb. Aufl. (Dr. Wilhelm Königs Erläuterungen zu den Klassikern). Leipzig: Beyer.

Woyte, Oswald (o. J. [1954]): Erläuterungen zu Schillers Wilhelm Tell (Dr. Wilhelm Königs Erläuterungen zu den Klassikern). Hollfeld/Obfr.: Bange.

Literatur

Abraham, Ulf & Kepser, Matthis (2009): Literaturdidaktik Deutsch. Eine Einführung. 3. Aufl. Berlin: Schmidt.

Arnold, Markus & Fischer, Roland (Hrsg.) (2004): Disziplinierungen. Kulturen der Wissenschaft im Vergleich. Wien: Turia + Kant.

---

61 Vgl. hierzu die verschiedenen Hinweise bei Mergen 2014, der in vielen Reihen ein „verlagsspezifische[s] Schema" (ebd., 109) wirken sieht.

62 Im Unterschied etwa zu den jüngst von Mergen 2014 diskutierten Lektürehilfen zu Brechts *Leben des Galilei*, die erst ab den 1960er Jahren entstehen.

Bamberger, Richard & Vanecek, Erich (1984): Lesen – Verstehen – Lernen – Schreiben. Die Schwierigkeitsstufen in deutscher Sprache. Wien: Diesterweg.

Barner, Wilfried & König, Christoph (Hrsg.) (1996): Zeitenwechsel. Germanistische Literaturwissenschaft vor und nach 1945. Frankfurt/M.: Fischer.

Bollenbeck, Georg & Knobloch, Clemens (Hrsg.) (2001): Semantischer Umbau in den Geisteswissenschaften nach 1933 und 1945. Heidelberg: Universitätsverlag Winter.

Bogdal, Klaus-Michael & Müller, Oliver (Hrsg.) (2005): Innovation und Modernisierung. Germanistik von 1965 bis 1980. Heidelberg: Synchron.

Brand, Tilman von (2014): Unterrichtshilfen für Lehrerinnen und Lehrer. Begriffsbestimmung – Konzeptionelle Differenzierungen – Exemplarische Analysen von Unterrichtshilfen zu Bernhard Schlinks *Der Vorleser*. In: Wrobel, Dieter/Müller, Astrid (Hrsg.): Bildungsmedien für den Deutschunterricht. Vielfalt – Entwicklungen – Herausforderungen. Bad Heilbrunn: Klinkhardt, 27-39.

Brenner, Peter J. (Hrsg.) (1993): Geist, Geld und Wissenschaft. Arbeits- und Darstellungsformen von Literaturwissenschaft. Frankfurt/M.: Suhrkamp.

Breuer, Dieter (1974): Schulrhetorik im 19. Jahrhundert. In: Schanze, Helmut (Hrsg.): Rhetorik. Beiträge zu ihrer Geschichte in Deutschland vom 16.-20. Jahrhundert. Frankfurt/M.: Athenaion, 145-179.

Brüggemann, Jörn (2014): Deutschdidaktik und Germanistik. Analyse einer umstrittenen Beziehung. In: Frederking, Volker/Huneke, Hans-Werner/Krommer, Axel/Meier, Christel (Hrsg.): Taschenbuch des Deutschunterrichts. Bd. 3. Baltmannsweiler: Schneider Hohengehren, 143-176.

Caduff, Corina & Gamper, Michael (Hrsg.) (2001): Schreiben gegen die Moderne. Beiträge zu einer kritischen Fachgeschichte der Germanistik in der Schweiz. Zürich: Chronos.

Christmann, Ursula (2010): Lesepsychologie. In: Kämper-van den Boogaart, Michael/Spinner, Kaspar H. (Hrsg.): Deutschunterricht in Theorie und Praxis. Lese- und Literaturunterricht. Teil 1: Geschichte und Entwicklung. Konzeptionelle und empirische Grundlagen. Baltmannsweiler: Schneider Hohengehren, 148-200.

Christmann, Ursula & Groeben, Norbert (2006): Psychologie des Lesens. In: Franzmann, Bodo/Hasemann, Klaus/Löffler, Dietrich/Schön, Erich (Hrsg.): Handbuch Lesen. 2. Aufl. Baltmannsweiler: De Gruyter, 145-223.

Danneberg, Lutz (1993): Darstellungsformen in Geistes- und Naturwissenschaften. In: Brenner, Peter J. (Hrsg.): Geist, Geld und Wissenschaft. Arbeits- und Darstellungsformen von Literaturwissenschaft. Frankfurt/M.: Suhrkamp, 99-137.

Daston, Lorraine (2000): Die unerschütterliche Praxis. In: Kiesow, Rainer Maria/Simon, Dieter (Hrsg.): Auf der Suche nach der verlorenen Wahrheit. Zum Grundlagenstreit in der Geschichtswissenschaft. Frankfurt und New York: Campus, 13-25.

Dawidowski, Christian (2013): Die Austreibung der Literatur aus der Literaturdidaktik? Systemtheoretische Überlegungen zum Literaturbegriff der Literaturdidaktik am Beispiel der Textgattung ‚Einführung'. In: Sittig, Claudius/Standke, Jan (Hrsg.): Literaturwissenschaftliche Lehrbuchkultur. Zur Geschichte und Gegenwart germanistischer Bildungsmedien. Würzburg: Königshausen & Neumann, 81-98.

Engler, Steffani (1993): Fachkultur, Geschlecht und soziale Reproduktion. Eine Untersuchung über Studentinnen und Studenten der Erziehungswissenschaft, Rechtswissenschaft, Elektrotechnik und des Maschinenbaus. Weinheim: Dt. Studien Verlag.

Erhart, Walter (2014): Was wollen Philologen wissen? Über Praktiken und Passionen der Literaturwissenschaft. In: Gess, Nicola/Janßen, Sandra (Hrsg.): Wissens-Ordnungen. Zu einer historischen Epistemologie der Literatur. Berlin und Boston: De Gruyter, 145-179.

Fingerhut, Karlheinz (1996): Die Herrschaft der Kommentare. Über das Verhältnis literarischer und literaturwissenschaftlicher Texte im Deutschunterricht. In: Lecke, Bodo (Hrsg.): Literaturstudium und Deutschunterricht auf neuen Wegen. Frankfurt/M.: Peter Lang, 51-69.

Fohrmann, Jürgen (1989): Das Projekt der deutschen Literaturgeschichte. Entstehung und Scheitern einer nationalen Poesiegeschichtsschreibung zwischen Humanismus und Deutschem Kaiserreich. Stuttgart: J. B. Metzler.

Fohrmann, Jürgen (2015): To whom it may concern: Die Adresse der Literaturwissenschaft. In: IASL 40/1, 159-167.

Frank, Horst Joachim (1973): Geschichte des Deutschunterrichts. Von den Anfängen bis 1945. München: Hanser.

Freudenberg, Ricarda (2012): Zur Rolle des Vorwissens beim Verstehen literarischer Texte. Eine qualitativ-empirische Untersuchung. Wiesbaden: Springer.

Fricke, Harald (1977): Die Sprache der Literaturwissenschaft. Textanalytische und philosophische Untersuchungen. München: C. H. Beck.

Fricke, Harald (1991a): Wie soll man über Literatur reden? Kafkas „Hungerkünstler" und der Umgang mit Dichtung. In: Ders.: Literatur und Literaturwissenschaft. Beiträge zu Grundfragen einer verunsicherten Disziplin. Paderborn: Mentis, 11-26.

Fricke, Harald (1991b): Wieviel Suggestion verträgt die Interpretation? Ein Versuch am lebenden Objekt der Karl-May-Forschung. Mit einem Exkurs zur Psychoanalyse. In: Ders.: Literatur und Literaturwissenschaft. Beiträge zu Grundfragen einer verunsicherten Disziplin. Paderborn: Mentis, 45-62.

Friebertshäuser, Barbara (1992): Übergangsphase Studienbeginn. Eine Feldstudie über Riten der Initiation in eine studentische Fachkultur. Weinheim und München: Beltz.

Gärtner, Marcus (2001): „Die ganze Schwere des Irdischen sinnbildet im grasenden Vieh…" – Zur Sprache der germanistischen Literaturwissenschaft nach 1945. In: Bollenbeck, Georg/Knobloch, Clemens (Hrsg.): Semantischer Umbau in den Geisteswissenschaften nach 1933 und 1945. Heidelberg: Winter, 80-96.

Gailberger, Steffen & Nix, Daniel (2013): Lesen und Leseförderung in der Primar- und Sekundarstufe. In: Gailberger, Steffen/Wietzke, Frauke (Hrsg.): Handbuch Kompetenzorientierter Deutschunterricht. Weinheim und Basel: Beltz, 32-69.

Glaser, Marie Antoinette (2004): Kommentar und Bildung. Zur Wissenschaftskultur der Literaturwissenschaft. In: Arnold, Markus/Fischer, Roland (Hrsg.): Disziplinierungen. Kulturen der Wissenschaft im Vergleich. Wien: Turia + Kant, 127-164.

Glaser, Marie Antoinette (2005): Literaturwissenschaft als Wissenschaftskultur. Zu den Praktiken, Mechanismen und Prinzipien einer Disziplin. Hamburg: Dr. Kovac.

Grossen, Gaby & Seele, Katrin (2017): Vorgehensweisen von Berner Maturandinnen und Maturanden bei der selbstgesteuerten Aneignung literarischer Texte. Einblicke in ein aktuelles Forschungsprojekt. In: Dawidowski, Christian/Hoffmann, Anna R./Stolle, Angelika R. (Hrsg.): Lehrer- und Unterrichtsforschung in der Literaturdidaktik. Konzepte und Projekte. Frankfurt/M. u.a.: Lehrer- und Unterrichtsforschung in der Literaturdidaktik. Konzepte und Projekte, 221-236.

Grzesik, Jürgen (2005): Texte verstehen lernen. Neurobiologie und Psychologie der Entwicklung von Lesekompetenzen durch den Erwerb von textverstehenden Operationen. Münster: Waxmann.

Haag, Ludwig & Götz, Thomas (2012): Mathe ist schwierig und Deutsch aktuell: Vergleichende Studie zur Charakterisierung von Schulfächern aus Schülersicht. In: Psychologie in Erziehung und Unterricht 59, 32-46.

Huber, Ludwig (1991): Fachkulturen. Über die Mühen der Verständigung zwischen den Disziplinen. In: Neue Sammlung 31, 3-24.

Hyland, Ken (2004): Disciplinary Discourses. Social Interactions in Academic Writing. Michigan: Michigan Classics Edition.

Jäger, Georg (1973): Der Deutschunterricht auf Gymnasien 1780 bis 1850. In: DVjS 47, 120-147.

Jahr, Silke (2009): Strukturelle Unterschiede des Wissens zwischen Naturwissenschaften und Geisteswissenschaften und deren Konsequenzen für den Wissenstransfer. In: Weber, Tilo/Antos, Gerd (Hrsg.): Typen von Wissen. Begriffliche Unterscheidung und Ausprägungen in der Praxis des Wissenstransfers. Frankfurt/M.: Peter Lang, 76-98.

Jannidis, Fotis, Lauer, Gerhard, Martinez, Matias & Winko, Simone (Hrsg.) (1999a): Rückkehr des Autors. Zur Erneuerung eines umstrittenen Begriffs. Tübingen: De Gruyter.

Jannidis, Fotis, Lauer, Gerhard, Martinez, Matias & Winko, Simone (1999b): Rede über den Autor an die Gebildeten unter seinen Verächtern. Historische Modelle und systematische Perspektiven. In: Jannidis, Fotis/Lauer, Gerhard/Martinez, Matias/Winko, Simone: Rückkehr des Autors. Zur Erneuerung eines umstrittenen Begriffs. Tübingen: De Gruyter, 3-35.

Kämper-van den Boogaart, Michael (2015): Literaturdidaktik und Praxeologie. In: IASL 40/1, 207-221.

Kämper-van den Boogaart, Michael, Martus, Steffen & Spoerhase, Carlos (2011): Entproblematisieren: Überlegungen zur Vermittelbarkeit von Forschungswissen, zur Vermittlung von „falschem" Wissen und zur Funktion literaturwissenschaftlicher Terminologie. In: Zeitschrift für Germanistik 21, 8-24.

Klausnitzer, Ralf & Spoerhase, Carlos (2007): Kontroversen in der Literaturtheorie / Literaturtheorie in der Kontroverse. Bern: Peter Lang.

Köster, Juliane (2008): Evaluation von Kompetenzen im Deutschunterricht – neues Etikett oder bildungspolitische Wende? In: Rösch, Heidi (Hrsg.): Kompetenzen im Deutschunterricht. Beiträge zur Literatur-, Sprach- und Mediendidaktik. 2. Aufl. Frankfurt/M.: Peter Lang, 175-193.

Lösener, Hans & Ludwig, Otto (2007): Geschichte des Schulaufsatzes in Beispielen. Ein Arbeitsbuch. Baltmannsweiler: Schneider Hohengehren.

Ludwig, Otto (1988): Der Schulaufsatz. Seine Geschichte in Deutschland. Berlin: De Gruyter.

Lüders, Jenny (Hrsg.) (2007): Fachkulturforschung in der Schule. Opladen und Farmington Hills: Budrich.

Luhmann, Niklas (1980a): Interaktion in Oberschichten: Zur Transformation ihrer Semantik im 17. und 18. Jahrhundert. In: Ders.: Gesellschaftsstruktur und Semantik. Studien zur Wissenssoziologie der modernen Gesellschaft. Bd. 1. Frankfurt/M.: Suhrkamp, 72-161.

Luhmann, Niklas (1980b): Die Soziologie des Wissens. Probleme ihrer theoretischen Konstruktion. In: Ders.: Gesellschaftsstruktur und Semantik. Bd. 4. Frankfurt/M.: Suhrkamp, 151-180.

Luhmann, Niklas (2002): Das Erziehungssystem der Gesellschaft. Frankfurt/M.: Suhrkamp.

Mackasare, Manuel (2017): Klassik und Didaktik 1871-1914. Zur Konstituierung eines literarischen Kanons im Kontext des deutschen Unterrichts. Berlin und Boston: De Gruyter, 112-130.

Martus, Steffen (2008): Philo-Logik. Zur kulturwissenschaftlichen Begründung von Literaturwissenschaft. In: Wirth, Uwe (Hrsg.): Logiken und Praktiken der Kulturforschung. Berlin: Migros, 125-147.

Martus, Steffen (2015a): Wandernde Praktiken „after theory"? Praxeologische Perspektiven auf „Literatur/Wissenschaft". In: IASL 40/1, 177-195.

Martus, Steffen (2015b): Der Mut des Fehlens. Über das literaturwissenschaftliche Ethos des Fehlermachens. In: Klausnitzer, Ralph/Spoerhase, Carlos/Werle, Dirk (Hrsg.): Ethos und Pathos der Geisteswissenschaften. Konfigurationen der wissenschaftlichen Persona seit 1750. Berlin und Boston: De Gruyter, 61-78.

Martus, Steffen (2016): Zur normativen Modellierung und Moderation von epistemischen Situationen in der Literaturwissenschaft aus praxeologischer Perspektive. In: Scientia Poetica 20, 220-233.

Martus, Steffen & Spoerhase, Carlos (2009): Praxeologie der Literaturwissenschaft. In: Geschichte der Germanistik 35/36, 89-96.

Martus, Steffen & Spoerhase, Carlos (2013): Eine praxeologische Perspektive auf ‚Einführungen'. In: Sittig, Claudius/Standke, Jan (Hrsg.): Literaturwissenschaftliche Lehrbuchkultur. Zur Geschichte und Gegenwart germanistischer Bildungsmedien. Würzburg: Königshausen & Neumann, 25-39.

Mergen, Torsten (2014): Die vielen „Leben des Galilei". Eine Fallstudie zum Verhältnis von fachwissenschaftlichen Positionen und didaktisch-methodischen Konstruktionen in Lektürehilfen und Lehrerhandreichungen. In: Wrobel, Dieter/Müller, Astrid (Hrsg.): Bildungsmedien für den Deutschunterricht. Vielfalt – Entwicklungen – Herausforderungen. Bad Heilbrunn: Klinkhardt, 99-111.

Möbius, Thomas & Steinmetz, Michael (Hrsg.) (2016): Wissen und literarisches Lernen. Grundlegende theoretische und didaktische Aspekte. Frankfurt/M. u.a.: Peter Lang.

Multrus, Frank (2004): Fachkulturen. Begriffsbestimmung, Herleitung und Analysen. Eine empirische Untersuchung über Studierende deutscher Hochschulen. Diss. Konstanz (abrufbar unter https://d-nb.info/972191909/34 (02.09.2019)).

Müller, Hans-Harald & Richter, Myriam Isabell (Hrsg.) (2013): Praktizierte Germanistik. Die Berichte des Seminars für deutsche Philologie der Universität Graz 1873-1918. Stuttgart: Hirzel.

Paefgen, Elisabeth K. (1999): Der Literaturunterricht heute und seine (un)mögliche Zukunft. In: Didaktik Deutsch 7, 24-35.

Paulsen, Friedrich (1885): Geschichte des gelehrten Unterrichts auf den deutschen Schulen und Universitäten vom Ausgang des Mittelalters bis zur Gegenwart. Mit besonderer Rücksicht auf den klassischen Unterricht. Leipzig: De Gruyter.

Pichler, Simone (2017): „Es soll aufgabe der vorliegenden arbeit sein …" Die Rekonstruktion der Praxis im Seminar für deutsche Philologie um 1900. Eine historisch-praxeologische Fallstudie. In: Scientia Poetica 21, 98-134.

Pieper, Irene (2008): Zwischen Standards und Könnerschaft: Ist der klassische Interpretationsaufsatz noch „zu retten"? In: Paul, Ingwar/Tangermann, Fritz/Thielmann, Winfried (Hrsg.): Standard: Bildung. Blinde Flecken der deutschen Bildungsdiskussion. Göttingen: Vandenhoeck & Ruprecht, 155-171.

Reckwitz, Andreas (2003): Grundelemente einer Theorie sozialer Praktiken. Eine sozialtheoretische Perspektive. In: Zeitschrift für Soziologie 32, 282-301.

Reh, Sabine, Rabenstein, Kerstin & Idel, Till-Sebastian (2011): Unterricht als pädagogische Ordnung. Eine praxistheoretische Perspektive. In: Meseth, Wolfgang/Proske, Matthias/Radtke, Frank-Olaf (Hrsg.): Unterrichtstheorien in Forschung und Lehre. Bad Heilbrunn: Klinkhardt, 209-222.

Reh, Sabine (2014): Can we discover something new by looking at practices? Practice theory and the history of education. In: Encounters on Education 15, 183-207.

Richter, Tobias & Christmann, Ursula (2002): Lesekompetenz: Prozessebenen und interindividuelle Unterschiede. In: Groeben, Norbert/Hurrelmann, Bettina (Hrsg.): Lesekompetenz. Bedingungen, Dimensionen und Funktionen. Weinheim und München: Beltz Juventa, 25-58.

Ricken, Norbert & Reh, Sabine (2017): Prüfungen – Systematische Perspektiven der Geschichte einer pädagogischen Praxis. In: Zeitschrift für Pädagogik 63, 247-258.

Rickes, Joachim, Ladenthin, Volker & Baum, Michael (Hrsg.) (2007): 1955-2005: Emil Staiger und Die Kunst der Interpretation heute. Bern: Peter Lang.

Rosebrock, Cornelia & Nix, Daniel (2015): Grundlagen der Lesedidaktik und der systematischen schulischen Leseförderung. 7. Aufl. Baltmannsweiler: Schneider Hohengehren.

Rosebrock, Cornelia & Wirthwein, Heike (2016): Lesen – mit Texten und Medien umgehen. In: Behrens, Ulrike/Bremerich-Vos, Albert/Böhme, Katrin/Hunger, Susanne/Krelle, Michael (Hrsg.): Bildungsstandards Deutsch: konkret. Sekundarstufe I: Aufgabenbeispiele, Unterrichtsanregungen, Fortbildungsideen. 2. Aufl. Berlin: Cornelsen, 111-166.

Sauer, Michael (1984): Brecht in der Schule. Beiträge zu einer Rezeptionsgeschichte Brechts (1949-1980). Stuttgart: Hans-Dieter Heinz.

Schiller, Friedrich (1980): Wilhelm Tell. In: Ders.: Schillers Werke. Nationalausgabe. 10. Bd.: Die Braut von Messina, Wilhelm Tell, Die Huldigung der Künste (hrsg. von Norbert Oellers und Siegfried Seidel). Weimar: Böhlau, 127-277.

Schiller, Friedrich (1983): Schillers Werke. Nationalausgabe. 2. Bd., Teil I: Gedichte (hrsg. von Norbert Oellers und Siegfried Seidel). Weimar: Böhlau.

Schiller, Friedrich (1993): Schillers Werke. Nationalausgabe. 2. Bd., Teil II B: Gedichte (hrsg. von Norbert Oellers und Siegfried Seidel). Weimar: Böhlau.

Sittig, Claudius & Standke, Jan (Hrsg.) (2013): Literaturwissenschaftliche Lehrbuchkultur. Zur Geschichte und Gegenwart germanistischer Bildungsmedien. Würzburg: Königshausen & Neumann.

Spillner, Bernd (1981): Termini und Sprachfunktionen in der literaturwissenschaftlichen Fachsprache. In: Bungarten, Theo (Hrsg.): Wissenschaftssprache. Beiträge zur Methodologie, theoretischen Fundierung und Deskription. München: Fink, 372-403.

Spoerhase, Carlos (2015a): Das „Laboratorium" der Philologie? Das philologische Seminar als Raum der Vermittlung von Praxiswissen. In: Albrecht, Andrea/Danneberg, Lutz/Krämer, Olav/Spoerhase, Carlos (Hrsg.): Theorien, Methoden und Praktiken des Interpretierens. Berlin, München und Boston: De Gruyter, 53–80.

Spoerhase, Carlos (2015b): Gegen Denken? Über die Praxis der Philologie. In: DVjS 89, 637-646.

Spoerhase, Carlos & Martus, Steffen (2013): Die Quellen der Praxis. Probleme einer historischen Praxeologie der Philologie. Einleitung. In: ZfG XXIII, 221-225.

Steinfeld, Thomas (2004): Die Meisterin aller Klassen. Über akademischen Niedergang und philosophischen Aufstieg der Rhetorik. In: Geschichte der Germanistik 25/26, 9-15.

Susteck, Sebastian (2015): Explizitheit und Implizitheit. Untersuchungen zu einem Grundproblem des Literaturunterrichts und seiner Didaktik. Weinheim und Basel: Beltz Juventa.

Susteck, Sebastian (2018): Schwierige Aufgaben. Deutschdidaktische Debatten und die Konstruktion literaturunterrichtlicher Aufgaben durch Studierende. Weinheim und Basel: Beltz Juventa.

Weimar, Klaus (1997): Germanistik. In: Reallexikon der deutschen Literaturwissenschaft. Bd. 1. Berlin und New York: De Gruyter, 706-720.

Weinrich, Harald (1985): Wege der Sprachkultur. Stuttgart: DVA.

Willems, Katharina (2007): Schulische Fachkulturen und Geschlecht. Physik und Deutsch – natürliche Gegenpole? Bielefeld: transcript.

Willenberg, Heiner (2007): Lesestufen – Die Leseprozesstheorie. In: Ders. (Hrsg.): Kompetenzhandbuch für den Deutschunterricht. Auf der empirischen Basis des DESI-Projekts. Baltmannsweiler: Schneider Hohengehren, 11-23.

Winkler, Iris (2015): Durch die Brille der anderen sehen. Professionsbezogene Überzeugungen im Lehramtsstudium Deutsch. In: Mitteilungen des Deutschen Germanistenverbandes 62, 192-208.

Winko, Simone (2002): Lektüre oder Interpretation? In: Mitteilungen des Deutschen Germanistenverbandes 49, 128-141.

Winko, Simone, Jannidis, Fotis & Lauer, Gerhard (2006): Geschichte und Emphase. Zur Theorie und Praxis des erweiterten Literaturbegriffs. In: Gottschalk, Jürn/Köppe, Tilmann (Hrsg.): Was ist Literatur? Basistexte Literaturtheorie. Paderborn, 123-154.

Torsten Mergen

Zwischen Informieren, Kontextualisieren und Interpretieren. Lektürehilfen zu Frank Wedekinds Drama *Frühlings Erwachen* als didaktisierte Bildungsmedien

Der Aufsatz analysiert Lektürehilfen zu Frank Wedekinds Drama Frühlings Erwachen. Eine Kindertragödie *(1891), die seit 2001 in unterschiedlichen Verlagen erschienen sind. Er formuliert eine Definition der Gattung Lektürehilfe, geht der allgemeinen didaktischen Rezeption von Wedekinds Drama nach und untersucht schließlich Lektürehilfen bezüglich mehrerer Aspekte: Es geht um die inhaltlich-thematischen Schnittmengen zwischen den Texten unterschiedlicher Verlage bzw. Reihen, die deutlich nachweisbar sind, aber durch unterschiedliche Kategorisierungen und Kapiteleinteilungen eher verdeckt werden. Auch wird die Wissenschaftlichkeit der Texte speziell mit Blick auf genutzte Sekundärliteratur und die vorgeschlagenen Interpretationsverfahren analysiert. Insgesamt zeigen sich eine Ablösung der Lektürehilfen von der literaturwissenschaftlichen Diskussion und eine schwankende fachwissenschaftliche Qualität. Betrachtet wird auch die Aufnahme von Aufgaben in die Lektürehilfen, die mit dem Anspruch verbunden ist, auf Prüfungssituationen gezielt vorzubereiten.*

1 Textkorpus und Fragestellung

Lektürehilfen in monographischer Form für die vorrangige Nutzung durch Schülerinnen und Schüler und zum privaten Einsatz im außerschulischen Bereich (vgl. Standke 2019, 303-309) lassen sich zu Wedekinds Drama *Frühlings Erwachen. Eine Kindertragödie* erst seit 2001 nachweisen: Fast zeitgleich erschienen in etablierten Reihen zu diesem Segment (vgl. ebd., 313) ein Band *Lektüreschlüssel* im Reclam-Verlag (Neubauer 2001) und ein Band *Königs Erläuterungen und Materialien* im Bange-Verlag (Möbius 2001). Bemerkenswert ist in diesem Zusammenhang, dass beide Bücher zahlreiche Auflagen erlebten und inzwischen jeweils in einer überarbeiteten Neuauflage unter minimal variierter Titelgebung vorliegen (Möbius 2013/⁴2016; Neubauer 2017), vorrangig novelliert durch die Aufnahme von Prüfungsaufgaben, „die unmittelbar auf die zentralen Leistungsüberprüfungen vorbereiten sollen" (Standke 2019, 312). Hinsichtlich des Charakters als Lektürehilfe insistieren beide Bücher kontinuierlich seit der ersten Auflage auf Exklusivität, erkennbar an einem Verzicht auf eine Nennung bzw. Bezugnahme auf das Konkurrenzprodukt im jeweiligen Literaturverzeichnis. Brands Hinweise auf die Spezifik des Kommerziellen und der Konkurrenzsituation im Bereich der Lehr- und Lernmittel (Brand 2019, 144-146, 150f.) scheinen sich in diesem Fall zu bestätigen. Dies wird noch verstärkt durch die Tatsache, dass seit 2007 im Stark-Verlag eine weitere Monographie zu Wedekinds bekanntestem Drama in der Reihe „Interpretationshilfe Deutsch" (Gladiator 2007) vorliegt.

In den letzten Jahrzehnten hat sich – weitgehend unbeachtet von fachdidaktischer Analyse und Evaluation – im Umfeld der inzwischen kanonisierten Schullektüre (vgl. Bekes 2006, 11) *Frühlings Erwachen* ein umfangreiches Angebot an Lektürehilfen, Interpretationen und Arbeitsmaterialien entwickelt, da das Drama „geradezu als ein didaktischer Glücksfall" (Spittler 1999, 8) gilt: Es spreche Jugendliche thematisch unmittelbar an und eröffne wegen des großen Spektrums an dramaturgischen Gestaltungsmitteln den Schülerinnen und Schülern einen leichten Zugang in das dramatische Geschehen (vgl. ebd.). Aber offensichtlich besteht eine nachhaltige und konstante Nachfrage nach Hilfen beim Textverstehen und der Interpretation dieses literarischen Textes. Der Bange-Verlag bewirbt auf seiner Homepage beispielsweise seine Lektürehilfe zu Frank Wedekinds *Frühlings Erwachen* mit den Markenzeichen:

> Die Königs Erläuterung zu Frank Wedekind: Frühlings Erwachen ist eine verlässliche und bewährte Textanalyse und Interpretationshilfe für Schüler und weiterführende Informationsquelle für Lehrer und andere Interessierte: verständlich, übersichtlich und prägnant. Mithilfe der ausführlichen Inhaltsangabe, Angaben zu Leben und Werk des Autors, Informationen zur Textanalyse und -interpretation sowie prüfungsrelevanten Abituraufgaben mit Musterlösungen sind Schüler fundiert und umfassend vorbereitet auf Abitur, Matura, Klausuren und Referate zu diesem Thema.[1]

Daher sollen im Folgenden in einem ersten Schritt einige grundsätzliche Überlegungen zum Proprium des spezifischen Bildungsmediums Lektürehilfe vorgestellt werden. Daran knüpft sich die Frage nach der Rezeption von Wedekinds Drama *Frühlings Erwachen* im didaktischen Kontext an. Dem folgt drittens die Reflexion über die „Wissenschaftlichkeit" der Lektürehilfen zu *Frühlings Erwachen*: Eruiert wird die Schwierigkeit der Berücksichtigung wissenschaftlicher Erkenntnisse und Debatten in den jeweiligen Texten in quantitativer wie qualitativer Hinsicht anhand ausgewählter Beispiele. In einem vierten Schritt wird das Verhältnis von Lektürehilfen und notenrelevanten Leistungs- bzw. Prüfungsaufgaben untersucht, was durch eine Musterung der in den aktuellsten Auflagen enthaltenen Leistungs- und Übungsaufgaben für das Selbststudium geleistet werden soll. Abschließend wird der Stellenwert von Lektürehilfen für außerunterrichtliche Lernprozesse um das Drama *Frühlings Erwachen* diskutiert.

2 Zu den Begriffen „Lektürehilfen" bzw. „Schülerhilfen"

Fokussiert man die als Monographien vorliegenden Lektürehilfen zur kanonisierten Schullektüre *Frühlings Erwachen*, so haben diese mehrere Herausforderungen inhaltlicher und formaler Art zu bewältigen: die programmatische Spannung zwischen fachlicher bzw. fachwissenschaftlicher Solidität einerseits und leserorientierter Darstellung in didaktisch und methodisch ausgerichteter Form andererseits, die Berücksichtigung klassischer Konventionen, welche das Medium des Einführungstextes grundsätzlich prägt, die ausgewogene Verknüpfung von ansprechendem Layout mit heutigen medialen Gewohnheiten (vgl. Klingenböck 2011, 61f.; Kroesen & Mielke 2016, 227f.; Standke 2019, 314-317). Daraus leiten sich Forschungsfragen ab, etwa nach der Methode der Darstellung und der spezifischen Interpretationsverfahren, der Auswahl von Themen und literaturgeschichtlichen Kontexten, ferner nach der (didaktischen) Reduktion der fachbezogenen Erkenntnisse (vgl. Knobloch 1997, 163; Klingenböck 2011, 62f.; Standke 2019, 304-309).

---

1 https://www.koenigs-erlaeuterungen.de/fruehlings-erwachen-1529 (letzter Zugriff am 29.8.2019).

Begrifflich-intensional handelt es sich bei Lektürehilfen einerseits um eine Subkategorie der Textsorte „Einführungsliteratur", die „immer auch konkrete Bildungskonzepte im Sinne spezifischer Wissens- und didaktischer Konzepte [generiert und tradiert]. Ihre normative Qualität zeigt sich darin, dass sie wesentlich an der Selektion jener Inhalte beteiligt ist, die zu einer bestimmten Zeit in einem bestimmten Fach für einen bestimmten Zweck gewusst werden sollen." (Klingenböck 2011, 63)

Standke folgend ist andererseits der Aspekt der „Interpretation" literarischer Texte prototypisch mit dem Begriff „Lektürehilfe" assoziiert: „Interpretationen sind (…) adressatenorientiert-didaktisierte, schriftlich (…) fixierte Darstellungen (…) der Voraussetzungen, Vollzüge und Ergebnisse von literaturbezogenen Praktiken des Verstehens und Deutens." (Standke 2019, 303) Insofern wären „Schülerhilfen" zu definieren als Einführungen in ein literarisches Werk unter Berücksichtung der Zielgruppe jugendliche Leserinnen und Leser, denen ein Vor- bzw. Kontextwissen sowie begleitende Orientierungen während des individuellen Leseprozesses und der Vorbereitung auf schulische Prüfungen (wie Klassen- und Kursarbeiten oder zentrale Abschlussprüfungen) zur Verfügung gestellt werden sollen (vgl. Mergen 2014, 100). „Schülerhilfen" sind zudem vorrangig für den außerunterrichtlichen Kontext und das Selbststudium im privaten Bereich konzipiert.

3 Didaktische Rezeption von Wedekinds Drama bis zur Jahrtausendwende

Frühlings Erwachen gilt seit seiner Fertigstellung im Jahr 1891 als polarisierendes Theaterstück (vgl. Pickerodt ⁴1998, 28f.; Spittler 1999, 7; Freinschlag 2014, 69-71), das zu Lebzeiten seines Autors Frank Wedekind, aber auch in späteren Rezeptionsphasen kontroverse Beurteilungen bzw. Kommentierungen bis hin zu Diskreditierungen evoziert hat (vgl. Vinçon 1987, 174-177; Vinçon 2014, 69-74; York-Gothart 2016, 130-145). Unter anderem stieß die dem Epochenstil entgegengesetzte Konzeption auf Ablehnung. Auch wurde an dem Drama Anstoß genommen wegen „der offenen Darstellung vermeintlicher sexueller Verirrungen und Perversitäten Jugendlicher, aber auch […] der respektlosen Vorführung erwachsener Autoritätspersonen. Die dramatische Form von *Frühlings Erwachen* galt lange Zeit als chaotisch und für die Bühne ungeeignet" (Spittler 1999, 7). Nicht zuletzt die Direktheit und Unvermitteltheit, mit der Wedekind in dem Drama thematisch „die Sache beim Namen" (Elm 2004, 187) nennt, indem er Sadismus, Masochismus, Masturbation sowie Vergewaltigung und Homosexualität von respektive zwischen Jugendlichen in Szene setzt (ebd.), motivierten die zögerliche Rezeption des Stücks in einer von bürgerlichen (Schein-)Werten geprägten Kaiserreichsgesellschaft und einer von Kriegsfolgen und Wirtschaftskrisen erschütterten Weimarer Republik.

1930 schilderte der erste namhafte Wedekind-Biograph und Nestor der deutschen Theaterwissenschaft, Artur Kutscher (vgl. Bayer-Klötzer 1982, 364-367), im „Berliner Tageblatt" anekdotenhaft die frühe wissenschaftliche Rezeption von Frank Wedekind:

> Die erste Vorlesung, die an einer deutschen Universität über Wedekind gehalten wurde – im Sommer 1911 – erregte das Ärgernis der Fakultät. Der Dozent [Artur Kutscher, T. M.] erfuhr vom Dekan, einem namhaften Literaturhistoriker, Wedekinds Name dürfe nie wieder im Vorlesungsverzeichnis genannt werden; unverwehrt allerdings solle bleiben, sich mit ihm in größeren Zusammenhängen zu beschäftigen. Auf die Einwendung des Dozenten, in Berlin werden schon seit über zehn Jahren unangefochten Vorlesungen und Übungen über Gerhart Hauptmann angekündigt und

abgehalten, antwortete der Dekan, das sei auch ganz was anderes, denn über Hauptmann ‚sei man sich doch einig‘. Als der Dozent darauf die Frage stellte, ob denn nach offizieller Anschauung ein Dozent warten müsse, bis man sich über einen Dichter einig sei, oder ob er nicht vielmehr die Pflicht habe, an der Einigung mitzuwirken, wurde er sanft aber entschieden zur Türe genötigt. (Kutscher 1930, 5. Beiblatt)

Man mag in dem geschilderten Fall einen grundsätzlichen universitären Disput sehen über das Verhältnis von kanonisierten Texten der Literaturgeschichte und neuen Werken der Gegenwartsliteratur. Jedoch verweist die Anekdote auch darauf, dass „Wedekind philologisch und literar-historisch vernachlässigt" (Vinçon 1987, 1) wurde wie „[k]ein anderer deutscher ‚Klassiker der Moderne‘" (ebd.), obwohl er neben Brecht zu den bedeutendsten Theaterautoren des 20. Jahrhunderts gezählt werden kann (vgl. Vinçon 1987, 1f.; Florack 1997, 344; Elm 2004, 192, 208).

Seit den 1970er Jahren hat sich dies vor allem mit Blick auf die deutschdidaktische Rezeption des Dramas geändert. „Größeres Interesse als in der Literaturwissenschaft hat ‚Frühlings Erwachen‘ in der Fachdidaktik Deutsch gefunden." (Schmidt-Bergmann 2002, 133) So fokussierte bereits Friedhelm Roths Unterrichtskommentar in der „Einführung in die Dramenanalyse" zu Dramen „Von Lessing bis Kroetz" auf den historischen Kontext und intendierte, „die zeittypische Bedeutung und politische Dimension der Erziehungsthematik in Wedekinds ‚Frühlings Erwachen‘ einsichtig werden" (Roth 1975, 105) zu lassen. Hierzu werden die soziale Lage der Gymnasiasten, die sexuelle Unterdrückung in der Familie und die „Schule als Dressuranstalt" (ebd., 113) ebenso analysiert wie „an den Kindern die zerstörerischen Folgen der in Familie und Schule institutionalisierten Triebunterdrückung" (ebd., 116).

In den 1970er Jahren taucht in Fachzeitschriften vermehrt die Frage nach einer begründeten schulischen Textauswahl und deren didaktischer Legitimation unter Bezug auf zeitgenössische pädagogische wie allgemeindidaktische Konzeptionen auf. So problematisiert etwa Horst Spittler in der Zeitschrift *Westermanns Pädagogische Beiträge* die Auswahl von geeigneten Dramen für den Deutschunterricht und konstatiert hinsichtlich *Frühlings Erwachen*,

> daß die Thematik des Unterrichtsgegenstandes nicht völlig jenseits des Erlebnis- und Erfahrungshorizontes der Schüler liegen darf. […] Thema dieses Dramas ist die Pubertät mit ihren sexuellen und schulischen Problemen. Man darf erwarten, daß dies Thema bei den Schülern auf Interesse stößt und genügend Motivationskraft besitzt. (Spittler 1978, 495)[2]

Auch Ulrich Vohlands programmatischer Beitrag „Wider die falsche Erziehung", 1979 in der Fachzeitschrift *Diskussion Deutsch* publiziert, plädiert für einen Unterrichtseinsatz des Dramas „mit der Absicht einer Humanisierung des Unterrichts und im Sinne einer Selbstaufklärung der Schüler" (Vohland 1979, 3), da gerade dieses Werk Wedekinds in einer erkennbar kritischen Perspektive die Erziehungspraktiken von Schule und Familien am Ende des 19. Jahrhunderts darstelle:

---

2 Ferner verdient Spittlers Hinweis Beachtung, dass gerade literarische Texte durch die Fiktionalisierung die Chance zu einem offenen Gespräch über gesellschaftlich tabuisierte bzw. sensible Themen bieten: „Denn es handelt sich ja um Probleme, die der Jugendliche sich häufig scheut, öffentlich zu diskutieren. Hier jedoch befindet sich der Deutschunterricht im Vorteil etwa gegenüber dem Biologieunterricht. Die Fiktionalität literarischer Gestaltung gewährt dem Schüler einen Schutz, der ihm eine existentielle Erfahrung ohne den Zwang zur Identifikation erlaubt. Ebenso schafft die Fiktionalität die notwendige Distanz, die ein Gespräch auch über solch heikle Dinge möglich macht. Die durch den historischen Abstand bedingte Verfremdung – das Drama ist 1891 erschienen – unterstützt zudem noch diese Wirkung." (Spittler 1978, 495)

Ein entscheidender Grund für die Auswahl dieses Stückes für den Unterricht war die Auffassung, daß die Schüler ‚Einblick in solche Interaktionsprozesse, in denen sie stehen, bekommen müßten‘: Wenn sie zu Selbstbestimmung und Mitverantwortung erzogen werden sollen, dann muß der Unterricht so arrangiert werden, daß für die Schüler das Erkennen der im Drama dargestellten und kritisierten schulischen, familiären und gesellschaftlichen Mißstände zum Anlaß wird, über ihre eigene persönliche Situation und die an sie gestellten Rollenerwartungen nachzudenken. (Ebd., 15)

Hinsichtlich der Gegenwartsbedeutung konstatiert Vohland:

Das Thema ‚Lehrer-Schüler-Schule‘ interessiert die Schüler vor allem, wenn es kritisch bearbeitet werden und zu konkreten Veränderungen in ihrer Klasse führen kann. Trotz der im Laufe von drei Generationen eingetretenen partiellen Vermenschlichung der Schule bestehen in ihr viele destruktive Funktionen fort. Insbesondere die Moritz-Handlung ist auch heute noch ein für die Schüler aktuelles Problem, weil für viele Schüler die Angst vor schulischem Versagen, der Schande einer Nichtversetzung, sowie der Gedanke an Flucht ein Hauptproblem darstellt. (Ebd., 16)

Des Weiteren zeigt Vohlands didaktischer Kommentar den zweiten Schwerpunkt in der Dramenbehandlung:

Die Schüler werden sich also bei der Deutung dieses Stückes nicht nur der eigenen postpubertären Gemütsbewegungen und -verwirrungen bewußt und gewinnen Klarheit über die eigenen psychischen Bedürfnisse, sie verdeutlichen sich dabei auch die in abgeschwächter Form auch heute noch bestehenden und ihr Sexualverhalten bestimmenden oder beeinflussenden sozialen Faktoren und Zwänge, die ihre Nöte und Ängste verursachen. (Ebd., 17)

Unter Berücksichtigung der Materialien einer unpublizierten Staatsarbeit von Gerhard Nentwich aus dem Jahr 1975 formuliert Vohland erstmals „Lernziele" im Umgang mit dem Drama, wobei er es für den Einsatz ab der Klassenstufe 9 empfiehlt und ferner explizit für oberstufentauglich hält:

1. Die Schüler sollen lernen, thematische und methodische Vorschläge zur Besprechung des Dramas einzubringen.

2.1. Sie sollen die Verhaltensweisen und Aussagen des Rektors und der Lehrer untereinander und zu den Schülern beschreiben, über deren Ursachen und Wirkungen begründete Vermutungen anstellen und sie kritisieren können.

2.2. Sie sollen die im Drama aufgezeigten Probleme untersuchen können, die sich mit den Mengen der Lernstoffe, dem Massenbetrieb und den Repressionen der Schule stellen: Aggressionen, Kontaktschwierigkeiten, gegenseitige Verständnislosigkeit und Fremdheit.

3.1. Sie sollen an einigen Szenen zentrale Aspekte der im Drama dargestellten Interaktionen zwischen Eltern und Kindern und die Erziehungsmethoden der Eltern beschreiben können.

3.2. Sie sollen insbesondere an Wendlas, Moritz' und Melchiors Beispiel die Fragwürdigkeit der Erziehungstheorien und -praktiken der Eltern im Drama herausstellen und unter Bezug auf deren Folgen kritisieren können.

3.3. Sie sollen die wichtigsten Ursachen, die Moritz und Wendla in den Tod treiben und Melchior scheitern lassen, anführen und diese sowie die Reaktionen der Erwachsenen hinterfragen können.

3.4. Sie sollen die Erziehungsvorstellungen und Argumente von Herrn und Frau Gabor in ihrem Streitgespräch benennen und entscheiden und begründen können, inwieweit diese für sie selbst überzeugend bzw. unzutreffend erscheinen.

4.1. Sie sollen an den wesentlichen Szenen die Formen des Sexualverhaltens der Jugendlichen beschreiben und Vermutungen über deren familiäre und gesellschaftliche Ursachen, deren Folgen sowie über die Absichten des Autors anstellen.

4.2. Sie sollen die Entwicklung der Liebe zwischen Melchior und Wendla beschreiben können: deren pervertiertes Anfangsstadium, deren Glück, deren Folgen sowie die die diese Liebe beeinträchtigenden Faktoren.

5.1. Sie sollen angeben können, für welches Verhalten, welchen individuellen und gesellschaftlichen Zustand, für welche Werte der Autor dieses Dramas Partei nimmt.

5.2. Sie sollen insbesondere die utopischen Elemente dieses Dramas, dessen Schluß und dabei die Funktionen des „vermummten Herrn" für Melchior angeben können. (Ebd., 17f.)

In den 1970er Jahren entstehen einige weitere didaktische Kommentierungen und Handreichungen in Zeitschriften (vgl. ebd.), bevor die didaktische Rezeption durch Gerhart Pickerodts Lehrerkommentar in der Diesterweg-Reihe *Grundlagen und Gedanken zum Verständnis des Dramas* in monographischer Form Mitte der 1980er Jahre akzeleriert wird (Pickerodt 1984). Dieser grundlegenden Interpretation, die die Basis für die weitere Auseinandersetzung mit *Frühlings Erwachen* bieten wird, folgen in rascher Abfolge didaktisch-methodische Handreichungen wie etwa Ingo Schellers Monographie über die Szenische Interpretation, die am Beispiel von Wedekinds Drama erläutert und konkretisiert wird (Scheller 1987), was Vorschläge, Materialien und Dokumente zum erfahrungsbezogenen Umgang mit Literatur und Alltagsgeschichte einschließt. Hinzu kommt Peter Bekes' Unterrichtsmodell für die 10. Klassenstufe in der Klett-Reihe *Stundenblätter* (Bekes 1988/Neuauflage Bekes 2006). Darin werden der kanonische Stellenwert des Dramas betont (vgl. Bekes 2006, 11) und die Alltagsrelevanz bzw. der Lebensweltbezug hervorgehoben:

Zugleich ist es […] ein Werk, das die Schülerinnen und Schüler tatsächlich angeht, ihre existenzielle Situation berührt. In dieser Hinsicht bietet es mannigfaltige Ansatzpunkte für Verstehen und Reflexion, Gespräche und Kritik. Eine Vielfalt an Themen- und Problemkreisen, die in der Lebenswelt der Jugendlichen eine eminente Rolle spielen, findet sich in diesem Stück: Konflikte der Generationen, Identitäts- und Beziehungsprobleme, schulische Schwierigkeiten, sexuelle Erfahrungen, Fragen der weltanschaulichen Orientierung. Alle diese Probleme erfahren die Jugendlichen konkret in ihrem Alltag. Von diesem Erfahrungshorizont aus gewinnen sie fast zwanglos einen Zugang zu den Szenen, Gestalten und Problemen des Dramas. Sie können sich aus ihrer eigenen Lebenswelt, in die diese Probleme eingebettet sind, in die Psyche der betroffenen Jugendlichen, in ihre Gedanken und Wünsche hineinversetzen, sie können aber auch die Wirkungen, die Nöte und Enttäuschungen beurteilen, die die Erziehungsmethoden der älteren Generation auslösen. (Ebd.)

Bekes argumentiert wegen der Figuren, der Handlung und der im Stück dargestellten Probleme für eine Behandlung in der Sekundarstufe I. Speziell empfiehlt er eine Besprechung in der 10. Jahrgangsstufe, da der Text explizit für diese Altersgruppe geeignete Identifikationsangebote und Reflexionsimpulse zur Verfügung stelle, indem er Erfahrungen und Probleme der Pubertät literarisch gestalte, verstanden als eine „Schwellenzeit, in der sich Kinder zu Jugendlichen wandeln und diese Veränderungen auch konkret seelisch und leibhaft erfahren, erstmals eigene Lebensentwürfe entwickeln, ihre Grenzen wahrnehmen und überschreiten" (ebd., 12). Somit eröffne sich die Chance für die Zehntklässler, „die Bedingungen ihrer sozialen Entwicklung und Lebenswelt verstehen zu lernen und sich mit aktuellen Problemen (Schulstress, pubertären Erfahrungen, Berührungsproblemen etc.) auseinander zu setzen" (ebd.).

In den 1990er Jahren taucht in der didaktischen Sekundärliteratur gegenüber den bislang positiven Einschätzungen von Wedekinds Drama wiederholt eine Mahnung auf. Man dürfe das Drama nicht als einen „Beitrag zur sexuellen Aufklärung Jugendlicher verstehen, zumal es nichts enthält, was auf diesem Gebiet der heutigen Schülergeneration nicht schon bekannt wäre." (Spittler 1999, 77). Unter Verweis auf veränderte Sozialisationsfaktoren wird moniert, dass sich die Pubertätserfahrungen von zeitgenössischen Jugendlichen eklatant von denen der Altersgenossen um die Jahrhundertwende unterscheiden würden. Ferner hätten sich soziale Institutionen wie Familie und Schule grundlegend gewandelt (vgl. Seiffert & Völker 1995, 15f.; Spittler 1999, 77f.; Bekes 2006, 12f.), nicht zuletzt, da autoritäre Verhaltensmuster von demokratisch-partnerschaftlichen Umgangsformen abgelöst worden seien und sich eine neue Offenheit in Fragen des Gesprächs über Sexualität in der Post-68er-Zeit etabliert hätte:

> Es ist anzunehmen, dass der Stellenwert des Stückes heute geringer als in früheren Zeiten ist. Die Gründe für den vermuteten Bedeutungsverlust dürften darin zu suchen sein, dass zum einen die Dramaturgie und die Dialoge heutigen Seh- und Sprachgewohnheiten von Jugendlichen zuwiderlaufen, dass zum anderen das Stück seine vermeintlich tabuverletzende Aufklärungsfunktion verloren hat. Der Abbau fast aller Schranken, die früher durch die (Sexual-)Moral errichtet worden waren, und die Deutlichkeit, mit der heutzutage über Sexualität im öffentlichen Raum ,informiert' wird, können nicht ohne Auswirkungen auf die Rezeption von ,Frühlings Erwachen' bleiben. Bei oberflächlicher Betrachtung entsteht leicht der Eindruck, aus dem einst fortschrittlichen und provokativen Stück sei mit den Jahren [...] ein ,alter Hut' geworden, der nicht mehr vermittelbar sei. [...] Fünfzehn- oder sechzehnjährige Schüler und Schülerinnen von heute werden aus ,Frühlings Erwachen' nichts über Sexualität erfahren, was sie nicht schon wüssten. Aber der Stoff und die Ehrlichkeit, mit der er von Wedekind in Szene gesetzt wird, bieten Gelegenheit sich im Rahmen des Deutschunterrichts über Pubertät, Sexualität und deren Erscheinungsformen zu unterhalten – und das in einem ,offiziösen' Rahmen: in der Klasse oder im Kurs, vor Mitschülern, im Beisein und unter Beteiligung von Erwachsenen, in einem Fach, das nicht verpflichtet ist, Sexualaufklärung leisten zu müssen. Das alles bedeutet, dass die Schüler Formen des kommunikativen Miteinanders, insbesondere eine Sprachebene finden müssen, die dem Thema und der Situation angemessen sind und die sich wahrscheinlich deutlich unterscheiden von denjenigen, die in den informellen Gesprächen der Schüler untereinander üblich sind. (Seiffert & Völker 1995, 15f.)

Dieser gewandelten Wahrnehmung der Zielgruppe aus nachvollziehbaren Gründen steht eine mehrfach vorgetragene Betonung der Schwierigkeiten gegenüber, die sich aus folgenden Aspekten ergeben: sprachliche Gestaltung des Dramas mit Einsatz einer gehobenen Bildungssprache, philosophische Konzepte wie Vitalismus und Materialismus als implizite Verständnisvoraussetzungen. Vorrangig wird die Diastase zum heutigen Sprachgebrauch konstatiert, die es im Unterricht zu kompensieren gelte:

> Schwierigkeiten dürfte den Schülerinnen und Schülern die Sprache der Figuren bereiten, die an vielen Stellen nicht mehr der heutigen Ausdrucksweise entspricht. Das gilt besonders für die zuweilen gespreizte, pseudo-philosophische und bildungsdurchtränkte Sprechweise der jugendlichen Dramenfiguren. Sie wirkt aufgesetzt und soll deren Unsicherheit kaschieren. Es besteht eine gewisse Parallele zu dem Schülerjargon, den mehr oder weniger ausgeprägt jede Schülergeneration als sprachlichen Absetzungsversuch von den herrschenden Sprachnormen der Erwachsenen ausbildet. Lässt man eine ausgewählte Dialogpassage von der Klasse in den aktuellen Schülerjargon ,übersetzen', so nimmt dies der Ausdrucksweise den Anschein gedanklicher Bedeutsamkeit [...]. Das macht freilich die notwendige Erklärung einer Reihe von Begriffen nicht überflüssig, die in einigen Fällen auch den Lehrer/die Lehrerin vor Probleme stellen dürfte. (Spittler 1999, 79f.)

Des Weiteren wird hinsichtlich des ideengeschichtlichen Bildungsguts, das dem Drama zugrunde liegt, moniert:

> Die Fragen, ob die Schüler Wedekinds lebensphilosophisches Gedankengut, das durch den Einfluß Nietzsches am Ende des 19. Jahrhunderts große Bedeutung erlangte, ob sie die materialistische Sicht des Dramatikers, seine offen antiidealistische Position teilen, ob sie ihre eigenen Lebensentwürfe in Übereinstimmung mit oder in Opposition zu Wedekind sehen, ob sie erkennen, dass Wedekind mit seiner Apologie des Egoismus als Antrieb menschlichen Verhaltens und Handelns die bürgerliche Gesellschaft sehr genau erfasst, dürften eine der interessantesten Unterrichtsphasen zu ‚Frühlings Erwachen' einleiten. – Einschränkend muss jedoch angemerkt werden, dass solche Fragestellungen allenfalls im Unterricht einer Klasse 10, eher noch in Oberstufenkursen eine Rolle spielen können. Mittelstufenschüler generell, besonders die eines 9. Jahrgangs, schätzen erfahrungsgemäß besonders die karikierenden Darstellungen von Schule und Elternschaft. Diesem Interesse kann und soll Rechnung getragen werden, doch ist zu beachten, dass die Aufarbeitung der gesellschaftlichen Implikationen den Unterricht schon deshalb nicht dominieren darf, weil Wedekind die bürgerliche Gesellschaft zwar lächerlich macht (und auf diese Weise mit ihr abrechnet), sich aber nicht ernsthaft mit ihr auseinandersetzt; eine zu starke Akzentuierung dieses Aspekts würde die Intentionen des Autors konterkarieren. (Seiffert & Völker 1995, 17)

Insgesamt zeigt sich eine Fülle an Deutungsansätzen und Kontroversen in der fachdidaktischen Literatur, was einerseits für eine intensive Reflexion über literarische Lernprozesse mit und durch dieses Drama spricht, andererseits die Frage evoziert, inwiefern Einführungswerke für die Hand der Schülerinnen und Schüler dieser interpretatorischen Vielfalt gerecht werden können.

4 Das Textkorpus: Lektürehilfen zwischen 2001 und 2017

Betrachtet man die Titel bzw. Reihen der im Folgenden berücksichtigten Publikationen, zeigt sich eine bemerkenswerte terminologische Variation in der Benennung der Lektürehilfen bzw. ihrer Reihen: „Interpretationshilfe Deutsch" (Gladiator 2007), „Königs Erläuterungen und Materialien" (Möbius 2001), „Königs Erläuterungen" (Möbius 2013/⁴2016), „Reclam Lektüreschlüssel" (Neubauer 2001) bzw. „Reclam Lektüreschlüssel XL" (Neubauer 2017). Die Vielfalt der Bezeichnungen, die sicherlich aus Marketinggründen auf Distanzierung bzw. Distinktion abhebt, verdeckt die inhaltlich-thematischen Schnittmengen der fünf Monographien, welche sich im jeweiligen Inhaltsverzeichnis ermitteln lassen:

Tab. 1: Monographien für Schülerinnen und Schüler zu „Frühlings Erwachen" mit Inhalts-übersicht

„Königs Erläuterungen und Materialien" (Möbius 2001)	„Königs Erläuterungen" (Möbius 2013)	„Interpretationshilfe Deutsch" (Gladiator 2007)	„Reclam Lektüreschlüssel" (Neubauer 2001)	„Reclam Lektüre-schlüssel XL" (Neubauer 2017)
Vorwort	1. Das Wichtigste auf einen Blick – Schnellübersicht	Vorwort	1. Erstinformationen zum Werk	1. Schnelleinstieg
1. Der Autor: Leben und Werk		Einführung	2. Inhalt	2. Inhaltsangabe
2. Textanalyse und -interpretation	2. Frank Wedekind: Leben und Werk	Biografie und Entstehungs-geschichte	3. Personen	3. Figuren
3. Themen und Aufgaben	3. Textanalyse und -interpretation	Inhaltsangabe	4. Werkaufbau	4. Form und literari-sche Technik
4. Rezeptions-geschichte	4. Rezeptions-geschichte	Textanalyse und Interpretation	5. Wort- und Sacherläuterungen	5. Quellen und Kontexte
5. Materialien	5. Materialien	Wirkungsgeschichte und literatur-geschichtliche Zuordnung	6. Interpretation	6. Interpretations-ansätze
Literatur	6. Prüfungsaufgaben mit Musterlösungen		7. Autor und Zeit	7. Autor und Zeit
	Literatur	Literaturhinweise	8. Rezeption	8. Rezeption
	Stichwortverzeichnis	Anmerkungen	9. Checkliste	9. Prüfungsaufgaben mit Lösungshin-weisen
			10. Lektüretipps	10. Literaturhin-weise/Medien-empfehlungen
			Anmerkungen	11. Zentrale Begriffe und Definitionen

Primär funktional wirken die Kategorien, die in den jeweiligen Inhaltsverzeichnissen deut-lich werden: Die Makrostruktur der Bände ähnelt sich, alle Lektürehilfen lassen sich thema-tisch-inhaltlich mit den Schlagworten Kompaktheit, Prüfungsrelevanz, verständliche Auf-bereitung, relevantes Überblickswissen assoziieren, wobei strukturell fixe „Komponenten" (Standke 2019, 306) nachweisbar sind: Einleitung (bisweilen auch als Vorwort oder „Schnell-einstieg" wie im Falle des ‚Lektüreschlüssels XL'), Inhaltsangabe, Analyse, Einordnung in die Kultur- und Literaturgeschichte, Informationen zum Autor, exemplarische Interpretations-ansätze, zentrale Begriffe des Dramas, Hinweise und Aspekte der Rezeption, Literatur- und Medienempfehlungen (vgl. ebd., 306-309).

Dabei ist der Hintergrund der drei Autoren unterschiedlich: Sowohl Martin Neubauer (Jahr-gang 1958) als auch der promovierte Germanist und Sportwissenschaftler Klaus Gladiator sind beruflich Lehrkräfte an Gymnasien. Der promovierte und habilitierte Fachdidaktiker Thomas Möbius hat dagegen nicht nur Schulerfahrung an einem Mannheimer Gymnasi-um und als Auslandsdienstlehrkraft an der German European School Singapore gesammelt, sondern auch als Hochschuldozent und Professor an verschiedenen Hochschulen bzw. Universitäten gewirkt.[3]

Die Nähe zur akademischen Welt ist charakteristisch für das in bildungssprachlicher Diktion verfasste und nur in der ersten Auflage zu findende „Vorwort" des Bandes von Königs Erläuterungen, worin von Möbius explizit betont wird:

> Die Probleme von Heranwachsenden mit der eigenen Persönlichkeit, mit der Schule oder mit der Sexualität sind beliebte Themen der Literatur, man denke nur an Hermann Hesses ‚Unterm Rad' und an ‚Demian' oder an Robert Musils ‚Verwirrungen des Zöglings Törless'. Wedekinds ‚Frühlings Erwachen' nimmt sich der Problematik vor dem historischen Hintergrund des wilhelminischen Kaiserreiches an. In seinem Drama lassen sich die Merkmale des autoritären politischen Systems und der bürgerlichen Leistungs- und Sexualmoral an ihren wichtigsten Repräsentanten, den staatlich organisierten Erziehungs- und Ausbildungsinstitutionen und der Familie studieren. Auch wenn die Sexualmoral im 20. und 21. Jahrhundert durch zunehmende Liberalität geprägt ist, so birgt der hohe Leistungsdruck, dem Schüler auch heute noch ausgesetzt sind, ein hohes Maß an Aktualität. (Möbius 2001, 5)

Des Weiteren bestimmt Möbius prägnant die Intention seiner Lektürehilfe, die über die Zielsetzung vieler Hilfen hinausgeht: „[…] in dem vorliegenden Erläuterungsband [soll] der literarische Wert des Dramas herausgearbeitet werden; daneben wird Wedekind als Kritiker bürgerlicher Moralvorstellung zu betrachten sein." (Ebd., 6) Insofern wird hier das Vorwort auch genutzt, um eine „Legitimation des zu behandelnden Gegenstandes" (Standke 2019, 306) zu leisten.

Das Vorwort von Klaus Gladiator verdeutlicht hingegen durch direkte Adressierung der Zielgruppe und die motivierende Ansprache die vorrangige Schülerorientierung, wobei die Tendenz zu einem personalisierenden Gestus (vgl. Standke 2019, 307) bemerkbar ist:

> Liebe Schülerin, lieber Schüler, der Untertitel von Frank Wedekinds erstem bedeutenden Titel ‚Frühlings Erwachen', ‚Eine Kindertragödie', lässt erwarten, dass es die Tragik von Kinderschicksalen ist, welche das Stück prägen. Dies trifft jedoch nur zum Teil zu. Wedekind ist es vielmehr darum gegangen, in seinem Stück auch ‚den Humor zur Geltung zu bringen [...] und das Leidenschaftliche zu dämpfen'. Darüber hinaus ist natürlich die grimmige gesellschaftskritische Tendenz von ‚Frühlings Erwachen' nicht zu übersehen. Im Mittelpunkt stehen die Erwartungen, Sehnsüchte und Lebensphilosophien junger Menschen. Dies alles macht eine Begegnung mit dem Werk auch heute noch interessant, auch wenn sich die Zeitumstände – zumindest äußerlich – seit dem Erscheinungsjahr 1891 deutlich geändert haben. (Gladiator 2007, o. S.)

4.1 Fachbezüge als Basis der Darstellung

In seiner übersichtlichen Liste der Analysekriterien von Interpretationen für den Literaturunterricht hat der Braunschweiger Deutschdidaktiker Jan Standke hervorgehoben, dass verschiedene Reihen ein unterschiedliches Maß an Fachlichkeit kennzeichnet, was sich nicht zuletzt am Literaturverzeichnis erkennen lasse (vgl. Standke 2019, 314f.). Welche textspezifische Sekundärliteratur wird nun in den fünf Lektürehilfen zu „Frühlings Erwachen" verwendet bzw. als Referenz angegeben?

---

3 Vgl. https://www.uni-giessen.de/fbz/fb05/germanistik/abliteratur/moebius/mitarbeiter/profmoebius (zuletzt eingesehen am 01.09.2019).

Tab. 2: Wissenschaftliche Referenzen in den verschiedenen Lektürehilfen

Möbius (2001)	Möbius (⁴2016)	Gladiator (2007)	Neubauer (2001)	Neubauer (2017)
Arnold (1998)	Arnold (1998)	Elm (2004)	Florack (1997)	Florack (1997)
Bekes (1999)	Bekes (1999)	Neubauer (2001)	Klotz (1969)	Klotz (1969)
Diebold (1925)	Diebold (1925)	Roth (1979)	Meier (1998)	Meier (1998)
Elsner (1908)	Elsner (1908)	Seehaus (1974)	Pickerodt (⁴1998)	Pickerodt (⁴1998)
Fechter (1920)	Fechter (1920)	Völker (1965)	Spittler (1999)	Spittler (1999)
Feuchtwanger (1964)	Feuchtwanger (1964)		Wagener (²1996)	Wagener (²1996)
Goldmann (1908)	Goldmann (1908)			
Guthke (1961)	Guthke (1961)			
Herbst (1919)	Herbst (1919)			
Jesch (1959)	Jesch (1959)			
Kapp (1909)	Kapp (1909)			
Kerr (1964)	Kerr (1964)			
Krumbholz (1998)	Krumbholz (1998)			
Kutscher (1922-1931)	Kutscher (1922-1931)			
Rothe (1968)	Rothe (1968)			
Rothe (1969)	Rothe (1969)			
Seehaus (1974)	Seehaus (1974)			
Spittler (1999)	Spittler (1999)			
Wagener (1980)	Wagener (1980)			

Der Befund ist erstaunlich: Vor allem Möbius und Neubauer weisen kaum neuere Sekundärliteratur auf, die Unterschiede zwischen den einzelnen Ausgaben sind eher marginal bis nicht vorhanden. Gladiator nutzt zwar aktuellere Literatur, aber in quantitativ sehr geringem Umfang. Auffällig ist der Umfang der älteren Literatur, die Möbius verwendet hat und die auch noch in der 2013er Neuauflage maßgeblich ist.

4.2 Interpretationsverfahren: Exemplarische Analysen

Das Verstehen eines literarischen Textes wird maßgeblich davon geprägt, inwiefern es gelingt, mit „Explizitheit und Implizitheit" im (literarischen) Lernprozess angemessen umzugehen: Lange sei die Wahrnehmung zu kurz gekommen,

> dass nicht nur Versuche, ein umfangreiches Expertenwissen und -können direkt auf Schüler zu übertragen, kritisch zu betrachten sind, [...] [sondern] auch Versuche, die Schüler vor der Schule, dem Lernen oder gar den Lehrern zu schützen und ihren Lernfortschritt im Ungefähren zu zerstreuen (Susteck 2015, 547).

Insoweit spielt die Interpretationskompetenz eine wichtige Rolle, die Schülerinnen und Schüler durch einen modellhaft und nachvollziehbar gestalteten Prozess der Interpretation erwerben können (vgl. Standke 2019, 304).

Mit Überraschung konsultiert man daher Klaus Gladiators „Interpretationshilfe Deutsch" (2007), die gänzlich auf eine eigene Gesamtinterpretation von „Frühlings Erwachen" verzichtet und lediglich eine grobe literaturgeschichtliche Einordnung inklusive Gattungszuordnung vornimmt: „Frank Wedekinds Werk lässt sich keiner literaturgeschichtlichen Epoche exakt zuordnen." (Ebd., 106) Genannt werden Merkmale für die Bereiche Naturalismus, Vitalismus und Expressionismus.

Gleichsam spärlich fallen die Ausführungen zu einer Gesamtdeutung des Textes bei Möbius (2016) aus. Es werden lediglich zwei Interpretationsansätze knapp vorgestellt, nämlich die pädagogisch-gesellschaftskritische Sicht als Infragestellung der bürgerlichen Wert- und Moralvorstellungen einerseits und die psychologische Sicht am Beispiel der Schlussszene des Dramas mit Fokussierung auf das Wiedergänger-Motiv andererseits (vgl. ebd., 85f.).

Martin Neubauers Lektürehilfen weisen die umfangreichsten Interpretationskapitel auf. Sie sind fast inhaltsgleich zwischen den verschiedenen Ausgaben (Neubauer 2001, 31-41; Neubauer 2017, 49-57), sodass neuere Debatten der Forschung nicht berücksichtigt werden. Im Interpretationsteil wird aspektorientiert vorgegangen, um einzelne Themen und Handlungszusammenhänge zu verdeutlichen: Sexualität und Öffentlichkeit, Sittlichkeit und Kriminalität, Komödie oder Tragödie sowie „Schule als Antithese zum Natürlichen" (Neubauer 2001, 37) werden in den zeit- und werkgeschichtlichen Kontext eingeordnet und jeweils differenziert erläutert. Erkennbar intendiert Neubauer die Herstellung von literaturgeschichtlichen Zusammenhängen, wenn er beispielsweise ausführt:

> Naturalistische Literaten wie Emile Zola, Henrik Ibsen oder August Strindberg griffen in ihren Werken wiederholt die Ehe- und Prostitutionsthematik auf, in der Wissenschaft richtete sich das Augenmerk von Forschern wie Sigmund Freud oder Richard Krafft-Ebbing (*Psychopathia sexualis*, 1882 [sic!, korrekt 1886, T. M.]) gleichermaßen auf die Sexualität wie auf das ebenfalls ins Blickfeld rückende Phänomen der Scham. (Ebd., 32)

Im Bereich der Gattungsüberlegungen folgt Neubauer weitgehend distanzlos den Ausführungen Floracks (1997, 336-342) und konstatiert: „Schon die Bezeichnung ‚Kindertragödie' widerspricht der tragischen Fallhöhe, einem in der Renaissance- und Barockpoesie beachteten Prinzip: Der Untergang des Helden wirkt umso erschütternder, je höher sein gesellschaftlicher Rang ist." (Neubauer 2001, 35) Folglich müsse bei Wendla, Melchior und Moritz beachtet werden, dass sie pubertierende Jugendliche seien, deren

> Persönlichkeiten noch im Werden begriffen sind und die noch Halt in einer sie abweisenden Gesellschaft suchen. In der moralistischen Auffassung von Tragik ist der Untergang einer Dramengestalt immer mit der Sühne für eine Schuld verknüpft. Wofür büßt Wendla? Dafür, dass sie sich Melchior hingegeben hat? Selbst, wenn man von sehr rigiden Moralvorstellungen ausgeht und diese Frage bejaht, so fehlt ihr jegliches Bewusstsein, überhaupt schuldig geworden zu sein. Sie weiß weder, was sie mit Melchior im Heu getan hat, noch weiß sie um die möglichen Konsequenzen. (Ebd.)

Für die Probleme verantwortlich sei ein gewandeltes Tragik-Verständnis am Ende des 19. Jahrhunderts, was implizit auf die wissenschaftlichen Debatten über Wedekinds Verhältnis zum Naturalismus rekurriert (vgl. Meier 1998, 100-104):

> Als Wedekind ‚Frühlings Erwachen' schrieb, wurde das Tragische nicht mehr so verstanden wie noch einige Jahrzehnte zuvor bei Goethe, Schiller oder Hebbel. Tragik setzt ein fest gefügtes Weltbild voraus – gerade dieses Weltbild war aber im Laufe des 19. Jahrhunderts durch Persönlichkeiten wie Marx, Darwin oder Freud zerstört worden. Der neue Blick auf die Gesellschaft, die Herkunft und die Seele des Menschen unterhöhlte alte Autoritäten und ließ das Wertesystem ins Wanken geraten. Wie kläglich es um diese Werte bestellt ist, zeigen Eltern, Lehrer und Geistlichkeit, also diejenigen, die sie zwar an die Jugend weitergeben sollen, aber nicht danach handeln, weil ihnen eine humane Grundeinstellung fehlt. (Neubauer 2001, 35f.)

Dass diese Deutung – auch vor dem Erkenntnisstand der 1990er Jahre – nicht unumstritten war, spricht der Text nur en passant an. Eine deutlichere Thematisierung der kontroversen Interpretation hätte die Chance eröffnet, gerade für Lernende der Sekundarstufe II Diskussionsräume zu erschließen. Beispielsweise schreibt Mischa Meier (1998, 104f.):

‚Frühlings Erwachen' besitzt neben den eingangs erwähnten grundsätzlichen Kennzeichen natura-
listischer Dramatik auch das Handlungsgerüst einer typisch naturalistischen Kindertragödie: Die
autoritäre, repressive Schule, das verständnislose Elternhaus sowie die bürgerliche Scheinmoral, die
darüber hinaus ihre Unterstützung durch die Kirche erfährt, können durchaus als dominierende
Faktoren der sozialen Umgebung, die durch ihr Ineinanderwirken die Kinder an vorgegebene gesellschaftliche Strukturen gewaltsam anpassen, interpretiert werden.

Resümierend betrachtet bemüht sich vor allem Martin Neubauer um „textferne Interpretationen" (Standke 2019, 308), indem er Kontexte und Gattungstraditionen auf den Dramentext bezieht und in der gebotenen Ausführlichkeit kommentiert bzw. erläutert. Dennoch
bleibt grundsätzlich bei allen drei Lektürehilfen der Eindruck, dass es zu einer „Loslösung
des unterrichtsbezogenen Bildungsmediums Interpretation von literaturwissenschaftlichen
Diskursen" (ebd.) gekommen ist. Des Weiteren ist der Trend zur werkimmanenten Interpretation mit vagen literaturgeschichtlichen Kontextualisierungen im Falle von „Frühlings
Erwachen" nicht zu übersehen. Komplexe literarästhetische Urteilskompetenzen (vgl. Loder-
hose/Kumschlies 2016, 260-262) werden auf diese Weise sicherlich nicht über den Nachmittagsmarkt bzw. das häusliche Lernen zu erreichen sein.

5 Prüfungsvorbereitung durch exemplarische Leistungsaufgaben

Kamen die Lektürehilfen in den frühen 2000er Jahren noch mit sogenannten Checklisten
zur Überprüfung des Leseverstehens aus (vgl. beispielsweise Neubauer 2001, 56-58), enthalten die neueren Ausgaben konsequent Aufgaben, „die sich zumeist an den Anforderungen
der zentralen schulischen Leistungsüberprüfungen orientieren bzw. dies zumindest in Aussicht stellen" (Standke 2019, 309). Symptomatisch liest sich dazu bereits das Kapitel „Interpretation von Schlüsselstellen" bei Gladiator (2007, 88-100), in dem die Dramenszenen I,5
und II,1 ausführlich analysiert und interpretiert werden, um den Schülerinnen und Schülern
zu demonstrieren, wie „einzelne Szenen genauer erschlossen und gedeutet werden können"
(ebd., o. S.). Auf die Formulierung einer expliziten Prüfungsfrage bzw. Konstruktion von
Leistungsaufgaben, die an etablierte Formate anschließen, wurde dabei verzichtet.
Die Neuauflagen von Möbius und Neubauer enthalten hingegen mehrere „Prüfungsaufgaben mit Lösungen" (Neubauer 2017, 78-85) bzw. „Prüfungsaufgaben mit Musterlösungen"
(Möbius 2017, 108-118). Diese lassen sich folgenden Aufgabentypen zuordnen:

Tab. 3: Typologische Übersicht der vorgestellten Prüfungsaufgaben

Aufgabentypus	Möbius (4. Aufl. 2016)[4]	Neubauer (2017)
Analyse und Interpretation eines Dialogs (Szeneninter-pretation)	„*Thema: Erziehungswesen, Sexualität* Ordnen Sie die Szene II,7 in den Kontext des Dramas ein. Charakterisieren Sie ausgehend von dieser Szene die Figur des Moritz. Welche gesellschaftliche Kritik verbindet sich mit der Figur des Moritz?" (Ebd., 108)	„Analysieren Sie die Funktion des Dialogs zwischen Wendla und Frau Bergmann in I,1. Erörtern Sie, wie das Verhältnis zwischen Eltern und Kindern an anderen Stellen des Dramas gestaltet wird." (Ebd., 78)

---

4 Bei Möbius (2016, 108) findet sich der Hinweis auf zwei weitere Aufgaben, die online auf der Verlagsseite als
Download zur Verfügung stehen; ferner hat Möbius die Aufgaben mit Sternchen markiert, um das jeweilige Anspruchsniveau für die Leserinnen und Leser zu verdeutlichen (vgl. ebd.).

Aufgabentypus	Möbius (4. Aufl. 2016)	Neubauer (2017)
Literarische Erörterung	*„Thema: Poetologie, Erziehungswesen, Sexualität* Karl Guthke beschreibt die Auswirkungen der Welt der Erwachsenen in ‚Frühlings Erwachen': ‚Solche komischen Personen also bilden eine Welt, die der Jugend zum tragischen Verhängnis werden muss.' Weisen Sie die These Guthkes nach und nehmen Sie Stellung dazu." (Ebd., 114) *„Thema: Aktualität* In seiner Besprechung der Wiesbadener Aufführung 1998 bezweifelt Martin Krumbholz, dass das Stück heute noch aktuell ist. Die Rezension eines Lesers/einer Leserin bei Amazon.de bricht dagegen eine Lanze für die ungebrochene Aktualität. Ist die Thematik heute noch aktuell?" (Ebd., 116)	„Schulangst und Schulstress [...] Beurteilen Sie, inwiefern Schulangst und Schulstress für den Gang der Handlung eine Rolle spielen." (Ebd., 80)
Gestaltende Interpretation	-	„Brief an einen Kritiker [...] Der Schriftsteller und Kritiker Richard Elsner sieht in Wedekinds Drama einen unausgegorenen Text. [...] Versetzen Sie sich in die Person Wedekinds und nehmen Sie in einem Antwortbrief zu den von Elsner geäußerten Kritikpunkten Stellung." (Ebd., 82f.)
Figurencharakterisierung als Vorstufe der literarischen Erörterung	*„Thema: Inhalt, Sexualität* Erarbeiten Sie die Beziehung zwischen Wendla und Melchior. Stellen Sie dabei auch kurz den Inhalt des Dramas und seine Intention dar." (Ebd., 111)	-

Loderhose und Kumschlies (2016, 265) haben – gestützt auf Studien von Juliane Köster (2003) – in ihrer Studie zu Unterrichtsmaterialien zum Jugendbuch „Tschick" auch entsprechende Aufgabenstellungen in Lernmaterialien in den Blick genommen. Dabei sind sie – basierend auf den Ergebnissen der empirischen Forschung – davon ausgegangen, dass bei der Konstruktion von Lern- und Leistungsaufgaben „die Eröffnung eines Problemlöseprozesses im Mittelpunkt" (Loderhose & Kumschlies 2016, 265) stehe, um „Problemstellung oder Hypothesenformulierung optimal darzustellen, sodass die Lerner einerseits sofort klar erkennen können, worin der Arbeitsauftrag besteht, andererseits aber auch genügend Spielraum für eigene Interpretations- und Reflexionsansätze besteht. Die Aufgaben sollten dabei nicht zu detailliert sein, da sie dann den Eindruck erwecken, sie würden bestimmte Antworten suggerieren." (Ebd.) Dies wird man sicherlich nur bedingt von den in den beiden Lektürehilfen zu „Frühlings Erwachen" enthaltenen Aufgaben sagen können, da sie typische Prüfungssituationen abzubilden trachten und auch im Bereich der Lösungsvorschläge sehr kleinschrittig verfahren. Die Aufgabenstellungen bei Möbius (2016) sind mehrgliedrig, die Lösungshinweise geben diverse Textstellen an, wobei der Deutungsspielraum für die Lernenden eher gering ist.

Es steht weniger die Problemlösung im Zentrum, eher das Auffinden und Einarbeiten von passenden Textstellen aus dem Drama.

Die Aufgaben bei Neubauer (2017) sind globaler und verlangen ein breites Orientierungs-wissen über den Text. Eher offen gehalten sind daher auch die Lösungsansätze. Hier finden sich eher grobe Erwartungshorizonte und Ideensammlungen, was auch sprachlich entspre-chend anmoderiert wird, wenn beispielsweise als Lösungsvorschlag für die literarische Erör-terung zum Thema „Schulangst und Schulstress" (ebd., 80) notiert wird: „Abschließend kann eine Einordnung des Themas in den historischen Kontext erfolgen, indem auf die kritische Haltung Wedekinds gegenüber der autoritären wilhelminischen Gesellschaft Bezug genom-men wird" (ebd., 82).

Bei beiden Werken folgen die aufgabenorientierten Teile den bundesweit etablierten Auf-gabentypen bei zentralen Abschlussprüfungen (vgl. Kultusministerkonferenz 2014, 24-26). Insofern steht die Ergebnisorientierung im Zentrum: Mit den Prüfungsaufgaben-Kapiteln ist der Anspruch verbunden, auf schulische Leistungsmessungssituationen bis hin zu Abitur-prüfungen sachgerecht und effizient vorzubereiten (vgl. Standke 2019, 309), dabei schwankt jedoch die Qualität der Aufgaben und kann auch nur bedingt mit aktuellen Entwicklungen mithalten, was sich an Neubauer (2017) zeigen lässt, der am Format der Gestaltenden In-terpretation festhält, obwohl dieser Aufgabentyp für zentrale Abschlussprüfungen seit den Bildungsstandards für die Abiturprüfung bundesweit an Bedeutung verloren hat (vgl. Kul-tusministerkonferenz 2014, 15-20 und 24-26).

6 Zusammenfassung der Schreibtischinspektion

Der Blick auf zwei Jahrzehnte schulbezogener Lektüre- bzw. Interpretationshilfen zu Wede-kinds „Frühlings Erwachen" liefert verschiedene Befunde, die Tendenzen der Textsortenent-wicklung sichtbar werden lassen: Erstens ist für fast alle Schülerhilfen eine gewisse Distanz zu wissenschaftlichen Methoden und neueren Erkenntnissen der Forschung charakteristisch, was vice versa einen bereits an anderer Stelle geäußerten Eindruck bestätigt: „Aktuelle fach-wissenschaftliche Forschungsergebnisse ermöglichen respektive evozieren nicht zwingend neue Lehr- und Lernmittel" (Mergen 2014, 109). Hingegen zeigte die Musterung der Ma-terialien weitgehend Bände mit antiquiertem Forschungsstand, ja sogar Neuauflagen und Nachdrucke mit geringen   höchstens als marginal zu bewertenden – Änderungen, die trotz dieses Mankos bei der Zielgruppe recht populär zu sein scheinen. Dies deutet darauf hin, dass die Nähe zum zeitgenössischen wissenschaftlichen Diskurs keine conditio sine qua non für die Vermarktung und hohe Auflagenhöhen darstellt, da Schülerinnen und Schüler nicht nach aktuellem akademischen Wissen streben, sondern nach Unterstützung bei der Bewäl-tigung von schulischen Anforderungssituationen (vgl. Knobloch 1997; Nickel-Bacon 2006; Reddig-Korn 2009).

Zweitens konnte eine interessante Konkurrenzsituation dokumentiert werden: Die Reihen „Königs Erläuterungen" und „Reclam Lektüreschlüssel" boten zeitgleich zu „Frühlings Erwa-chen" Interpretationshilfen an, die regelmäßig aktualisiert und an Entwicklungen im Bereich der Kompetenzorientierung angepasst wurden. Dem Reclam-Verlag kommt dabei in der letzten Zeit „maßgebliche Bedeutung für die Entwicklung der Interpretation als unterrichts-relevantem Publikationstyp" (Standke 2019, 311) zu: Neben den 1969 erstmals publizier-ten Bänden der Reihe „Erläuterungen und Dokumente" sind es vor allem die sogenannten Lektürehilfen des Reclam-Verlages, die dokumentieren, wie sich „Interpretationen für den

Literaturunterricht schrittweise von literaturwissenschaftlichen Diskursen" (Standke 2019, 312) emanzipieren, indem sie – didaktisch reduziert und hinsichtlich Layout und Formalia modernisiert – in der Reihe „Lektüreschlüssel XL" die konsequente Orientierung an den „Erfordernissen des schulischen Literaturunterrichts sowie den Voraussetzungen der adressierten Nutzerinnen und Nutzer" (ebd.) umsetzen. Dies erfolgt nicht zuletzt durch die exemplarische Vorstellung von Prüfungsaufgaben samt kommentierten Lösungshinweisen, „die unmittelbar auf die zentralen Leistungsüberprüfungen vorbereiten sollen" (Standke 2019, 312).

Die Einführung zentraler Abschlussprüfungen in vielen Bundesländern und die verstärkte Output-Orientierung im Kontext der Kompetenz-Debatte scheinen wesentliche Steuerungssignale zu sein. Ferner macht sich in den letzten Jahren die Wende zum Konstruktivismus als Lernparadigma bemerkbar (vgl. Klingenböck 2011). Die Vielfalt der vorliegenden Angebote bestätigt die generelle Kritik Kaspar H. Spinners an den Entwicklungstendenzen von Unterrichtsmaterialien, welche primär marktwirtschaftlichen Prinzipien von Angebot und Nachfrage folgten (vgl. Spinner 2005, 10).

Darüber hinaus sollte festgehalten werden, dass speziell die schüleradressierten Lektürehilfen oftmals einem verlagsspezifischen Schema folgen, das den Autoren vorgegeben scheint. Spätestens seit *Königs Erläuterungen* erscheinen Lehrer- und Schülermaterialien zumeist in Reihen. Dies macht durch eine einheitliche Formatvorlage das angebotene Wissen schnell erfassbar und reproduzierbar. Entsprechend der Zielgruppe gliedert sich jede Schülerhilfe in Kapitel mit jeweiligen Subkategorien wie „Erstinformation zum Werk", „Inhalt", „Personen", „Aufbau und Form" und „Interpretation" sowie „Autor und Zeit". Schülerinnen und Schüler werden bisweilen direkt als Leser angesprochen, die das Wissen im Bereich der Literatur vergrößern möchten bzw. zur intensiven Lektüre zu motivieren sind (explizit Gladiator 2007). Lehrerbände hingegen enthalten obligatorisch differenziertere Untergliederungen und zusätzliche Großkapitel wie „Zur Rezeption des Stückes" oder „Didaktische Anregungen" bis hin zu Einzelstundenentwürfen und einer wachsenden Anzahl an digitalen Angeboten (vgl. Vollstädt 2003, 15-19; Knobloch 2006, 379f.; Radvan & Brand 2019, 9-11), was die Zielgruppen weitgehend eindeutig abgrenzt (vgl. auch Werner 2011a und Werner 2011b).

Schließlich belegen die Lektürehilfen aber auch die Gegenwartsbedeutung von Wedekinds „Kindertragödie", deren Darstellung von Nöten, Zwängen, Ängsten und Tabus von Pubertierenden im 19. Jahrhundert es auch für „neue" Generationen zu erschließen und hermeneutisch zugänglich zu machen gilt. Dafür scheinen die „vermeintlich ‚fundierten' Interpretationen" (Standke 2019, 312) als Begleitlektüre im Nachmittagsmarkt nicht mehr verzichtbar zu sein.

Lektürehilfen

Bekes, Peter (1988/⁵1999): Stundenblätter ‚Frühlings Erwachen'. Ein Unterrichtsmodell für die Klasse 10. Stuttgart u.a.: Klett.

Bekes, Peter (2006): Wedekind ‚Frühlings Erwachen'. Sekundarstufe I (Stundenblätter Deutsch mit CD-ROM). Stuttgart und Leipzig: Klett.

Gladiator, Klaus (2007): Frank Wedekind. ‚Frühlings Erwachen' (Interpretationshilfe Deutsch). Freising: Stark.

Möbius, Thomas (2001): Frank Wedekind. ‚Frühlings Erwachen' (Königs Erläuterungen und Materialien, Bd. 406). Hollfeld: Bange.

Möbius, Thomas (2013/⁴2016): Textanalyse und Interpretation zu Frank Wedekind. ‚Frühlings Erwachen' (Königs Erläuterungen, Bd. 406). Hollfeld: Bange.

Neubauer, Martin (2001): Frank Wedekind. ‚Frühlings Erwachen' (Lektüreschlüssel für Schülerinnen und Schüler). Stuttgart: Reclam.

Neubauer, Martin (2017): ‚Frühlings Erwachen' (Lektüreschlüssel XL für Schülerinnen und Schüler). Stuttgart: Reclam.

Pickerodt, Gerhart (1984/²1990/³1993/⁴1998): Frank Wedekind, ‚Frühlings Erwachen' (Grundlagen und Gedanken zum Verständnis des Dramas). Frankfurt/M.: Diesterweg.

Scheller, Ingo (1987): Szenische Interpretation. Frank Wedekind ‚Frühlings Erwachen'. Vorschläge, Materialien und Dokumente zum erfahrungsbezogenen Umgang mit Literatur und Alltagsgeschichte(n). Oldenburg: Zentrum für Pädagogische Berufspraxis der Universität Oldenburg.

Seiffert, Dieter & Völker, Georg (1995): Frank Wedekind, ‚Frühlings Erwachen'. Eine Kindertragödie. Lehrerheft (Klassische Schullektüre). Berlin: Cornelsen.

Seiffert, Dieter & Völker, Georg (2008): Frank Wedekind, ‚Frühlings Erwachen'. Eine Kindertragödie. Unterrichtskommentar. Berlin: Cornelsen.

Spittler, Horst (1999): Frank Wedekind, ‚Frühlings Erwachen'. Interpretation (Oldenbourg Interpretationen, Bd. 94). München: Oldenbourg.

Wagener, Hans (1980/²1996): Erläuterungen und Dokumente. Frank Wedekind. ‚Frühlings Erwachen' (Erläuterungen und Dokumente 8151). Stuttgart: Reclam.

Werner, Rainer (2011a): Frank Wedekind, ‚Frühlings Erwachen'. Eine Kindertragödie. Arbeitsheft (Texte. Medien). Braunschweig: Schroedel.

Werner, Rainer (2011b): Frank Wedekind, ‚Frühlings Erwachen'. Eine Kindertragödie. Informationen für Lehrerinnen und Lehrer (Texte. Medien). Braunschweig: Schroedel.

Literatur

Arnold, Heinz Ludwig (Hrsg.): Frank Wedekind. München 1998 (edition text+kritik, H. 131-132).

Bayer-Klötzer, Eva-Suzanne (1982): Kutscher, Artur. In: Neue Deutsche Biographie 13, 364-367.

Brand, Tilman von (2019): Unterrichtshilfen für den Literaturunterricht. In: Brand, Tilman von/Radvan, Florian (Hrsg.): Handbuch Lehr- und Lernmittel für den Deutschunterricht. Bestandsaufnahmen, Analysen und didaktische Reflexionen. Hannover: Kallmeyer, 140-151.

Diebold, Bernd (³1925): Anarchie im modernen Drama. Kritik und Darstellung der modernen Dramatik. Frankfurt/M.: Frankfurter Verlag.

Elm, Theo (2004): Das soziale Drama. Stuttgart: Reclam.

Elsner, Richard (1908): Frank Wedekinds Frühlingserwachen. Berlin: Kurtzig.

Fechter, Paul (1920): Frank Wedekind. Der Mensch und das Werk. Jena: Lichtenstein.

Feuchtwanger, Lion (1964): Frank Wedekind. In: Neue Deutsche Literatur 12, H. 7, 6-21.

Florack, Ruth (1997): Frank Wedekind. Frühlings Erwachen. In: Elm, Theo (Hrsg.): Dramen des 19. Jahrhunderts. Stuttgart: Reclam, 329-345.

Freinschlag, Andreas (2014): Über Wedekinds Ruf als Provokateur und Skandalautor. In: Mittermayer, Manfred/Bengesser, Silvia (Hrsg): Wedekinds Welt. Theater – Eros – Provokation. Leipzig: Henschel, 69-76.

Goldmann, Paul (1908): Vom Rückgang der deutschen Bühne. Polemische Aufsätze über Berliner Theater-Aufführungen. Frankfurt/M.: Rütten & Loening.

Guthke, Karl (1961): Geschichte und Poetik der deutschen Tragikomödie. Göttingen: Vandenhoeck & Ruprecht.

Herbst, Kurt (1919): Gedanken über Frank Wedekinds ‚Frühlings Erwachen', ‚Erdgeist' und ‚Die Büchse der Pandora'. Eine literarische Plauderei. Leipzig: Xenien-Verlag.

Informationen zu Professor Dr. Thomas Möbius. Online unter: https://www.uni-giessen.de/fbz/fb05/germanistik/abliteratur/moebius/mitarbeiter/profmoebius (Abrufdatum: 01.09.2019).

Jesch, Jörg (1959): Stilhaltungen im Drama Frank Wedekinds. Diss. Marburg: Gg. Nolte.

Kapp, Julius (1909): Frank Wedekind. Seine Eigenart und seine Werke. Berlin: Barsdorf.

Kerr, Alfred (1964): Die Welt im Drama (hrsg. von Gerhard F. Hering). Köln und Berlin: Kiepenheuer & Witsch.

Klingenböck, Ursula (2011): Literaturwissenschaftliche Einführungen als Medium für die Literaturlehrforschung? Zum Verhältnis von Fachwissenschaft, Literaturdidaktik und Didaktikforschung. In: Zeitschrift für Germanistik N. F. 21, H. 1, 60-76.

Klotz, Volker (1969): Geschlossene und offene Form im Drama. München: Hanser.

Knobloch, Jörg (1997): „Unterrichtshilfen" zu Kinder- und Jugendbüchern. In: Beiträge Jugendliteratur und Medien. 49, H. 3, S. 161-168.

Knobloch, Jörg (2006): Lehrerhandreichung. In: Kliewer, Heinz-Jürgen/Pohl, Inge (Hrsg.): Lexikon Deutschdidaktik. Bd. 1: A-L. Baltmannsweiler: Schneider Hohengehren, 379-380.

Königs Erläuterungen Onlineshop. Online unter: https://www.koenigs-erlaeuterungen.de/fruehlings-erwachen-1529 (Abrufdatum: 29.08.2019).

Köster, Juliane (2003): Konstruieren statt Entdecken. Impulse aus der PISA-Studie für die deutsche Aufgabenkultur. In: Didaktik Deutsch 14, 4-19.

Kroesen, Stephanie & Mielke, Angela (2016): Modell, Handreichung, Kopiervorlage. Analysen ausgewählter didaktisierender Publikationsformen zu Wolfgang Herrndorfs ‚Tschick'. In: Standke, Jan (Hrsg.): Wolfgang Herrndorf lesen. Beiträge zur Didaktik der deutschsprachigen Gegenwartsliteratur. Trier: WVT, 225-257.

Krumbholz, Martin (1998): Außerhalb des Sperrbezirks. Wedekind ‚Frühlings Erwachen'. In: Theater heute 39, H. 7, 63.

Kultusministerkonferenz der Länder in der Bundesrepublik Deutschland (2014): Bildungsstandards im Fach Deutsch für die Allgemeine Hochschulreife (Beschluss der Kultusministerkonferenz vom 18.10.2012). Köln: Link.

Kutscher, Artur (1922-1931): Frank Wedekind. Sein Leben und seine Werke. 3 Bde. München: Müller.

Kutscher, Artur (1930): Wie Frank Wedekind starb. In: Berliner Tageblatt Nr. 518 vom 2.11.1930, 5. Beiblatt (Morgen-Ausgabe).

Loderhose, Nina Marie & Kumschlies, Kirsten (2016): Von der Bestsellerliste in den Literaturunterricht. Unterrichtsmaterialien zu ‚Tschick' auf dem Prüfstand. In: Standke, Jan (Hrsg.): Wolfgang Herrndorf lesen. Beiträge zur Didaktik der deutschsprachigen Gegenwartsliteratur. Trier: WVT, 259-275.

Meier, Mischa (1998): Frank Wedekind. ‚Frühlings Erwachen'. Eine Kindertragödie? In: Zeitschrift für Literaturwissenschaft und Linguistik 28, 94-109.

Mergen, Torsten (2014): Die vielen ‚Leben des Galilei'. Eine Fallstudie zum Verhältnis von fachwissenschaftlichen Positionen und didaktisch-methodischen Konstruktionen in Lektürehilfen und Lehrerhandreichungen. In: Wrobel, Dieter/Müller, Astrid (Hrsg.): Bildungsmedien für den Deutschunterricht. Vielfalt – Entwicklungen – Herausforderungen. Bad Heilbrunn: Klinkhardt, 99-111.

Nickel-Bacon, Irmgard (2006): Positionen der Literaturdidaktik – Methoden des Literaturunterrichts. Ein heuristischer Explikationsversuch für die empirische Grundlagenforschung. In: Groeben, Norbert/Hurrelmann, Bettina (Hrsg.): Empirische Unterrichtsforschung in der Literatur- und Lesedidaktik. Weinheim: Beltz, 95-114.

Radvan, Florian & Brand, Tilman von (2019): Einleitung. Der Deutschunterricht und seine Lehr- und Lernmittel. In: Brand, Tilman von/Radvan, Florian (Hrsg.): Handbuch Lehr- und Lernmittel für den Deutschunterricht. Bestandsaufnahmen, Analysen und didaktische Reflexionen. Hannover: Kallmeyer, 8-13.

Reddig-Korn, Birgitta (2009): Handreichungen zur Buchlektüre als Spiegel literaturdidaktischer Konzeptionen. Entwicklungen zwischen 1970 und 2006. Hamburg: Dr. Kovač.

Roth, Friedhelm (1975/⁴1979): Frühlings Erwachen. In: Berg, Jan/Erken, Gunther/Ganschow, Uta/Roth, Friedhelm/Schwab, Lothar/Weber, Richard (Hrsg.): Von Lessing bis Kroetz. Königstein/Taunus: Scriptor, 104-137.

Rothe, Friedrich (1968): Frank Wedekinds Dramen. Jugendstil und Lebensphilosophie. Stuttgart: Metzler.

Rothe, Friedrich (1969): ‚Frühlings Erwachen'. Zum Verhältnis von sexueller und sozialer Emanzipation bei Frank Wedekind. In: studi germanici 7, H. 1, 30-41.

Schmidt-Bergmann, Hansgeorg (2002): Kommentar. In: Wedekind, Frank: Frühlings Erwachen. Eine Kindertragödie. Frankfurt/M.: Suhrkamp, 87-148.

Seehaus, Günter (⁷1974): Frank Wedekind. Reinbek bei Hamburg: Rowohlt.

Spinner, Kaspar H. (2005): Der standardisierte Schüler. Rede bei der Entgegennahme des Erhard-Friedrich-Preises für Deutschdidaktik am 27. September 2004. In: Didaktik Deutsch 18, 4-13.

Spittler, Horst (1978): Zur Dramenbehandlung in der Sekundarstufe I: Frank Wedekind, ‚Frühlings Erwachen'. In: Westermanns Pädagogische Beiträge 30, H. 12, 494-497.

Standke, Jan (2019): Interpretationen für den Literaturunterricht. In: Brand, Tilman von/Radvan, Florian (Hrsg.): Handbuch Lehr- und Lernmittel für den Deutschunterricht. Bestandsaufnahmen, Analysen und didaktische Reflexionen. Hannover: Kallmeyer, 302-319.

Susteck, Sebastian (2015): Explizitheit und Implizitheit. Untersuchungen zu einem Grundproblem des Literaturunterrichts und seiner Didaktik. Weinheim und Basel: Beltz Juventa.

Vinçon, Hartmut (1987): Frank Wedekind. Stuttgart: J. B. Metzler.

Vinçon, Hartmut (2014): „Am Ende war ich doch ein Poet …". Frank Wedekind – ein Klassiker der literarischen Moderne. Werk und Person. Würzburg: Königshausen & Neumann.

Völker, Klaus (1965): Wedekind. Velber: Friedrich.

Vohland, Ulrich (1979): Wider die falsche Erziehung. Zu Wedekinds „Frühlings Erwachen". In: Diskussion Deutsch 10, 3-18.

Vollstädt, Witlof (2003): Neue Medien und Schulentwicklung. In: Vollstädt, Witlof (Hrsg.): Zur Zukunft der Lehr- und Lernmedien in der Schule. Eine Delphi-Studie in der Diskussion. Opladen: VS, 11-22.

York-Gothart, Mix (2016): Die Schulen der Nation. Bildungskritik in der Literatur der Moderne. Stuttgart und Weimar: J. B. Metzler.

Frederik Stötzel

Lektürehilfen der 2000er Jahre zu Franz Kafkas Erzählung *Die Verwandlung* – Inhalte und Funktionen einer Textsorte. Mit einem besonderen Fokus auf der Präsentation von Interpretationsansätzen

Der Beitrag untersucht Lektürehilfen der Zeit ab 2000, die sich mit Franz Kafkas Erzählung Die Verwandlung *(1912) befassen und aus Reihen der Verlage Schöningh, Klett, Bange, Mentor, Reclam, Schroedel und Stark stammen. Es geht um die in ihnen genutzte Sekundärliteratur und die thematisierten Inhalte. Auch werden vier Funktionen unterschieden, die die Gattung Lektürehilfe bedienen kann und die als Ersatzfunktion, Unterstützungsfunktion, Erarbeitungsfunktion sowie Übungsfunktion bezeichnet werden. Ein besonderer Akzent liegt auf der Präsentation von Interpretationsansätzen zur* Verwandlung, *die in den Lektürehilfen geleistet wird. Im Fokus stehen dabei die biografische, psychoanalytische und soziologische Deutung. Durch eine Untersuchung, die nicht zuletzt die Formulierungsvorlieben ausgewählter Lektürehilfen erschließt, werden unterschiedliche Bewertungsmuster greifbar. Mit Blick auf alle untersuchten Lektürehilfen ist eine vergleichsweise große Skepsis gegenüber des psychoanalytischen Ansatzes festzustellen. Vor allem aber zeigt sich eine 'Verspätung' der Lektürehilfen gegenüber der literaturwissenschaftlichen Diskussion.*

1 Einleitung

Als Lektürehilfen bezeichnete Texte zu literarischen Werken haben seit Jahren einen festen Platz im Portfolio der großen Schulbuchverlage und werden zu fast allen Arbeiten veröffentlicht, die für den Deutschunterricht als kanonisch gelten. Dem ökonomischen Erfolg und Verbreitungsgrad von Lektürehilfen kontrastiert bisher dennoch eine fast vollständige Missachtung durch die universitäre und speziell die deutschdidaktische Forschung.

Problematisch ist dies, da davon auszugehen ist, dass Lektürehilfen Einfluss auf das Literaturverständnis von Schülerinnen und Schülern nehmen, die sie nutzen. Außerdem stellen vorgefertigte Hilfsmittel ein potenzielles Problem für eine angemessene Beurteilung von Leistungen im Unterricht und in Klausuren dar. Umgekehrt kann der Gebrauch der Texte durch Lehrerinnen und Lehrer ebenfalls Einfluss auf den Deutschunterricht entfalten, der reflektiert werden sollte.

Der folgende Aufsatz unternimmt eine erste, betont überblicksartige Annäherung an die Textsorte mithilfe von Beispielen, nämlich sieben Lektürehilfen, die sich mit Franz Kafkas Erzählung *Die Verwandlung* befassen, von unterschiedlichen Verlagen und aus den 2000er

Jahren stammen. Dabei geht es einerseits darum, in vergleichender Perspektive Textbeobachtungen zu formulieren. Andererseits sollen aus den gewonnenen Informationen erste Rückschlüsse auf die Textsorte, ihr aktuelles Erscheinungsbild und ihre Funktionalität gezogen werden, welche eine Basis für weiterreichende und vertiefende Analysen bilden können. Das wesentliche Ziel besteht darin, Erkenntnisse und Impulse zur Beseitigung eines auffälligen Forschungsdesiderats beizusteuern. Eine besondere Fokussierung der Präsentation von Interpretationsansätzen erlaubt zugleich Beobachtungen dazu, wie die Lektürehilfen speziell mit Franz Kafka und der *Verwandlung* umgehen.

Im Einzelnen sollen mehrere analytische Schritte gegangen werden.

1. Anhand von Gemeinsamkeiten im Aufbau der sieben Lektürehilfen können formale und inhaltliche Besonderheiten dieser Publikationen herausgestellt werden.
2. Darauf aufbauend lassen sich verschiedene intendierte Funktionen von Lektürehilfen identifizieren, um so Rückschlüsse auf ihre potenzielle Nutzung zu ziehen.
3. Auch der Anteil an Abbildungen ist zu bedenken.
4. Durch eine Betrachtung zitierter Sekundärliteratur lassen sich Einsichten zur inhaltlichen Grundlage und zum wissenschaftlichen Anspruchsniveau der Lektürehilfen gewinnen.
5. Schließlich lohnt ein Blick in die interpretierenden Passagen und Kapitel der Lektürehilfen, auf die hier vorgestellten Deutungsansätze, ihre sprachliche Darbietung und Einordnung. Da die Interpretation der Werke Kafkas die Leserinnen und Leser seit jeher vor besondere Herausforderungen stellt, scheinen Lektürehilfen zur *Verwandlung* besonders geeignet, Rückschlüsse darauf zuzulassen, wie Literatur gedeutet und für Unterricht und Prüfungen verfügbar gemacht wird.

2 Allgemeine Vorbemerkungen

Lektürehilfen sind Teil des sogenannten ‚Nachmittagsmarktes‘, dessen Publikationen im Unterschied zu Schulbüchern keine Genehmigung des zuständigen Kultusministeriums benötigen (vgl. Günther & Gaebert 2011, 160) und zumeist nicht in der Schule genutzt werden, sondern für eine „eigenständige Erarbeitung außerhalb des Unterrichtskontextes" (Brand 2014, 32) konzipiert sind. Alle hier ausgewerteten Lektürehilfen haben eine primär schülerorientierte Ausrichtung. Lediglich der Bange Verlag nennt die Hefte der traditionsreichen Reihe *Königs Erläuterungen* ergänzend eine „weiterführende Informationsquelle"[1] für Lehrkräfte. Die Texte dürften im Regelfall nicht explizit durch Lehrkräfte empfohlen, sondern eigenständig durch Schülerinnen und Schüler oder ihre Erziehungsberechtigten erworben werden, sodass die Verlage den Versuch unternehmen dürften, sich nach den Bedürfnissen von Schülerinnen und Schülern zu richten und nicht etwa – wie bei Schulbüchern – die Schulverwaltungen und Lehrkräfte anzusprechen (vgl. Hiller 2012, 129). Dies erklärt mediale Zusatzangebote, wie etwa Audiozusammenfassungen des Klett Verlags.[2] Lektürehilfen werden primär für die Sekundarstufe II verfasst, was sich nicht nur in der Lektüreauswahl zeigt, sondern auch durch die Klassifizierung als Hilfsmittel zur Abiturvorbereitung. Es gibt jedoch ebenfalls Veröffentlichungen zu Werken, die für gewöhnlich in der Mittelstufe gelesen werden.

---

1 https://www.koenigs-erlaeuterungen.de/die-verwandlung (25.07.2019).
2 Vgl. „Klett Lerntraining Übersicht", online verfügbar unter: *https://www.klett-lerntraining.de/main/bookset-03-books* (30.11.2017).

Bei der Darstellung von Wissen gibt es eine gewisse Nähe zu wissenschaftlichen Textformen, weil im Unterschied zu anderen schulischen Textsorten und Medien mindestens vordergründig nach wissenschaftlichen Kriterien gearbeitet wird. So werden Behauptungen mit Zitaten bekannter fachwissenschaftlicher Autorinnen und Autoren belegt und auch die Länge, in der einzelne literarische Werke vorgestellt werden, ist für einen schulischen Kontext relativ untypisch und entspricht eher wissenschaftlichen Gepflogenheiten. Dies kann allerdings nicht darüber hinwegtäuschen, dass Lektürehilfen im wissenschaftlichen Diskurs kaum Relevanz oder Autorität besitzen, wofür es wichtige Gründe gibt.

Lektürehilfen werden zu allen kanonischen Texten des Literaturunterrichts herausgeben, im schulischen Kontext weniger häufig gelesene Autorinnen und Autoren hingegen finden aus ökonomischen Gründen kaum Berücksichtigung. Die Texte erscheinen in vielen großen Bildungsverlagen. Einige sind klassische Schulbuchverlage wie Klett, Schöningh und Schroedel oder Literaturverlage wie Reclam, andere Verlage sind auf Lernhilfen und Unterrichtsmaterial spezialisiert wie der Stark oder der Bange Verlag. Als Autorinnen und Autoren fungieren zumeist Praktizierende aus dem Schulbereich, sowie in selteneren Fällen Literaturwissenschaftlerinnen und -wissenschaftler.

Teilweise bieten die Verlage der Lektürehilfen ihre Werke auch als Digitalversionen an. Auch gibt es im Internet Angebote, die mit den Inhalten der gedruckten Lektürehilfen vergleichbar sind. So existiert mit *lektuerehilfe.de* ein kostenpflichtiges Bezahlangebot des dänischen Schulhilfe Verlags, das für ein monatliches Abonnement den Zugriff auf zahlreiche Erschließungen bekannter Werke ermöglicht. Zusätzlich bietet etwa auch die Online-Enzyklopädie Wikipedia zu etlichen Werken, die Gegenstand des Schulunterrichts sind, detaillierte Zusammenfassungen, die einem den Lektürehilfen nicht unähnlichen Aufbau folgen.

3 Inhaltliche Elemente der Lektürehilfen

Blickt man auf die Lektürehilfen unterschiedlicher Verlage, lässt sich anhand der Auswertung aller Publikationen zur *Verwandlung* zunächst vermuten, welche Inhalte als konstitutiv für die Textsorte gelten. Zugleich kann überprüft werden, wie sehr sich die Texte unterschiedlicher Verlage bezüglich des Vorhandenseins dieser Inhalte, aber auch ihres quantitativen Gewichts ähneln oder unterscheiden. Was zunächst rein positivistisch anmutet, kann zugleich als Grundlage genutzt werden, um Überlegungen über die Funktionen anzustellen, die Lektürehilfen bedienen können.

Blickt man auf die Publikationen zur *Verwandlung*, ist allerdings festzustellen, dass ein Vergleich nicht ganz einfach ist. Die einzelnen Texte sind unterschiedlich eingeteilt und sie nutzen unterschiedliche Bezeichnungen für ihre Kapitel. Es ist daher notwendig, für die Ermittlung wiederkehrender Inhalte übergeordnete Rubriken zu bilden. Zumeist geht es nur darum, einen Begriff zu finden, der Inhalte je einzelner Kapitel der Lektürehilfen zu bezeichnen vermag. In einigen Fällen umfassen die Rubriken jedoch mehrere kürzere Kapitel einzelner Lektürehilfen oder einzelne Inhalte aus Kapiteln müssen auf zwei Rubriken aufgeteilt werden.

Es ergibt sich folgende Ansicht:

Tab. 1: Rubriken der Lektürehilfen zu *Die Verwandlung*

Rubrik	EinFach Deutsch	Klett	Königs	Mentor	Reclam	Schroedel	Stark
Einführung	4 S 3 %	/	4 S 5 %	/	3 S 4 %	2 S 2 %	2 S 2 %
Zusammenfassung des Inhalts von *Die Verwandlung*	48 S 36 %*	15 S 14 %	11 S 13 %	1 S 2 %	18 S 22 %	14 S 12 %	14 S 16 %
Worterklärungen	/	/	1 S 1 %	2 S 4 %	3 S 4 %	/	/
Autor und Zeit/ Leben und Werk	11 S 8 %	/	19 S 22 %	7 S 15 %	17 S 20 %	35 S 30 %	4 S 5 %
Entstehung der Erzählung	/	7 S 7 %	4 S 5 %	8 S 17 %	/	11 S 9 %	4 S 5 %
Rezeptions-geschichte	6 S 5 %	2 S 2 %	4 S 5 %	/	/	12 S 10 %	2 S 2 %
Aufbau/Darstel-lung/Sprache	*Inhalts-zsfg.**	6 S 6 %	7 S 8 %	6 S 13 %	11 S 13 %	19 S 16 %	10 S 11 %
Figurenanalyse	28 S 21 %	26 S 25 %	17 S 20 %	7 S 15 %	5 S 6 %	6 S 5 %	25 S 29 %
Interpretationen/ Hintergründe	18 S 14 %**	30 S 29 %	11 S 13 %	10 S 21 %	23 S 28 %	9 S 8 %	26 S 30 %
Prüfungsaufgabe/ Beispielanalyse	18 S 14 %	18 S 17 %	7 S 8 %	6 S 13 %	3 S 4 %	10 S 8 %	/
Seiten insgesamt	133 S	104 S	85 S	47 S	83 S	118 S	87 S

* *Inhaltszusammenfassung enthält auch Aussagen zu Darstellung und Sprache*
** *Inhaltszusammenfassung bei EinFach Deutsch schon interpretierend*

Die Tabelle zeigt Inhalte der Lektürehilfen zu Kafkas *Verwandlung* in ganzen Seiten und – mit rundungsbedingten Abweichungen – relativ zum Gesamtumfang. Bei der Anzahl der Seiten ist zu bedenken, dass sich das Format der einzelnen Lektürehilfen und somit auch die Wortanzahl pro Seite unterscheiden. Festzustellen ist, dass alle Lektürehilfen eine ähnliche inhaltliche Struktur aufweisen. Von einigen Rubriken wie Worterklärungen abgesehen, welche die schulischen Leseausgaben oftmals schon enthalten, sind die meisten Rubriken fast immer vertreten. Entstehung und Rezeptionsgeschichte werden nicht in allen Reihen darge-stellt. Der Stark Verlag verzichtet zudem auf Figurenanalyse und Beispielaufgaben.
Deutlich unterschiedlich ist der Umfang, welchen verschiedene Kapitel haben. So ist der Interpretationsteil der Klett-Publikation etwa dreimal so umfangreich wie der der Lektüre-hilfe aus der Reihe *Schroedel Interpretationen*. Beim Stark Verlag umfasst er sogar mehr als die Hälfte der gesamten Publikation. Dies gilt ebenso für die meisten anderen Rubriken und zeigt, dass es große Unterschiede in der Schwerpunktsetzung gibt.

Die Rubriken lassen sich versuchsweise auch anhand der Operatoren des Fachs Deutsch einteilen, wie sie etwa in einer Handreichung der Kultusministerkonferenz für die deutschen Schulen im Ausland erläutert werden. So erfüllt die Inhaltszusammenfassung der Lektürehilfen am ehesten die Anforderungen des Operators ‚zusammenfassen‘ des Anforderungsbereiches I, bei dem „Texte komprimiert (linear oder aspektorientiert) und sprachlich strukturiert mit eigenen Worten"[3] dargelegt werden sollen. Die Inhaltszusammenfassung ist derart geeignet, Schülerleistungen aus diesem Bereich vorzustrukturieren oder gar zu ersetzen. Ähnliches gilt für Abschnitte zum Leben des Autors und der Entstehungsgeschichte der *Verwandlung*. Als Antwort auf den Anforderungsbereich II findet sich in den meisten Lektürehilfen die Figurenanalyse, die mit dem Operator ‚charakterisieren‘ beschrieben werden kann. Es geht laut KMK-Erklärung darum, „Personen, Vorgänge, Sachverhalte (meist aus einem literarischen Text) treffend [zu] beschreiben und ihre Funktion für den Textverlauf oder für das Textganze auf[zu]zeigen."[4] Die Operatoren ‚analysieren und untersuchen‘ gehören gleichfalls in diesen Anforderungsbereich und werden angespielt, wenn in den Lektürehilfen der Aufbau und die sprachliche Darstellung der *Verwandlung* mit inhaltlichen Aspekten in Verbindung gesetzt wird.[5] Während der Operator ‚interpretieren‘ laut KMK in den Anforderungsbereich III fällt,[6] sind die Interpretationskapitel der Lektürehilfen am ehesten den Anforderungsbereichen II oder III zuzuordnen.

4 Abbildungen

Die Lektürehilfen enthalten in der überwiegenden Zahl der Fälle auch Abbildungen, und zwar Fotografien, Schaubilder und Tabellen. Die Zahlen zeigen, auf wie vielen Seiten sich Abbildungen finden lassen, wobei Doppelseiten zweifach gezählt werden.

Abbildungen in den Lektürehilfen

Tab. 2: Grafische Abbildungen

	Fotos	Schaubilder	Tabellen
EinFach Deutsch	15	8	3
Klett Lektürehilfen	/	/	/
Königs Erläuterungen	2	2	7
Mentor Lektüre Durchblick	1	4	1
Reclam Lektüreschlüssel	1	/	/
Schroedel Interpretationen	13	/	1

---

3 Kultusministerkonferenz (2018): Operatoren und Beispiele für das Fach DEUTSCH an den Deutschen Schulen im Ausland (Bildungsgang Gymnasium), 2; abrufbar unter: https://www.kmk.org/fileadmin/Dateien/doc/Bildung/Auslandsschulwesen/ServiceSekI/2018_12_14_Operatoren_Deutsch_GYM.pdf (24.09.2019)

4 Kultusministerkonferenz, 3.

5 Es geht darum, „Merkmale eines Textes, Sachverhaltes oder Zusammenhangs kriterienorientiert bzw. aspektgeleitet [zu] erschließen und zusammenhängend dar[zu]stellen." (Kultusministerkonferenz, 3)

6 Interpretieren meine, „auf der Grundlage einer Analyse Sinnzusammenhänge aus Materialien methodisch reflektiert [zu] erschließen, um zu einer schlüssigen Gesamtauslegung zu gelangen" (Kultusministerkonferenz, 4).

Bei den Fotografien, die vor allem in den Werken von *EinFach Deutsch* und *Schroedel Interpretationen* vorzufinden sind, handelt es sich zumeist um Aufnahmen, die Kafka zeigen, oder Szenen aus filmischen Umsetzungen und Theaterfassungen der Erzählung. Da diese zumeist nicht näher erläutert werden, dienen sie vor allem illustrierenden Zwecken. Die sehr unterschiedliche Verteilung auf die Lektürehilfen lässt sich wohl auch mit deren ungleichen Formaten erklären, sind Fotografien in kleinformatigen Publikationen doch schwieriger zu realisieren.

Didaktisch sind die Schaubilder von größerer Bedeutung. So werden in allen Lektürehilfen mit Schaubildern Personenkonstellationen verdeutlicht, in einigen Fällen der Grundriss der Wohnung der Familie Samsa skizziert (vgl. Wölke 2013, 18) oder der Textaufbau in einem Diagramm visualisiert (vgl. Rahner 2005, 22f.). Die Tabellen und Zeittafeln stellen zumeist einzelne Figuren einander gegenüber (vgl. Wölke 2013, 112) oder rekonstruieren den Aufbau der Erzählung (vgl. Schede 2012, 62).

5 Funktionen

Anhand einer Untersuchung des Aufbaus und der Inhalte der Lektürehilfen lassen sich begründete Mutmaßungen über die Funktionen anstellen, die sie übernehmen können und sollen. Besonders relevant sind dabei die oben unterschiedenen inhaltlichen Rubriken, die vier solcher Funktionen annehmen lassen.

a) Die Ersatzfunktion

Tab. 3: Rubrik der Ersatzfunktion

Rubrik	EinFach Deutsch	Klett	Königs	Mentor	Reclam	Schroedel	Stark
Inhaltszusammen-fassung	48 S 36%*	15 S 14 %	11 S 13 %	1 S 2 %	18 S 22 %	14 S 12 %	14 S 16 %

* *Inhaltszusammenfassung enthält auch Aussagen zu Darstellung und Sprache*

Die erste relevante Rubrik ist hierbei die Zusammenfassung des Inhalts. Sofern entsprechende Kapitel detailliert ausformuliert sind, ermöglichen sie Schülerinnen und Schülern bei Bedarf, das eigentliche Werk nicht selbstständig lesen zu müssen. Bedient wird damit eine Ersatzfunktion. Im Fall der *Verwandlung* sind die Inhaltswiedergaben in Relation zum geringen Umfang der Erzählung[7] als ausgeprägt zu bezeichnen. Nur die Veröffentlichung des Mentor Verlags ist aufgrund ihrer sehr kurzen Inhaltszusammenfassung kaum geeignet, eine Lektüre des Originaltextes zu ersetzen, weil der einseitige Text zu wenige Informationen enthält, um sich etwa an einem Unterrichtsgespräch zu beteiligen. Alle anderen Publikationen bieten aufgrund ihrer Länge die Möglichkeit, eine Lektüre der *Verwandlung* gegebenenfalls zu ersetzen. Allerdings sagt dies nichts über die Qualität der Zusammenfassungen aus. Die Lektürehilfen von *EinFach Deutsch* sind hier ein Sonderfall, da innerhalb der sehr detaillierten Inhaltswiedergabe bereits Aussagen zum Aufbau der Erzählung getätigt sowie erste Interpretationsansätze aufgezeigt werden.

---

7 Der Faksimiliennachdruck der Erstausgabe des Buchdrucks umfasst 73 Seiten. Vgl. hierzu Franz Kafka: *Die Verwandlung*. Faksimile-Edition. Hg. von Roland Reuß u. Peter Staengle. Frankfurt/M. 2003.

Natürlich lässt sich die Inhaltszusammenfassung auch nutzen, um etwa vor einer Klausur die Handlungsschritte der Erzählung erneut zu memorieren oder sicherzustellen, dass keine Fehlverständnisse vorliegen. Wenn man jedoch den Umfang der Erzählung bedenkt, erscheinen die Textzusammenfassungen so detailliert, dass sie nicht nur eine repetitive Funktion nahelegen.

b) Die Unterstützungsfunktion

Tab. 4: Rubriken der Unterstützungsfunktion

Rubrik	EinFach Deutsch	Klett	Königs	Mentor	Reclam	Schroedel	Stark
Autor und Zeit/ Leben und Werk	11 S 8 %	/	19 S 22 %	7 S 15 %	17 S 20 %	35 S 30 %	4 S 5 %
Entstehung der Erzählung	/	7 S 7 %	4 S 5 %	8 S 17 %	/	11 S 9 %	4 S 5 %
Rezeptionsgeschichte	6 S 5 %	2 S 2 %	4 S 5 %	/	/	12 S 10 %	2 S 2 %
Gesamtanteil an der Lektürehilfe	*17 S 13 %*	*9 S 9 %*	*27 S 32 %*	*15 S 32 %*	*17 S 20 %*	*58 S 49 %*	*10 S 12 %*

Drei der Rubriken lassen sich unter dem Aspekt zusammenfassen, dass sie beim Verständnis des literarischen Werkes unterstützen sollen, indem zusätzliches Wissen vermittelt wird. Den Leserinnen und Lesern werden Informationen über den Autor und seine Lebenswelt gegeben, die Entstehung des Werkes wird beschrieben und die Rezeption durch Zeitgenossinnen und -genossen und zu späteren Zeiten wird dargestellt. Damit werden Informationen vermittelt, die ergänzend zur Lektüre ein vertieftes Werksverständnis ermöglichen, ohne dass Verstehensprozesse vollständig vorweggenommen werden. Die einzelnen Kapitel decken Inhalte ab, die für gewöhnlich mehr oder minder extensiv auch im Unterricht erarbeitet werden.

Zwischen den Verlagen gibt es große Unterschiede bezüglich der Frage, wie viele Informationen zum Autor und der Entstehungszeit der *Verwandlung* gegeben werden. So umfassen diese Aspekte bei den Lektürehilfen von Schöningh, Klett und Stark weniger als zehn Prozent, in anderen Fällen mehr als 25 Prozent der gesamten Lektürehilfe. Die Rezeptionsgeschichte hat demgegenüber nur eine geringe Bedeutung und stellt lediglich eine kompakte Zusammenfassung der zeitgenössischen und späteren Reaktionen dar.

Insgesamt sind die unterstützenden Kapitel in den Publikationen der Verlage Bange, Mentor und Schroedel wichtig, wohingegen sie bei den anderen Verlagen eine geringere Bedeutung haben. Aus einer Lehrperspektive fördern daher die ersten drei Verlage eigene Interpretationen durch zusätzliches Wissen.

c) Die Erarbeitungsfunktion

Tab. 5: Rubriken der Erarbeitungsfunktion

Rubrik	EinFach Deutsch	Klett	Königs	Mentor	Reclam	Schroedel	Stark
Aufbau/Darstellung/ Sprache	*Inhalts-zsfg.**	6 S 6 %	7 S 8 %	6 S 13 %	11 S 13 %	19 S 16 %	10 S 11 %
Figurenanalyse	28 S 21 %	26 S 25 %	17 S 20 %	7 S 15 %	5 S 6 %	6 S 5 %	25 S 29 %
Interpretationen/ Hintergründe	18 S 14 %**	30 S 29 %	11 S 13 %	10 S 21 %	23 S 28 %	9 S 8 %	26 S 30 %
Gesamtanteil an der Lektürehilfe	*(46S) (35%)*	62 S 60 %	35 S 41 %	23 S 49 %	39 S 47 %	34 S 29 %	61 S 70 %

* Inhaltszusammenfassung enthält auch Aussagen zu Darstellung und Sprache
** Inhaltszusammenfassung bei EinFach Deutsch schon interpretierend

Jene Rubriken, die Figurenanalysen und Interpretation des Werks bereits in einer fertigen Form präsentieren, machen einen großen Anteil in allen Lektürehilfen aus. Entsprechende Kapitel sind – anders als diejenigen, die die Unterstützungsfunktion bedienen – nicht nur Grundlage einer Auseinandersetzung mit der Erzählung, sondern präsentieren Teile dieser Auseinandersetzung in Ergebnisform. Sie übernehmen daher die Funktion einer Erarbeitung des Textverständnisses für die Leserinnen und Leser.

Da Figurenanalysen gemeinhin einen signifikanten Bestandteil des Literaturunterrichts ausmachen, wird eine umfassende eigene Erarbeitung im Unterricht potenziell entbehrlich. Der Umfang variiert hier zwischen fünf und 28 Seiten, was vor allem daran liegt, dass die Lektürehilfen teils nur die wichtigsten, teils alle Figuren der Erzählung thematisieren und dies zudem unterschiedlich ausführlich tun. Die Kapitel werden teilweise durch Schaubilder ergänzt. Es handelt sich um Abbildungen, die ähnlich einem Tafelbild gestaltet sind.

Ausführungen über den Aufbau der Erzählung und den Sprachgebrauch des Autors finden sich in allen Lektürehilfen, haben aber lediglich bei *Schroedel Interpretationen* einen besonders großen Umfang. Innerhalb dieser Kapitel werden Aussagen über auffällige Sprachverwendungen, Zusammenhänge zwischen erzählter Zeit und Umfang des Werks hergestellt und die Erzählperspektive beschrieben. Auch diese Ausführungen werden durch Abbildungen verdeutlicht.

Der Anteil der Interpretationskapitel, die vollständige Deutungsansätze entwickeln, ist sehr unterschiedlich. In den Publikationen des Bange- und Schroedel Verlags haben sie einen sehr geringen Anteil, die Lektürehilfe des Mentor Verlags hingegen besteht fast nur aus Interpretation. Die Lektürehilfe der Reihe *EinFach Deutsch* hat einen nicht sehr umfangreichen Interpretationsteil, doch werden bereits im Kapitel der Textwiedergabe erste Deutungsansätze erwähnt. Trotz des unterschiedlichen Umfangs dürfen die Interpretationskapitel in allen Publikationen als wichtig angesehen werden, insofern den Autorinnen und Autoren hier der stärkste gestalterische Freiraum gegeben ist und die Auswahl der Interpretationsansätze und deren sprachliche Darstellung potenziell großen Einfluss auf das Werkverständnis von Schülerinnen und Schülern hat.

Bemerkenswert ist der hohe Anteil der Rubriken, die die Erarbeitungsfunktion bedienen. Bei den Werken des Klett- und Stark Verlags können sie mit fast 75 Prozent als dominant in der Publikationen gelten, aber auch bei Bange, Mentor und Reclam haben sie einen großen Anteil am gesamten Werk. Insgesamt scheint die Vorwegnahme eigener Analyse- und Interpretationsanstrengungen vor Unterricht oder Prüfungen die Hauptfunktion der Mehrzahl der Lektürehilfen zu sein.

d) Die Übungsfunktion

Tab. 6: Rubrik der Übungsfunktion

Rubrik	EinFach Deutsch	Klett	Königs	Mentor	Reclam	Schroedel	Stark
Prüfungsaufgabe/ Beispielanalyse	18 S 14 %	18 S 17 %	7 S 8 %	6 S 13 %	3 S 4 %	10 S 8 %	/

Eine letzte hervorzuhebende Rubrik besteht in Prüfungsaufgaben, nämlich möglichen Klausuraufgaben, die durch Musterlösungen oder Erwartungshorizonte beantwortet werden. Sie bedient offenbar eine Übungsfunktion, welche bei den Lektürehilfen der Reihen *EinFach Deutsch* und *Klett Lektürehilfen* sehr ausgeprägt, im *Reclam Lektüreschlüssel* allerdings kaum relevant ist. In letzterem gibt es lediglich eine „Checkliste" (Große 2004, 85), die mögliche Aufgaben als Übungsansatz stellt, ohne sie zu beantworten.

Die Verlage Mentor, Klett und Bange thematisieren einige Beispielaufgaben, die dann in Stichpunkten unterschiedlich umfangreich beantwortet werden. Die Publikation des Schroedel Verlags hingegen enthält zwei Beispielinterpretationen mit vollständig ausformulierten Beispieltexten. Die Lektürehilfe *EinFach Deutsch* hat zur Besonderheit, dass der Interpretationsprozess zunächst angeleitet wird und hierbei etwa zwischen der „Linearanalyse" (Wölke 2013, 120) und einer „aspektgeleiteten Analyse" (ebd.) unterschieden wird, bevor diese exemplarisch durchgeführt werden. Teilweise werden die Fragestellungen auch in ihrem Schwierigkeitsgrad bewertet, um einer Lektüre in unterschiedlichen Klassenstufen sowie in Grund- und Leistungskursen gerecht zu werden (vgl. Rahner 2005, 55).

6 Referenztexte

Neben der Frage nach Inhalten der Lektürehilfen und von ihnen bedienter Funktionen ist interessant, ob es literaturwissenschaftliche Texte gibt, die als wissenschaftliche Referenztexte ausgewiesen werden. Da es sich bei den Autorinnen und Autoren der Lektürehilfen nicht um ausgewiesene Kafkaforscherinnen und -forscher handelt, sondern überwiegend um praxisorientierte Lehrkräfte, könnte man annehmen, dass sie darauf angewiesen sind, auf bestehende Forschungsliteratur zurückzugreifen. Bezüglich der Menge zitierter Sekundärtexte unterscheiden sich die Lektürehilfen stark. So werden bei der Publikation des Klett Verlags 20 verschiedene Quellen in den Fußnoten benannt, die Lektürehilfe der Reihe *EinFach Deutsch* verwendet außer fünf Texten, die von Kafka selbst stammen, nur sechs Sekundärtexte. Beim Mentor Verlag gibt es sogar nur vier.

Die Literaturverzeichnisse nennen in allen Lektürehilfen immer auch Autorinnen und Autoren, die nicht im Text selbst zitiert werden, jedoch gängige Werke zu Kafka verfasst haben. Darüber hinaus werden auch Verfilmungen, Hörbücher sowie Internetlinks empfohlen. Manche Auflistungen der Sekundärliteratur und -medien sind lediglich als Empfehlungen gekennzeichnet und sollen den Leserinnen und Lesern weitere Texte nennen, mit denen Wissen über Franz Kafka und sein Werk angeeignet werden kann. Bei den Lektürehilfen der Reihen *Stark Interpretationen Deutsch*, *Mentor Lektüre Durchblick* und *Königs Erläuterungen* werden die Empfehlungen sogar nach ihrer Qualität und Zugänglichkeit bewertet, um eine bessere Orientierung zu ermöglichen.

Eine geringe Menge an verwendeter Sekundärliteratur muss nicht mit einer geringen Qualität unter fachlichen Aspekten gleichgesetzt werden. Da Lektürehilfen kein universitäres Medium sind und es im Schulkontext nicht immer üblich ist, in jedem Fall mit Belegen zu arbeiten, ist ein geringer Verweis auf Sekundärliteratur nicht völlig überraschend. Im Sinne der Wissenschaftspropädeutik als einer Einführung in „grundlegende wissenschaftliche Verfahrens- und Erkenntnisweisen" (Homberger 2013, 468) kann man die teilweise ungenaue Arbeit mit Quellen jedoch kritisch sehen. Für Lehrkräfte wird so erschwert, die fachwissenschaftliche Qualität einer Publikation zu beurteilen. Der sehr unterschiedliche Umgang mit Sekundärliteratur zeigt Lektürehilfen als hybride Erscheinung zwischen schulischem Kontext und literaturwissenschaftlichen Arbeitsweisen, weil zwar mit Quellen gearbeitet wird, dies in einigen Werken jedoch in einem sehr geringen Maße geschieht.

Die Publikation aus der Reihe *Königs Erläuterungen* weist gegenüber den weiteren Lektürehilfen insofern eine Besonderheit auf, als sie nicht nur bekannte fachwissenschaftliche Autorinnen und Autoren zitiert, sondern auch die Lektürehilfen der anderen Verlage als Belege anführt. So wird Martin Brück mit seiner Publikation im Stark Verlag zwölfmal zitiert, wobei acht der Zitate im Kapitel zu Personenkonstellation und Charakteristiken genutzt werden (vgl. Krischel 2011, 51-62), drei bei Stil und Sprache (vgl. ebd., 66f.) und eines im Interpretationsteil (vgl. ebd., 72). Wilhelm Großes Veröffentlichung im Reclam Verlag findet an sieben Stellen Erwähnung und hierbei viermal im Kapitel über den Aufbau (vgl. ebd., 45), einmal bei der Personenkonstellation und den Charakteristiken (vgl. ebd., 63) und zweimal im Interpretationsteil (vgl. ebd., 70). Auch Thomas Rahners *Mentor Lektüre Durchblick* wird einmal bei der Interpretation zitiert (vgl. ebd., 75). Zusätzlich werden noch Lektürehilfen anderer Verlage zu Kafkas *Der Proceß* genutzt (vgl. ebd., 71, 78f.).

Eine Verwendung anderer Schülerhilfsmittel findet sich bei den Publikationen zu *Die Verwandlung* ansonsten nur einmal in der Publikation des Schroedel Verlags, wo im Interpretationskapitel ebenfalls Wilhelm Große zitiert wird (vgl. Schede 2012, 92).

7 Die Darbietung von Interpretationsansätzen zu *Die Verwandlung* in den Lektürehilfen

Im Folgenden sollen in einem letzten analytischen Schritt die Interpretationsteile der Lektürehilfen ausgewertet werden, die, wie gesehen, eine Erarbeitungsfunktion besonders für Schülerinnen und Schüler erfüllen können. Im Unterschied zu den Kapiteln, die lediglich den Inhalt der *Verwandlung* zusammenfassen oder Informationen zu den Umständen der Werkentstehung geben, zeigen sich bei den Interpretationen die Sichtweisen, welche die jeweiligen Autorinnen und Autoren auf Literatur und den Autor Franz Kafka haben. Da es sich bei den Rezipierenden der Hilfsmittel überwiegend um Schülerinnen und Schüler handeln dürfte, ist besonders festzustellen, dass die Autorinnen und Autoren hier implizit bestimmte Literaturverständnisse einfließen lassen, ohne dass dies der Zielgruppe bewusst wird, oder dass die Autorinnen und Autoren den Stand der Forschung durch ihre Anpassung für den Schulkontext stark reduzieren. Hier liegende Probleme werden dadurch verstärkt, dass die

Inhalte der Lektürehilfen zumeist kein expliziter Gegenstand der schulischen Reflexion sind, die allerdings durch eigene Angebote offenbar Akzente setzen kann.

Im Folgenden werden die häufigsten Interpretationsansätze der untersuchten Lektürehilfen zu *Die Verwandlung* hinsichtlich ihrer sprachlichen Darstellung, des quantitativen Vorkommens und des Einbezugs literaturwissenschaftlicher Sekundärtexte ausgewertet. Auch soll untersucht werden, ob bestehende Probleme bei der Anwendung der jeweiligen Deutung benannt werden oder sich Hinweise finden, dass entsprechende Deutungen nicht absolut zu setzen sind.

Am häufigsten erscheinen die biografische, die psychoanalytische sowie die soziologische Deutung. Die Dominanz dieser drei Ansätze dürfte dabei auch eine Reaktion auf gängige Deutungsmuster der Kafka-Forschung sein. Methodisch wird im Folgenden nach einer Bestimmung, ob und in welchem Umfang sich die jeweiligen Deutungsansätze in den ausgewerteten Lektürehilfen finden lassen, deren sprachliche Darbietung untersucht. Beachtet werden klar wertende Formulierungen, die einen Ansatz aufwerten oder als unplausibel darstellen. Auch wird die Argumentationsstruktur dargestellt und betrachtet, wie die einzelnen Ansätze ausgeführt werden. Exemplarisch werden drei der sieben Lektürehilfen näher betrachtet, die sehr unterschiedliche und teils offen widersprüchliche Umgangsweisen mit Kafkas Erzählung zeigen und eine Vorstellung davon vermitteln, welche unterschiedlichen Gestaltungsmöglichkeiten die Textsorte bietet. Der exemplarischen Detailanalyse folgt eine überblicksartige Gesamtauswertung aller sieben hier gesichteten Lektürehilfen.

7.1 Das Beispiel *EinFach Deutsch*

Tab. 7: Deutungsansätze EinFach Deutsch

Deutungsansatz	Seiten	Wortwahl
Biografisch	73-76	„Wie kaum ein anderer hat Kafka Sprache zu einem Medium der Selbstentfaltung gemacht und dabei Lebensgeschichtliches literarisiert" (73) „Es lässt sich vermuten" (74) „In Bezug auf die Verwandlung lässt sich mutmaßen" (75) „Sucht man weiter nach biografischen Parallelen, so lassen sich diese bis in kleinste Motive hinein nachweisen" (76) „liegt es nahe, die Entwertung des Freundes auf sich selbst zu beziehen" (76)
Psychoanalytisch	80-85	„Ein gewisser Einfluss der Theorien Freuds [..] liegt aus verschiedenen Gründen nahe" (80) „stellt sich die Frage" (81) „lassen sich an der Schilderung des Versuchs der Mutter [...] feststellen" (82)
Soziologisch	77-80	„Es lässt sich begründet vermuten" (77)

a) Formale Aspekte

Die Lektürehilfe zu *Die Verwandlung* aus der Reihe *EinFach Deutsch* des Schöningh Verlags erschien im Jahr 2013 und stellt eine Ergänzung zu den im Schulkontext gängigen Lektüreausgaben der Reihe *EinFach Deutsch* dar. Schon die Lektüreausgaben haben einen umfassenden Anhang, der im Falle der *Verwandlung* 41 Seiten umfasst, jedoch vor allem weitere Texte Kafkas und anderer Autorinnen und Autoren für den Unterricht bereitgestellt (vgl. Kafka

2013, 144-174). Die Autorin der Lektürehilfe ist die Gymnasiallehrerin Alexandra Wölke, die im Rahmen der Reihe mehrere Werke veröffentlicht hat.

Bevor eine konkrete Deutung der Erzählung Kafkas vollzogen wird, werden zunächst anhand der als Parabel bezeichneten Kurzgeschichte *Gib's auf* wesentliche Motive benannt, die Kafkas Schreiben prägen würden. Hierunter fallen laut Wölke das Motiv der Einsamkeit und Orientierungslosigkeit sowie ein von Unsicherheit geprägtes Menschenbild (vgl. Wölke 2013, 67f.). Kafkas Texte handelten von Grenzbereichen zwischen Traum und Wirklichkeit, Vaterkonflikten und Machtkonstellationen in modernen Gesellschaften (vgl. ebd., 68). Anschließend werden die drei hier verglichenen Deutungsmuster im Rahmen eigener Kapitel detailliert auf je vier bis fünf Seiten ausgeführt. Zuvor wurden bereits in der Inhaltszusammenfassung erste Interpretationsansätze gegeben.

Die Aussagen werden kaum durch Sekundärliteratur belegt. Lediglich Rainer Stach wird als Quelle für Kafkas diagnostizierte Literarisierung seines eigenen Lebens angeführt (vgl. ebd., 73). Zusätzlich wird auf Briefwechsel Kafkas mit seinem Vater, seiner Verlobten Felice Bauer sowie auf seine Tagebücher an fünf Stellen verwiesen und aus einem möglichen Gespräch mit seinem Vertrauten Gustav Janouch zitiert (vgl. ebd., 76). Aussagen zur *Verwandlung* werden durch Benennung signifikanter Textstellen belegt.

b) Sprachliche Darstellung

Das Interpretationskapitel ist allgemein durch eine relativ abwägende Sprachwahl gekennzeichnet. So werden etwa Parallelen zwischen der Autorbiografie und dem Leben Gregor Samsas als bloß mutmaßlich belastbar gekennzeichnet oder nur naheliegend (vgl. ebd.) eingeführt. Jedoch stellt schon der Beginn des biografischen Kapitels Kafka als einen der am stärksten seine eigene Lebensgeschichte literarisch miteinbeziehenden Autor dar (vgl. ebd., 73). Der Ansatz wird also nicht absolut gesetzt, jedoch lässt sich durchaus von einer Hervorhebung sprechen.

Die soziologische Deutung, welche *Die Verwandlung* als eine gesellschaftskritische Erzählung über Ausbeutungsverhältnisse deutet, wird als begründete Vermutung bezeichnet (vgl. ebd., 77). Hierbei wird nicht explizit auf Literaturwissenschaftlerinnen und -wissenschaftler Bezug genommen. Für den psychoanalytischen Deutungsansatz werden zumeist nur „Hinweise" (ebd., 82) genannt, auf deren Grundlage eine Deutung möglich wäre.

c) Interpretatorisches Vorgehen

Neben den drei ausgewerteten Deutungsansätzen gibt es noch ein Kapitel über das Ungeziefermotiv und dessen Bedeutung (vgl. ebd., 70ff.) sowie eine kurze Ausführung über Verbindungen zwischen Kafkas jüdischer Herkunft und der Erzählung (vgl. ebd., 85ff.). Auch wenn die verschiedenen Ansätze sprachlich durchaus gleichberechtigt dargestellt werden, gibt es eine gewisse Dominanz der biografischen Deutung, zumal die Einordnung der Lebensstationen Kafkas in einem vorherigen Kapitel schon sehr stark Parallelen zur Erzählung aufzeigt. Gegeben wird kein Abriss über Kafkas gesamtes Leben, sondern es geht lediglich um anscheinend passende Details, wie die Beleidigung eines jüdischen Freundes durch Kafkas Vater (vgl. ebd., 61) oder einen Streit mit Kafkas Schwester Ottla (vgl. ebd., 62). Bei keinem der Deutungsansätze werden mögliche Probleme benannt. Darüber hinaus gibt es keine Auseinandersetzung mit der Fragestellung, ob Kafkas Werke überhaupt einer klaren Deutung unterzogen werden können. Vielmehr scheint das Werk anhand der genannten Ansätze hinreichend deutbar zu sein.

7.2 Das Beispiel *Mentor Lektüre Durchblick*

Tab. 8: Deutungsansätze Mentor Lektüre Durchblick

Deutungsansatz	Seiten	Wortwahl
Biografisch	49-54	„Es ist bemerkenswert" (49) „sicher nicht zufällig" (49) „hat der Autor aus seinem Leben entlehnt" (49) „Entscheidend und kaum zu übersehen sind jedoch die Parallelen" (49) „So sind beispielsweise beide einer sehr dominanten Vaterfigur ausgesetzt" (50) „lassen vermuten, dass es Kafka in dieser Erzählung in erster Linie nicht darum ging Gesellschafts- und Sozialkritik zu üben" (52) „Die Verwandlung in ein Insekt ist also" (53) „Das Verhältnis zu Grete hat ihre Entsprechung" (53)
Psychoanalytisch	45-46	Die Verwandlung Gregors könnte gedeutet werden als der Rückzug" (46) Mit dem psychoanalytischen Deutungsansatz ließe" (46)
Soziologisch	47-48	„Eine mögliche Antwort" (47) „Die Verwandlung zum Käfer könnte" (47) „lässt sich nicht nur an der Berufswelt, sondern am Familienleben Gregors nachweisen" (48) „verliert trotz glaubwürdiger Argumente vor allem dann an Überzeugungskraft" (48)

a) Formale Aspekte

Die Lektürehilfe des Mentor Verlags aus dem Jahr 2005 wurde vom Gymnasiallehrer Thomas Rahner in Kooperation mit seinem Deutsch-Leistungskurs erstellt. Die Interpretation gliedert sich nach den untersuchten drei Deutungsansätzen und wird nicht durch weitere Abbildungen oder Unterkapitel ergänzt. Der psychoanalytische und soziologische Ansatz werden jeweils kurz auf zwei Seiten zusammengefasst. Anschließend folgt eine biografische Deutung, die mit fünf Seiten einen deutlich größeren Umfang hat. In den Fußnoten wird auf andere Texte Kafkas verwiesen, nämlich den *Brief an den Vater* sowie Kafkas Briefe an seine Verlobte Felice Bauer. Es gibt jedoch keine fachwissenschaftliche Sekundärliteratur, sodass die Ausführungen nicht durch Verweis auf andere Autorinnen und Autoren belegt werden.

b) Sprachliche Darstellung

Innerhalb der Lektürehilfe gibt es die sprachliche Auffälligkeit, dass der Modus bei der Darstellung der verschiedenen Ansätze wechselt. Während der biografische Ansatz vollständig im Indikativ dargestellt ist, erfolgt ein Wechsel zum Konjunktiv II bei der Darstellung psychoanalytischer Gedanken. So „ließe" sich die Veränderung des Vaters erklären und die Verwandlung „könnte" (Rahner 2005, 46) als ödipale Konstellation gelesen werden. Eine derartige Modalisierung sorgt für einen nur noch eingeschränkten Geltungsanspruch der getätigten Aussage und reduziert dadurch die Bedeutung des psychoanalytischen Deutungsansatzes. Gleiches gilt teilweise bei der Darstellung der soziologischen Deutung (vgl. ebd., 47). Darüber hinaus finden sich bezüglich des biografischen Ansatzes sprachliche Formulierungen, die einen Zusammenhang zwischen Autorbiografie und Erzählung als „entscheidend und kaum zu übersehen" und „sicher nicht zufällig" (ebd., 49) deklarieren und dementsprechend den Leserinnen und Lesern das Gefühl vermitteln, dass diese Lesart zentral für das Werkverständnis sei. Allgemein gebraucht die Lektürehilfe eine Sprache, die Eindeutigkeit für die eigene Deutung einfordert. Zum Ende wird beispielsweise zusammenfassend festgestellt, dass die Verwandlung Samsas „also Ausdruck von Minderwertigkeitskomplexen [ist], die Resultat einer übertrieben autoritären Erziehung sind" (ebd., 53), obwohl dies kaum als gesicherte Tatsache gelten kann.

c) Interpretatorisches Vorgehen

Die starke Aufwertung des biografischen Ansatzes gegenüber den anderen Deutungsansätzen zeigt sich nicht nur in Umfang und sprachlicher Darstellung, sondern auch in einer Art Zwischenfazit, in dem die biografischen Erkenntnisse so zusammengefasst werden, als sei das Werk nun in Gänze erschlossen (vgl. ebd.). Durch eine Aufzählung aller Parallelen zwischen Kafka und Samsa, die weitere Aspekte nicht einbezieht, wird eine stark biografische Lesart angeregt.

Außerdem wird innerhalb des biografischen Kapitels der zuvor dargestellten soziologischen Lesart die Plausibilität abgesprochen. Durch die Feststellung, dass es Kafka in seiner Erzählung „in erster Linie nicht darum ging Gesellschafts- und Sozialkritik zu üben" (ebd., 52), sondern seine eigene Lebens- und Leidensgeschichte zu literarisieren, wird die Autorbiografie zum zentralen Deutungsmuster. Die Reihenfolge der Deutungsansätze ist daher so aufgebaut, dass am Ende der einzig plausible Ansatz steht. Verstärkt wird dies durch einen Exkurs über die Metaphorik des Ungeziefers, wenn die Lektürehilfe mutmaßt, dass das Motiv „am ehesten geeignet war zu veranschaulichen, wie Kafka sich gefühlt hat" (ebd., 54). Die fast vollständige Gleichsetzung von Autor und Protagonist der Erzählung lässt so nur noch bedingt jene Autonomie des künstlerischen Schaffens erahnen, wie sie etwa Oliver Jahraus im Falle Kafka einfordert (2008, 307).

Der Uneindeutigkeit, die Kafkas Werk auszeichnet, wird in der Lektürehilfe nicht entsprochen. Zwar wird in einem vorangehenden Kapitel allgemein festgestellt, dass sich Kafkas Werk „dem vorschnellen Interpretationsansatz entzieht" (Rahner 2005, 27), doch folgt noch im selben Satz die Aussage, Kafka habe eigene Ängste und Unsicherheiten in seinem literarischen Schaffen verarbeitet (vgl. ebd.). Insgesamt pflegt das Interpretationskapitel eine besonders einseitige Darstellung, weil argumentative Struktur und Wortwahl den biografischen Ansatz prämieren.

7.3 Das Beispiel *Reclam Lektüreschlüssel*

Tab. 9: Deutungsansätze Reclam Lektüreschlüssel

Deutungsansatz	Seiten	Wortwahl
Biografisch	45-52 54-55 57	„Briefstellen wie diese <u>reizen</u> dazu, in die *Verwandlung* Biographisches von Kafka <u>hineinzulesen</u>" (45) „Dies Ineinandergreifen von Biographie und Werk <u>legt nahe</u>" (45) „Kafka selbst <u>warnt</u> [...] <u>einsinnig</u> und <u>eindeutig</u> als eine Verwandlung seiner selbst in eine literarische Figur zu verstehen" (51) „Es <u>verbietet sich</u> folglich [...] nur Biographisches [...] widergespiegelt <u>zu sehen</u>" (52) „<u>wenn</u> man dem *Brief an den Vater* Glauben <u>schenken</u> <u>will</u>" (55)

Deutungsansatz	Seiten	Wortwahl
Psychoanalytisch	66	„Von hier aus ist es nicht mehr weit, Gregor einen Ödipuskomplex zu unterschieben" (66)
Soziologisch	57-60	„sondern – versuchsweise – als eine ins literarische gesetzte Veranschaulichung von Herrschaftsverhältnissen" (57) „Gregor protestiert – so könnte man meinen – mit der Annahme seiner Käfergestalt" (58) „kann man die Erzählung sogar so lesen" (60)

a) Formale Aspekte

Ein Gegenbild zu den Ausführungen Thomas Rahners bildet Wilhelm Große, der an der Universität Trier als Lehrbeauftragter für Neuere Deutsche Literatur und Literaturdidaktik arbeitete und im Jahr 2004 eine Lektürehilfe zu *Die Verwandlung* im Reclam Verlag veröffentlichte. Im Unterschied zu den meisten anderen Texten gibt es hier keine Untergliederung im Interpretationskapitel, die sich nach den verschiedenen Deutungsansätzen richtete, sondern einen durchgängigen Text. Jedoch erhält man innerhalb dieses Textes eine Unterteilung durch kurze Informationskästen, die den Inhalt von Abschnitten benennen. Aspekte der biografischen Deutung werden im Lauf der Argumentation an verschiedenen Stellen aufgegriffen.

Die getroffenen Aussagen werden durch Fußnoten belegt, die auf fünf verschiedene literaturwissenschaftliche Textquellen sowie auf Briefe und Prosawerke Kafkas verweisen. Vor allem Kafkas Briefe an seine Verlobte werden vielfach genutzt, um den biografischen Ansatz darzustellen. Im Unterschied zu den vielen Sekundärquellen des biografischen Ansatzes wird bei dem Abschnitt zur soziologischen Deutung nur aus einer zitiert, und zwar aus *Kindlers Literatur Lexikon* (vgl. Große 2004, 60). Der Umstand, dass Wilhelm Großes Ausführungen zur gesellschaftskritischen Auslegung der *Verwandlung* in zwei weiteren Lektürehilfen zitiert werden, lässt auf eine größere argumentative Eigenständigkeit dieser Deutung schließen.

b) Sprachliche Darstellung

Die gesamte Interpretation ist von stark wertenden Formulierungen geprägt. Schon die Feststellung, einige Briefe Kafkas „reizen dazu, in die Verwandlung Biographisches von Kafka hineinzulesen," (ebd., 45) enthält die Warnung, dass dies kein selbstverständlicher Zugang sei. Im Folgenden wird sogar bemerkt, dass sich eine lediglich biografische Deutung geradezu „verbietet" (ebd., 52). Noch stärker wird die psychoanalytische Deutung kritisiert, wenn im Anschluss einer als überzogen dargestellten biografischen Deutung bemerkt wird, die psychoanalytische Sicht sei nur der nächste Schritt innerhalb eines falschen Ansatzes (vgl. ebd., 66). Mit wenigen Sätzen wird die psychoanalytische Deutungstradition, die in anderen Lektürehilfen größeren Raum einnimmt, als nicht zielführend beschrieben. Die soziologische Deutung hingegen wird sprachlich durchaus als plausibel dargestellt und als möglicher Weg zu einem Werkverständnis markiert, jedoch ohne Alleinvertretungsanspruch erheben zu können. Ausgewiesen wird diese Deutung vorab als „versuchsweise[r]" (ebd., 57) Vorgang.

c) Interpretatorisches Vorgehen

Herausgestellt wird, dass der literarische Text nicht nach einer eindeutigen Lesart verlange, sondern „polyvalent" (ebd., 56) sei. Dem Konzept der Mehrdeutigkeit wird durch die Nennung weiterer Interpretationsansätze – wie etwa der Verwandlung Samsas als Traum (vgl.

ebd., 51f.), der Abwandlung eines Märchenmotivs (vgl. ebd., 52f.) oder dem Rückfall in eine kindliche Phase (vgl. ebd., 61) – entsprochen. In teilweise markanten Formulierungen wird einer eindimensionalen Kafka-Deutung eine Absage erteilt, da sich Kafka jeder „vergewaltigenden Einvernahme" (ebd., 64) habe entziehen wollen. Diese durchaus drastische Wortwahl steht in der Tradition Susan Sontags und ihrer Rede von einer massenhaften Vergewaltigung Kafkas durch Interpretationen (vgl. Hecker 1998, 11).

Der starke Zweifel, inwieweit die Interpretation von Texten Kafkas überhaupt sinnvoll sei, ist bei einem Medium, dessen Zweck die Interpretation von Texten ist, ungewöhnlich, und dies umso mehr, wenn man von einer Zielgruppe von Schülerinnen und Schülern ausgeht. Zudem nennt Große Schwachpunkte der referierten Ansätze. Dies geschieht argumentativ durch einen Rückgriff auf Kafka, der selbst vor einer Gleichsetzung zwischen sich und seinem Protagonisten gewarnt habe (vgl. Große 2004, 51). Darüber hinaus wird angezweifelt, dass der *Brief an den Vater* als authentisches Zeugnis aus Kafkas Leben angesehen werden könne (vgl. ebd., 55), da dieser primär ein literarischer Gegenstand, nicht aber ein biografisches Zeugnis sei (vgl. ebd., 57).

Wilhelm Großes Interpretation ist durch ihre explizite Kritik an einer vereinfachenden Auslegung des literarischen Werks ausgezeichnet und unterscheidet sich durch die deutliche Ablehnung des biografischen und psychoanalytischen Ansatzes sichtlich von vielen der weiteren Lektürehilfen. In ihrer Wortwahl und durch die Tatsache, dass sie von zwei weiteren Lektürehilfen direkt zitiert wird, hat sie eine Sonderstellung inne.

7.4 Übersicht über sämtliche Lektürehilfen

Blickt man auf die Darstellung der gängigen Interpretationsansätze in den sieben untersuchten Lektürehilfen, lassen sich zwei Gruppen unterscheiden. Eine Gruppe gibt die verschiedenen Ansätze relativ neutral wieder und hebt nicht einen der Ansätze als entscheidend für das Verständnis des Werkes heraus. Hierzu zählen *EinFach Deutsch, Königs Erläuterungen* und *Klett Lektürehilfen*, die sprachlich keinen der Ansätze grundlegend aufwerten.

Demgegenüber wird in der Publikation des Reclam Verlags klar für eine soziologische Deutung des Textes Partei ergriffen, während alle weiteren Ansätze als nicht zielführend dargestellt werden. Die Werke der Verlage Mentor, Schroedel und Stark wiederum zeichnen sich durch eine Parteinahme für die biografische Sichtweise aus und zeigen dies auf sprachlicher Ebene und durch die Länge der Darstellung. Es ist außerdem auffällig, dass kaum einer der Texte eine positive Haltung gegenüber dem psychoanalytischen Ansatz einnimmt. Lediglich die Publikation der Reihe *EinFach Deutsch* gibt psychoanalytische Gedanken relativ neutral wieder. Alle anderen Lektürehilfen formulieren große Vorbehalte oder erwähnen diesen Ansatz nicht. Der Umfang, in dem die verschiedenen Interpretationsansätze dargestellt werden, unterscheidet sich generell stark. Die Lektürehilfen der Reihen *Schroedel Interpretationen* und *Königs Erläuterungen* benennen den psychoanalytischen Ansatz nicht, der soziologische findet bei *Klett Lektürehilfen* keine Erwähnung.

Beobachten lässt sich eine Verzögerung, mit der fachwissenschaftliche Theorien in schulbezogene Medien wie die Lektürehilfen einfließen (hierzu Reddig-Korn 2009, 165f.). Die dargestellten drei Ansätze nämlich sind innerhalb der Kafka-Forschung weder besonders aktuell und avanciert noch unumstritten (vgl. etwa Jahraus 2006, 165). Andererseits allerdings handelt sich keinesfalls um Randerscheinungen. Dass die Deutungsansätze in den Lektürehilfen dominant sind, kann dennoch auf eine Trägheit der Textsorte und schulischer Publikationen im Allgemeinen zurückgeführt werden.

Die Lektürehilfen haben gemein, dass fast in jedem biografischen Kapitel aus Kafkas *Brief an den Vater*, den Briefwechseln mit seiner Verlobten Felice Bauer und einigen Tagebucheinträgen zitiert wird. Darüber hinaus unterscheidet sich die Anzahl und Charakteristik der verwendeten Sekundärtexte. Lediglich der Kafka-Kommentar Binders, der als einer der bekanntesten Vertreter einer biografischen Deutung der Werke Kafkas gelten kann (so Engel u. Auerochs 2010, 419), wird in mehreren Lektürehilfen verwendet. Die insgesamt geringe Menge an zitierter Sekundärliteratur muss freilich nicht in jedem Fall als mangelndes Qualitätskriterium verstanden werden, insofern Ansprüche der wissenschaftlichen Textarbeit in einem schulischen Zusammenhang nicht unbedingt die Norm darstellen.

Eine Mehrheit der ausgewerteten Autorinnen und Autoren nennt auch Argumente gegen die entwickelten Deutungsansätze. Die Veröffentlichungen der Verlage Schöningh, Mentor und Schroedel allerdings führen überhaupt keine Gegenargumente auf, während viele der anderen Texte nur einen Teil der Ansätze kritisch einordnen. Die Benennung von Gegenargumenten ist von einer sprachlich negativen Darstellung bestimmter Ansätze zu unterscheiden, weil eine solche Darstellung meist nicht mit Argumenten begründet wird.

Darüber hinaus thematisieren die Autorinnen und Autoren kaum die Schwierigkeiten, die sich bei der Auslegung speziell des Kafka'schen Werkes ergeben. Sie berücksichtigen demgemäß nicht die Sonderstellung, die Kafka innerhalb der Literatur meist zugeschrieben wird. Zwar lässt sich feststellen, dass die Werke des Bange- und Stark Verlags eine große Vielzahl an Deutungsansätzen erwähnen und die Publikation des Klett Verlags die Offenheit der Interpretation bei Kafka benennt, doch nur der *Reclam Lektüreschlüssel* führt die Problemstellungen aus, die speziell bei der Deutung von Kafkas Texten entstehen können.

Insbesondere poststrukturalistische Ansätze, die von der konstitutiven Vieldeutigkeit von Texten ausgehen, spielen keine größere Rolle. Keinen Widerhall findet aber etwa auch die Aussage Theodor W. Adornos „Jeder Satz spricht: deute mich, und keiner will es dulden" (2006, 21), die ein Verständnis der Werke Kafkas postuliert, wonach diese einen Widerstand gegen jegliche Deutung enthalten und jeder Versuch einer Auslegung sabotiert wird (vgl. Engel u. Auerochs 2010, 411). Dass Kafka eine Literaturwissenschaft brauche, die sich in der Konsequenz „gegen das Geschäft der Interpretation selbst wendet" (Jahraus 2008, 308), erscheint kaum. Die mangelnde Berücksichtigung durch die Mehrzahl der Lektürehilfen kann als Ausdruck eines veralteten Forschungsstandes kritisiert werden.

8 Fazit

Lektürehilfen, die bei der Lektüre und Erarbeitung eines literarischen Werks im schulischen Kontext genutzt werden können, verfügen über eine relativ einheitliche Struktur, die für das Medium als konstitutiv angesehen werden kann. Die Untersuchung von sieben Lektürehilfen der 2000er Jahre zeigt dabei, dass sich Umfang und Gewichtung der inhaltlichen Schwerpunkte freilich unterscheiden. Eine Analyse typischer Inhalte und ihre Rubrizierung erlauben Rückschlüsse auf verschiedene Funktionen der Textsorte. So haben alle untersuchten Lektürehilfen zu Franz Kafkas Erzählung *Die Verwandlung* bis auf *Mentor Lektüre Durchblick* das Potenzial, die Lektüre des literarischen Werkes durch ihre ausführlichen Inhaltswiedergaben zu ersetzen (Ersatzfunktion). Daneben lässt sich grob zwischen Lektürehilfen unterscheiden, die besonders Zusatzinformationen zum literarischen Werk geben, welche eine eigene Erschließung unterstützen (Unterstützungsfunktion), und Lektürehilfen, die besonders Interpretationen und Figurenanalysen umfassend erarbeitet haben (Erarbeitungsfunktion) und die weniger zu einer eigenständigen Bearbeitung anregen. Letzteres kann aus der Perspektive von Lehrkräften problematisch sein. Die konkrete Vorbereitung auf Prüfungen mithilfe von Beispielaufgaben und Musterlösungen wird zudem durch fast alle untersuchten Texte angeboten (Übungsfunktion).

Der sehr unterschiedliche Umgang mit Sekundärliteratur zeigt die Textsorte als hybride Erscheinung zwischen schulischem Kontext und wenigstens vordergründig literaturwissenschaftlichen Arbeitsweisen, wobei die Zitation anderer Lektürehilfen eine Besonderheit des Textes aus dem Bange Verlag darstellt. Die Art und Weise, wie die Autorinnen und Autoren Interpretationsansätze präsentieren – und zwar vor allem den biografischen, soziologischen und psychoanalytischen – macht zudem unterschiedliche Strategien deutlich. So werden in einem Teil der Publikationen die verschiedenen Ansätze vergleichsweise neutral dargestellt, wohingegen in anderen Lektürehilfen sehr deutliche Präferenzen zutage treten. Auffällig ist die Prominenz der biographischen Deutung ebenso wie eine Verschließung gegenüber der literaturwissenschaftlichen Diskussion mit poststrukturalistischen Ansätzen. Nur ein Teil der Lektürehilfen erwähnt die generellen Schwierigkeiten, die mit der Deutung der *Verwandlung* und Kafkas Texten im Allgemeinen einhergehen. Die anderen Publikationen ignorieren insbesondere all jene Literaturwissenschaftlerinnen und -wissenschaftler, die gerade diese Verweigerung einer Interpretation als Wesensmerkmal Kafkas verstehen.

Aufgrund der Präsentation von Interpretationsansätzen besteht die Gefahr eines eingeschränkten Verständnisses von Prinzip und Möglichkeiten der literarischen Deutung speziell, aber nicht nur mit Blick auf Kafka. Insbesondere können verschiedene Deutungsansätze nicht schlicht als einander ausschließend begriffen werden, wie es teilweise in den ausgewerteten Lektürehilfen geschieht.

Eine didaktische Herausforderung besteht in der Möglichkeit, durch die Lektürehilfen eigene Lektüre oder Unterrichts- und Klausurleistungen zu ersetzen. Möglich scheint, dass Lehrerinnen und Lehrer gerade bei der Erstellung von Leistungsüberprüfungen die Möglichkeiten vorhandener Veröffentlichungen einberechnen. Proaktiv könnten in diesem Zusammenhang geeignete Lektürehilfen auch empfohlen werden, wobei sie weder zu viele Informationen zur Verfügung stellen, noch ein verengtes Verständnis literarischer Interpretation vermitteln sollten.

Lektürehilfen

Brück, Martin (2011 (Nachdruck 1999)): Franz Kafka. *Die Verwandlung. Das Urteil* (Stark Interpretationen Deutsch). Freising: Stark.

Große, Wilhelm (2004): Franz Kafka. *Die Verwandlung* (Reclam Lektüreschlüssel für Schüler, 15342). Stuttgart: Reclam.

Hellberg, Wolf Dieter (2012): Lektürehilfen Franz Kafka. *Die Verwandlung* (Klett Lerntraining). 4. Aufl. Stuttgart: Klett.

Krischel, Volker (2011): Textanalyse und Interpretation zu Franz Kafka, *Die Verwandlung*. Alle erforderlichen Infos für Abitur, Matura, Klausur und Referat plus Musteraufgaben mit Lösungsansätzen (Königs Erläuterungen, Bd. 432). Hollfeld: Bange.

Rahner, Thomas (2005): *Die Verwandlung* – Franz Kafka. Inhalt, Hintergrund, Interpretation (Mentor Lektüre Durchblick, 325). München.

Schede, Hans-Georg (2012): Franz Kafka. *Die Verwandlung* (Schroedel Interpretationen, 25). Braunschweig: Schroedel.

Wölke, Alexandra (2013): Franz Kafka. *Die Verwandlung* (EinFach Deutsch). Braunschweig: Westermann.

Literatur

Adorno, Theodor W. (2006): Aufzeichnungen zu Kafka. In: Liebrand, Claudia (Hrsg.): Franz Kafka. Neue Wege der Forschung. Darmstadt: WBG, 21–33.

Brand, Tilman von (2014): Unterrichtshilfen für Lehrerinnen und Lehrer. Begriffsbestimmung – Konzeptionelle Differenzierungen – Exemplarische Analysen von Unterrichtshilfen zu Bernhard Schlinks *Der Vorleser*. In: Wrobel, Dieter/Müller, Astrid (Hrsg.): Bildungsmedien für den Deutschunterricht. Vielfalt – Entwicklungen – Herausforderungen. Bad Heilbrunn: Klinkhardt, 27–39.

Engel, Manfred & Auerochs, Bernd (2010): Kafka-Handbuch. Leben – Werk – Wirkung. Stuttgart: J. B. Metzler.

Günther, Hartmut & Gaebert, Desiree-Kathrin (2011): Schulbuch. In: Maaser, Michael (Hrsg.): Bildung. Ziele und Formen, Traditionen und Systeme, Medien und Akteure. Stuttgart: J. B. Metzler, 156–161.

Hecker, Axel (1998): An den Rändern des Lesbaren. Dekonstruktive Lektüren zu Franz Kafka: *Die Verwandlung, In der Strafkolonie* und *Das Urteil*. Wien: Passagen Verlag.

Hiller, Andreas (2012): Das Schulbuch zwischen Internet und Bildungspolitik. Konsequenzen für das Schulbuch als Leitmedium und die Rolle des Staates in der Schulbildung. Marburg: Tectum.

Homberger, Dietrich (2013): Wissenschaftspropädeutik. In: Lexikon Deutschunterricht. Fachwissen für Studium und Schule. 2., unveränd. Aufl. Baltmannsweiler: Schneider Hohengehren, 468.

Jahraus, Oliver (2006): Kafka. Leben, Schreiben, Machtapparate. Stuttgart: Reclam.

Jahraus, Oliver (2008): Kafka und die Literaturtheorie. In: Jagow, Bettina von/Jahraus, Oliver (Hrsg.): Kafka-Handbuch. Leben – Werk – Wirkung. Göttingen: Vandenhoeck & Ruprecht, 304–316.

Kafka, Franz (2013): Die Verwandlung, Brief an den Vater und weitere Werke (EinFach Deutsch) (hrsg. von Alexandra Wölke). Braunschweig: Westermann.

Kafka, Franz (2003): *Die Verwandlung*. Faksimile-Edition (hrsg. von Roland Reuß & Peter Staengle). Frankfurt/M.: Stroemfeld.

Klett Lerntraining Übersicht. Online unter: https://www.klett-lerntraining.de/main/bookset-03-books (Abrufdatum: 30.11.2017).

Königs Erläuterungen Onlineshop. Online unter: https://www.koenigs-erlaeuterungen.de/die-verwandlung-5862 (Abrufdatum: 30.11.2017).

Kultusministerkonferenz (2018): Operatoren und Beispiele für das Fach DEUTSCH an den Deutschen Schulen im Ausland (Bildungsgang Gymnasium). Online unter: https://www.kmk.org/fileadmin/Dateien/doc/Bildung/Auslandsschulwesen/ServiceSekI/2018_12_14_Operatoren_Deutsch_GYM.pdf (Abrufdatum: 24.09.2019).

Reddig-Korn, Birgitta (2009): Handreichungen zur Buchlektüre als Spiegel literaturdidaktischer Konzeptionen. Entwicklungen zwischen 1970 und 2006. Hamburg: Dr. Kovac.

Schulministerium NRW: Deutsch. Übersicht über die Operatoren. Online unter: https://www.standardsicherung.schulministerium.nrw.de/cms/zentralabitur-gost/faecher/getfile.php?file=3832.

Kimberly Köster

Die Nutzung von Lektüreschlüsseln bei Schülerinnen und Schülern und Lehrkräften einer gymnasialen Oberstufe. Eine Befragung zum Deutsch- und Englischunterricht

Mithilfe eines standardisierten Fragebogens wurde untersucht, wie Schülerinnen und Schüler der Sekundarstufe II eines Gymnasiums Lektüreschlüssel in den Unterrichtsfächern Deutsch und Englisch nutzten. Der Beitrag stellt die Ergebnisse vor und wirft darüber hinaus einen Blick auf Angaben einzelner Lehrerinnen und Lehrer zu ihrer Einstellung gegenüber Lektüreschlüsseln. Die explorative Erhebung bezog sich auf sechs Thesen, die teilweise bestätigt, teilweise aber auch nicht bestätigt werden konnten. Gezeigt wird unter anderem, wie Schülerinnen und Schüler der Deutschkurse Lektüreschlüssel in Abhängigkeit von Abiturrelevanz ihrer jeweiligen Kurse verwendeten, welche Aspekte der Lektüreschlüssel für sie wichtig waren und mit welchen Zielen sie Lektüreschlüssel rezipierten. Die befragten Deutschlehrerinnen und -lehrer bewiesen eine leicht ambivalente Haltung zur Nutzung von Lektüreschlüsseln der Schülerinnen und Schüler. Auch zum Englischunterricht ergaben sich relevante Ergebnisse.

1 Einleitung

Der vorliegende Aufsatz stellt Ergebnisse einer empirischen Erhebung vor,[1] die der Frage nachging, inwieweit und auf welche Weise Schülerinnen und Schüler sowie Lehrkräfte einer gymnasialen Oberstufe Lektüreschlüssel nutzen. Zur Beantwortung wurden Deutschkurse und Englischkurse der Einführungsphase[2] (EF) und der Qualifikationsphase[3] (Q1) sowie ausgewählte Lehrpersonen eines Gymnasiums im Ruhrgebiet mithilfe eines standardisierten Fragebogens befragt. Der Schwerpunkt lag auf der Betrachtung des Nutzungsverhaltens von Lektüreschlüsseln innerhalb der Kurse des Faches Deutsch.

Es geht zunächst um Ziel und Fragestellung der Untersuchung und die zu überprüfenden Hypothesen (Kapitel 2). Darauf folgt eine Darstellung des methodischen Vorgehens (Kapitel 3). Beschrieben werden das Untersuchungsdesign und die Untersuchungsinstrumente

---

1 Die Erhebung wurde als Grundlage einer Masterarbeit an der Ruhr-Universität im Jahr 2018 durchgeführt. Der Aufsatz basiert auf dieser Arbeit und stellt ihre wesentlichen Ergebnisse vor.

2 „Einführungsphase" meint nach G8 die zehnte Klasse. Es handelt sich dabei um die erste Klasse der Oberstufe.

3 „Qualifikationsphase" meint nach G8 die elfte und zwölfte Klasse. Dies sind die letzten beiden Jahre vor der Abiturprüfung. Dabei wird die elfte Klasse auch als ‚Q1' und die zwölfte Klasse auch als ‚Q2' bezeichnet. Da die Schülerinnen und Schüler der Q2 zur Zeit der Befragung bereits das Abitur gemacht haben und nicht mehr zur Schule gekommen sind, wurde nur die Q1 befragt. Wenn der Begriff ‚Qualifikationsphase' in diesem Aufsatz verwendet wird, ist damit stets nur die Q1 und das erste Jahr gemeint.

(Kapitel 3.1), die genutzte Stichprobe (Kapitel 3.2) und zum Schluss die Untersuchungsdurchführung (Kapitel 3.3).

Für den Aufsatz zentral ist die Präsentation der Ergebnisse, welche mithilfe der Fragebögen erhoben wurden, wobei zwischen der Ergebnispräsentation der Schülerfragebögen (Kapitel 4) und der Lehrerfragebögen (Kapitel 5) unterschieden wird. Im sechsten Kapitel wird in einem Exkurs auf die Nutzung von Lektüreschlüsseln im Englischunterricht eingegangen. Es folgen eine Diskussion der Ergebnisse (Kapitel 7) und ein Fazit (Kapitel 8). Aus Gründen der besseren Lesbarkeit und Übersichtlichkeit werden die verwendeten Fragebögen dem Anhang beigefügt.

2 Ziel, Fragestellung und Hypothesenbildung

Die Frage der Untersuchung war: *Inwieweit und wie nutzen Schülerinnen und Schüler und Lehrkräfte einer gymnasialen Oberstufe Lektüreschlüssel?* Es wurden sechs Hypothesen aufgestellt, die es zu überprüfen galt:

1. Schülerinnen und Schüler der Qualifikationsphase (Q1) nutzen Lektüreschlüssel häufiger als Schülerinnen und Schüler der Einführungsphase (EF).
2. Schülerinnen und Schüler des Leistungskurses nutzen Lektüreschlüssel häufiger als Schülerinnen und Schüler des Grundkurses.
3. Schülerinnen und Schüler nutzen Lektüreschlüssel, damit sie die Ganzschrift nicht lesen müssen oder um sich auf eine Unterrichtsstunde oder Klausur vorzubereiten.
4. Speziell engagierte Schülerinnen und Schüler mit guten Noten nutzen Lektüreschlüssel.
5. Speziell Schülerinnen und Schüler, welche mehr Gefallen am Deutschunterricht zeigen, nutzen Lektüreschlüssel.
6. Lehrkräfte denken über Lektüreschlüssel eher negativ und finden es nicht gut, wenn ihre Schülerinnen und Schüler diese nutzen.

Vermutung (1) lässt sich damit begründen, dass die Leistungen der Schülerinnen und Schüler innerhalb der Qualifikationsphase bereits in die Abiturnote mit einfließen und die Motivation, eine gute Note auf dem Zeugnis zu bekommen, daher größer ist als noch innerhalb der Einführungsphase. Aus diesem Grund werden neben der literarischen Lektüre womöglich noch andere Materialien, wie beispielsweise Lektüreschlüssel, für die Vorbereitung von Unterricht und Klausuren herangezogen. Ähnliches gilt für die Hypothese (2), da die Note des Leistungskurses mit einer höheren Wertung in die Abiturnote eingeht als die eines Grundkurses. Da Lektüreschlüssel unter anderem ausführliche Inhaltsangaben zu literarischen Werken enthalten, die selbst aufwändig zu lesen sind, nimmt Hypothese (3) an, dass Lektüreschlüssel auch als Werkersatz verwendet werden. Darüber hinaus ging die Untersuchung davon aus, dass häufig engagierte Schülerinnen und Schüler mit guten Deutschnoten neben anderen Medien auch zu Lektüreschlüsseln greifen, um ihr Wissen zu erweitern oder zu vertiefen (4). Dasselbe sollte für Schülerinnen und Schüler, die den Deutschunterricht positiv wahrnehmen, gelten (5). In Bezug auf Lehrkräfte wurde angenommen, dass sie über Lektüreschlüssel eher negativ denken und es nicht gut finden, wenn ihre Schülerinnen und Schüler diese für Klausuren oder im Unterricht nutzen (6); es herrsche der Verdacht, dass Schülerinnen und Schüler nicht mehr ausreichend eigenständige Leistungen erbringen, wenn sie Lektüreschlüssel verwenden.

3 Methodisches Vorgehen

3.1 Untersuchungsdesign und Untersuchungsinstrumente

Bei der durchgeführten Erhebung handelt es sich um eine Fragebogenerhebung mit einer Gelegenheitsstichprobe. Die entsprechende Untersuchung wurde mit den Probanden durchgeführt, die zur Verfügung standen, sodass vorab keine Randomisierung stattgefunden hat.

3.1.1 Schülerfragebogen

Der *Schülerfragebogen* zum Thema „Lektüreschlüssel im Deutschunterricht" ist für alle Deutschkurse, unabhängig von der Einführungsphase oder der Qualifikationsphase (Q1), identisch aufgebaut und besteht aus insgesamt fünf Seiten, die im Anhang einsehbar sind.

In vollem Umfang enthält der Bogen 31 Frage-Items, welche unterschiedlichen Überschriften untergeordnet sind. Zunächst geht es thematisch noch nicht um Lektüreschlüssel, sondern es wird danach gefragt, wie die Schülerinnen und Schüler den Deutschunterricht finden. Dies sollen sie mittels einer Schulnote ausdrücken. Danach folgen 15 weitere Items, welche das „Leseverhalten"[4], das „Lesen von literarischen Texten" und den „Literaturunterricht" thematisieren. Diese 15 Aussagen sollen auf einer vier-stufigen Antwortskala beantwortet werden, welche von „trifft nicht zu" bis „trifft voll zu" reicht. Bei der Auswertung der Ergebnisse wurden die Antworten dieser 15 Fragen letztlich ausgeklammert, da sie keine relevanten Ergebnisse erbrachten.

Auf der nächsten Seite wird erstmalig nach dem „Nutzungsverhalten von Lektüreschlüsseln" gefragt. Geben die Schülerinnen und Schüler an, dass sie noch nie einen Lektüreschlüssel für den Deutschunterricht verwendet haben, sollen sie dies begründen und anschließend zum letzten Item des Bogens, Nummer 31, springen, da sie die weiteren Items nicht beantworten können. Haben die Schülerinnen und Schüler allerdings schon einmal einen Lektüreschlüssel für den Deutschunterricht verwendet, fällt die Begründung der fehlenden Nutzung fort und die weiteren Items werden relevant. Item 17 bis Item 22 setzen sich mit dem Nutzungsverhalten im Detail auseinander. Item 23 und Item 24 gehen näher auf die inhaltlichen Aspekte eines Lektüreschlüssels ein, wobei die Schülerinnen und Schüler unter anderem in einem offenen Frageformat kurz formulieren sollen, was einen guten Lektüreschlüssel ausmacht. Der Frageblock von Item 25 bis Item 27 geht darauf ein, wie viele Lektüreschlüssel die Schülerinnen und Schüler tatsächlich besitzen, wie sie an die einzelnen Lektüreschlüssel kommen und wonach sie sich für einzelne Titel entscheiden. Item 28 bis Item 30 fragen danach, ob die Schülerinnen und Schüler ihre Lektüreschlüssel auch mit in die Schule nehmen und wie Lehrkräfte und Freunde auf diese reagieren. Abschließend fragt Item 31 nach der „Nutzung anderer Medien". Dort soll angegeben werden, ob neben bzw. anstelle des Lektüreschlüssels auch noch andere (Lern-)Medien für Unterricht oder Klausuren genutzt werden.

Innerhalb des Fragebogens wird zum Zweck sinnvoller Vergleichbarkeit mehrheitlich ein geschlossenes Frageformat, Single-Choice oder Multiple-Response, verwendet. Lediglich die Begründung, warum bisher keine Lektüreschlüssel verwendet wurden, die Nennung von Buchtiteln, das Angeben einer Zahl und die Frage danach, was einen guten Lektüreschlüssel ausmacht, sind offene Frageformate, da dort eine individuelle Antwort erwünscht ist und nicht für alle Eventualitäten eine Antwort vorformuliert werden kann.

---

4 Die einzelnen Überschriften des Fragebogens werden in diesem und im nächsten Kapitel in Anführungszeichen gesetzt.

3.1.2 Lehrerfragebogen

Der Lehrerfragebogen, der ebenfalls im Anhang einsehbar ist, wurde an die Deutsch- und Englischlehrer ausgegeben, weshalb auf der Titelseite auch der Englischunterricht mit angegeben ist. Eine Frage des Fragebogens richtet sich explizit an die Englischlehrerinnen und -lehrer, eine an die Lehrpersonen mit der Fächerkombination Deutsch und Englisch.

Insgesamt besteht der Fragebogen für die Lehrkräfte aus 16 Items. Im Gegensatz zum Bogen der Schülerinnen und Schüler thematisieren die Items 1 bis 6 direkt das „Nutzungsverhalten von Lektüreschlüsseln". Dabei sind die Items identisch mit denen des Schülerfragebogens. Nur die Begründung, weshalb bisher kein Lektüreschlüssel genutzt wurde, fällt weg. Zudem wurde für die Englischlehrkräfte die Frage ergänzt, ob lieber ein deutschsprachiger oder ein englischsprachiger Lektüreschlüssel verwendet wird. Danach folgt auch hier der Frageblock mit der Überschrift „Inhaltliche Aspekte". Dabei ist eine Frage mit der des Schülerfragebogens identisch, eine zweite fällt weg.

Von den weiteren Fragestellungen stimmt nur Item 16 mit dem des Schülerfragebogens überein. Item 8 bis Item 15 setzen sich mit dem Punkt „Einstellung gegenüber Lektüreschlüsseln" auseinander. Dort werden die Lehrkräfte gefragt, wie sie es finden, wenn ihre Schülerinnen und Schüler Lektüreschlüssel verwenden, ob die Nutzung von Lektüreschlüsseln eher zu einer besseren oder schlechteren Leistung führt und ob die Schülerinnen und Schüler durch die Nutzung eher Vorteile oder Nachteile haben. Darüber hinaus sollen die Lehrpersonen ihre Ansichten schriftlich begründen. Abschließend werden die Lehrerinnen und Lehrer mit der Fächerkombination Deutsch und Englisch nach den Unterschieden zwischen beiden Fächern gefragt.

3.2 Stichprobe

An der Erhebung nahmen sowohl Schülerinnen und Schüler der Einführungsphase (EF) und Qualifikationsphase (Q1) einer gymnasialen Oberstufe im Ruhrgebiet als auch ausgewählte Lehrkräfte dieser Schule teil.

In der *Einführungsphase* waren insgesamt drei Deutschkurse beteiligt. Dies entsprach 59 Schülerinnen und Schülern, wobei 37 (62,7 %) weiblich und 22 (37,3 %) männlich waren. Das Durchschnittsalter in allen Deutschkursen der EF zusammen lag zum Zeitpunkt der Erhebung bei 16 Jahren (SD=0,73/Min=15 Jahre/Max=18 Jahre).

In der *Qualifikationsphase (Q1)* haben zwei Grundkurse und zwei Leistungskurse an der Erhebung mitgewirkt. Unterteilt man die insgesamt 80 Schülerinnen und Schüler in Grund- und Leistungskurse, waren es in den *Grundkursen* 44 Schülerinnen und Schüler. Von diesen waren 24 (54,5 %) weiblich und 20 (45,5 %) männlich. Das Durchschnittsalter lag bei 17 Jahren (SD=0,58/Min=16 Jahr/Max=18 Jahre). In den *Leistungskursen* nahmen 36 Schülerinnen und Schüler teil, von denen 19 (52,8 %) weiblich und 17 (47,2 %) männlich waren. Das Durchschnittsalter betrug 17 Jahre (SD=0,61/Min=16 Jahre/Max=18 Jahre). Insgesamt wurden also 139 Schülerinnen und Schüler für das Fach Deutsch befragt.

Bei den Lehrkräften wurden diejenigen befragt, welche zum Zeitpunkt der Erhebung oder im vorhergehenden Schuljahr einen Deutschkurs in der Oberstufe unterrichtet haben. Auch wenn insgesamt mehr Fragebögen verteilt wurden, beantworteten am Ende lediglich sechs Deutschlehrerinnen und -lehrer den Lehrerfragebogen. Dabei waren fünf Lehrkräfte weiblich und eine männlich. Drei davon hatten zudem die Fächerkombination Deutsch und Englisch.[5]

3.3 Untersuchungsdurchführung

Die Erhebung der Daten fand in den einzelnen Kursen binnen einer Woche und kurz vor Beginn der Sommerferien im Juli 2018 statt, wobei die letzten Lehrerfragebögen noch nach den Sommerferien abgeholt wurden.

Insgesamt verlief die Untersuchungsdurchführung in jedem Kurs ähnlich. Sie erfolgte innerhalb normaler Unterrichtsstunden, wenn auch hier zu unterschiedlichen Zeitpunkten. Ehe die einzelnen Fragebögen an die Schülerinnen und Schüler verteilt wurden, wurde kurz erklärt, was Lektüreschlüssel eigentlich sind. Zudem wurden den Schülerinnen und Schülern beispielhafte Exemplare präsentiert, um einen identischen Bezugspunkt bei der Ausfüllung der Fragebögen zu garantieren. Insgesamt dauerten Einleitung und Ausfüllen der Bögen ungefähr 15 Minuten. Es wurde jedoch keine Zeitbegrenzung vorgegeben, da besonders die Beantwortung der offenen Fragestellung unterschiedlich lange dauerte.

Anders als bei den Schülerinnen und Schülern wurde den Lehrkräften die Option gegeben, den Fragebogen mit nach Hause zu nehmen und diesen dort zu beantworten. Dies hatte den Grund, dass bei drei bis vier Fragen auch eine schriftliche Begründung erwartet und von daher mehr Zeit benötigt wurde.

4 Ergebnisse der Schülererhebung

Die folgende Ergebnispräsentation nimmt nicht jedes Item des Schülerfragebogens in den Blick, sondern orientiert sich an den im zweiten Kapitel aufgestellten Hypothesen. Während bei einigen Fragen die Ergebnisse für die Einführungsphase und die Grund- und Leistungskurse der Qualifikationsphase (Q1) getrennt dargestellt werden, werden die Ergebnisse anderer Frage-Items für die drei Gruppen zusammengefasst. Der Grund dafür ist, dass die Antworten der Schülerinnen und Schüler zu einigen Fragen sehr ähnlich sind, sodass eine Unterteilung nicht nötig scheint. Darüber hinaus ist vorab zu erwähnen, dass bei einzelnen Items wenige Schülerinnen und Schüler Fragen übersprungen haben, sodass die Antwortzahlen minimal differieren können.

4.1 Verwendung von Lektüreschlüsseln: Ja oder Nein?

Im Folgenden ist zunächst dargestellt, wie viele der insgesamt 139 befragten Schülerinnen und Schüler schon einmal einen Lektüreschlüssel für den Deutschunterricht verwendet haben. Dabei werden die Ergebnisse für die Einführungsphase sowie für die Grund- und Leistungskurse der Qualifikationsphase getrennt präsentiert, da sich die Angaben deutlich voneinander unterscheiden.

---

5 Da diese Anzahl der auswertbaren Lehrerfragebögen sehr gering ist, werden die Ergebnisse der Lehrerfragebögen in diesem Aufsatz verkürzt dargestellt und es wird auf Prozentangaben verzichtet.

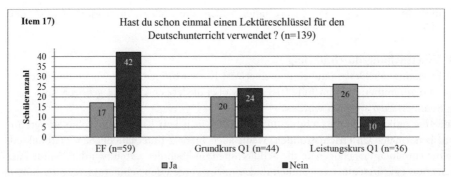

Abb. 1: Verwendung von Lektüreschlüsseln (Schülerinnen und Schüler)

Aus Abbildung 1 geht hervor, dass von insgesamt 59 Schülerinnen und Schülern der *Einführungsphase* 17 Schülerinnen und Schüler (28,8 %) schon einmal einen Lektüreschlüssel für den Deutschunterricht verwendet haben und 42 Schülerinnen und Schüler (71,2 %) noch nicht. Wirft man einen Blick auf die Verwendung von Lektüreschlüsseln innerhalb der *Grundkurse* Deutsch der Qualifikationsphase (Q1), haben 20 (45,5 %) von 44 Schülerinnen und Schülern während ihrer Schulzeit schon einmal einen Lektüreschlüssel für den Deutschunterricht verwendet, während 24 Schülerinnen und Schüler (54,5 %) dies noch nicht getan haben. In den *Leistungskursen* haben insgesamt 26 (72,2 %) von 36 Schülerinnen und Schülern schon einmal einen Lektüreschlüssel für den Deutschunterricht verwendet und 10 Schülerinnen und Schüler (27,8 %) noch nicht.

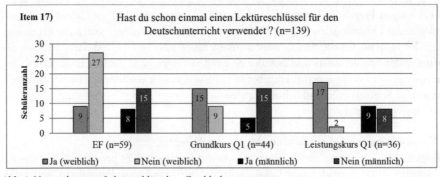

Abb. 2: Verwendung von Lektüreschlüsseln – Geschlecht

Unterteilt man die Schülerinnen und Schüler der *Einführungsphase* nach Geschlecht (s. Abbildung 2), haben insgesamt 9 Schülerinnen (15,2 %) schon einmal einen Lektüreschlüssel für den Deutschunterricht benutzt und 27 Schülerinnen (45,8 %) noch nicht. Bei den Jungen haben 8 Schüler (13,6 %) schon einmal einen Lektüreschlüssel verwendet und 15 Schüler (25,4 %) noch nicht. Innerhalb der *Grundkurse* Deutsch der Qualifikationsphase (Q1) sind von den 20 Schülerinnen und Schülern, die schon einmal einen Lektüreschlüssel verwendet haben, 15 Schülerinnen (34,1 %) weiblich und 5 Schüler (11,4 %) männlich. Von den 24 Schülerinnen und Schülern, die noch keinen Lektüreschlüssel im Deutschunterricht benutzt haben, sind 9 Schülerinnen (20,4 %) weiblich und 15 Schüler (34,1 %) männlich. Betrachtet man für die *Leistungskurse* beide Geschlechter getrennt voneinander, haben 17 Schülerinnen (47,2 %) und 2 Schüler (5,6 %) schon einmal einen Lektüreschlüssel benutzt, wohingegen 9 Schülerinnen (25,0 %) und 8 Schüler (22,2 %) noch keinen verwendet haben.

4.2 Zusammenhang zwischen der Lektüreschlüsselnutzung und den Zeugnisnoten Deutsch sowie dem Gefallen am Deutschunterricht

Die Frage nach dem Zusammenhang zwischen der Lektüreschlüsselnutzung und den letzten Zeugnisnoten im Fach Deutsch sowie nach dem Zusammenhang zwischen der Lektüreschlüsselnutzung und dem Gefallen am Deutschunterricht – den die Schülerinnen und Schüler in Item 1 des Schülerfragebogens durch Zeugnisnoten ausdrücken konnten – ergibt die Daten der folgenden zwei Abbildungen. Dabei werden die Ergebnisse aller Schülerinnen und Schüler (n=139) der Einführungsphase und der Grund- und Leistungskurse der Qualifikationsphase (Q1) zusammengefasst präsentiert, da sie sehr ähnlich sind.

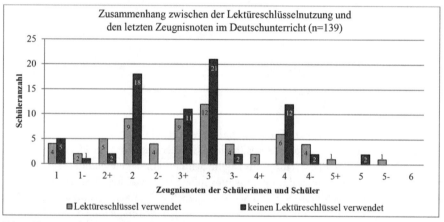

Abb. 3: Zusammenhang zwischen Lektüreschlüsselnutzung und Zeugnisnoten

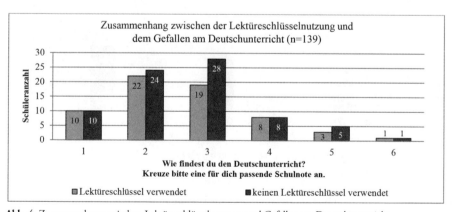

Abb. 4: Zusammenhang zwischen Lektüreschlüsselnutzung und Gefallen am Deutschunterricht

Die Bedeutung der zwei Abbildungen wird in 7.1 näher analysiert.

4.3 Schülerinnen und Schüler, die Lektüreschlüssel verwenden

In den nächsten drei Unterkapiteln wird zunächst nur auf die 63 Schülerinnen und Schüler eingegangen, welche schon einmal einen Lektüreschlüssel für den Deutschunterricht verwendet haben.

4.3.1 Nutzungsverhalten

Bei der Untersuchung des „Nutzungsverhaltens von Lektüreschlüsseln" wurde zunächst mithilfe von Item 19 erhoben, wie häufig diese Nutzung erfolgte (s. Abbildung 5).

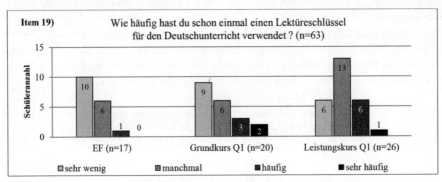

Abb. 5: Häufigkeit der Verwendung von Lektüreschlüsseln (Schülerinnen und Schüler)

Innerhalb der Deutschkurse der *Einführungsphase* wurde die Antwort „sehr wenig" von 10 Schülerinnen und Schüler angekreuzt, während 6 Schülerinnen und Schüler „manchmal", eine Schülerin oder ein Schüler „häufig" und keine Schülerin bzw. kein Schüler „sehr häufig" auswählten. In den *Grundkursen* der Qualifikationsphase (Q1) wählten 9 Schülerinnen und Schüler „sehr wenig", 6 Schülerinnen und Schüler „manchmal", 3 Schülerinnen und Schüler „häufig" und 2 „sehr häufig" aus. Zudem kreuzten in den *Leistungskursen* 6 Schülerinnen und Schüler „sehr wenig", 13 Schülerinnen und Schüler „manchmal", 6 „häufig" und eine Schülerin oder ein Schüler „sehr häufig" an.

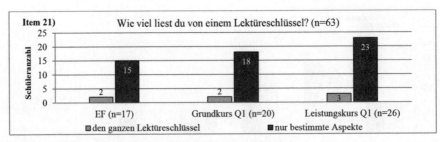

Abb. 6: Leseverhalten von Lektüreschlüsseln (Schülerinnen und Schüler)

Bei der Frage 21 des Fragebogens mussten die Schülerinnen und Schüler angeben, wie viel sie von Lektüreschlüsseln quantitativ lesen, ob sie also den gesamten Text oder nur bestimmte Teile bzw. Aspekte aufnehmen (s. Abbildung 6). Dabei antworteten alle drei Gruppen sehr ähnlich, sodass die Ergebnisse im Folgenden zusammengefasst werden. Insgesamt gaben

7 Schülerinnen und Schüler (11,1 %) an, dass sie den ganzen Lektüreschlüssel läsen, während 56 Schülerinnen und Schüler (88,9 %) ankreuzten, dass sie jeweils nur bestimmte Aspekte rezipierten.

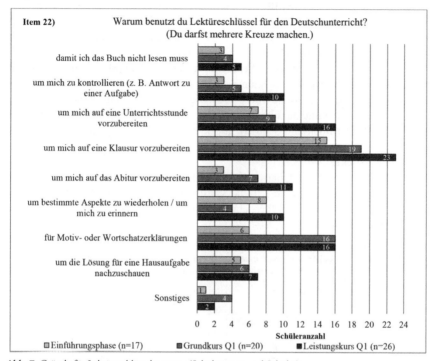

Abb. 7: Gründe für Lektüreschlüsselnutzung (Schülerinnen und Schüler)

Die letzte Frage (Item 22) des Frageblocks „Nutzungsverhalten von Lektüreschlüsseln" fragte die Schülerinnen und Schüler nach den Gründen für die Lektüreschlüsselnutzung, wobei mehrere Kreuze gesetzt werden durften (s. Abbildung 7). Von den insgesamt 17 Schülerinnen und Schülern der *Einführungsphase*, welche schon einmal einen Lektüreschlüssel verwendet haben, wählten 15 Schülerinnen und Schüler den Grund, „um mich auf eine Klausur vorzubereiten". Die am zweithäufigsten genannte Antwort, „um bestimmte Aspekte zu wiederholen/mich zu erinnern", wurde von 8 Schülerinnen und Schüler angegeben, die dritthäufigste, „um mich auf eine Unterrichtsstunde vorzubereiten", von 7 Schülerinnen und Schülern. Lässt man den Aspekt „Sonstiges" außen vor, welcher nur von einer Schülerin bzw. einem Schüler ausgewählt wurde, wurden die Gründe, „um mich auf das Abitur vorzubereiten", „um mich zu kontrollieren" und „damit ich das Buch nicht lesen muss" von jeweils 3 Schülerinnen und Schülern angekreuzt.

Betrachtet man die Antworten zur Frage 22 bei den Schülerinnen und Schülern der *Grundkurse* innerhalb der Qualifikationsphase (Q1), wählten 19 von insgesamt 20 Schülerinnen und Schülern den Grund, „um mich auf eine Klausur vorzubereiten". Am zweithäufigsten wurde die Antwort „für Motiv- oder Wortschatzerklärung" von 16 Schülerinnen und Schülern angekreuzt. An dritter Stelle folgt der Grund, „um mich auf eine Unterrichtsstunde vorzubereiten", welcher von 9 Schülerinnen und Schülern ausgewählt wurde. Neben dem Aspekt „Sonstiges" wurden die Gründe, „um bestimmte Aspekte zu wiederholen/um mich zu erinnern" und „damit ich das Buch nicht lesen muss" am seltensten genannt. Für sie entschieden sich jeweils 4 Schülerinnen und Schüler.

Nimmt man als letztes die Ergebnisse der Schülerinnen und Schüler aus den *Leistungskursen* der Qualifikationsphase (Q1) in den Blick, steht auch hier an erster Stelle der Grund, „um mich auf eine Klausur vorzubereiten". Diesen wählten 23 Schülerinnen und Schüler von insgesamt 26 Schülerinnen und Schülern. Am zweithäufigsten wurden die Antworten „für Motiv- und Wortschatzerklärungen" und „um mich auf eine Unterrichtsstunde vorzubereiten" von jeweils 16 Schülerinnen und Schülern angekreuzt. Danach wurde der Grund, „um mich auf das Abitur vorzubereiten", am dritthäufigsten, nämlich von 11 Schülerinnen und Schülern genannt. Am seltensten wurde auch hier, neben dem Punkt „Sonstiges", für welchen sich 2 Schülerinnen und Schüler entschieden, der Grund „damit ich das Buch nicht lesen muss" von 5 Schülerinnen und Schülern angekreuzt.

4.3.2 Inhaltliche Aspekte

Item 23 des Frageblocks mit der Überschrift „Inhaltliche Aspekte" fragte danach, welche Aspekte bzw. Inhalte von Lektüreschlüsseln die Schülerinnen und Schüler am häufigsten für den Deutschunterricht nutzten. Eine Übersicht der Antworten – Mehrfachnennungen waren hier möglich – bietet Abbildung 8.

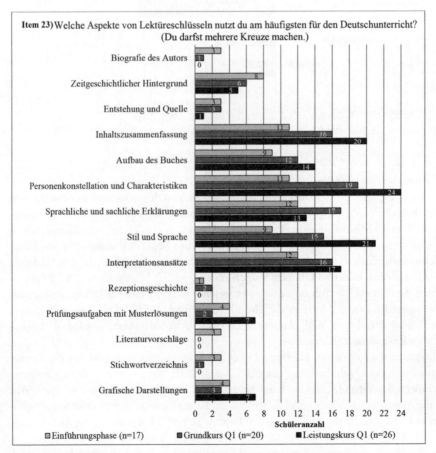

Abb. 8: Nutzung inhaltlicher Aspekte von Lektüreschlüsseln (Schülerinnen und Schüler)

In der *Einführungsphase* wurden die zwei Aspekte „Sprachliche und sachliche Erklärungen" und „Interpretationsansätze" am häufigsten und insgesamt von 12 Schülerinnen und Schülern ausgewählt. Knapp danach folgen die Punkte „Inhaltszusammenfassung" und „Personenkonstellation und Charakteristiken", welche jeweils von 11 Schülerinnen und Schülern angekreuzt wurden. Am zweitseltensten nannten je 3 Schülerinnen und Schüler die Aspekte „Biographie des Autors", „Entstehung und Quelle", „Literaturvorschläge" und das „Stichwortverzeichnis". Am seltensten und nur von einer Schülerin oder einem Schüler angekreuzt wurde die „Rezeptionsgeschichte".

Innerhalb der *Grundkurse* der Qualifikationsphase (Q1) kreuzten 19 Schülerinnen und Schüler von insgesamt 20 den Aspekt „Personenkonstellation und Charakteristiken" an. An zweiter Stelle folgt „Sprachliche und sachliche Erklärungen", welcher von 17 Schülerinnen und Schülern gewählt wurde. Am dritthäufigsten wurden von jeweils 16 Schülerinnen und Schülern die Punkte „Inhaltszusammenfassung" und Interpretationsansätze" genannt. Dagegen wurden das „Stichwortverzeichnis" von einer Schülerin bzw. einem Schüler und die „Literaturvorschläge" von niemandem gewählt.

Betrachtet man als letztes die Ergebnisse der *Leistungskurse* der Qualifikationsphase (Q1), steht auch hier an erster Stelle der Aspekt „Personenkonstellation und Charakteristiken", welchen 24 Schülerinnen und Schüler von insgesamt 26 auswählten. Am zweithäufigsten kreuzten 21 Schülerinnen und Schüler den Punkt „Stil und Sprache" und am dritthäufigsten 20 Schülerinnen und Schüler die „Inhaltszusammenfassung" an. Von drei Schülerinnen und Schülern weniger wurde der Aspekt „Interpretationsansätze" ausgewählt. Vier Aspekte wurden von keiner Schülerin und keinem Schüler genannt, nämlich „Biographie des Autors", „Rezeptionsgeschichte", „Literaturvorschläge" und das „Stichwortverzeichnis".

4.3.3 Umgang mit Lektüreschlüsseln im Unterricht

Zu den im zweiten Kapitel aufgestellten Hypothesen gehört, dass Lehrkräfte eher negativ über Lektüreschlüssel denken und es nicht gut finden, wenn Schülerinnen und Schüler diese nutzen. Interessant ist daher zu wissen, ob Schülerinnen und Schüler ihre Lektüreschlüssel mit in die Schule nehmen, sodass die Lehrkräfte diese sehen. Des Weiteren ist interessant, wie Schülerinnen und Schüler die Reaktion ihrer Lehrpersonen wahrnehmen und ob diese eher negativ, positiv oder neutral ist. Aus diesem Grund werden im Folgenden die Ergebnisse der Items 28 bis 30 präsentiert, die sich mit dem Umgang mit Lektüreschlüsseln im Unterricht befassten.

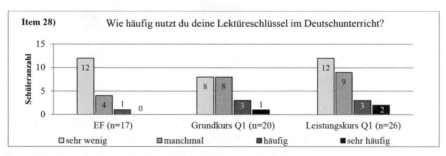

Abb. 9: Häufigkeit der Verwendung von Lektüreschlüsseln im Deutschunterricht

Betrachtete man die Ergebnisse der Frage 28 (s. Abbildung 9), welche danach fragt, wie häufig Schülerinnen und Schüler ihre Lektüreschlüssel im Deutschunterricht nutzen, also diesen mit zur Schule nehmen, gaben 12 von 17 Schülerinnen und Schülern der *Einführungsphase* an, dass sie Lektüreschlüssel „sehr wenig" im Unterricht verwenden. Des Weiteren wählten 4 Schülerinnen und Schüler „manchmal" und eine Schülerin bzw. ein Schüler „häufig" aus. Die Antwort „sehr häufig" wurde von keiner Schülerin und keinem Schüler angekreuzt. Innerhalb der *Grundkurse* der Qualifikationsphase (Q1) gaben jeweils 8 von insgesamt 20 Schülerinnen und Schülern die Antworten „sehr wenig" und „manchmal" an. „Häufig" wurde von 3 Schülerinnen und Schülern angekreuzt und „sehr häufig" von einer Schülerin oder einem Schüler. In den *Leistungskursen* wählten 12 Schülerinnen und Schüler „sehr wenig", 9 „manchmal", 3 „häufig" und 2 „sehr häufig" als Antwort aus.

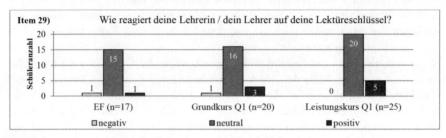

Abb. 10: Verwendung von Lektüreschlüsseln – Reaktion der Lehrkräfte

Die Frage 29 des Schülerfragebogens fragte danach, wie die Lehrerinnen und Lehrer auf die Lektüreschlüssel der Schülerinnen und Schüler reagieren. Dabei fielen die Wahrnehmungen in allen drei Gruppen sehr ähnlich aus, sodass diese zusammenfassend dargestellt werden (s. Abbildung 10). Insgesamt wurde die Antwort „neutral" von 51 Schülerinnen und Schülern (82,3 %) ausgewählt, die Antwort „negativ" von zwei Schülerinnen und Schülern (3,2 %) und „positiv" von 9 Schülerinnen und Schülern (14,5 %).

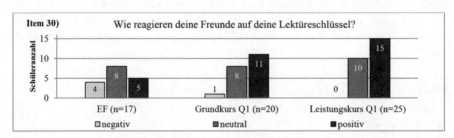

Abb. 11: Verwendung von Lektüreschlüsseln – Reaktion von Freunden

Neben der Wahrnehmung der Reaktion von Lehrkräften auf die Lektüreschlüsselnutzung der Schülerinnen und Schüler wurde auch nach der Wahrnehmung der Reaktion von Freunden gefragt (s. Abbildung 11). Dabei fielen die Antworten der drei Gruppen unterschiedlich aus.

Innerhalb der *Einführungsstufe* wählten 4 Schülerinnen und Schüler die Antwort „negativ", 8 Schülerinnen und Schüler „neutral" und 5 „positiv". In den *Grundkursen* der Qualifikationsphase (Q1) kreuzte eine Schülerin bzw. ein Schüler den Aspekt „negativ", 8 Schülerinnen und Schüler kreuzten „neutral" und 11 „positiv" an. Innerhalb der *Leistungskurse* gab keine Schülerin und kein Schüler die Wahrnehmung „negativ" an. Stattdessen wählten 10 Schülerinnen und Schüler den Punkt „neutral" und 15 „positiv" aus.

4.4 Schülerinnen und Schüler, die *keinen* Lektüreschlüssel verwenden

Nachdem in den letzten Unterkapiteln nur auf die Schülerinnen und Schüler eingegangen wurde, die schon einmal einen Lektüreschlüssel verwendet haben, werden in diesem Kapitel die Antworten der Schülerinnen und Schüler weiter ausgeführt, die Frage 17 des Schülerfragebogens mit „Nein" beantwortet haben, also bisher keinen Lektüreschlüssel für den Deutschunterricht verwendet haben. Von insgesamt 139 Befragten waren dies 76 Schülerinnen und Schüler.

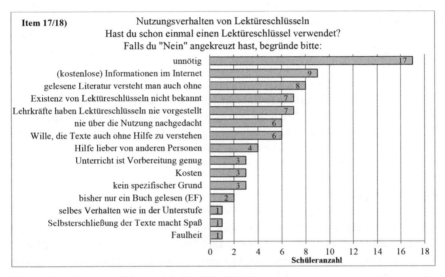

Abb. 12: Gründe gegen die Verwendung von Lektüreschlüsseln

Aus der Abbildung 12 gehen die von den Schülerinnen und Schülern genannten Begründungen für ihr Verhalten hervor, von denen nur die sieben beliebtesten hier noch einmal erwähnt seien. Dabei werden die Ergebnisse der Einführungsphase und die der Grund- und Leistungskurse der Qualifikationsphase (Q1) erneut zusammengefasst, da die Antworten der unterschiedlichen Befragten sehr ähnlich sind, sodass eine getrennte Darstellung nicht nötig ist. Der am häufigsten genannte Grund dafür, dass ein Lektüreschlüssel bisher nicht genutzt wurde, ist, dass die Verwendung „unnötig" sei. Dies gaben 17 Schülerinnen und Schüler (22,4 %) an. Mit 9 Stimmen (11,8 %) bestand der am zweithäufigsten genannte Grund darin, dass man die Informationen, welche in einem Lektüreschlüssel zu finden sind, auch (kostenlos) im Internet erhalte. Der Faktor „Kosten" wurde später nochmals explizit von 3 Schülerinnen und Schülern (3,9 %) genannt. Als dritter Grund wurde von 8 Schülerinnen und Schülern (10,5 %) notiert, dass sie die Literatur, die bisher im Unterricht gelesen und besprochen wurde, auch ohne weitere Hilfe, also ohne die zusätzliche Anschaffung eines Lektüreschlüssels, verstehen würden. Die am viert- und fünfthäufigsten genannten Gründe scheinen ähnlich zu sein. Zum einen erklärten 7 Schülerinnen und Schüler (9,2 %), dass sie bisher nichts von der Existenz von Lektüreschlüsseln wussten. 7 weitere Schülerinnen und Schüler gaben an, dass die Lehrkraft ihnen die Textsorte bisher nicht vorgestellt habe. Jeweils 6 Schülerinnen und Schüler (7,9 %) notierten als Begründung, dass sie bisher nicht über eine Nutzung nachgedacht hätten oder die im Unterricht besprochenen Texte ohne Hilfe verstehen wollten.

5 Ergebnisdarstellung der Lehrerfragebögen

5.1 Nutzungsverhalten von Lektüreschlüsseln

Insgesamt gaben von den 6 befragten Deutschlehrkräften die 5 weiblichen Lehrkräfte an, dass sie schon einmal einen Lektüreschlüssel verwendet hätten, während die männliche Lehrperson dies verneinte. Vier Lehrkräfte gaben an, dass sie ihren Lektüreschlüssel „manchmal" verwendeten, eine, dass sie diesen „häufig" nutze. Alle 5 Lehrerinnen erklärten, dass sie nur bestimmte Aspekte läsen. Niemand arbeitete daher den gesamten Lektüreschlüssel durch. Frage 5 des Lehrerfragebogens befasste sich mit den Gründen für die Lektüreschlüsselnutzung, wobei die Lehrkräfte zwischen 8 Aspekten wählen konnten und mehrere Kreuze setzen durften. Am häufigsten wurde der Grund „Unterrichtsvorbereitung" von 4 Lehrkräften genannt. Danach folgen die Punkte „Kontrolle (z.B. Habe ich bestimmte Aspekte richtig registriert)" und „Erinnerung/Wiederholung bestimmter Aspekte", welche von jeweils 3 Lehrpersonen angegeben wurden. Der Grund „Abiturvorbereitung" wurde von 2 Lehrerinnen angekreuzt und die beiden Gründe „Ideen für eine Klausur" und „Sonstiges" von jeweils einer Person. Keine Lehrkraft wählte die Punkte „Ersatz für das Buch" und „Ideen für Tafelbilder".

5.2 Inhaltliche Aspekte

Bei Frage 7 des Lehrerfragebogens, welche nach den Aspekten von Lektüreschlüsseln fragte, die von den 5 Lehrkräften am häufigsten genutzt werden, wurden dieselben Antwortmöglichkeiten aufgeführt wie bei den Schülerinnen und Schülern. Ergänzt wurde lediglich der Aspekt „Materialien". Zudem durften auch hier mehrere Kreuze gesetzt werden. Insgesamt haben diese Frage nur vier der fünf Lehrpersonen beantwortet. Dies liegt daran, dass eine Lehrkraft Lektüreschlüssel nur nutzte, um zu schauen, welche Antworten ihre Schülerinnen und Schüler aus ihnen kopiert haben könnten.

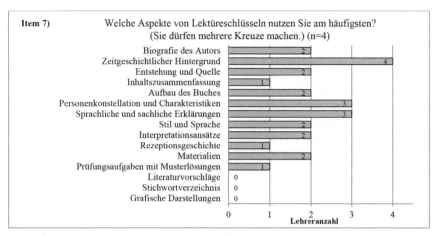

Item 7) Welche Aspekte von Lektüreschlüsseln nutzen Sie am häufigsten?
(Sie dürfen mehrere Kreuze machen.) (n=4)

Abb. 13: Nutzung inhaltlicher Aspekte von Lektüreschlüsseln (Lehrkräfte)

Abbildung 13 zeigt, dass an erster Stelle der inhaltliche Aspekt „Zeitgeschichtlicher Hintergrund" steht, welcher von 4 Lehrkräften genannt wurde. Danach wurden die beiden Punkte „Personenkonstellation und Charakteristiken" und „Sprachliche und sachliche Erklärungen" von jeweils 3 Lehrpersonen angekreuzt. Außerdem wurden die „Inhaltszusammenfassung", die „Rezeptionsgeschichte" und die „Prüfungsaufgaben mit Musterlösungen" von jeweils einer Lehrerin ausgewählt, während „Literaturvorschläge", das „Stichwortverzeichnis" und „Grafische Darstellungen" von niemandem genannt wurden. Die restlichen sechs inhaltlichen Aspekte wurden von jeweils 2 Lehrkräften angekreuzt.

5.3 Einstellung gegenüber Lektüreschlüsseln

Bezüglich Item 8 kann man zunächst festhalten, dass keine Lehrerin und kein Lehrer mit Blick auf die Lektüreschlüsselnutzung von Schülerinnen und Schülern eine rein „negative" Einstellung dokumentiert hat. Insgesamt wählten 2 Lehrkräfte „neutral", eine Lehrperson „positiv" und 3 Lehrerinnen und Lehrer die Antwort „Mischung" aus, mit der eine gemischte Einstellung gemeint war. Im Anschluss an die Beantwortung von Item 8 sollten die gegebenen Antworten noch begründet werden. Auch bei den Fragen 11 und 13 sollten die Lehrkräfte ihre Antworten begründen. Dabei waren diese Fragen sehr ähnlich und fragten danach, ob Schülerinnen und Schüler durch die Lektüreschlüsselnutzung eher Vorteile, Nachteile oder eine Mischung aus beiden hätten. Da sich die Begründungen aller drei Fragen generell überschneiden und die Antworten sehr ähnlich sind, werden diese im Folgenden zusammenfassend dargestellt.

Insgesamt nannten die sechs Befragten unterschiedliche positive, aber auch negative Aspekte im Hinblick auf die Lektüreschlüsselnutzung. Dabei wurde von fast allen Lehrkräften klar herausgestellt, dass die Nutzung *positiv* sei bzw. *Vorteile* biete, wenn Lektüreschlüssel als Ideengeber bzw. zur Anregung oder zur Vertiefung von Wissen verwendet würden. Zudem wurde erklärt, dass Lektüreschlüssel eine Hilfe seien und unterstützen können. Zum Beispiel erhielten Schülerinnen und Schüler sprachliche und sachliche Erläuterungen, die ihnen das Textverständnis erleichterten. Positiv sei auch, dass Schülerinnen und Schüler ihre

Hausaufgaben und Interpretationsansätze nachschauen und überprüfen können. Dies habe zur Folge, dass sich die Schülerinnen und Schüler sicherer fühlten und sich mehr am Unterricht beteiligten. Des Weiteren könnten Lektüreschlüssel beispielsweise zur Vorbereitung eines Referates genutzt und Aspekte wie die Biographie eines Autors könnten nachgeschaut werden, sodass eine Erarbeitung im Selbststudium möglich sei. Dabei wird betont, dass Lektüreschlüssel eine willkommene Abwechslung zur allgemeinen Internetsuche seien. Alles in allem werde durch die korrekte Nutzung von Lektüreschüsseln ein gezieltes Vorbereiten auf den Unterricht oder auf Klausuren möglich.

Neben den positiven Aspekten werden von den Lehrerinnen und Lehrern auch *negative* Punkte und *Nachteile* von Lektüreschlüsseln aufgeführt. So wurde beispielsweise geäußert, dass eher die guten Schülerinnen und Schüler von der Lektüreschlüsselnutzung profitierten und nicht die schwächeren. Dies liege daran, dass sich die schwächeren Schülerinnen und Schüler zu sehr auf die Lektüreschlüssel verließen, die Inhalte abgeschrieben oder auswendig gelernt würden, sodass beispielsweise die eigene ‚Analyseanstrengung' ersetzt werde. Als weiteres Argument gegen die Lektüreschlüsselnutzung wurde der ‚Ersatzaspekt' genannt. Damit ist gemeint, dass der Lektüreschlüssel manchmal als Ersatz für die Lektüre gelesen werde, was laut der Lehrkräfte inakzeptabel sei.

Nachdem Angaben zur Einstellung gegenüber der Nutzung von Lektüreschlüsseln gemacht wurden, sollten die befragten Lehrkräfte einschätzen, wie häufig ihre Schülerinnen und Schüler überhaupt einen Lektüreschlüssel verwendeten. Dabei wurden die Antworten „nie" und „sehr häufig" von niemandem angekreuzt. Jeweils eine Lehrperson wählte die Punkte „sehr wenig" und „häufig" aus. Am häufigsten wurde die Antwort „manchmal" von insgesamt 4 Lehrkräften angegeben.

6 *Exkurs*: Nutzung von Lektüreschlüsseln im Englischunterricht

Während die Daten innerhalb der Deutschkurse erhoben wurden, wurden parallel auch die Schülerinnen und Schüler der Einführungsphase und die der Grund- und Leistungskurse der Qualifikationsphase (Q1) für das *Fach Englisch* befragt. Dabei wurde, bis auf drei kleine Unterschiede, der identische Fragebogen eingesetzt. Darüber hinaus haben auch ausgewählte Englischlehrkräfte einen Lehrerfragebogen beantwortet.

Auch wenn Lektüreschlüssel lange Zeit in erster Linie für den *Deutschunterricht* bestimmt waren, werden zunehmend Lektüreschlüssel veröffentlicht, welche sich auf literarische Werke beziehen, die im Englisch- und nicht im Deutschunterricht behandelt werden. Des Weiteren müssen besonders die Englischkurse der Oberstufe oft ähnliche Anforderungen wie die Deutschkurse bewältigen. Beispielsweise müssen die Schülerinnen und Schüler hinsichtlich Ganzschriften ebenfalls Analysen oder Textinterpretationen verfassen. Aus diesem Grund ist die Datenerhebung auch innerhalb des Englischunterrichts interessant.

6.1 Methodisches Vorgehen

6.1.1 Untersuchungsinstrumente

Wie bereits oben erwähnt, wurde innerhalb der Englischkurse derselbe Fragebogen eingesetzt wie in den Deutschkursen, wobei es jedoch drei Ergänzungen gab. Betrachtet man den *Schülerfragebogen* zum Thema „Lektüreschlüssel im Englischunterricht", sind die Fragen 3 und 23 neu dazugekommen. Ebenfalls ergänzt wurde die Antwortmöglichkeit „SparkNotes" bei

Frage 33, mit der eine Internetseite gemeint ist, auf der ähnliche Inhalte zu finden sind wie in einem Lektüreschlüssel für englischsprachige Ganzschriften.

Bereits im dritten Kapitel wurde erwähnt, dass auch die Deutsch- und Englischlehrkräfte denselben *Lehrerfragebogen* erhielten. Dabei richtete sich die Frage 6 explizit und nur an die Englischlehrerinnen und -lehrer. Zudem sollten nur die Lehrpersonen, welche die Fächerkombination Deutsch und Englisch unterrichten, die Frage 15 beantworten.

6.1.2 Stichprobe und Durchführung der Untersuchung

An der Erhebung im Englischunterricht nahmen zwei Kurse der Einführungsphase, zwei Grundkurse und zwei Leistungskurse der Qualifikationsphase (Q1) teil, sodass in vollem Umfang 121 Schülerinnen und Schüler befragt wurden.

In den Englischkursen der *Einführungsphase* nahmen 45 Schülerinnen und Schüler an der Befragung teil, wobei 26 (57,8 %) weiblich und 19 (42,2 %) männlich waren. Das Durchschnittsalter aller Englischkurse der EF zusammen betrug zum Zeitpunkt der Untersuchung 16 Jahre (SD=0,76/Min=15 Jahre/Max=18 Jahre).

In der *Qualifikationsphase* wirkten insgesamt 76 Schülerinnen und Schüler an der Umfrage mit. Von diesen waren 39 Schülerinnen und Schüler in den *Grundkursen* Englisch, wovon 18 (46,2 %) weiblich und 21 (53,8 %) männlich waren. Das Durchschnittsalter lag bei 17 Jahren (SD=0,52/Min=16 Jahre/Max=18 Jahre). In den *Leistungskursen* wurden 37 Schülerinnen und Schüler befragt. Von diesen waren 22 (59,5 %) weiblich und 15 (40,5 %) männlich. Auch hier betrug das Durchschnittsalter 17 Jahre (SD=0,70/Min=16 Jahre/Max=19 Jahre).

Neben den sechs bereits oben vorgestellten Deutschlehrkräften, von welchen drei die Fächerkombination Deutsch und Englisch hatten, wurden zusätzlich vier *Englischlehrerinnen* befragt, die nicht Deutsch als zweites Fach unterrichteten.

Die Durchführung der Untersuchung entsprach derjenigen für das Fach Deutsch.

6.2 Ergebnisdarstellung der Schülerfragebögen

Die Ergebnisse von Frage 18 zur Verwendung von Lektüreschlüsseln im Englischunterricht zeigt, dass jeweils die Mehrheit der Schülerinnen und Schüler noch keine Verwendung vorgenommen hat (s. Abbildung 14).

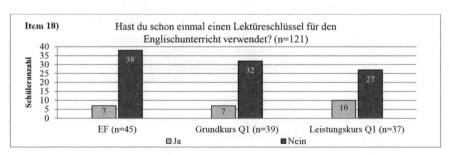

Abb. 14: Englischunterricht – Verwendung von Lektüreschlüsseln (Schülerinnen und Schüler)

In der *Einführungsphase* haben 7 Schülerinnen und Schüler (15,6 %) schon einmal einen Lektüreschlüssel für den Englischunterricht genutzt, während 38 (84,4 %) dies noch nicht getan haben. In den *Grundkursen* Englisch war das Verhältnis 7 Schülerinnen und Schüler (17,9 %) zu 32 (82,1 %), in den *Leistungskursen* 10 (27,0 %) zu 27 (73,0 %).

Abb. 15: Englischunterricht – Gründe für Lektüreschlüsselnutzung (Schülerinnen und Schüler)

Abbildung 15 zeigt, dass von den insgesamt 24 Schülerinnen und Schülern, die in EF und Q1 schon einmal einen Lektüreschlüssel für den Englischunterricht verwendet haben, 23 Schülerinnen und Schüler den Grund nannten, „um mich auf eine Klausur vorzubereiten". Am zweihäufigsten wurde die Antwort „um mich zu kontrollieren" von 12 Schülerinnen und Schülern genannt. Es folgten die Aspekte „um mich auf eine Unterrichtsstunde vorzubereiten", „um bestimmte Aspekte zu wiederholen/mich zu erinnern" und „für Motiv- oder Wortschatzerklärungen", welche jeweils von 11 Befragten angekreuzt wurden. Am seltensten wurde neben „Sonstiges" der Grund „damit ich das Buch nicht lesen muss" von 3 Schülerinnen und Schülern ausgewählt.

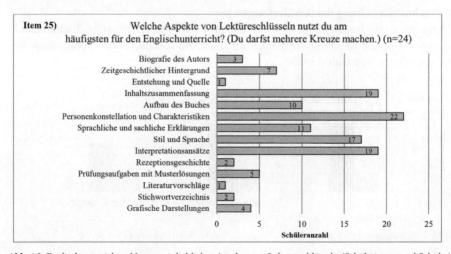

Abb. 16: Englischunterricht – Nutzung inhaltlicher Aspekte von Lektüreschlüsseln (Schülerinnen und Schüler)

Wie Abbildung 16 zeigt, wurde inhaltlich der Aspekt „Personenkonstellation und Charakteristiken" am häufigsten und von insgesamt 22 Schülerinnen und Schülern angekreuzt. Darauf folgen die Punkte „Inhaltszusammenfassung" und „Interpretationsansätze", welche von jeweils 19 Schülerinnen und Schülern ausgewählt wurden. Als drittes wurde der Aspekt „Stil und Sprache" von 17 Schülerinnen und Schülern genannt. Jeweils nur von einer Schülerin bzw. einem Schüler wurden die beiden Antworten „Entstehung und Quelle" und „Literaturvorschläge" angekreuzt.

6.3 Ergebnisdarstellung der Lehrerfragebögen

Von den vier befragten Englischlehrerinnen haben alle schon einmal einen Lektüreschlüssel verwendet. Im Hinblick auf die Frage 5 sowie die Frage, warum die Englischlehrkräfte Lektüreschlüssel nutzen, wählten 3 Lehrerinnen den Grund „Ideen für Tafelbilder" aus. Die Punkte „Kontrolle", „Unterrichtsvorbereitung" und „Erinnerung/Wiederholung bestimmter Aspekte" wurden von jeweils 2 Lehrpersonen angekreuzt. Nur eine Lehrerin wählte den Grund „Ideen für eine Klausur", während die Antworten „Ersatz für das Buch", „Abiturvorbereitung" und „Sonstiges" von niemandem ausgewählt wurden.

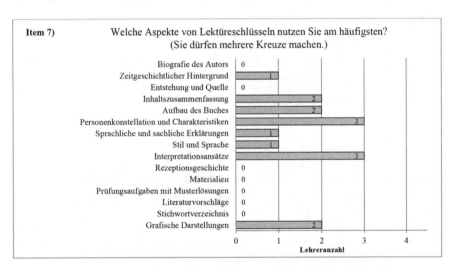

Abb. 17: Englischunterricht – Nutzung inhaltlicher Aspekte von Lektüreschlüsseln (Lehrkräfte)

Betrachtet man Frage 7 (s. Abbildung 17), wählten jeweils 3 der 4 Lehrerinnen die Aspekte „Personenkonstellation und Charakteristiken" und „Interpretationsansätze". Danach folgen die Punkte „Inhaltszusammenfassung", „Aufbau des Buches" und „Grafische Darstellungen", welche jeweils von 2 Lehrkräften angekreuzt wurden. Insgesamt wurden sieben Aspekte von keiner Lehrkraft ausgewählt, nämlich „Biografie des Autors", „Entstehung und Quelle", „Rezeptionsgeschichte", „Materialien", „Prüfungsaufgaben mit Musterlösungen", „Literaturvorschläge" und das „Stichwortverzeichnis".

6.4 Vergleich: Deutsch- und Englischunterricht

Während im Deutschunterricht insgesamt 45,3 % der Schülerinnen und Schüler schon einmal einen Lektüreschlüssel verwendeten, nutzten im Englischunterricht nur 19,8 % einen solchen. Schaut man sich das Nutzungsverhalten der Einführungsphase sowie der Grund- und Leistungskurse der Qualifikationsphase (Q1) für beide Unterrichtsfächer getrennt an

(s. Abbildung 1/Abbildung 14), gaben am ehesten Schülerinnen und Schüler der Leistungs-kurse an, schon einmal einen Lektüreschlüssel verwendet zu haben. Ein Grund dafür könnte sein, dass sie das Unterrichtsfach Deutsch bzw. Englisch zum Erwerb der allgemeinen Hoch-schulreife (Abitur) benötigen und sich so von vornherein besser vorbereiten möchten als Schülerinnen und Schüler, die Deutsch oder Englisch nicht mit ins Abitur nehmen.

	Deutsch	Englisch
damit ich das Buch nicht lesen muss	19,1 % (7)	12,5 % (6)
um mich zu kontrollieren	28,6 % (6)	50,0 % (2)
um mich auf eine Unterrichtsstunde vorzubereiten	50,8 % (3)	45,8 % (3)
um mich auf eine Klausur vorzubereiten	90,5 % (1)	95,8 % (1)
um mich auf das Abitur vorzubereiten	33,3 % (5)	29,2 % (4)
um bestimmte Aspekte zu wiederholen/ mich zu erinnern	34,9 % (4)	45,8 % (3)
für Motiv- oder Wortschatzerklärungen	60,3 % (2)	45,8 % (3)
um die Lösung für eine Hausaufgabe nachzuschauen	28,6 % (6)	20,8 % (5)
Sonstiges	11,1 % (8)	8,3 % (7)

Abb. 18: Vergleich – Gründe für Lektüreschlüsselnutzung (Deutsch- und Englischunterricht)

Vergleicht man darüber hinaus die von den Schülerinnen und Schülern ausgewählten Grün-de für die Lektüreschlüsselnutzung (s. Abbildung 18)[6], gibt es sowohl Ähnlichkeiten als auch Unterschiede zwischen den Unterrichtsfächern. Für beide Unterrichtsfächer wurde der Grund, „um mich auf eine Klausur vorzubereiten", am häufigsten genannt, und zwar im Fach Deutsch von 90,5 % und im Fach Englisch von 95,8 % der Schülerinnen und Schüler. Während für das Fach Englisch die Antwort, „um mich zu kontrollieren", am zweithäufigsten und von 50,0 % der Schülerinnen und Schüler angekreuzt wurde, wurde derselbe Grund für das Fach Deutsch nur von 28,6 % gewählt, sodass er nur an sechster Stelle steht. Für das Fach Deutsch wurde der Punkt „für Motiv- und Wortschatzerklärungen" am zweithäufigsten und von 60,3 % der Befragten genannt. Hohe Werte hat auch der Grund, „um mich auf eine Unterrichtsstunde vorzubereiten", welcher innerhalb der Deutschkurse von 50,8 % und in-nerhalb der Englischkurse von 45,8 % der Schülerinnen und Schüler ausgewählt wurde und somit bei beiden Fächern an dritter Stelle steht. Abschließend wählten die Befragten, neben dem Punkt Sonstiges, auch den identischen Grund, „damit ich das Buch nicht lesen muss", auf den letzten Platz. Innerhalb der Deutschkurse wurde dieser von 19,1 % und innerhalb der Englischkurse von 12,5 % der Befragten angekreuzt.

---

6 Dabei werden die Ergebnisse beider Fächer für die Einführungsphase und für die Grund- und Leistungskurse der Qualifikationsphase (Q1) zusammengefasst und miteinander verglichen.

	Deutsch	Englisch
Biografie des Autors	6,4 % (10)	12,5 % (9)
Zeitgeschichtlicher Hintergrund	30,2 % (6)	29,2 % (6)
Entstehung und Quelle	11,1 % (9)	4,2 % (11)
Inhaltszusammenfassung	74,6 % (2)	79,2 % (2)
Aufbau des Buches	55,6 % (5)	41,7 % (5)
Personenkonstellation und Charakteristiken	85,7 % (1)	91,7 % (1)
Sprachliche und sachliche Erklärungen	66,7 % (4)	45,8 % (4)
Stil und Sprache	71,4 % (3)	70,3 % (3)
Interpretationsansätze	71,4 % (3)	79,2 % (2)
Rezeptionsgeschichte	4,8 % (11)	8,3 % (10)
Prüfungsaufgaben mit Musterlösungen	20,6 % (8)	20,8 % (7)
Literaturvorschläge	4,8 % (11)	4,2 % (11)
Stichwortverzeichnis	6,4 % (10)	8,3 % (10)
Grafische Darstellungen	22,2 % (7)	16,7 % (8)

Abb. 19: Vergleich – Nutzung inhaltlicher Aspekte von Lektüreschlüsseln (Deutsch- und Englischunterricht)

Neben den genannten Gründen für die Lektüreschlüsselnutzung weisen auch die ausgewählten inhaltlichen Aspekte für den Deutsch- und Englischunterricht einige Ähnlichkeiten auf (s. Abbildung 19)[7]. Die Plätze eins bis sechs sind bei beiden Fächern identisch. Sowohl innerhalb der Deutschkurse als auch innerhalb der Englischkurse wurde die Antwort „Personenkonstellation und Charakteristiken" von den meisten Befragten angegeben. Im Deutschunterricht taten dies 85,7 % und im Englischkurs 91,7 %. Am zweithäufigsten wurde der Aspekt „Inhaltszusammenfassung" ausgewählt, und zwar in den Deutschkursen von 74,6 % und in den Englischkursen von 79,2 % der Befragten. Beliebt waren auch „Interpretationsansätze", „Stil und Sprache", „Sprachliche und sachliche Erklärungen" und „Aufbau des Buches".

Schaut man sich die Ergebnisse an, scheinen diejenigen inhaltlichen Aspekte am beliebtesten zu sein, die auch in Klausuren die wichtigste Rolle spielen. In vielen Klausuren, welche in der Oberstufe geschrieben werden, geht es beispielsweise um die Analyse der Beziehung zwischen zwei Figuren oder um die Charakterisierung einer Figur. Des Weiteren werden im Unterricht und in Klausuren immer wieder Interpretationen bezüglich literarischer Werke abgefragt, sodass auch die häufige Nennung dieses Aspekts nachvollzogen werden kann.

Ein Vergleich der Antworten der Deutsch- und Englischlehrerinnen und -lehrer ist insofern schwierig, als von den befragten sechs Deutschlehrkräften drei auch das Fach Englisch unterrichteten und für beide Fächer antworteten. Insgesamt kann man allerdings festhalten, dass von den zehn befragten Lehrpersonen nur ein Deutschlehrer bisher keinen Lektüreschlüssel verwendet hat. Schaut man sich die von den Lehrpersonen genannten Gründe für die Lektüreschlüsselnutzung an, fällt darüber hinaus auf, dass bei den fünf Deutschlehrerinnen, welche

---

7 Auch hier wurden die Ergebnisse aller Deutsch- und Englischkurse zusammengefasst und einander gegenübergestellt.

schon einmal einen Lektüreschlüssel verwendet haben, der Grund „Ideen für Tafelbilder" von niemandem angegeben wurde, während von den vier Englischlehrerinnen drei Befragte diesen Aspekt auswählten. Eine genaue Erklärung gibt es dafür nicht.

7 Hypothesenprüfung und Diskussion

7.1 Ergebnisse der Schülerfragebögen

Betrachtet man vor dem Hintergrund der erhobenen Angaben die *ersten zwei Hypothesen* der Untersuchung (s. Kapitel 2), stellt man fest, dass sie sich bestätigt haben. Zum einen nämlich nutzten Schülerinnen und Schüler der Qualifikationsphase (Q1) Lektüreschlüssel häufiger als die der Einführungsphase. Zum anderen nutzten Schülerinnen und Schüler des Leistungskurses Lektüreschlüssel häufiger als die des Grundkurses. Dasselbe zeigen auch die Ergebnisse von Item 19 des Schülerfragebogens (s. Abbildung 5). Während die meisten Schülerinnen und Schüler innerhalb der Einführungsphase und der Grundkurse angaben, ihre Lektüreschlüssel nur „sehr wenig" zu verwenden, wählte die Mehrheit der Leistungskurse die Antwort „manchmal" aus. Die Unterschiede könnten damit zusammenhängen, dass die Schülerinnen und Schüler der Qualifikationsphase (Q1) und insbesondere der Leistungskurse näher am Abitur sind als die der Einführungsphase. Aus diesem Grund möchten sie womöglich besonders gut auf Unterricht oder Klausuren vorbereitet sein und nutzen weitere Materialien wie eben Lektüreschlüssel. Darüber hinaus hatten sowohl die Grund- als auch Leistungskurse der Q1 zum Erhebungszeitpunkt mindestens drei Ganzschriften mehr im Unterricht behandelt als noch die Kurse der EF, sodass dort zusätzliche Gelegenheiten für die Nutzung von Lektüreschlüsseln existierten.

Bezüglich der Häufigkeit der Lektüreschlüsselnutzung sind auch die Ergebnisse der Frage 30 interessant (s. Abbildung 11), die von Schülerinnen und Schülern wissen wollte, wie Freundinnen und Freunde auf ihre Nutzung von Lektüreschlüsseln reagierten. Bei den Ergebnissen ist auffällig, dass besonders die Freundinnen und Freunde der Schülerinnen und Schüler aus den Leistungskursen „positiv" auf die Lektüreschlüssel reagieren. Auch innerhalb der Grundkurse wählte die Mehrheit der Befragten „positiv" aus, während die Schülerinnen und Schüler der Einführungsphase mehr die Antwort „neutral" ankreuzten. Es könnte also auch sein, dass die besonders positive Reaktion des Freundeskreises innerhalb der Leistungskurse zu der häufigeren Verwendung von Lektüreschlüsseln beiträgt oder hier allgemein größere Akzeptanz gegenüber entsprechenden Hilfsmitteln herrschte.

Nimmt man die ausgewählten Gründe für die Lektüreschlüsselnutzung in den Blick (s. Abbildung 7), fällt auf, dass die Antwort, „um mich auf eine Klausur vorzubereiten", sowohl von den Schülerinnen und Schülern der Einführungsphase als auch von denen der Grund- und Leistungskurse der Qualifikationsphase (Q1) am meisten angekreuzt wurde. Dem entgegengesetzt wurde der Grund, „damit ich das Buch nicht lesen muss", von allen drei Gruppen am wenigsten genannt. Zieht man vor diesem Hintergrund die *dritte Hypothese* hinzu, lässt sie sich teilweise bestätigen, teilweise zurückweisen. Angenommen worden war vor der Untersuchung, dass Schülerinnen und Schüler Lektüreschlüssel nutzen, damit sie zum einen die Ganzschrift, welche im Unterricht behandelt wird, nicht lesen müssen, und sie sich zum anderen auf eine Unterrichtsstunde oder Klausur vorbereiten können. Während der Aspekt der Vorbereitung bestätigt wurde, war die Vermutung bezüglich der ‚Ersatzfunktion' der Lektüreschlüssel für die untersuchten Gruppen falsch. Auch im Hinblick darauf, dass es generell den Anschein hat, als würden viele Schülerinnen und Schüler lange Texte nur ungern lesen und lieber auf kürzere Texte oder Verfilmungen zurückgreifen, ist die geringe Nennung des Grundes, „damit ich das Buch nicht lesen muss", sehr überraschend. Was den Punkt „um mich auf eine Unterrichtsstunde vorzubereiten" angeht, befindet er sich für alle drei Gruppen im oberen Drittel. Während die Schülerinnen und Schüler der Einführungsphase und die der Grundkurse diesen am dritthäufigsten auswählten, nannten die der Leistungskurse diesen am zweithäufigsten.

Abschließend sieht man auch an den Ergebnissen der Frage 23 (s. Abbildung 8), dass den Schülerinnen und Schülern besonders die Vorbereitung auf eine Klausur wichtig war. In Bezug auf die inhaltlichen Aspekte eines Lektüreschlüssels wurden von den Schülerinnen und Schülern gerade diejenigen ausgewählt, die besonders für eine Klausur oder auch Unterrichtsstunde von Bedeutung sind, wie beispielsweise „Personenkonstellation und Charakteristiken", „Inhaltszusammenfassung" oder „Interpretationsansätze".

Betrachtet man als nächstes den Zusammenhang zwischen der Lektüreschlüsselnutzung und den letzten Zeugnisnoten der Schülerinnen und Schüler für das Fach Deutsch (s. Abbildung 3) und bezieht sie auf die *Hypothese vier*, lässt sich kein wirkliches Muster erkennen. So ist der Zusammenhang zwischen der Nutzung von Lektüreschlüsseln und einzelnen Notenwerten nicht klar. Etwa überwiegt bei den Noten „2+" und „2" die Zahl der Befragten, die jeweils bereits einen Lektüreschlüssel verwendet haben. Bei der Note „2-" ist dies jedoch genau andersherum. Darüber hinaus lässt sich nicht sagen, ob eher Schülerinnen und Schüler mit besseren Noten oder eher solche mit schlechteren Noten Lektüreschlüssel verwenden, da die Werte wenig aussagekräftig sind. Vor der Datenerhebung war davon ausgegangen worden, dass besonders die Schülerinnen und Schüler mit guten Noten Lektüreschlüssel nutzen, um sich neben dem Unterricht noch mit weiteren Materialien vorzubereiten. Die Ergebnisse zeigen allerdings, dass sich diese vierte Hypothese nicht bestätigt hat.

Ebenso wenig hat sich die *fünfte Hypothese* bestätigt. Vor der Untersuchung war von einem Zusammenhang zwischen der Lektüreschlüsselnutzung und dem Gefallen am Deutschunterricht ausgegangen worden. Vermutet worden war, dass besonders die Schülerinnen und Schüler einen Lektüreschlüssel verwenden, welche mehr Gefallen am Deutschunterricht zeigen und diesem eine bessere Schulnote geben. Abbildung 4 zeigt allerdings, dass dies nicht der Fall ist. Insgesamt sind die Werte der einzelnen Noten, welche die Befragten dem Deutschunterricht gaben, für die Antwortmöglichkeiten „ich habe schon einmal einen Lektüreschlüssel verwendet" und „ich habe noch keinen Lektüreschlüssel verwendet" sehr ausgewogen. Die Noten „sehr gut", „ausreichend" und „ungenügend" wurden jeweils von der exakt selben Anzahl von Schülerinnen und Schülern vergeben. Des Weiteren sind die Werte der Noten „gut" und „mangelhaft" bei beiden Antwortmöglichkeiten ähnlich. Nur bei der Note „befriedigend" gibt es eine etwas größere Differenz von 9 Schülerinnen und Schülern zwischen den zwei Antworten.

7.2 Ergebnisse der Lehrerfragebögen

Mit Blick auf *Hypothese sechs* müssen die Ergebnisse der Lehrerfragebögen beachtet werden, die aufgrund der geringen Anzahl von Befragten weit weniger belastbar sind als diejenigen der Schülerfragebögen. Die Tatsache, dass von sechs Deutschlehrerinnen und -lehrern fünf schon einmal einen Lektüreschlüssel verwendet haben, zeigt bereits, dass die Lehrpersonen nicht allzu negativ über diese Textgattung denken können. Die Frage ist allerdings, ob sich dies ändert, wenn es darum geht, dass ihre Schülerinnen und Schüler diese für Unterricht und Prüfungen verwenden.

Die sechste aufgestellte Hypothese gibt der Vermutung Ausdruck, dass Lehrkräfte eher negativ über Lektüreschlüssel denken und es nicht gut finden, wenn ihre Schülerinnen und Schüler diese nutzen. Schaut man sich die Ergebnisse der Frage 8 an, wird deutlich, dass sich diese vor der Untersuchung aufgestellte Vermutung eher nicht bestätigt hat. Keine der sechs befragten Deutschlehrerinnen und -lehrer – und keine der vier zusätzlich befragten Englischlehrerinnen und -lehrer – gab an, es als negativ zu empfinden, wenn eigene Schülerinnen und Schüler Lektüreschlüssel verwendeten.

Allerdings wurde durch ausformulierte Begründungen deutlich, dass viele Lehrkräfte ein gemischtes Gefühl in Bezug auf die Verwendung von Lektüreschlüsseln durch ihre Schülerinnen und Schüler hatten. Solange der Lektüreschlüssel nur zur Vor- oder Nachbereitung und unterstützend verwendet wird, denken sie positiv über Lektüreschlüssel. Dies ändert sich, wenn er genutzt wird, um Lösungen nachzuschauen, nicht mehr eigenständig denken zu müssen und Ergebnisse oder Interpretationen auswendig zu lernen und diese im Unterricht oder in der Klausur nur wiederzugeben. Ebenfalls sehr negativ gesehen wurde die Ersetzung der Lektüre durch das Lesen des Lektüreschlüssels.

Insgesamt ging jede der befragten Lehrpersonen davon aus, dass ihre Schülerinnen und Schüler Lektüreschlüssel verwenden, da niemand die Antwortmöglichkeit „nie" bei Frage 10 angegeben hat. Schaut man sich abschließend und im Vergleich dazu die Wahrnehmungen der Schülerinnen und Schüler in Bezug auf die Reaktion der Lehrkräfte gegenüber der Lektüreschlüsselnutzung an (s. Abbildung 10), sieht man hier ähnliche Ergebnisse. Insgesamt gaben nur 2 Schülerinnen und Schüler (3,2 %) aller drei Gruppen an, dass ihre Lehrerinnen und Lehrer „negativ" auf die Lektüreschlüssel reagierten. Des Weiteren wählten insgesamt 9 Befragte (14,5 %) die „positive" Reaktion, während die deutliche Mehrheit eine „neutrale" Reaktion wahrnahm. Neben den bisher vorgestellten Ergebnissen verdeutlicht dies, dass die Lehrkräfte keine negative Botschaft zur Lektüreschlüsselnutzung ihrer Schülerinnen und Schüler sendeten.

7.3 Vergleich: Ergebnisse der Schüler- und Lehrerfragebögen

Nachdem in den letzten Kapiteln die Ergebnisse der Schülerfragebögen und die der Lehrerfragebögen getrennt betrachtet wurden, gilt es nun, die Ergebnisse der beiden Gruppen kurz miteinander zu vergleichen. Während bei den Schülerinnen und Schülern 63 (45,3 %) von insgesamt 139 Befragten schon einmal einen Lektüreschlüssel verwendet haben, haben von den sechs befragten Deutschlehrkräften fünf bereits einen genutzt.

	Schüler [8]	Lehrer [9]
Ersatz für das Buch	19,1 % (5)	0,0 % (5)
Kontrolle	28,6 % (4)	60,0 % (2)
Unterrichtsvorbereitung	50,8 % (1)	80,0 % (1)
Klausurvorbereitung	**90,5 %**	-
Abiturvorbereitung	33,3 % (3)	40,0 % (3)
Ideen für eine Klausur	-	**20,0 %**
Ideen für Tafelbilder	-	**0,0 %**
Erinnerung/Wiederholung best. Aspekte	34,9 % (2)	60,0 % (2)
für Motiv- oder Wortschatzerklärungen	**60,3 %**	-
um die Lösung für eine Hausaufgabe nachzuschauen	**28,6 %**	-
Sonstiges	11,1 % (6)	20,0 % (4)

Abb. 20: Vergleich – Gründe für Lektüreschlüsselnutzung (Schülerinnen und Schüler/Lehrkräfte)

Vergleicht man die Gründe für die Lektüreschlüsselnutzung (s. Abbildung 20), soweit dies möglich ist, fällt als erstes auf, dass der Grund „Unterrichtsvorbereitung" bzw. „um mich auf eine Unterrichtsstunde vorzubereiten"[10] von beiden Gruppen am häufigsten genannt wurde. Auch der Grund „Erinnerung/Wiederholung bestimmter Aspekte" bzw. „um bestimmte Aspekte zu wiederholen/mich zu erinnern" fand in beiden Gruppen große Zustimmung und wurde von 34,9 % der Schülerinnen und Schüler und drei von fünf Lehrpersonen angekreuzt. Zudem ist der am dritthäufigsten genannte Grund „Abiturvorbereitung" bei beiden Gruppen identisch. Von beiden Untersuchungsgruppen am seltensten genannt wurde die Antwort „Ersatz für das Buch" bzw. „damit ich das Buch nicht lesen muss". Bei den Schülerinnen und Schülern wählten ihn immerhin 19,1 %, von den Lehrerinnen und Lehrern niemand. Interessant ist, dass der Grund „Kontrolle" bzw. „um mich zu kontrollieren" von den Lehrkräften häufiger angegeben wurde als von den Schülerinnen und Schülern, wobei dies sicherlich auch mit der unterschiedlichen Anzahl von Befragten zusammenhängt.

8 Es beantworteten 63 Schülerinnen und Schüler diese Frage.
9 Es beantworteten 5 Lehrerinnen und Lehrer diese Frage.
10 So wurde der Grund beim Schülerfragebogen als Antwortmöglichkeit aufgeführt.

	Schüler [11]	Lehrer [12]
Biografie des Autors	6,4 % (10)	50,0 % (3)
Zeitgeschichtlicher Hintergrund	30,2 % (6)	100,00 % (1)
Entstehung und Quelle	11,1 % (9)	50,0 % (3)
Inhaltszusammenfassung	74,6 % (2)	25,0 % (4)
Aufbau des Buches	55,6 % (5)	50,0 % (3)
Personenkonstellation und Charakteristiken	85,7 % (1)	75,0 % (2)
Sprachliche und sachliche Erklärungen	66,7 % (4)	75,0 % (2)
Stil und Sprache	71,4 % (3)	50,0 % (3)
Interpretationsansätze	71,4 % (3)	50,0 % (3)
Rezeptionsgeschichte	4,8 % (11)	25,0 % (4)
Materialien	-	50,0 %
Prüfungsaufgaben (mit Musterlösungen)	20,6 % (8)	25,0 % (4)
Literaturvorschläge	4,8 % (11)	0,0 % (5)
Stichwortverzeichnis	6,4 % (10)	0,0 % (5)
Grafische Darstellungen	22,2 % (7)	0,0 % (5)

Abb. 21: Vergleich – Nutzung inhaltlicher Aspekte von Lektüreschlüsseln (Schülerinnen und Schüler/Lehrkräfte)

Vergleicht man die von den Schülerinnen und Schülern und den Lehrkräften favorisierten inhaltlichen Aspekte (s. Abbildung 21), ist ersichtlich, dass die Lehrkräfte den inhaltlichen Aspekt „zeitgeschichtlicher Hintergrund" am häufigsten wählten, dieser bei den Schülerinnen und Schülern jedoch nur am sechsthäufigsten genannt wurde. Bei den Schülerinnen und Schülern wurde dagegen der Punkt „Personenkonstellation und Charakteristiken" am häufigsten angekreuzt, welcher bei den Lehrerinnen und Lehrern – zusammen mit „sprachliche und sachliche Erklärungen" – der am zweithäufigsten genannte Punkt war. Jeweils an dritter Stelle stehen bei beiden Gruppen die Aspekte „Stil und Sprache" und „Interpretationsansätze". Von beiden Gruppen am seltensten angekreuzt wurde die Antwort „Literaturvorschläge".

8 Fazit

Blickt man auf die Frage „Inwieweit und wie nutzen Schülerinnen und Schüler und Lehrkräfte einer gymnasialen Oberstufe Lektüreschlüssel?" und die sechs aufgestellten Hypothesen zurück, hat die durchgeführte Untersuchung eine Reihe interessanter Erkenntnisse erbracht. Von den in Kapitel zwei formulierten Hypothesen haben sich dabei zwei bestätigt, drei nicht bestätigt und eine teilweise bestätigt.

Insgesamt haben von 139 befragten Schülerinnen und Schülern 45,3 % schon einmal einen Lektüreschlüssel für den Deutschunterricht verwendet. Dabei verwendeten die Schülerinnen und Schüler der Qualifikationsphase (Q1) speziell in den Leistungskursen Lektüreschlüssel

---

11 Es beantworteten 63 Schülerinnen und Schüler diese Frage.
12 Es beantworteten 4 Lehrerinnen und Lehrer diese Frage.

am häufigsten, während sie in der Einführungsphase am seltensten genutzt wurden. Versucht man genauer herauszufinden, welche Schülerinnen und Schüler Lektüreschlüssel nutzen, ließ sich allerdings kein Zusammenhang zwischen der Lektüreschlüsselnutzung und den letzten Zeugnisnoten im Fach Deutsch oder dem Gefallen am Deutschunterricht erkennen. Des Weiteren nutzte die Mehrheit der befragten Schülerinnen und Schüler Lektüreschlüssel nur in Teilen, und zwar besonders um sich auf eine Klausur oder Unterrichtsstunde vorzubereiten oder um Motiv- und Wortschatzerklärungen nachzuschlagen. Als inhaltliche Aspekte am häufigsten genutzt wurden Personenkonstellation und Charakteristiken. Überraschend war, dass nur sehr wenige Schülerinnen und Schüler den Lektüreschlüssel als Ersatz für die im Unterricht besprochene Lektüre verwendet haben.

Darüber hinaus haben auch fünf der sechs befragten Lehrkräfte bereits einen Lektüreschlüssel für den Deutschunterricht genutzt. Dabei wurde die Unterrichtsvorbereitung als der häufigste Grund für die Nutzung genannt. Anders als bei den Schülerinnen und Schülern wurde zudem häufig der zeitgeschichtliche Hintergrund literarischer Werke mit Hilfe des Lektüreschlüssels recherchiert.

Die Vermutung, dass Lehrpersonen eher negativ über Lektüreschlüssel denken, wenn ihre Schülerinnen und Schüler diese nutzen, hat sich nicht bestätigt. Die Mehrheit hatte ein gemischtes Gefühl, wenn es um die Lektüreschlüsselnutzung geht. Als negativ wahrgenommen wurde beispielsweise ein Ersatz der Werklektüre durch den Schlüssel. Negativ schien es auch, wenn der Lektüreschlüssel den Schülerinnen und Schülern Nachdenken abnimmt und auswendiggelernt und wiedergegeben wird. Positiv wurde bewertet, wenn der Lektüreschlüssel als Hilfestellung und Unterstützung dient, sodass es möglich wird, beispielsweise selbst erarbeitete Lösungen zu korrigieren oder sich Inhalte für ein Referat anzueignen.

Wie in Kapitel sechs dargelegt, weichen die Ergebnisse zum Englischunterricht teilweise von denen zum Deutschunterricht ab.

Anhang: Genutzte Fragebögen

Fragebogen zum Thema
„Lektüreschlüssel im Deutschunterricht"

Geschlecht	Männlich ○
	Weiblich ○
Alter	_____ Jahre

Deutsch	Leistungskurs ○
	Grundkurs ○
Wie war deine Deutschnote auf dem letzten Zeugnis?	
_____	

Erklärungen

Liebe Schülerinnen und Schüler,

der vorliegende Fragebogen dient der Untersuchung des Nutzungsverhaltes von Lektüreschlüsseln in der Schule. Die Befragung erfolgt anonym. Die Antworten gehen nicht in die Benotung oder Bewertung ein.

Bitte lest euch jeden Satz genau durch und kreuzt an, wie sehr die einzelnen Sätze auf euch zutreffen. Ich möchte euch bitten, diese Fragen ganz ehrlich und jeder für sich zu beantworten.

Vielen Dank ☺

Beispielfrage:

Bitte kreuzt *nicht* zwischen den Kästchen an!

Hast du schon mal einen Lektüreschlüssel verwendet?
Ja   Nein
⊗   ◯

Korrigiert eine falsch angekreuzte Frage so:

Hast du schon mal einen Lektüreschlüssel verwendet?
Ja   Nein
●   ⊗

Schülerfragebogen „Nutzung von Lektüreschlüsseln im Deutschunterricht"

Bitte kreuze nur eine Antwortmöglichkeit an, außer es ist explizit angegeben.
Gehe bei der Beantwortung dieses Fragebogens bitte NUR vom Deutschunterricht aus.
Vielen Dank!

Deutschunterricht

1. Wie findest du den Deutschunterricht? Kreuze bitte eine für dich passende Schulnote an.

   ○ sehr gut ○ gut ○ befriedigend
   ○ ausreichend ○ mangelhaft ○ ungenügend

Leseverhalten

	trifft nicht zu			trifft voll zu
2. Lesen ist mein Hobby.	○	○	○	○
3. Lesen fällt mir sehr leicht.	○	○	○	○
4. Ich brauche eine Weile, bis ich wirklich zu lesen anfange.	○	○	○	○
5. Ich lasse mich beim Lesen leicht ablenken.	○	○	○	○

Lesen von literarischen Texten
Literarische Texte sind zum Beispiel Erzählungen und Romane.

	trifft nicht zu			trifft voll zu
6. Das Lesen von literarischen Texten fällt mir leichter als das Lesen von Sachtexten.	○	○	○	○
7. Ich habe manchmal Schwierigkeiten, einen literarischen Text wirklich gut zu verstehen.	○	○	○	○
8. Ich kenne oft einige Wörter nicht, wenn ich einen literarischen Text lese.	○	○	○	○
9. Wenn ich Wörter nicht verstehe, überlese ich sie einfach.	○	○	○	○
10. Ich muss einige Textstellen mehrmals lesen, bevor ich es richtig verstanden habe.	○	○	○	○
11. Ich kann literarische Texte sehr gut und schnell verstehen.	○	○	○	○

Literaturunterricht
Wenn ihr zum Beispiel einen (ganzen) Roman im Unterricht lest und besprecht.

	trifft nicht zu			trifft voll zu
12. Ich freue mich auf den Literaturunterricht.	○	○	○	○
13. Das Besprechen von Literatur im Unterricht macht Spaß.	○	○	○	○
14. Der Literaturunterricht gefällt mir besser als der „normale" Deutschunterricht.	○	○	○	○
15. Im Literaturunterricht lerne ich mehr als im „normalen" Deutschunterricht.	○	○	○	○
16. Ich bin froh, wenn der Literaturunterricht vorbei ist.	○	○	○	○

Nutzungsverhalten von Lektüreschlüsseln

17. Hast du schon einmal einen Lektüreschlüssel für den Deutschunterricht verwendet?

    o Ja   o Nein

18. Falls du bei Frage 17 „Nein" angekreuzt hast, begründe bitte:

    _____

    _____

    _____

    _____

    _____

    _____

    _____

    _____

    _____

    _____

    _____

    _____

19. Wie häufig hast du schon einmal einen Lektüreschlüssel für den Deutschunterricht verwendet?

    o sehr wenig   o manchmal   o häufig   o sehr häufig

20. Für welche im Deutschunterricht besprochenen Bücher hast du schon einmal einen Lektüreschlüssel verwendet?

    _____

    _____

    _____

    _____

21. Wie viel liest du von einem Lektüreschlüssel?

    o den ganzen Lektüreschlüssel   o nur bestimmte Aspekte

22. Warum benutzt du Lektüreschlüssel für den Deutschunterricht? (Du darfst mehrere Kreuze machen!)

    o damit ich das Buch nicht lesen muss
    o um mich zu kontrollieren (z. B. Antwort zu einer Aufgabenstellung)
    o um mich auf eine Unterrichtsstunde vorzubereiten
    o um mich auf eine Klausur vorzubereiten
    o um mich auf das Abitur vorzubereiten
    o um bestimmte Aspekte zu wiederholen / mich zu erinnern
    o für Motiv- und Wortschatzerklärungen
    o um die Lösung für eine Hausaufgabe nachzuschauen
    o Sonstiges [_____]

Inhaltliche Aspekte

23. Welche Aspekte von Lektüreschlüsseln nutzt du am häufigsten für den Deutschunterricht?
(Du darfst mehrere Kreuze machen!)

- ○ Biografie des Autors
- ○ Zeitgeschichtlicher Hintergrund
- ○ Entstehung und Quelle
- ○ Inhaltszusammenfassung
- ○ Aufbau des Buches (z. B. Übersicht und Chronologie der Kapitel)
- ○ Personenkonstellation und Charakteristiken
- ○ Sprachliche und sachliche Erklärungen (Worterklärungen)
- ○ Stil und Sprache
- ○ Interpretationsansätze
- ○ Rezeptionsgeschichte
- ○ Prüfungsaufgaben und Musterlösungen
- ○ Literaturvorschläge
- ○ Stichwortverzeichnis
- ○ Grafische Darstellungen

24. Was macht deiner Meinung nach einen guten Lektüreschlüssel aus? (Eine kurze Antwort!)

Anschaffung

25. Wie viele Lektüreschlüssel besitzt du?

_____ Lektüreschlüssel

26. Wie kommst du an die von dir benutzten Lektüreschlüssel? (Du darfst mehrere Kreuze machen!)

- ○ Bücherei
- ○ Buchhandlung (auch online-Buchhandlung)
- ○ Internet (z. B. PDF-Datei oder eBook)
- ○ Freunde
- ○ Familie
- ○ Sonstiges

27. Wie entscheidest du, welche Lektüreschlüssel du verwendest? (Du darfst mehrere Kreuze machen!)

- ○ Kosten
- ○ Beliebtheit / Empfehlungen
- ○ Verlag (z. B. passend zum Buch)
- ○ Sonstiges

Umgang im Unterricht

28. Wie häufig nutzt du deine Lektüreschlüssel im Deutschunterricht? (Du nimmst ihn mit in die Schule.)

- ○ sehr wenig   ○ manchmal   ○ häufig   ○ sehr häufig

29. Wie reagiert deine Lehrerin / dein Lehrer auf deine Lektüreschlüssel?

- ○ negativ   ○ neutral   ○ positiv

30. Wie reagieren deine Freunde auf deine Lektüreschlüssel?

- ○ negativ   ○ neutral   ○ positiv

Nutzung anderer Medien

31. Nutzt du neben bzw. anstelle von Lektüreschlüsseln auch noch andere (Lern-) Medien im Literaturunterricht?

(Du darfst mehrere Kreuze machen!)

- ○ allgemeine Internetsuche   ○ Lernapps
- ○ Hörbücher   ○ Hilfe von anderen   ○ Sonstiges

Fragebogen zum Thema
„Lektüreschlüssel im Englischunterricht"

Geschlecht	Männlich ◯
	Weiblich ◯
Alter	____ Jahre

Deutsch	Leistungskurs ◯
	Grundkurs ◯
Wie war deine Englischnote auf dem letzten Zeugnis? _____	

Erklärungen

Liebe Schülerinnen und Schüler,

der vorliegende Fragebogen dient der Untersuchung des Nutzungsverhaltes von Lektüreschlüsseln in der Schule. Die Befragung erfolgt anonym. Die Antworten gehen nicht in die Benotung oder Bewertung ein.

Bitte lest euch jeden Satz genau durch und kreuzt an, wie sehr die einzelnen Sätze auf euch zutreffen. Ich möchte euch bitten, diese Fragen ganz ehrlich und jeder für sich zu beantworten.

Vielen Dank ☺

Beispielfrage:

Bitte kreuzt *nicht* zwischen den Kästchen an!

Hast du schon mal einen Lektüreschlüssel verwendet?	
Ja	Nein
⊗	◯

Korrigiert eine falsch angekreuzte Frage so:

Hast du schon mal einen Lektüreschlüssel verwendet?	
Ja	Nein
●	⊗

Schülerfragebogen „Nutzung von Lektüreschlüsseln im Englischunterricht"

Bitte kreuze nur eine Antwortmöglichkeit an, außer es ist explizit angegeben.
Gehe bei der Beantwortung dieses Fragebogens bitte NUR vom Englischunterricht aus.
Vielen Dank!

Englischunterricht

1. Wie findest du den Englischunterricht? Kreuze bitte eine für dich passende Schulnote an.

   ○ sehr gut   ○ gut   ○ befriedigend
   ○ ausreichend   ○ mangelhaft   ○ ungenügend

Leseverhalten

	trifft nicht zu			trifft voll zu
2. Lesen ist mein Hobby.	○	○	○	○
☆ 3. Ich habe schon einmal einen englischsprachigen Roman in meiner Freizeit gelesen.	○	○	○	○
4. Lesen fällt mir sehr leicht.	○	○	○	○
5. Ich brauche eine Weile, bis ich wirklich zu lesen anfange.	○	○	○	○
6. Ich lasse mich beim Lesen leicht ablenken.	○	○	○	○

Lesen von literarischen Texten
Literarische Texte sind zum Beispiel Erzählungen und Romane.

	trifft nicht zu			trifft voll zu
7. Das Lesen von literarischen Texten fällt mir leichter als das Lesen von Sachtexten.	○	○	○	○
8. Ich habe manchmal Schwierigkeiten, einen literarischen Text wirklich gut zu verstehen.	○	○	○	○
9. Ich kenne oft einige Wörter nicht, wenn ich einen literarischen Text lese.	○	○	○	○
10. Wenn ich Wörter nicht verstehe, überlese ich sie einfach.	○	○	○	○
11. Ich muss einige Textstellen mehrmals lesen, bevor ich es richtig verstanden habe.	○	○	○	○
12. Ich kann literarische Texte sehr gut und schnell verstehen.	○	○	○	○

Literaturunterricht
Wenn ihr zum Beispiel einen (ganzen) Roman im Unterricht lest und besprecht.

	trifft nicht zu			trifft voll zu
13. Ich freue mich auf den Literaturunterricht.	○	○	○	○
14. Das Besprechen von Literatur im Unterricht macht Spaß.	○	○	○	○
15. Der Literaturunterricht gefällt mir besser als der „normale" EU.	○	○	○	○
16. Im Literaturunterricht lerne ich mehr als im „normalen" EU.	○	○	○	○
17. Ich bin froh, wenn der Literaturunterricht vorbei ist.	○	○	○	○

☆ = nur auf dem Fragebogen für den EU

Nutzungsverhalten von Lektüreschlüsseln

18. Hast du schon einmal einen Lektüreschlüssel für den Englischunterricht verwendet?

    ○ Ja   ○ Nein

19. Falls du bei Frage 18 „Nein" angekreuzt hast, begründe bitte:

20. Wie häufig hast du schon einmal einen Lektüreschlüssel für den Englischunterricht verwendet?

    ○ sehr wenig   ○ manchmal   ○ häufig   ○ sehr häufig

21. Für welche im Englischunterricht besprochenen Bücher hast du schon einmal einen Lektüreschlüssel verwendet?

22. Wie viel liest du von einem Lektüreschlüssel?

    ○ den ganzen Lektüreschlüssel   ○ nur bestimmte Aspekte

☆ 23. Nutzt du lieber einen deutschsprachigen oder englischsprachigen Lektüreschlüssel für den EU?

    ○ einen deutschsprachigen Lektüreschlüssel   ○ einen englischsprachigen Lektüreschlüssel

24. Warum benutzt du Lektüreschlüssel für den Englischunterricht? (Du darfst mehrere Kreuze machen!)

    ○ damit ich das Buch nicht lesen muss
    ○ um mich zu kontrollieren (z. B. Antwort zu einer Aufgabenstellung)
    ○ um mich auf eine Unterrichtsstunde vorzubereiten
    ○ um mich auf eine Klausur vorzubereiten
    ○ um mich auf das Abitur vorzubereiten
    ○ um bestimmte Aspekte zu wiederholen / mich zu erinnern
    ○ für Motiv- und Wortschatzerklärungen
    ○ um die Lösung für eine Hausaufgabe nachzuschauen
    ○ Sonstiges

Inhaltliche Aspekte

25. Welche Aspekte von Lektüreschlüsseln nutzt du am häufigsten für den Englischunterricht?
(Du darfst mehrere Kreuze machen!)

○ Biografie des Autors
○ Zeitgeschichtlicher Hintergrund
○ Entstehung und Quelle
○ Inhaltszusammenfassung
○ Aufbau des Buches (z. B. Übersicht und Chronologie der Kapitel)
○ Personenkonstellation und Charakteristiken
○ Sprachliche und sachliche Erklärungen (Worterklärungen)
○ Stil und Sprache
○ Interpretationsansätze
○ Rezeptionsgeschichte
○ Prüfungsaufgaben und Musterlösungen
○ Literaturvorschläge
○ Stichwortverzeichnis
○ Grafische Darstellungen

26. Was macht deiner Meinung nach einen guten Lektüreschlüssel aus? (Eine kurze Antwort!)
_____

Anschaffung

27. Wie viele Lektüreschlüssel besitzt du?

_____ Lektüreschlüssel

28. Wie kommst du an die von dir benutzten Lektüreschlüssel? (Du darfst mehrere Kreuze machen!)

○ Bücherei   ○ Freunde
○ Buchhandlung (auch online-Buchhandlung)   ○ Familie
○ Internet (z. B. PDF-Datei oder eBook)   ○ Sonstiges [_____]

29. Wie entscheidest du, welche Lektüreschlüssel du verwendest? (Du darfst mehrere Kreuze machen!)

○ Kosten   ○ Verlag (z. B. passend zum Buch)
○ Beliebtheit / Empfehlungen   ○ Sonstiges [_____]

Umgang im Unterricht

30. Wie häufig nutzt du deine Lektüreschlüssel im Englischunterricht? (Du nimmst ihn mit in die Schule.)

○ sehr wenig   ○ manchmal   ○ häufig   ○ sehr häufig

31. Wie reagiert deine Lehrerin / dein Lehrer auf deine Lektüreschlüssel?

○ negativ   ○ neutral   ○ positiv

32. Wie reagieren deine Freunde auf deine Lektüreschlüssel?

○ negativ   ○ neutral   ○ positiv

Nutzung anderer Medien

33. Nutzt du neben bzw. anstelle von Lektüreschlüsseln auch noch andere (Lern-) Medien im Literaturunterricht?
(Du darfst mehrere Kreuze machen!)

○ allgemeine Internetsuche   ○ Lernapps   ☆ ○ „SparkNotes"
○ Hörbücher   ○ Hilfe von anderen   ○ Sonstiges [_____]

Lehrerfragebogen zum Thema
„Lektüreschlüssel im Deutsch- und Englischunterricht"

Geschlecht	Männlich ◯
	Weiblich ◯

Fach / Fächer	Deutsch ◯
	Englisch ◯

Lehrerfragebogen „Nutzung von Lektüreschlüsseln"

Bitte kreuzen Sie nur eine Antwortmöglichkeit an, außer es ist explizit angegeben.

Nutzungsverhalten von Lektüreschlüsseln

1. Haben Sie schon einmal einen Lektüreschlüssel verwendet?

   ○ Ja   ○ Nein

2. Wie häufig haben Sie schon einmal einen Lektüreschlüssel für den Deutschunterricht verwendet?

   ○ sehr wenig   ○ manchmal   ○ häufig   ○ sehr häufig

3. Für welche im Unterricht besprochenen Bücher haben Sie schon einmal einen Lektüreschlüssel verwendet?

   _____
   _____
   _____

4. Wie viel lesen Sie von einem Lektüreschlüssel?

   ○ den ganzen Lektüreschlüssel   ○ nur bestimmte Aspekte

5. Warum benutzen Sie Lektüreschlüssel? (Sie dürfen mehrere Kreuze machen!)

   ○ damit ich das Buch nicht lesen muss
   ○ um mich zu kontrollieren (z. B. Antwort zu einer Aufgabenstellung)
   ○ um mich auf eine Unterrichtsstunde vorzubereiten
   ○ um mich auf eine Klausur vorzubereiten
   ○ um mich auf das Abitur vorzubereiten
   ○ um bestimmte Aspekte zu wiederholen / mich zu erinnern
   ○ für Motiv- und Wortschatzerklärungen
   ○ um die Lösung für eine Hausaufgabe nachzuschauen
   ○ Sonstiges [_____]

NUR für Englischlehrkräfte!
6. Benutzen Sie lieber einen deutschsprachigen oder einen englischsprachigen Lektüreschlüssel?

   ○ deutschsprachig   ○ englischsprachig

Inhaltliche Aspekte

7. Welche Aspekte von Lektüreschlüsseln nutzen Sie am häufigsten? (Sie dürfen mehrere Kreuze machen!)

   ○ Biografie des Autors
   ○ Zeitgeschichtlicher Hintergrund
   ○ Entstehung und Quelle
   ○ Inhaltszusammenfassung
   ○ Aufbau des Buches (z. B. Übersicht und Chronologie der Kapitel)
   ○ Personenkonstellation und Charakteristiken
   ○ Sprachliche und sachliche Erklärungen (Worterklärungen)
   ○ Stil und Sprache
   ○ Interpretationsansätze
   ○ Rezeptionsgeschichte
   ○ Prüfungsaufgaben und Musterlösungen
   ○ Literaturvorschläge
   ○ Stichwortverzeichnis
   ○ Grafische Darstellungen

Einstellung gegenüber Lektüreschlüssel

8. Wie finden Sie es, wenn Ihre Schülerinnen und Schüler Lektüreschlüssel verwenden?

    ○ negativ   ○ neutral   ○ positiv   ○ Mischung [＿＿＿＿＿＿＿＿＿＿＿＿]

9. Begründen Sie bitte Ihre Antwort der vorherigen Frage:

    _____

    _____

    _____

    _____

    _____

    _____

    _____

    _____

    _____

    _____

10. Glauben Sie, dass Ihre Schülerinnen und Schüler häufig einen Lektüreschlüssel verwenden?

    ○ nie   ○ manchmal   ○ sehr häufig
    ○ sehr wenig   ○ häufig

11. Glauben Sie, dass Ihre Schülerinnen und Schüler durch die Nutzung von Lektüreschlüsseln eine bessere Leistung erzielen?

    gar nicht   ○   ○   ○   ○   sehr

12. Begründen Sie bitte Ihre Antwort der vorherigen Frage:

    _____

    _____

    _____

    _____

    _____

    _____

    _____

    _____

    _____

    _____

    _____

13. Wie würden Sie die folgende Aussage beenden?
„Schülerinnen und Schüler haben durch die Nutzung von Lektüreschlüsseln …"

    ○ Nachteile   ○ Vorteile   ○ neutral   ○ Mischung [   ]

14. Begründen Sie bitte Ihre Antwort der vorherigen Frage:

_____

_____

_____

_____

_____

_____

_____

_____

_____

_____

_____

_____

NUR für Lehrkräfte mit der Fächerkombination Deutsch und Englisch!
15. Sehen Sie Unterschiede bei der Nutzung von Lektüreschlüsseln im Deutsch- und Englischunterricht?
Ändert sich Ihre Einstellung gegenüber der Nutzung je nach Unterrichtsfach?

_____

_____

_____

_____

_____

_____

_____

_____

_____

_____

_____

_____

Nutzung anderer Medien

16. Nutzen Sie neben bzw. anstelle von Lektüreschlüsseln auch noch andere (Lern-) Medien für den Literaturunterricht? (Sie dürfen mehrere Kreuze machen!)

    ○ allgemeine Internetsuche   ○ Lernapps
    ○ Lehrerhandreichungen   ○ Hilfe von anderen
    ○ Hörbücher   ○ Sonstiges [   ]

Katrin Seele und Gaby Grossen

„Herauspicken", „Zusammensetzen mit Eigenem", „Kombinieren": Hilfsmittelnutzung für die selbständige Erschließung literarischer Texte und systemintelligente Prüfungsvorbereitung im Zusammenhang der Berner mündlichen Maturprüfung Deutsch

Der Aufsatz präsentiert Erkenntnisse zur Nutzung von Lektürehilfen, die aus einem größeren empirischen Forschungszusammenhang, nämlich dem Projekt „Selbständige Erschließung literarischer Texte" (SELiT), stammen. Das Projekt (2017-2020) untersucht die selbstorganisierte Vorbereitung von Schülerinnen und Schülern auf die mündliche Maturitätsprüfung Deutsch des schweizerischen Kantons Bern, wobei auch die selbständige Hilfsmittelnutzung in den Fokus rückt. Zu den Ergebnissen gehört unter anderem, dass Schülerinnen und Schüler Print-Lektürehilfen als sehr vertrauenswürdige Quellen einschätzen. Für den Beitrag wurde eine inhaltsanalytische Durchsicht von Interviewtranskripten vollzogen, die auf drei Aspekte fokussiert, nämlich (a) Vorannahmen und Überzeugungen der Schülerinnen und Schüler bezüglich des Hilfsmittelgebrauchs, (b) Nutzungsarten und (c) Nutzungsstrategien und -begründungen. Dabei findet sich eine Reihe von positiven Äußerungen gerade zu Print-Lektürehilfen, aber auch eine differenzierte Kritik dieser Hilfen. Zudem zeigt sich, dass die Schülerinnen und Schüler bei der Prüfungsvorbereitung auch zu antizipieren versuchen, wie Dritte, also etwa ihre Lehrerinnen und Lehrer, zu verschiedenen Hilfsmitteln stehen.

1 Einleitung und Hinführung

1.1 Schweizer Gymnasien und deren Maturprüfungen Deutsch

„Dass die Interpretation literarischer Texte zum Kerngeschäft schulischen Literaturunterrichts wie auch universitärer Forschung und Lehre gehört, steht wohl außer Frage." (Wieser 2015, 39) Diesen Befund teilen wir mit Blick auf Gymnasien der deutschsprachigen Schweiz: Die Interpretation literarischer Texte gehört zum Kerngeschäft des Unterrichts in der Erstsprache Deutsch. Der Stellenwert des Literaturunterrichts als gewichtiger Teil der gymnasialen Allgemeinbildung ist seitens der Lehrpersonen und der zuständigen kantonalen Erziehungsdirektionen (Kultusministerien) unbestritten. Dieser Umstand schlägt sich in den verschiedenen gymnasialen Lehrplänen zum Grundlagenfach Deutsch nieder und manifestiert sich folgerichtig in den kantonalen Weisungen zur Abschlussprüfung, konkret in den ausformulierten Anforderungen der schriftlichen und mündlichen Maturprüfung Deutsch.

Insbesondere in der mündlichen Maturprüfung haben die Maturandinnen und Maturanden zu zeigen, dass sie fähig sind, sich selbstständig literarische Texte zu erschließen und zu interpretieren.

Die Bildungssysteme auf der Sekundarstufe II von Deutschland, Österreich und der Schweiz weisen viele Parallelen auf. Betrachten wir hingegen nur den gymnasialen Bildungsweg, so gibt es aus Schweizer Sicht insbesondere zu den Abiturprüfungen in Deutschland resp. den Maturprüfungen in Österreich einige kleine, aber gewichtige Unterschiede. In der Schweiz ist die gymnasiale Maturitätsquote vergleichsweise tief: Gemäß den neuesten zur Verfügung stehenden Angaben lag die gymnasiale Maturitätsquote 2016 bei 21,2% (total bis zum 25. Altersjahr bei 39,6%, d.h. gymnasiale Maturitäten 21,2% + Berufsmaturitäten 15,4% + Fachmaturitäten 3,0%) (BFS 2018).

Nur die gymnasiale Matur ermöglicht den freien Zugang zu den Schweizer Universitäten und Eidgenössischen Technischen Hochschulen. Deshalb ist es für den Übergang vom Gymnasium zur Hochschule wichtig, dass die sogenannte Studierfähigkeit, früher sprach man von Hochschulreife, gewährt ist. Regelmäßige Treffen über inhaltliche Fragen und methodische Anliegen zwischen Hochschuldozenten der Universitäten von Zürich und Bern und den Zürcher resp. Berner Fachvertretern der gymnasialen Schulfächer, sogenannte HS-Gym-Treffen, sollen den Übergang der Gymnasiastinnen und Gymnasiasten ins erste Hochschulsemester, die sogenannte Anschlussfähigkeit, unterstützen helfen.

Der „Rahmenlehrplan für die Maturitätsschulen" (EDK 1994) regelt auf eidgenössischer Ebene, welche „Allgemeinen Bildungsziele" bis Ende des 12. Schuljahres erreicht werden müssen. Dieser MAR genannte Rahmenlehrplan verlangt eine Mindestdauer des Gymnasiums von vier Jahren, was in der Regel dem 9. bis 12. Schuljahr entspricht. Vorgängig erfolgt der Besuch der zwei- oder dreijährigen Sekundarstufe I. Nebst diesem vierjährigen Kurzgymnasium gibt es vereinzelt Kantone, die das Langgymnasium kennen mit einer Schuldauer von sechs Jahren (7. bis 12. Schuljahr). Die Mindestzahl an Schuljahren bis zu den Maturprüfungen beträgt gemäß MAR zwölf Jahre; einige Kantone kennen die Tradition von dreizehn Schuljahren bis zu den Maturprüfungen. In diesen Unterschieden zeigt sich der föderale Aufbau des Schweizer Schulsystems. Die Schulhoheit ist Sache der einzelnen Kantone.

Die Evaluation des MAR, ob die „Allgemeinen Bildungsziele" erreicht werden, erfolgt periodisch auf eidgenössischer Ebene. Die Umsetzung der auf eidgenössischer Ebene empfohlenen Maßnahmen findet auf kantonaler Ebene statt. Dementsprechend legt jeder Kanton entweder in seinem kantonalen Lehrplan oder auf Ebene des einzelnen Schulstandortes die Fachpläne für die verschiedenen Unterrichtsfächer fest. Diese Lehr- und/ oder Fachpläne sind allesamt bewusst offen formuliert, was der einzelnen Lehrkraft großen fachlichen und fachdidaktisch-methodischen Spielraum gewährt. Diese sogenannte Lehrfreiheit ist ein zentrales Anliegen der Lehrpersonen und Merkmal des gymnasialen Unterrichts in der Schweiz. Konsequenterweise finden sich bspw. für den Literaturunterricht in der Erstsprache keine präzisen Angaben, welche literarischen Epochen, welche literatur- und kulturgeschichtlichen Themen oder gar welche schulkanonischen Texte und Autorinnen und Autoren zu besprechen seien. Unter diesen Gegebenheiten können keine (kantonalen) Zentralmaturprüfungen stattfinden, was wiederum Auswirkungen auf die Inhalte und die Art des Unterrichtens hat. So gesehen befürchten Gymnasiallehrpersonen in der Schweiz nicht, dass „die Lehrfreiheit eingeschränkt und der gesamte Unterricht einseitig auf die Reifeprüfung zugeschnitten wird, wenn nur noch literarische Texte studiert werden, die für das Abitur vorgesehen sind" (Krammer 2013, 8).

Was beinhalten die Maturitätsprüfungen Deutsch? Formal bestehen sie aus einer vierstündigen schriftlichen Arbeit; zwei bis drei Wochen später findet die 15-minütige mündliche Einzelprüfung nach einer 15-minütigen Vorbereitungszeit statt. Die Endnote Deutsch setzt sich aus der Erfahrungsnote des letzten gymnasialen Schuljahres (50%) und aus den beiden Teilnoten der schriftlichen und mündlichen Maturprüfung (je 25%) zusammen. In der Regel formulieren mehrere Lehrpersonen desselben Gymnasiums gemeinsam für ihre Klasse(n) die drei bis vier Themen für den vierstündigen Maturaufsatz. Dieses Vorgehen erfordert Absprachen über Themen und Inhalte der letzten zwei Schuljahre und fördert so den von der Schulleitung und den an den Maturprüfungen beisitzenden Fachexperten gleichermaßen gewünschten Austausch unter den Lehrpersonen. Mit diesem System wird die Vergleichbarkeit der Anforderungen zumindest für die schriftliche Maturprüfung Deutsch für die Maturandinnen und Maturanden erhöht.

Wenn wir im Folgenden Ergebnisse aus unserem Forschungsprojekt „SELiT" vorstellen, klammern wir bewusst die schriftlichen Maturprüfungen aus, denn diese wurden im Zuge der Evaluation MAR 94 in der sogenannten EVAMAR-II-Studie (2005-2008) (IFE 2018) einer interkantonalen Vergleichbarkeitsanalyse in Hinblick auf die Studierfähigkeit der Maturandinnen und Maturanden unterzogen. Überprüft wurde in jener breit angelegten Studie, ob das bei Maturandinnen und Maturanden vorhandene Wissen und Können aktuellen Anforderungen an Schweizer Universitäten bei Studienbeginn genüge. Entsprechende Folgerungen aus der EVAMAR-II-Studie werden auch im Fach Deutsch umgesetzt, betreffen aber nicht direkt die Maturprüfungen in Deutsch mündlich, sondern die sogenannten „Basalen Kompetenzen" der schriftlichen Ausdrucksfähigkeit der Schülerinnen und Schüler in der Erstsprache Deutsch.

1.2 Die Berner mündliche Maturprüfung Deutsch

Wie gestaltet sich die mündliche Maturprüfung Deutsch? Hier fokussieren wir auf den Kanton Bern, weil er einerseits als flächen- und bevölkerungsmäßig großer Kanton nebst dem Kanton Zürich eine gewichtige Rolle in bildungspolitischen Fragen spielt, seine gymnasiale Maturitätsquote mit 18% im Jahr 2015 nur leicht unter dem Schweizer Mittelwert (20,2%) liegt (BiEv 2016) und andererseits dank des Kantonalen Lehrplans für Maturitätsschulen (ERZ 2005) die für diese Studie notwendige Vergleichbarkeit der Schulstandorte (Bern, Biel, Burgdorf, Thun, Langenthal und Interlaken) erlaubt, die insgesamt über neun öffentliche und vier private deutschsprachige Gymnasien verfügen. Der „Lehrplan 2005 für den gymnasialen Bildungsgang" ist noch bis 31. Juli 2020 gültig. Im Juni 2021 werden die Maturitätsprüfungen erstmals gemäß den Anforderungen des neuen „Lehrplans 17 für den gymnasialen Bildungsgang" (ERZ 2016) durchgeführt werden. Der neue LP 17 knüpft an den kompetenzorientierten Lehrplan der Volksschule (LP 21) an. Der gymnasiale LP 17 ist tendenziell stärker kompetenzorientiert als der noch bis Sommer 2020 gültige ‚Vorgänger'-LP, wobei der Kompetenzbegriff nicht geklärt ist. Sämtliche in unserem Forschungsprojekt 2016 und 2018 befragten Maturandinnen und Maturanden haben ihre Matur gemäß LP 2005 gemacht. Deren Aussagen sind somit untereinander vergleichbar.

Die „Kantonalen Weisungen vom 23. Mai 2014" regeln die formalen und inhaltlichen Anforderungen der Maturprüfungen Deutsch, die für die befragten Maturandinnen und Maturanden gültig waren.

„Für die individuelle Vorbereitung der mündlichen Prüfung bestimmen die Kandidatinnen und Kandidaten in Absprache mit der Lehrkraft
– entweder eine exemplarische Auswahl von 4-8 Werken der deutschsprachigen Literatur von mehreren Autorinnen und Autoren und aus mindestens drei Jahrhunderten (Werke, die nach 2000 erschienen sind, werden dem 20. Jahrhundert zugerechnet). Dabei müssen die drei Gattungen Epik, Dramatik und Lyrik vertreten sein. Aus anderen europäischen und aussereuropäischen Literaturen der Vergangenheit und Gegenwart sind Werke dann zulässig, wenn sie zur Erreichung der Richtziele des Faches gemäss Lehrplan beitragen. Diese Werke dürfen nicht gleichzeitig für die Maturvorbereitung in einem Fremdsprachenfach gewählt werden;
– oder eine Auswahl von 2-3 Spezialgebieten aus den Teilgebieten der Germanistik;
– oder eine gleichwertige Kombination der beiden vorgenannten Möglichkeiten." (ERZ 2014)

Für die Gestaltung der mündlichen Maturitätsprüfungen ist die erwähnte Lehrfreiheit von Bedeutung. Sie schlägt sich nieder in der Art und Weise des Unterrichts, in den besprochenen Themen und Werken und – für unser Forschungsprojekt wichtig – in der Gestaltung der 15-minütigen mündlichen Maturprüfung. Sie kann von einem oder zwei auf dem Prüfungsblatt vorgegebenen Textausschnitten ausgehen, kann auf dem Prüfungsblatt konkrete Fragen enthalten, die es vorzubereiten gilt, so dass das Prüfungsgespräch stärker dem Schema Frage-Antwort entsprechen wird. Sind keine Fragen vorformuliert, so wird in der Regel von den Kandidatinnen/ den Kandidaten ein referatsähnlicher Einstieg in das Prüfungsgespräch verlangt, was ihnen ermöglicht, eigene Schwerpunkte im Prüfungsgespräch zu setzen.
Aus der Optik der jungen Erwachsenen heißt dies, dass sie sich im Spannungsfeld bewegen zwischen den Kantonalen Weisungen zu den Maturprüfungen Deutsch mündlich, den von ihrer Lehrperson und deren Stil geprägten Anforderungen hinsichtlich des Prüfungsgesprächs und der eigenen Fähigkeit, selbstgesteuert und eigenverantwortlich auf den Prüfungstermin hin die gewählten literarischen Texte erarbeiten und interpretieren zu können. Uns interessiert zu erfahren, wie sehr die einzelne Schülerin, der einzelne Schüler bereits in der Vorbereitungsphase Vorannahmen darüber anstellt, inwiefern eine entsprechend zielgerichtete Vorbereitung der mündlichen Maturprüfung Deutsch möglicherweise zu einem besseren Prüfungsergebnis führt, konkret: u.a. wenn sich der/ die Lernende auch Gedanken zum Prüfungsformat des Typs ‚Prüfungsgespräch' macht.
Die Lernenden und deren Deutschlehrperson bilden gewissermaßen zwei Eckpunkte eines Dreiecks, dessen dritter Eckpunkt durch die kantonalen Vorgaben zu den Maturprüfungen gebildet wird (vgl. Abb. 3).

2 Das Forschungsprojekt „SELiT": Projektanlage und methodisches Vorgehen

2.1 Das Projekt „SELiT" im Kontext literaturdidaktischer Forschung

Hilfsmittel für die Erschließung literarischer Texte im Fokus der Anwendungs- und Nutzungsforschung
Angesichts der oben beschriebenen Anlage und Ausgestaltung der Berner mündlichen Maturprüfung Deutsch liegt es nahe, dass Schülerinnen und Schüler neben den von ihrer Lehrperson im Deutschunterricht behandelten und bereitgestellten Lernmaterialien zusätzliche

Hilfsmittel für die Prüfungsvorbereitung hinzuziehen. Wie Grossen und Seele (2017, 231) untersuchen konnten, nutzen Maturandinnen und Maturanden neben dem Internet als dem am weitesten verbreiteten Hilfsmittel vor allem Print-Lektürehilfen, aber auch andere Print-Nachschlagewerke wie z.B. Literaturlexika für die Prüfungsvorbereitung.

Uns interessiert im Kontext des vorliegenden Beitrags, welche Rolle Hilfsmitteln in dem oben beschriebenen Prozess der selbständigen Prüfungsvorbereitung zukommt:

– Benutzen Schülerinnen und Schüler vor/ parallel/ nach der Erarbeitung des literarischen Primärtextes irgendwelche Hilfsmittel – gemeint sind (Print)-Lektürehilfen und Informationen aus dem Internet?
– Welche Hilfsmittel benutzen die Lernenden zu welchem Zeitpunkt, in welcher Reihenfolge und mit welcher Absicht in den Wochen und Tagen vor den Maturprüfungen Deutsch?
– Welche Vorannahmen und Überzeugungen leiten die Lernenden hinsichtlich der Nutzung von Hilfsmitteln, speziell von Lektürehilfen?

Dies sind einige der Fragen, die wir mittels teilstrukturierter, leitfadengestützter Schülerinnen- und Schülerinterviews unmittelbar vor deren mündlichen Maturprüfungen 2016 und 2018 erfragt haben. Sie bündeln sich in der diesen Aufsatz bestimmenden Leitfrage: „Wie nutzen Schülerinnen und Schüler angesichts des Settings der mündlichen Maturprüfung Deutsch Hilfsmittel wie Print-Lektürehilfen und Internet, um sich für die von ihrer LP gestaltete Prüfung bestmöglich selbständig vorzubereiten?"

Bei der Sichtung der relevanten Forschungsliteratur zum Thema ist es sinnvoll, zwischen Publikationen zu Print- und Online-Materialien zu unterscheiden. In seiner „Fallstudie zum Verhältnis von fachwissenschaftlichen Positionen und didaktisch-methodischen Konstruktionen in Lektürehilfen und Lehrerhandreichungen" – also Print-Materialien – stellt Mergen (2014, 99) fest, dass sich „in den letzten drei Jahrzehnten [...] weitgehend unbeachtet von fachdidaktischer Analyse und Evaluation – im Umfeld von kanonisierten Texten der Schullektüre ein umfangreiches Angebot an Lektürehilfen, Lehrerhandreichungen und Arbeitsmaterialien entwickelt" hat. Das Zentralabitur in Deutschland verstärkt Krammer (2013, 8f.) zufolge den Trend zur Kanonisierung von Texten und zur Harmonisierung von deren Erschließung: „Inwiefern hierbei Literatur funktionalisiert wird, ist nicht nur am boomenden Markt von Lernhilfen und Arbeitsheften zu den vorgeschriebenen Texten und Themen, sondern auch an der kulturellen Gleichschaltung im Literatur- und Theaterbetrieb zu beobachten."

Was sind Print-Lektürehilfen? Mergen ordnet sie als Teil der Textsorte „Einführungsliteratur" ein und unterscheidet dabei Schülerhilfen und Lehrerhandreichungen (ebd.). „Schülerhilfen" bestimmt Mergen (2014, 100) als „Einführungen in ein literarisches Werk unter Berücksichtigung der Zielgruppe jugendlicher Leser, denen ein Vorwissen und begleitende Orientierung während des individuellen Leseprozesses und der Vorbereitung auf Prüfungsaufgaben zur Verfügung gestellt werden sollen." Ähnlich definieren Mackasare und Susteck (2019, 153) die Textsorte „Lektürehilfe" als solche Texte, die dazu dienen sollen, „Lehrern und Schülern höherer Schulen kanonische Werke zu erschließen."

Allerdings spielt das Internet als Recherche- und Informationsmedium für Jugendliche eine zunehmend wichtige Rolle: „(nicht nur) Schüler ‚googlen' heute ganz selbstverständlich, um schnell – punktuell lesend – an Informationen [...] oder literarische Texte [...]." heranzukommen (Hochstadt u.a. 2015, 205). Wie die Untersuchung von Grossen und Seele (2017) zeigen konnte, ist für viele Schülerinnen und Schüler die Internetrecherche sogar das Hilfsmittel der Wahl: Über 80% der im Rahmen einer Fragebogenstudie (vgl. Kap. 2.2) kurz vor der Maturprüfung befragten Berner Schülerinnen und Schüler nutzen demnach das Internet „immer" oder „oft" bei der prüfungsvorbereitenden selbständigen Erschließung literarischer Texte, gegenüber 40% der Befragten, die Print-Lektürehilfen „immer" oder „oft" nutzen. Die Hilfsmittelgattung „Internet" ist deutlich schwieriger greif- und definierbar als die Textsorte Print-Lektürehilfe, gleichwohl braucht es im Kontext dieser Untersuchung eine nähere Bestimmung. Aufschlussreich ist zunächst die Definition sogenannter *Open Educational Resources* (OER) der Deutschen UNESCO-Kommission:

> Open Educational Resources (OER) sind Bildungsmaterialien jeglicher Art und in jedem Medium, die unter einer offenen Lizenz stehen. Eine solche Lizenz ermöglicht den kostenlosen Zugang sowie die kostenlose Nutzung, Bearbeitung und Weiterverbreitung durch Andere ohne oder mit geringfügigen Einschränkungen. Dabei bestimmen die Urheber selbst, welche Nutzungsrechte sie einräumen und welche Rechte sie sich vorbehalten. (D-UNESCO 2019)

Aufgrund der juristischen Fokussierung dieser Definition (Kriterien *Gemeinfreiheit* und *Nutzungs-/Bearbeitungs-/Verbreitungsrechte*) ist sie Neumann (2015, 10) zufolge zu eng, um viele der im Internet zu findenden möglichen Lernmaterialien einschließen zu können. Er schlägt stattdessen die Verwendung des Begriffs „kostenloses Lernmaterial aus dem Internet" vor: „Hier bleiben Faktoren wie beispielsweise Lizenzrechte ausgeklammert, sodass eine wesentlich breitere Masse an Materialien betrachtet werden kann." (Ebd.) In einer Marktanalyse konnte Neumann zeigen, welche Arten von kostenlosen Lernmaterialien für den potenziellen Schülerinnen- und Schülergebrauch sich im Internet finden: So fand er für das Fach Deutsch insgesamt 110.970 Materialien und damit 18,14% des Gesamtangebots an Online-Lernmaterialien (Neumann 2016, 6). Neumann untergliedert den großen Bereich der Online-Materialien „nach Partizipationsabsicht der Anbieter am Markt" und kommt dabei zu folgenden Anbietendenkategorien:
– Plattformen
– Unternehmen
– Vereine und Stiftungen
– Privatpersonen
– Kommerzielle Anbieter
– Öffentliche Anbieter
– Verlage
– Kirchen (ebd., 8)

Neumanns marktanalytische Untersuchungen (2014/ 2015/ 2016) kostenloser Lernmaterialien sind für den hier vorliegenden Beitrag aufschlussreich, um ein differenzierteres Bild derjenigen Onlinematerialien, die Schülerinnen und Schüler möglicherweise auch für die Prüfungsvorbereitung der mündlichen Maturprüfung Deutsch nutzen, zu erlangen; gleichzeitig erweist sie sich in zweierlei Weise als nur begrenzt passend für die hier intendierte Untersuchung: Zum einen ist zu betonen, dass die von uns befragten Schülerinnen und Schüler nicht nur Online-Materialien mit didaktischer Intention (gemäß der UNESCO-Definition von OER) nutzen, sondern jegliche Informationen, die sie zu literarischen Texten im Internet finden, so z.B. an prominenter Stelle auch Wikipedia , das von den von uns befragten Schülerinnen und Schülern des Öfteren explizit als wichtige Informationsquelle genannt wird. Zum anderen erhebt Neumann nicht, welche Fachbereiche des Fachs Deutsch die von ihm untersuchten Onlinematerialien adressieren, d.h. ob und inwieweit es sich beispielsweise um Hilfsmittel zur literarischen Texterschließung handelt.

Der vorliegende Beitrag ist im Vergleich zu Neumanns Untersuchung keine Marktanalyse, sondern eine qualitative Nutzungsanalyse. Im Vergleich zu Mergens Analyse[1] handelt es sich um keine Einzelfallstudie. Der hier vorliegende Beitrag behandelt nicht nur Print-Lektürehilfen, sondern auch den Einsatz des Internets als Hilfsmittel zur Erschließung literarischer Texte. Somit bedarf es hier einer etwas weiteren Definition. Im Gegensatz zu Neumann (2014/ 2015/ 2016) beinhalten die Hilfsmittel, die die von uns befragten Schülerinnen und Schüler nutzen, nicht nur „kostenloses **Lern**material aus dem Internet" (Neumann 2015, 10, Hervorhebung KS/ GG), sondern jegliche Informationen im Internet, die die Schülerinnen und Schüler zur Erschließung literarischer Texte heranziehen. Auch was die von Schülerinnen und Schülern zur Texterschließung verwendeten Print-Materialien angeht, verwenden wir einen gegenüber der Definition von Mergen (2014) und Susteck (2019) etwas erweiterten Hilfsmittelbegriff, indem wir Literaturlexika, Biographien usw. einbeziehen. Unter *Hilfsmitteln für die literarische Texterschließung* verstehen wir hier alle Materialien in Printform und online, die für Schülerinnen und Schüler angemessen reduzierte literaturwissenschaftliche Informationen enthalten. Ausschlaggebend ist dabei nicht, dass es sich um intentional didaktisch reduzierte Informationen handelt (z.B. auf Bildungsportalen), sondern dass die Nutzerinnen und Nutzer selbst (d.h. die Lernenden) die Informationsbreite als angemessen und zielführend wahrnehmen und daher ein Material für die Prüfungsvorbereitung auswählen.

In der literaturdidaktischen Forschung spielen Hilfsmittel für die prüfungsvorbereitende literarische Texterschließung bislang eine eher marginale Rolle. Empirische Untersuchungen zur Nutzung von Hilfsmitteln bei der Erschließung literarischer Texte im Rahmen der Prüfungsvorbereitung in der Sekundarstufe II fehlen bisher völlig. Hier intendiert die vorliegende Studie einen innovativen Beitrag zu leisten. „Anwender- und Wirksamkeitsstudien" von Einführungsliteratur im Allgemeinen stellen Klingenböck (2011, 75) zufolge Desiderate in der „empirisch gestützten Literaturdidaktikforschung" dar. Für den konkreten Bereich der Anwendungs- und Nutzungsforschung von Print-Lektürehilfen zu kanonisierten Schullektüren dürfte Ähnliches gelten.

Hilfsmittelnutzung als Forschungsgegenstand

Indem wir danach fragen, wie Maturandinnen und Maturanden sich auf die mündliche Maturprüfung Deutsch vorbereiten und wie der selbständige Vorbereitungsprozess von ihren Lehrpersonen begleitet wird, kommt dem Aspekt der Hilfsmittelnutzung eine zentrale Funktion zu. Empirische Nutzungsstudien zu Lehrmitteln sind nach wie vor selten in der literaturdidaktischen Forschung. Matthes konstatierte 2014, dass dieser Bereich „immer noch unterentwickelt" sei, dass jedoch eine „Zunahme von Arbeiten zur Nutzung der Schulbücher (und anderer Lehrmittel)" auffalle (Matthes 2014, 21). Allerdings seien Lehrpersonenbefragungen „dominant" (ebd.). Und selbst wenn im literaturdidaktischen Kontext häufig erwähnt oder angenommen wird, dass Schülerinnen und Schüler Hilfsmittel wie Print-Lektürehilfen oder das Internet im selbstgesteuerten Texterschließungsprozess nutzen (vgl. Frederking u.a. 2008, 229; Kepser 2010, 548; Hochstadt u.a. 2015, 203f.), so fehlt es insbesondere in diesem Bereich bisher an konkreten empirischen Studien.

Unabhängig davon, ob Lernende sich literarische Texte selbständig erschließen oder aber andere, nicht literaturbezogene Aufgaben erledigen, verlangt die Internetrecherche vielfäl-

---

1 Mergen analysiert ausschließlich Lektürehilfen zu Brechts „Leben des Galilei", vgl. Mergen 2014: 103.

tige Kompetenzen, vor allem komplexe Lesekompetenzen, wie Castek und Coiro (2015) beschreiben: So müssen zunächst wichtige Fragen identifiziert werden, es müssen die online gesuchten Inhalte aufgespürt, die gefundenen Informationen kritisch evaluiert werden, Informationen müssen schlüssig zusammengeführt, synthetisiert werden und schließlich leistet das Lesen auch einen Beitrag zur geplanten Kommunikation der gefundenen Inhalte (Castek & Coiro 2015, 547). Die Autorinnen betonen, dass diese komplexen internetbezogenen Lese- und auch Schreibkompetenzen nur peripher in den US-amerikanischen Standard-Unterrichtsinhalten, den „Common Core State Standards", enthalten seien (ebd., 546). Auch seien gute Offline-Lesekompetenzen nicht automatisch mit guten Online-Lesekompetenzen verbunden – und umgekehrt:

> We've also noticed digital texts often require that readers engage more actively in order to navigate hyperlinks and construct their own reading paths. Skilled online readers move productively across different texts, find and make sense of multimodal resources, and use crowd-sourcing techniques to ask questions of peers and other experts to make sense of ideas. (ebd.)

Auch wenn bisher Studien zum Online-Recherche- und Leseverhalten von Schülerinnen und Schülern, die literarische Texte selbständig erschließen wollen, fehlen, ist anzunehmen, dass die von Castek und Coiro beschriebenen komplexen Lesekompetenzen hier ebenfalls zur Anwendung kommen und dass auch in diesem Bereich gute Offline- und Online-Lesekompetenzen nicht unbedingt korrelieren.

Hilfsmittelnutzung zur Texterschließung: Schrittfolgen und Nutzungsarten

Was Castek und Coiro hinsichtlich der erforderlichen komplexen Lesekompetenzen bei der Online-Recherche beobachtet haben, gilt unserer Einschätzung nach mit Einschränkungen auch für die Nutzung von Print-Lektürehilfen zur literarischen Texterschließung: auch hier müssen die Lernenden zunächst relevante Fragen identifizieren, mit denen sie die Lektürehilfe konsultieren; auch hier müssen die gesuchten Inhalte im Text aufgespürt, kritisch evaluiert und schließlich synthetisiert werden (vgl. Castek & Coiro 2015, 547). Zwar fällt die onlinetexttypische Navigation in Hypertextstrukturen hier weg, allerdings sind auch Print-Lektürehilfen oftmals nicht für eine linear-chronologische Lektüre aufgebaut, sondern enthalten Rubriken wie „Wort- und Sacherklärungen" (Reclam Erläuterungen), biographische Daten, Schaubilder (z.B. Mentor), ergänzende Texte/ Briefe/ Dokumente, Interpretationen u.v.m. Somit müssen die Lesenden auch hier mit gezielten Leseinteressen und -strategien tätig werden, um dem Informationsziel entsprechend auf die Inhalte zugreifen zu können.

Noch komplexer werden die Anforderungen an die Lesekompetenzen, wenn die Schülerinnen und Schüler – wie in der Situation der selbstgesteuerten Texterschließung im Kontext der mündlichen Maturprüfung Deutsch – ihre Informations- und Erschließungswege selbständig und individuell wählen können, d.h. wenn Print- und Online-Hilfsmittel kombiniert werden. An dieser Stelle setzt das Forschungsinteresse unseres Beitrags an. Eine Fragebogenerhebung unter 198 Schülerinnen und Schülern einige Wochen vor der mündlichen Maturprüfung Deutsch (vgl. Kap. 2.2) konnte zeigen, dass die Lernenden einen Mix aus unterschiedlichen Hilfsmitteln (Print und online) für die Vorbereitung nutzen und dass auch das Gespräch mit Peers eine zentrale Rolle im individuellen Texterschließungsprozess spielt (Grossen & Seele 2017, 231). In welcher Reihenfolge, mit welchen Schrittfolgen die Lernenden jedoch durch das vielfältig zur Verfügung stehende Informationsmaterial navigieren und mit welchen konkreten Arbeitstechniken sie dann auf die Informationen zugreifen, wollten wir mit einer an die Fragebogenerhebung anknüpfenden Interviewstudie herausfinden, die Gegenstand des hier vorliegenden Beitrags ist.

Die konkreten Vorgehensweisen der Schülerinnen und Schüler sind vermutlich von vielen Faktoren abhängig: eigene Präferenzen spielen eine Rolle, das zur Verfügung stehende zeitliche und finanzielle Budget, die erlebte Unterrichtspraxis im Umgang mit der literarischen Texterschließung, darüber hinausgehende Empfehlungen und Ratschläge der Lehrperson, der Peergroup, aber auch die Erwartungen der Maturandinnen und Maturanden, wie die Prüfungssituation konkret gestaltet sein wird und welche Art von Wissen und Kompetenzen dort gefragt sein werden. Damit haben dann voraussichtlich auch verschiedene Formen von Vorannahmen und subjektiven Überzeugungen der Lernenden einen Einfluss auf ihre individuelle Hilfsmittelnutzungsstrategie.

Überzeugungen von Schülerinnen und Schülern hinsichtlich der Hilfsmittelnutzung für die literarische Texterschließung

Der Begriff der „Überzeugungen" wird im pädagogisch-didaktischen Kontext häufig verwendet, um eine subjektiv geprägte Komponente professionellen Lehrpersonenhandelns zu beschreiben. Reusser u.a. (2011, 478) verwenden den Begriff „berufsbezogene Überzeugungen" beispielsweise „als übergreifende Bezeichnung für jene Facetten der Handlungskompetenz von Lehrpersonen, welche über das deklarative und prozedurale pädagogisch-psychologische und disziplinär fachliche Wissen hinausgehen." Dies sind Reusser u.a. zufolge

> affektiv aufgeladene, eine Bewertungskomponente beinhaltende Vorstellungen über das Wesen und die Natur von Lehr-Lernprozessen, Lerninhalten, die Identität und Rolle von Lernenden und Lehrenden (sich selbst) sowie den institutionellen und gesellschaftlichen Kontext von Bildung und Erziehung, welche für wahr oder wertvoll gehalten werden und ihrem [= Lehrpersonen] berufsbezogenen Denken und Handeln Struktur, Halt, Sicherheit und Orientierung geben. Überzeugungen können dabei individueller oder kollektiver Natur, explizit oder eher implizit (intuitiv), fragmentarisch und sogar widersprüchlich sein oder sich zu personalisierten praktischen (subjektiven) Theorien bzw. zu mehr oder weniger kohärenten, theorieförmigen Handlungs- und Aussagesystemen verbinden. (Reusser u.a. 2011, 478)

Im literaturdidaktischen Kontext rücken u.a. Wieser (2012) und Zabka (2012) die berufsbezogenen Überzeugungen von Literatur-Lehrpersonen in den Fokus.

In der in diesem Beitrag vorgestellten Untersuchung zur Hilfsmittelverwendung durch Maturandinnen und Maturanden für die selbständige literarische Texterschließung im Hinblick auf die mündliche Maturprüfung Deutsch verwenden wir das Konzept der „Überzeugungen" (auch) für Schülerinnen und Schüler. Dies lässt sich damit begründen, dass Maturandinnen und Maturanden kurz vor der Maturprüfung eine „Professionalisierung" in der Schülerinnen-/ Schülerrolle zugeschrieben werden kann und dass viele der von Reusser u.a. beschriebenen Merkmale „berufsbezogener Überzeugungen" auch auf Maturandinnen und Maturanden übertragbar zu sein scheinen: auch sie haben – nach zwölf Jahren Regelschulzeit – vermutlich „affektiv aufgeladene, eine Bewertungskomponente beinhaltende Vorstellungen über das Wesen und die Natur von Lehr-Lernprozessen, Lerninhalten, die Identität und Rolle von Lernenden und Lehrenden (sich selbst) sowie den institutionellen und gesellschaftlichen Kontext von Bildung und Erziehung" (Reusser u.a. 2011, 478). Und auch Schülerinnen und Schülern geben diese Überzeugungen vermutlich „Struktur, Halt, Sicherheit und Orientierung" (ebd.) im lernbezogenen Denken und Handeln.

Die Betrachtung von Schülerinnen- und Schülerüberzeugungen hat beispielsweise bereits eine Tradition im Bereich der zweitsprachendidaktischen Forschung, wenn es darum geht, subjektive Aspekte des Lernens zu beschreiben:

> This perspective highlights the subjective nature of L2 learning: it throws light on the learner's beliefs about the language to be learned [...], being a learner, the learning process, and the learning contexts, all of which are charged with positive and negative experiences and loaded with personal meanings. We would argue that this is also true of aspects of teaching. (Kalaja u.a. 2016, 3)

Kalaja u.a. zufolge ist das Konzept der „Überzeugungen" („*beliefs*") von Schülerinnen und Schülern geeignet, individuelle und subjektive Vorannahmen oder Zuschreibungen zu unterschiedlichen Facetten des Lernprozesses und der darin beteiligten Personen zu beschreiben.

Die Anwendbarkeit des Konzepts der „Überzeugungen" sowohl auf die Lehrpersonen- als auch auf die Schülerinnen- und Schülerperspektive auf Unterricht macht es attraktiv für qualitative vergleichend-kontrastive Untersuchungen, die beide Perspektiven einbeziehen. Auch im Rahmen des diesem Beitrag zugrundeliegenden Forschungsprojekts „SELiT" zur „**S**elbständigen **E**rschließung **li**terarischer **T**exte" werden sowohl Lehrpersonen- als auch Schülerinnen- und Schüler-Überzeugungen erhoben und kontrastiert. Der Fokus dieses Beitrags liegt auf dem etwas enger gefassten Bereich der Schülerinnen- und Schüler-Überzeugungen hinsichtlich des Hilfsmittelgebrauchs für die literarische Texterschließung. Zur Illustration der Situierung dieses Aspekts sei im Folgenden der Zuschnitt des Forschungsprojekts „SELiT" kurz dargestellt.

2.2 Beschreibung des methodischen Vorgehens

Im Rahmen von SELiT werden Strategien bei der Prüfungsvorbereitung im Kanton Bern wie auch Vorannahmen und Überzeugungen dazu sowohl von Schülerinnen und Schülern kurz vor der Maturprüfung als auch von Lehrpersonen erhoben. In einer ersten Erhebungsphase füllten 198 Schülerinnen und Schüler des Maturjahrgangs 2016 einige Wochen vor der mündlichen Maturprüfung Deutsch einen Online-Fragebogen mit offenen und geschlossenen Fragen aus (vgl. Grossen & Seele 2017). Erhoben wurden hier z.B., welche Hilfsmittel die Schülerinnen und Schüler für die Prüfungsvorbereitung einsetzen, welche Informationen sie in den Hilfsmitteln suchen, für wie vertrauenswürdig sie bestimmte Hilfsmittel halten, inwieweit sie im Literaturunterricht in die Nutzung von Hilfsmitteln eingewiesen wurden, wie sie das Ansehen bestimmter Hilfsmittel bei ihrer Lehrperson einschätzen und in welcher Reihenfolge sie mit Primärtext und Hilfsmittel arbeiten. Die Ergebnisse letzterer Frage werden wir in Kapitel 3.1 im Detail vorstellen.

In einer zweiten Erhebungsphase (wenige Tage vor der mündlichen Maturprüfung Deutsch 2016 und 2018) wurden 18 leitfadengestützte, teilstrukturierte Interviews mit Maturandinnen und Maturanden geführt. Bei der Auswahl der Interviewpartner/-innen wurde auf eine Durchmischung hinsichtlich Geschlecht und Herkunftsgymnasium geachtet (= sowohl Stadt- als auch Landgymnasien d. Kantons Bern). Gegenstand der Interviews war die individuelle Vorbereitung auf die mündliche Maturprüfung Deutsch unter besonderer Berücksichtigung der Frage nach dem Hilfsmittelgebrauch. Die Interviews wurden unter Zuhilfenahme von MAXQDA anonymisiert transkribiert. Für den hier vorliegenden Beitrag wurden diejenigen Abschnitte der transkribierten Interviews genutzt, in denen sich die Schülerinnen und Schüler explizit (= erkennbar an der Verwendung von Schlüsselwörtern wie z.B. „Hilfsmittel", „Lektürehilfe", „Internet", „Reclam" usw.) zur Hilfsmittelnutzung äußern. Die hier verwendeten Schülerinnen- und Schülernamen sind fiktiv.

Da es sich um eine explorative Studie handelt, entschieden wir uns für eine materialbasierte, induktive Kategorienbildung. Die Auswertung wurde in enger Anlehnung an das von Kuckartz u.a. (2007) beschriebene Vorgehen durchgeführt, d.h. die vorliegenden Transkriptionen wurden zunächst von drei Untersuchenden „erkundet" und „fallweise dargestellt" (ebd., 33). Die drei Untersuchenden arbeiteten dafür an je unterschiedlichen Transkriptionen, jeweils sowohl von 2016 als auch von 2018. Ziel dieser Erkundungsphase war es, Stichworte und Notizen zu sammeln, die das Material „möglichst treffend charakterisieren", und idealerweise einen „Kurztitel" (ebd.) zuzuweisen.

Im Anschluss wurden die Erkenntnisse aus der Erkundungsphase im Team mit dem Ziel diskutiert, „fallübergreifende Themen und Hypothesen" (ebd.) zu formulieren. Aufbauend darauf wurde ein Kategoriensystem für die Auswertung erstellt. Für den Fokus des hier vorliegenden Artikels wurde das Material entlang folgender, in der Erkundungsphase generierter Kategorien analysiert:

1. Vorannahmen und Überzeugungen der Schülerinnen und Schüler
   – hinsichtlich Hilfsmitteln(-nutzung) (unspezifisch)
   – hinsichtlich Internet(-nutzung)
   – hinsichtlich Print-Lektürehilfen(-nutzung)
   – hinsichtlich Vorannahmen und Überzeugungen Dritter (z.B. der Lehrperson, Mitschüler/-innen) zu Hilfsmitteln
2. Nutzungsarten: Art und Weise des Hilfsmittelgebrauchs
3. Nutzungsstrategien und -begründungen

In einem Probelauf wurden exemplarisch zwei Interviewtranskripte von zwei Untersuchenden unabhängig voneinander codiert, um die Passung der Kategorien zu erproben. Im Anschluss wurden die Transkripte unter den Untersuchenden für die Codierung aufgeteilt und das Gesamtmaterial wurde codiert. Abschließend fand eine Sichtung und Diskussion der aufgrund der Codierung gewonnenen Textstellensammlung statt. Angeregt von Kuckartz u.a. (2007, 44) haben wir die reichhaltig mit Textstellen bestückten Kategorien in einem nächsten Schritt in weitere Subkategorien aufgefächert. Die Ergebnisse werden in Kap. 3.2 dieses Beitrags präsentiert.

In einer dritten Erhebungsphase, die im März 2019 begann und derzeit noch andauert, werden mit ca. 30 Deutsch-Lehrpersonen, die aktuell eine Sekundarstufe II-Klasse im Fach Deutsch unterrichten, ebenfalls teilstrukturierte, leitfadengestützte Interviews durchgeführt. Gegenstände dieser Befragung sind unter anderem der aktuelle Stand der Prüfungsvorbereitung in der Sekundarstufe II-Klasse im Hinblick auf die bevorstehende Maturprüfung, die geplante Prüfungsgestaltung der Lehrperson, die Vorstellungen der Lehrperson bezüglich des selbständigen Erschließens literarischer Texte durch ihre Schülerinnen und Schüler wie auch erwartete Herausforderungen im Prüfungsgespräch. Einen Schwerpunkt bildet bei den Lehrpersoneninterviews ebenfalls das Thema Hilfsmittelnutzung: welche Relevanz Hilfsmittel für die selbständige Texterschließung im eigenen Deutschunterricht haben, wie die Lehrperson Nutzungsverhalten und -kompetenz der Schülerinnen und Schüler im Umgang mit Hilfsmitteln einschätzt, aber auch welche Vorstellungen sie vom „Interpretieren" und den dafür zu schulenden Kompetenzen hat. Die Ergebnisse dieser dritten Erhebungsphase wie auch die

Zusammenschau und Synthese der Ergebnisse aller Erhebungsphasen liegen zum jetzigen Zeitpunkt noch nicht vor; hier stellen wir ausschließlich Überlegungen zu den Schülerinnen- und Schülerbefragungen (Fragebogen, Interviews) mit Fokus Hilfsmittelnutzung vor. Wo immer möglich, bemühen wir uns um eine Spezifikation auf Hilfsmittelarten wie Print-Lektürehilfe oder Internet, teilweise nennen Schülerinnen und Schüler in den Interviews sogar sehr konkret Print-Lektürehilfen bestimmter Verlage oder auch ganz konkrete Internetseiten; in der Vielzahl der Fälle äußern sie sich jedoch allgemeiner über Hilfsmittel, so dass eine genaue Zuordnung nicht immer möglich ist.

3 Hilfsmittel-Nutzungstypen und -Nutzungsarten von Schülerinnen und Schülern

Im Rahmen der oben genannten Fragebogenerhebung wurden die Schülerinnen und Schüler u.a. zu ihrem Hilfsmittelnutzungsverhalten befragt. Die Befragung fand im März 2016 statt, und damit ca. drei Monate vor der mündlichen Maturprüfung Deutsch dieser Lernenden. Der Fragebogen, mit dem die Schülerinnen und Schüler befragt wurden, wurde mit dem Umfrageinstrument der Lernplattform „Ilias" erstellt und konnte von den Befragten auf dem Smartphone, aber auch am Computer gelöst werden. Die Erhebung konnte, wie bereits oben angeführt, zeigen, dass die Internetrecherche für die Lernenden eine besonders wichtige Rolle spielt (Grossen & Seele 2017, 231). Allerdings gaben auch über 60% der Befragten an, dass es „eher nicht" oder „gar nicht" zutrifft, dass sie in die Internetrecherche als Instrument zur Erschließung literarischer Texte eingeführt wurden (ebd.). Zur Einübung der Nutzung von Hilfsmitteln für die literarische Texterschließung konstatierten Grossen und Seele somit:

> Dies ist ein erstaunlicher Befund, wenn man bedenkt, dass die Internetrecherche von über 80% der Schüler/innen immer oder oft für die selbständige Erschließung literarischer Texte herangezogen wird und damit mit großem Abstand das für die Schüler/innen wichtigste Hilfsmittel überhaupt darstellt. Auch in die Benutzung von Print-Lektürehilfen werden die Schüler/innen ihrer Wahrnehmung nach vergleichsweise wenig eingeführt. (ebd. 232f.)

Umso interessanter erscheint vor diesem Hintergrund die Frage, wie genau die Schülerinnen und Schüler ihren Arbeits- und Lernprozess mit den Hilfsmitteln selbstständig organisieren, gerade weil der Umgang damit offenbar gemäß Lernendeneinschätzung im Literaturunterricht kein großes Thema ist (bzw. nicht als solches wahrgenommen wird).

3.1 Unterschiedliche Reihenfolgen der Primärtext- und Hilfsmittellektüre
Im Rahmen der Online-Fragebogenerhebung wurden die Lernenden nach ihrem zeitlichen Einsatz von Hilfsmitteln befragt: *Setzen Sie bei der selbständigen Erschließung literarischer Texte Hilfsmittel ein? Wenn ja: Zu welchem Zeitpunkt/ welchen Zeitpunkten? Welche Hilfsmittel? Bitte beschreiben Sie einen typischen Ablauf Ihres Vorgehens in vollständigen Sätzen.* Demzufolge antworteten die Befragten hier mit einer Freitexteingabe; 167 Schülerinnen und Schüler haben diese Frage beantwortet.
Die 167 Antworten lagen aufgrund des Erhebungsverfahrens direkt schriftlich vor. Sie wurden anschließend einer qualitativen Inhaltsanalyse (nach Mayring 2010) mit dem Ziel der Zusammenfassung/ Reduktion und Strukturierung unterzogen. Die leitende Fragestellung dafür war, wie die Schülerinnen und Schüler die Nutzung der diversen in der Forschungsliteratur beschriebenen Hilfsmittel (Mergen 2014; Neumann 2016; Grossen & Seele 2017) kon-

kret organisieren. Dies vor dem Hintergrund (vgl. Kap. 2), dass in der literaturdidaktischen Fachliteratur zwar eine Nutzung von Hilfsmitteln zur Erschließung literarischer Texte durch Schülerinnen und Schüler angenommen wird (vgl. Frederking u.a. 2008, 229; Kepser 2010, 548; Hochstadt u.a. 2015, 203f.), dass hierzu jedoch noch keine empirischen Nutzungsstudien vorliegen, die erhellen, wie genau Schülerinnen und Schüler der Sekundarstufe II kurz vor der Reifeprüfung diese Hilfsmittel zur Prüfungsvorbereitung nutzen. Die Beschreibung der allgemein für eine Online-Recherche notwendigen komplexen Lesekompetenzen (vgl. Castek & Coiro 2015) legt nahe, dass sich auch und gerade bei einer Analyse des Nutzungsverhaltens von Hilfsmitteln zur literarischen Texterschließung komplexe Strategien und Organisationsformen finden lassen.

Das Material, d.h. die 167 schriftlichen Antworten, wurde zunächst mit dem Ziel der Zusammenfassung und Reduktion des Materials (Mayring 2010, 65f.) gesichtet. Dafür wurden von drei unabhängig voneinander arbeitenden Untersuchenden induktiv Kategorien gebildet. Nicht alle 167 Antworten waren verwertbar, da einige Antworten unverständlich oder inhaltsarm waren (z.B. „blabla"). Der Vergleich der Kategorisierungen der drei Untersuchenden ergab eine übereinstimmende Bildung folgender fünf Kategorien:
Schülerinnen und Schüler, die
a) keine oder fast keine Hilfsmittel nutzen,
b) ausschließlich Hilfsmittel nutzen, den literarischen Primärtext also gar nicht lesen,
c) vor dem Lesen des Primärtextes zuerst Hilfsmittel nutzen,
d) nach dem Lesen des Primärtextes erstmals Hilfsmittel nutzen,
e) parallel zur Primärtextlektüre Hilfsmittel nutzen.

Bei einer Untersuchung des Gesamtmaterials wurden die 167 Antworten von den drei unabhängig voneinander Untersuchenden den Kategorien zugeordnet. Gleichzeitig wurden weitere, die Kategorien strukturierende und typisierende Merkmale gesucht. Aus dieser vertiefenden strukturierenden Inhaltsanalyse (vgl. Mayring 2010, 66) lassen sich folgende Erkenntnisse festhalten[2]:
– a) und b) werden selten genannt, scheinen also eher Ausnahmen darzustellen oder aus Gründen sozialer Erwünschtheit nicht genannt zu werden (besonders b)).
– Einige der unter c) Eingeordneten nutzen auch nach der Primärtextlektüre nochmals Hilfsmittel.
– d) wurde besonders häufig zugewiesen, so dass hier weitere Ausdifferenzierungen festgestellt werden konnten:
  • ERST Primärtextlektüre, DANN Hilfsmittel (unspezifisch)
  • ERST Primärtext, DANN Internet
  • ERST Primärtext, DANN Print-Lektürehilfe
  • ERST Primärtext, DANN gemischte Hilfsmittel (Internet + Print)
– Zudem fiel eine umfangreiche Gruppe von Antworten auf, die auf eine differenzierte und strategisch durchdachte Hilfsmittelnutzung schließen lassen: genaue Angaben, welche Art

---

2 Bewusst haben wir hier keine quantitative Auswertung vorgenommen, da sich diese unserer Ansicht nach aus der Art des Materials nicht ergibt. Da es sich hier um eine Pilotstudie mit explorativem Anspruch handelt und es zu Hilfsmittelnutzungsstrategien von Maturandinnen und Maturanden bei der selbständigen Erschließung literarischer Texte keine Referenzerhebungen gibt, lag der Fokus unseres Interesses in der induktiven Kategorienbildung. Die gebildeten Kategorien könnten in einer anschließenden quantitativ-empirischen Studie überprüft werden.

von Information wo gesucht wurde, wie unterschiedliche Informationen zusammengeführt und synthetisiert wurden, konkrete Angaben über eigene Lesetechniken usw.

Zur Illustration einer solchen differenzierten Nutzungsstrategie seien folgende Beispiele zitiert:

Zuerst beginne ich das Werk zu lesen. Falls ich sehr große Schwierigkeiten habe, den Inhalt überhaupt zu verstehen, suche ich im Internet nach Inhaltsangaben (und eventuell bereits auch nach Interpretationen der betreffenden Stellen). Während dem Durchlesen markiere ich Auffälligkeiten, wichtige und unklare Stellen. Nach dem Durchlesen widme ich mich dem Internet und evtl. behilflichen Print-Lektüren, um das Werk aufzuschlüsseln. Um dies zu tun, lese ich – um wichtige Stellen genau zu verstehen – auch einige Seiten wiederholt durch. (Schüler/-in A 2016)

1. Ich lese den Text.
2. Ich schreibe selbst eine Inhaltsangabe und überlege mir Motive, Interpretationen, Zusammenhänge.
3. Ich interpretiere bestimmte Themen.
4. Ich suche Hilfe in Print-Lektürehilfen oder im Internet, falls ich schon eine Print-Lektürehilfe zur Hand habe, benutze ich sie auch für Inhalt, Themen und Interpretation.
5. Ich diskutiere mit meiner Maturgruppe, in der wir die Matur auch absolvieren werden, evtl. mit anderen Personen. (Schüler/-in B 2016)

Gerade die häufig anzutreffenden differenzierten Antworten von Schülerinnen und Schülern, die ein vielschrittiges Vorgehen zur Texterschließung unter Zuhilfenahme verschiedener Hilfsmittel, verbunden mit offenbar unterschiedlichen Nutzungsintentionen, zeigten, ergeben das neue Forschungsdesiderat, nicht nur die einzelnen Nutzungsschritte der Schülerinnen und Schüler, sondern auch ihre Vorannahmen und Überzeugungen bei der Nutzung der Hilfsmittel besser zu verstehen.

3.2 Unterschiedliche Vorannahmen und Überzeugungen zu Hilfsmitteln und ihrer Nutzung

Um Aufschluss über die die Lernenden bei der Hilfsmittelnutzung möglicherweise leitenden Vorannahmen und Überzeugungen (vgl. Reusser u.a. 2011; Kalaja u.a. 2016) zu erhalten, wurden, wie bereits im Kapitel 2.2 beschrieben, mit sechs Schülerinnen und Schülern des Maturjahrgangs 2016 – die zudem an der o.g. Online-Befragung teilgenommen hatten – und zwölf Schülerinnen und Schülern des Maturjahrgangs 2018 leitfadengestützte, teilstrukturierte Interviews durchgeführt, die anschließend transkribiert und inhaltsanalytisch ausgewertet wurden. Daraus konnten folgende Erkenntnisse über Vorannahmen und Überzeugungen von Maturandinnen und Maturanden hinsichtlich der Hilfsmittelnutzung bei der selbständigen Erschließung literarischer Texte für die mündliche Maturprüfung Deutsch gewonnen werden:

3.2.1 Vorannahmen und Überzeugungen der Schülerinnen und Schüler hinsichtlich bestimmter Hilfsmittel und der Hilfsmittelnutzung

Bereits die Fragebogenerhebung 2016 hat zeigen können, dass viele Schülerinnen und Schüler Print-Lektürehilfen für sehr vertrauenswürdig halten. Die Frage „Wieviel Vertrauen haben Sie in die Qualität und fachliche Korrektheit der Informationen in den folgenden

Hilfsmitteln?"[3] haben insgesamt 173 Schülerinnen und Schüler beantwortet. Dabei konnten die Befragten unterschiedlichen Hilfsmitteln Punkte auf einer Skala von 0 (schlechteste Punktzahl) bis 6 (beste Punktzahl) zuweisen. Dabei zeigt sich, dass die Vertrauenswürdigkeit von Print-Lektürehilfen insgesamt hoch eingeschätzt wird: Die meisten Schülerinnen und Schüler bewerten dieses Hilfsmittel mit den Höchstnoten 6 oder 5.

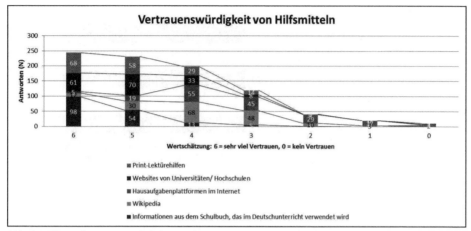

Abb. 1: Hilfsmittel: Vertrauenswürdigkeit (nach Bewertung)

Neben dem Schulbuch werden auch Websites von Universitäten und Hochschulen von den Schülerinnen und Schülern als sehr vertrauenswürdig eingeschätzt. Wikipedia erreicht bei einer Mehrzahl der Befragten mittlere Noten (3 oder 4). Noch etwas geringer wird die Vertrauenswürdigkeit von Hausaufgabenplattformen im Internet eingeschätzt.

---

3 In der Fragebogenerhebung wurde auch das „Deutschbuch, das im Unterricht verwendet wird" als Auswahl-möglichkeit angegeben; auf dieses Hilfsmittel gehen wir in diesem Beitrag nicht ein, da es kein verpflichtendes Deutschbuch für die Sekundarstufe II gibt – nicht alle Schülerinnen und Schüler verwenden somit ein Schulbuch im Deutschunterricht.

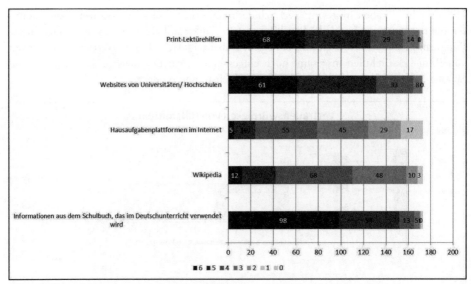

Abb. 2: Hilfsmittel: Vertrauenswürdigkeit (nach Hilfsmittel)

Alle im Rahmen der Interviewstudie befragten Schülerinnen und Schüler äußern sich zu Hilfsmitteln und zur Hilfsmittelnutzung. Einige äußern sich unspezifisch, d.h. sie unterscheiden in ihren Äußerungen nicht zwischen unterschiedlichen Hilfsmittelarten, auch nicht zwischen Print- und Internet-Hilfsmitteln. In anderen Fällen wird eine explizite Unterscheidung vorgenommen. Für die unspezifischen wie auch für die hilfsmittelspezifischen Antworten bietet sich eine Betrachtung der Antworten entlang der Subkategorien „Zustimmung", „Ablehnung"/ „Kritik" und „uneindeutig" an.

Als „Zustimmung" haben wir solche Stimmen kategorisiert, in denen sich die Schülerinnen und Schüler positiv-affirmativ zum Hilfsmittelgebrauch äußern, z.B.

> *Ja. (.) Also (--) ich habe eigentlich nur (--) gute äh (--) Erfahrungen gemacht. Ein Kriterium bei meiner Bücherwahl (.) ist halt auch, (.) es muss so ein -, (.) ein bisschen bekanntes Buch sein. Eines, das viel (.) durchgekaut worden ist. (Otto 2018)*

> *Nein, also ich wäre wahrscheinlich nicht im Stand (.) ohne Hilfe. Weil eben, ich würde gar nicht merken, was ist überhaupt wichtig. Ich fände jede Seite irgendwie (--) zentral und (--) erst durch so (--) äh (.) Hilf-, (.) Hilfestellungen merkt man nachher, auf was es wirklich ankommt. Und (--) das würde ich wahrscheinlich selbst nicht merken. (Elisa 2016)*

Die beiden zur Illustration ausgewählten Beispiele lassen – neben der allgemeinen positiven Einstellung zur Hilfsmittelnutzung – bereits erkennen, dass diese mit ganz unterschiedlichen Herangehensweisen an den Texterschließungprozess, aber auch mit unterschiedlichen Selbsteinschätzungen der Schülerinnen und Schüler einhergehen. So zeigt sich in der Äußerung Ottos, dass er seine positive Erfahrung mit Hilfsmitteln für die Texterschließung sogar zum Auswahlkriterium für die literarischen Texte seiner Matur-Lektüreliste gemacht hat: Er hat sich bewusst für solche Primärtexte entschieden, die „viel durchgekaut" worden sind, d.h. zu denen er viele Hilfsmittel erwartet. In Elisas Äußerung hingegen schimmert durch, dass sie sich nicht zutraut, ohne Hilfsmittel einen literarischen Text im Rahmen der Prüfungsanforderungen zu erschließen und zu präsentieren. Solche unterschiedlichen Vorannahmen und Überzeugungen münden in unterschiedliche Nutzungsarten, wie wir unten zeigen wollen. Auch seien hier zur Illustration zwei hilfsmittelunspezifische ablehnend-kritische Äußerungen präsentiert:

Mh, (.) das ein bisschen Nervigere kann es werden, wenn Zu-, (.) die Zusammenfassung nachher äh (.) nicht wirklich stimmt, also wenn sie qualitativ (.) nicht sehr hochwertig ist. Das heißt, dass man sich nachher trotzdem noch muss -, (.) äh (.) wenn man nachher versuchen muss, Fehler herauszusuchen bei den (   ) Zusammenfassungen. (Felix 2016)

Und nachher bei anderen (.) finde ich es sehr schwierig, auch wenn ich nachher die Interpretation dazu lese, das nachzuvollziehen, weil ich (.) finde es eigentlich nicht so logisch, (.) aber ich muss es nachher trotzdem erzählen, weil es ist das, was (-) ja anerkannt ist. Aber (.) trotzdem denke ich mir manchmal, ja ich weiß nicht so ganz, ob ich das (.) vertreten kann. (Lena 2018)

An den ausgewählten Beispielen werden wiederum unterschiedliche Facetten und Begründungen einer ablehnend-kritischen Haltung deutlich: Während Felix sich kritisch zur Qualität mancher Hilfsmittel (konkret: „Zusammenfassungen") äußert und befürchtet, „Fehler heraussuchen" zu müssen, ist Lenas Ablehnung darin begründet, dass die in den Hilfsmitteln vorgefundene Interpretation möglicherweise nicht mit ihrer eigenen Lesart und Textinterpretation kompatibel ist und dass die Hilfsmittelnutzung dann dazu führt, dass sie eine Interpretation wiedergeben „muss", hinter der sie persönlich nicht steht.
Im Folgenden sei nun ein detaillierter Blick auf hilfsmittelspezifische Äußerungen der Interviewten geworfen.

Vorannahmen und Überzeugungen der Schülerinnen und Schüler hinsichtlich Print-Lektürehilfen(-nutzung)

Viele Schülerinnen und Schüler schätzen Print-Lektürehilfen als Hilfsmittel: Jeanne (2018) findet sie „mega gut (.) gemacht", „wenn ich es wie durchlese, dann habe ich so wie einen (.) Aha-Effekt, ja, (.) okay es stimmt. Es (.) hat wirklich etwas zu tun mit meinem Buch." Sina (2018) findet „vor allem die Zusammenfassungen und die Charakterisierungen mega gut. Oder auch (--) äh (.) Informationen zur Epoche, das ist manchmal auch noch interessant". Die bereits oben zitierte Elisa (2016) wie auch Giovanna (2018) betonen, dass Print-Lektürehilfen „praktisch" sind.
Die bereits oben erwähnte hoch eingeschätzte Vertrauenswürdigkeit von Print-Lektürehilfen spiegelt sich auch in den Interview-Antworten:

Ähm (.) also ich finde einfach – (--) ich kaufe lieber eine (--) Lektürehilfe oder eine Königs Erläuterung (.) als im Internet, weil Internet (--) weiß man halt nie immer so genau. Ähm (.) aber jetzt habe ich eigentlich schon -, (.) mit Königs Erläuterungen habe ich eigentlich schon gute Erfahrungen gemacht (   ). Also einfach auch eben, (   ) die Informationen, die sie einem geben, die stimmen eigentlich in der Regel. Und das ist -, (.) dann kann ich mich einfach auf das auch verlassen und das finde ich eigentlich noch praktisch. (---) (Giovanna 2018)

Dennoch gibt es auch einzelne kritische Äußerungen:

Also ich habe halt schlechte Erfahrungen einmal gesammelt mit einem Königs Erläuterungsbuch. Ähm (.) also das war (.) bei einer anderen Lehrperson, ähm (.) aber auch im Deutsch, als ich dann gewechselt habe. Aber dort habe ich zu „Der Verlorene", ich weiß nicht, (.) welcher Autor das ist, (.) aber dort äh (.) eine Erläuterung mir gekauft und das extra alles durchgeschaut. Nachher schlussendlich hatten wir den

Vortrag und ich habe mich so ein bisschen an Königs Erläuterungen gehalten. Und ähm (.) sie fragt mich nachher vor der Klasse, wie ich das eigentlich genau sehe und so weiter. (--) Und mir ist nachher wirklich aufgefallen, (.) ja okay, es hat in dem Buch wirklich einen Fehler, weil es geht von der Zeit-, (--) von -, (.) von der Zeitauflistung her gar nicht auf. Ähm (.) also daher -, (.) ich bin jetzt etwas kritischer geworden. Ähm (.) weil es halt schon ein bisschen peinlich war so vor der ganzen Klasse. (Rani 2018)

Kritisch gesehen wird vereinzelt auch die große Ausführlichkeit („die sind mir zum Teil etwas zu lange", Anna 2016) und die Strukturierung („ich würde jetzt einfach sagen es ist nicht gerade so (.) toll strukturiert", Felix 2016) der Darstellung in Print-Lektürehilfen.
Vor allem speist sich Felix' Ablehnung aus der Sorge, dass die Zuhilfenahme von Print-Lektürehilfen zu sehr die eigene Lesart beeinflusst:

Aber im Grund genommen bin ich nicht so ein grosser Fan von diesen (.) Büchern, weil es meistens -, (.) es -, (.) es schränkt einen einfach recht ein (.) im Denkgang. Oder also man -, (.) im Endeffekt wird man nachher herleiern, was in diesen Büchern da drin steht und das ist eigentlich ja nicht das Ziel. Ist ja irgendwie das Ziel, selbständig einen äh (--) Erarbeitungsprozess zu machen, meiner Meinung nach. Und wenn man nachher einfach abkopiert, sozusagen plagiiert, was in diesen Büchern steht, ist man nicht wirklich viel schlauer, sondern kann einfach auswendig lernen, (.) meiner Meinung nach. Es ist eigentlich recht einschränkend. (Felix 2016)

Reflexionen darüber, worum es in der mündlichen Maturprüfung Deutsch wohl gehen soll, wie sinnvoll das Prüfungssetting ist und ob es das Ziel ist, gelernte kanonische Textinterpretationen wiederzugeben oder das persönliche Textverständnis zu begründen, bringen die interviewten Schülerinnen und Schüler vielfach an. Es scheint eine Frage zu sein, die sie beschäftigt. Im Rahmen der hier vorliegenden Untersuchung ist jedoch kein Raum, diesen von den Schülerinnen und Schülern aufgeworfenen kritischen Überlegungen zum Prüfungssetting weiter nachzugehen – dies sollte Gegenstand einer eigenen Untersuchung sein.

Vorannahmen und Überzeugungen der Schülerinnen und Schüler hinsichtlich Internet (-nutzung)
Auch im Hinblick auf die Nutzung des Internets als Hilfsmittel gibt es die Befürchtung von Lernenden, zu stark beeinflusst zu werden:

Ich habe das Gefühl, (--) das Internet verlockt (.) einfach ein bisschen, dass man eben (--) nicht so viel überlegt (.) selbst. Ich habe wie das Gefühl, (--) ich lese das Buch, (--) nehme es zur Kenntnis, aber überlege mir nicht selbst schon (.) mega viel. Und dann habe ich das Gefühl, (--) lasse ich mich gerade sofort (.) vom Internet (.) halt steuern, habe ich so Gefühl. Könnte ich vielleicht auch jetzt dann, wo ich es weiß, besser machen. Ähm (--) mir selbst vielleicht ein bisschen etwas überlegen und nachher dann erst das Internet. Aber es beeinflusst mich sicher -, (.) schon, (.) weil ja, (--) glaube ja auch ein bisschen das, (.) was im Netz steht. (Daniela 2016)

Allerdings dominieren hier bei den ablehnenden Stimmen Vorannahmen und Überzeugungen, dass Internetinformationen nicht genügend vertrauenswürdig seien:

Nachher habe ich plötzlich gemerkt, zum Beispiel bei „Effi Briest" war ich auf so einer Internetseite, irgendwie (.) „inhaltsangaben.de", (.) und dann war dort einfach eine falsche Jahreszahl. Und nachher (--) habe ich gedacht, ja okay, wenn jetzt das schon falsch ist und es ist immer wieder aufgetaucht, könnte ja auch noch mehr falsch sein. Und dann ist man so ein bisschen verunsichert. (Marie 2018)

Oder der bereits oben zitierte Felix, sehr pointiert:

Also ich sage es jetzt einmal so – und sorry für die Ausdrucksweise – etwa 99 Prozent von dem, was man im Internet findet, ist Bullshit und etwa ein Prozent davon kann man wirklich brauchen,(--) wenn man es jetzt so nehmen will, (.) meiner Meinung nach. Weil vieles -, (--) ein Wikipedia und alles, (.) jeder Depp kann etwas draufschreiben, böse gesagt. Ich meine, genauso wie Papier frisst auch das Internet alles, nicht? Das Wichtige ist einfach, was man machen können muss, ist, man muss differenzieren können zwischen qualitativer Information und (.) komplettem Mist. (Felix 2016)

Zum Vergleich: Im Rahmen der Fragebogenerhebung wurden bestimmte Internetseiten von den Schülerinnen und Schülern als deutlich weniger vertrauenswürdig eingeschätzt als z.B. Print-Lektürehilfen, wie bereits oben gezeigt wurde. Auf die Frage „Wieviel Vertrauen haben Sie in die Qualität und fachliche Korrektheit der Informationen in den folgenden Hilfsmitteln?" rangierte Wikipedia in der Gunst der Schülerinnen und Schüler nur im Mittelfeld. Noch etwas schlechter schnitten wie bereits oben erwähnt „Hausaufgabenplattformen" ab.

Das Wissen um die möglicherweise geringe Belastbarkeit und hohe Divergenz von Informationen aus dem Internet machen sich Schülerinnen und Schüler bei der Prüfungsvorbereitung teilweise sogar zunutze, wie die Interviewstudie zeigen konnte: Als „skilled online readers" (vgl. Castek & Coiro 2015) entwickeln sie Strategien, die ihnen ermöglichen, das als wenig vertrauenswürdig eingeschätzte Medium „Internet" dennoch gewinnbringend zu nutzen:

Also auf dem (--) Internet, je nachdem, welches Buch es ist, hat es sehr gute (.)Hilfsmittel, aber es ist auch manchmal (.) ein bisschen (.) sehr vielfältig, also sehr Verschiedenes. Dann muss man halt sich selbst Gedanken machen, was nehme ich, (.) was sage ich dazu. Also dass halt verschiedene Leute Verschiedenes dazu sagen, aber meistens -, (--) so die Grundsachen sind meistens sehr ähnlich. (Tanja 2018)

Tanja scheint demnach verschiedene Internetquellen zu einer Primärlektüre zu Rate zu ziehen, um dann zu vergleichen, wie sich unterschiedliche Aussagen zueinander verhalten. Sie muss durch ein analytisches Lesen der gefundenen Informationen herausarbeiten, welches die ähnlichen „Grundsachen" sind. Dies kann als ein Beispiel gelten für die von Castek und Coiro (2015, 546) beschriebenen „skilled online readers", die sich produktiv zwischen unterschiedlichen Texten bewegen und multimodale Quellen synthetisieren können.

Auch Hannes könnte im Sinne von Castek und Coiro als „skilled online reader" bezeichnet werden:

Also ich gehe nachher -, (--) ich mache nachher so -, (.) oftmals so -, (.) so Internet und so die machen dann so kra-, (.) krasse Statements irgendwie. So (--) dass man das nachher irgendwie mit dem und dem vergleichen kann. Und nachher so -, (.) so da irgendwie so. Und nachher irgendwie, dass diese Person (.) wie Hitler ist in einem -, (.) in so etwas und so. So extrem krasse Statements irgendwie. Und wenn ich es analysiere, dann -, (--) dann sehe ich so ein bisschen ähnliches Zeug, aber gehe nachher irgendwie nicht so weit (.) so. Ähm (--) ich gehe einfach so zu einem gewissen Punkt, wo man so sagen kann, (--) äh (.) ja ich führe es nicht so weit wie zum Beispiel -, (.) wie das Internet irgendwie. Vielleicht weil ich auch Angst habe, irgendetwas falsch zu machen und nachher irgendwie so (--) die ganze Zeit auf irgendeiner falschen Interpretation von mir (.) weiterzufahren (.) so. (Hannes 2018)

Für Hannes scheint das Internet sich vor allem durch „krasse Statements" – pointierte, vielleicht gewagte oder übertriebene Interpretationsansätze – auszuzeichnen, die sich von seiner eigenen Lesart im Grad der Radikalität und Zuspitzung unterscheiden. Auch bei ihm bedeutet die Arbeit mit derartigen Informationen aus dem Internet Vergleich: Vergleich mit der eigenen Interpretation und Lesart, anschließend Abtönung der Positionen. Die gefundenen Informationen werden somit kritisch evaluiert, und Hannes macht sich Gedanken darüber, wie er die gefundenen Informationen kommunizieren kann (vgl. Castek & Coiro 2015, 547).

Vorannahmen und Überzeugungen der Schülerinnen und Schüler hinsichtlich Vorannahmen und Überzeugungen Dritter zu Hilfsmitteln
Die etwas sperrig formulierte Überschrift soll verdeutlichen, dass Schülerinnen und Schüler nicht nur von bestimmten Vorannahmen und Überzeugungen zu Hilfsmitteln und deren Nutzung geleitet werden, sondern dass sie auch Überzeugungen Dritter zu Hilfsmitteln wahrnehmen, die sie dann möglicherweise im eigenen Nutzungsverhalten beeinflussen. Dies können zum Beispiel Empfehlungen aus der Peergroup sein, wie bei Hannes:

> *Ja also ich weiß jetzt nicht. Also ich habe jetzt noch nicht so -, (--) also ich -, (--) ich weiß noch nicht so ähm (.) also (--) ich weiß nicht -, (--) ich weiß nicht, wie gut Königs Erläuterungen ist (.) so. Ähm (--) aber so -, (--) so viele haben einfach gesagt, es kann etwas. Nachher habe ich gedacht (.) ja. ((lacht))* (Hannes 2018)

Außerdem scheinen Schülerinnen und Schüler Vorannahmen darüber zu treffen, ob ihre Lehrperson die Nutzung bestimmter Hilfsmittel eher befürwortet oder ablehnt, wie die folgenden Beispiele illustrieren:

> *Ja, (.) weil, (--) also (-) der Lehrer erzählt wirklich (-) eins zu eins genau das Gleiche, was im Lektüre-, (.) oder im Lektüreschlüssel ist. Also (-) ich weiß nachher nicht, ob sie selber -, (.) er liest es sicher selber, das Buch auch, aber (.) ich weiß nachher nicht, ob er selber auch Hilfe von diesem (-) Lektüreschlüssel holt, welche nachher wirklich (-) die wichtigsten Interpretationen und die Analysen (.) von dem Buch sind. Also jeweils frage ich mich schon. ((lacht))* (Jeanne 2018)

Der von Jeanne beschriebene Lehrer hält sich somit im Unterricht sehr eng an die Informationen aus dem „Lektüreschlüssel", auch wenn er dies nicht zu explizieren scheint. Für Jeanne als Schülerin leitet sich daraus ab, dass es für ihre Prüfungsvorbereitung von zentraler Bedeutung ist, das offenbar von ihrem Lehrer präferierte Hilfsmittel zu Rate zu ziehen. In ähnlicher Weise hat auch Lena den Eindruck, dass „unser Lehrer (.) jeweils die [Deutung] lieber hat, welche jeweils schon so wie belegt ist." Aufgrund dessen ist ihre Strategie bei der Prüfungsvorbereitung: „Und daher versuche ich jetzt beispielsweise im Fach Deutsch weniger meine eigene Interpretation einfließen zu lassen und mehr (--) die, welche ich (-) wie (--) ja lese und (.) einfach anwende." (Lena 2018)

3.2.2 Nutzungsarten: Art und Weise des Hilfsmittelgebrauchs
Gerade weil Schülerinnen und Schüler bereits mit bestimmten Vorannahmen (z.B. dass die Lehrperson in Hilfsmittelliteratur „belegte" Deutungen bevorzugt) und Überzeugungen (z.B. dass Print-Lektürehilfen differenziert und tendenziell vertrauenswürdig sind) an die Hilfsmittel herantreten und auch antizipierten Schwächen bestimmter Hilfsmittel (z.B. geringe Vertrauenswürdigkeit von Informationen aus dem Internet) mit Strategien von „skilled online readers" (Castek & Coiro 2015) begegnen, können zumindest einige von ihnen die zur Verfügung stehenden Hilfsmittel zielgerichtet nutzen. Dabei scheinen folgende Arten und Weisen des Hilfsmittelgebrauchs insbesondere eine Rolle zu spielen:

Punktuelle Hilfsmittelnutzung: Gezieltes Suchen spezieller Inhalte
Schülerinnen und Schüler wissen, was sie suchen, und wo sie es finden können, wie das Interview mit der bereits oben zitierten Elisa illustrieren kann:

> *I: Mhm. (.) Also hast du diese Königs Erläuterungen ganz durchgelesen oder hast du gezielt nach Sachen gesucht?*
>
> *Elisa: Ich habe gezielt nach Sachen gesucht, (--) die nachher auch gelesen (--) und so (---) die Sachen, die am Schluss stehen, also so Rezensionen und so, die habe ich nachher nicht gelesen.*
>
> *I: Mhm. Und was -, (.) was hast du vor allem gesucht?*
>
> *Elisa: Ja, (--) wenn ich Begriffe nicht verstanden habe, (--) bin ich nach den Begriffserläuterungen schauen gegangen oder eben nach (--) der Bio-, (.) der Autor, der Biographie des Autors, habe ich angeschaut.*
> (Elisa 2016)

Derart gezieltes Nutzungsverhalten fiel auch bei einer Gruppe von Antworten im Rahmen der Fragebogenerhebung (vgl. Kap. 3.1) auf: Einige Schülerinnen und Schüler lesen beispielsweise gezielt zuerst biographische Informationen, eh sie mit der Primärtextlektüre beginnen. Interpretationsansätze hingegen lesen manche gezielt erst nach der Primärtextlektüre. Dies könnte darauf hindeuten, dass sie zwar hinsichtlich des biographischen und soziokulturellen Kontexts informiert an die Lektüre herangehen wollen, dass sie das eigene Textverstehen jedoch nicht durch bereits vor der Lektüre aufgenommene Fremdinterpretationen beeinflussen wollen.

Sprachliche/ gedankliche Präzisierung, Vertiefung, Ausschmückung
Wie bereits in Kap. 3.1 gezeigt, liest ein Großteil der interviewten Schülerinnen und Schüler zuerst den Primärtext und zieht im Anschluss Hilfsmittel hinzu. Viele Lernende geben in den Interviews zudem an, dass ihnen die eigene Lesart des Primärtextes wichtig und wertvoll ist (z.B. Daniela 2016: *„meine (.) eigene Meinung und meine eigene Deutung ist ja trotzdem auch noch etwas wert"*). Hier kann das Hilfsmittel zur Präzisierung und Vertiefung eigener Überlegungen herangezogen werden:

> *Also wenn ich ve-, (.) wenn ich dem vertraue, (--) also wenn ich so sehe, ich habe eigentlich gl-, (.) ähnliche Ansichten, es ist einfach vielleicht noch so ein bisschen präziser und noch so ein bisschen (.) ausführlicher und noch so ein bisschen besser, (.) dann ähm (---) dann sage ich es nachher sicher so -, (.) so Sachen, die so ungefähr dort stehen und die ich selbst auch überlegt habe. (Hannes 2018)*

Die Nutzungsart „sprachliche/ gedankliche Präzisierung, Vertiefung, Ausschmückung" wird von Schülerinnen und Schülern beschrieben, die aufgrund ihrer persönlichen Primärtextlektüre ein konsistentes, sie selbst zufriedenstellendes Textverstehen, eine „Interpretation" herstellen können, die aber ihren eigenen Gedankengang durch die Nutzung des Hilfsmittels verfeinern und optimieren wollen – sei es sprachlich, durch die Erweiterung z.B. des Wortschatzes, oder auch gedanklich, um z.B. weitere Argumente zur Stützung der eigenen Interpretation zu finden.

Primärtextverstehen herstellen, Primärtextverstehen verbessern, Interpretationsideen generieren
Ein wichtiger Grund, Hilfsmittel zur Unterstützung bei der literarischen Texterschließung einzusetzen, sind Verständnisschwierigkeiten. So geben Schülerinnen und Schüler an, Hilfs-

mittel dann einzusetzen, wenn sie Verständnisschwierigkeiten bei der Primärtextlektüre haben oder erwarten:

> *Also (.) ähm (.) und nachher (--) ähm (.) habe ich einmal, wenn ich aus dem Buch nicht schlau geworden bin, im Internet noch einmal ein bisschen geschaut.* (Rani 2018)

> *Und ähm, (---) äh (--) ja, ich habe zu -, (.) also (.) ich habe geschaut, dass es bei jedem Buch Königs Erläuterungen hat,(.) weil ich habe gedacht, wenn ich dann -, (.) wenn ich dann plötzlich keine Ahnung habe, (.) dann -, (--) dann schaue ich einfach so ein bisschen dort. Ähm (.) jetzt bei ähm -, (--) bei zwei Büchern habe ich es schon gekauft, bei den anderen noch nicht, weil ich gedacht habe, es sollte auch ohne gehen.* (Hannes 2016)

Dies kann z.B. der Fall sein, wenn der Primärtext „viele Textstellen [in Tanjas Beispiel: ‚Die Räuber'] hat, die ich dann gar nicht verstehe (.) und [ich] noch einmal googlen" muss, weil „die Sprache etwas schwer" ist (Tanja 2018). Oder aber, wenn Schülerinnen und Schülern ein als sinnvoll erachteter Ausgangspunkt für die eigene Textdeutung fehlt. Die Hilfsmittelnutzung öffnet dann quasi einen Horizont, vor dem die Schülerinnen und Schüler mehr oder weniger selbständig mit der Interpretation fortfahren können:

> *Also was ich mache, ist, Königs Erläuterungen tue ich einfach so -, (.) eben – (--) Meistens habe ich auch schon so eine Idee und wenn ich nicht -, (.) keine Idee habe, dann gehe ich gerade dort lesen. Und wenn ich zum Beispiel sehe, ja, das haben sie auch erwähnt, (.) dann versuche ich nachher wirklich auf das zu konzentrieren und das möglichst gut herauszuarbeiten. Wenn ich nichts habe, dann gehe ich eben wirklich irgendwie einmal schauen, was schlagen sie so vor und wenn ich etwas finde, ah ja doch, das passt mit dem zusammen, (.) dann beginne ich nachher dort, eben wirklich mit der Interpretation.* (Giovanna 2018)

> *Und (--) jetzt habe ich auch ein Buch gelesen, das ich vorher noch nicht gelesen habe. Ein sehr aktuelles, das irgendwie 2016 herausgekommen ist (--) und dort habe ich es -, (.) dort habe ich nachher viel mit dem Buch und dem Internet gearbeitet -, (.) hat mir Ideen gegeben. Ähm (.) weil sonst in meinem Fall fand ich es noch recht schwierig zum Interpretieren (.) oder (.) Themen zu finden. Und nachher habe ich wie (.) das Internet -, (.) ein bisschen gesucht, (.) ja, was haben andere Leute darüber gesagt und nachher (.) ein bisschen übernommen und (.) ah ja, das könnte noch stimmen. Ja, (.) übernommen und weitergeführt.* (Otto 2018)

Lernende wie Giovanna oder Otto scheinen also Hilfsmittel zu nutzen, um Deutungsansätze zu gewinnen. Keinesfalls wird jedoch die komplette Fremdinterpretation übernommen, sondern aufgrund der Ansätze und Ideen erschließen sich die Schülerinnen und Schüler den Primärtext mehr oder weniger selbständig, integrieren eigene Leseerfahrungen in die aus dem Hilfsmittel gewonnene Interpretationslinie, deuten den Text quasi im Dialog mit dem Hilfsmittel.

Die eigene Lesart erweitern, dabei Positionen des Hilfsmittels kritisch hinterfragen
Während die zuvor zitierten Schülerinnen und Schüler beschreiben, wie sie Hilfsmittel quasi „im Notfall" (Giovanna 2018) nutzen, also dann, wenn tatsächlich das Textverstehen ein Problem darstellt, gibt es auch Situationen, in denen gezielt Hilfsmittel eingesetzt werden, um die eigene Lesart zu erweitern (ohne dass das Textverstehen als Herausforderung im Vordergrund stünde). Da dies in der Regel mit einem eher guten Zutrauen in die eigene Lesart einhergeht, ist es bei dieser Art der Hilfsmittelnutzung möglich, dass die Lernenden von dieser positiven Selbsteinschätzung aus die konsultierten Hilfsmittel kritisch hinterfragen:

> *Und nachher findet man einfach so viele verschiedene äh (.) Interpretationen oder verschiedene Ansichten zu dem Buch. (--) Und (---) ich wende noch recht viel Zeit auf, lese einfach alle wie durch, (.) überall*

ein bisschen (.) anschauen. Und nachher gibt es -, (.) entsteht so langsam so ein bisschen so ein Bild (.) für mich. So, (.) das haben mehrere aufgegriffen und das finde ich interessant und da kann ich auch viel (.) dazu sagen. Und so aus vielleicht (--) zwanzig verschiedenen Ideen, die man gefunden hat, findet man nachher so (.) fünf Hauptideen. Und das ist einfach so (.) ja, schon ein bisschen -, (.) ein bisschen eine Arbeit, aus einfach allen (.) Quellen (.) so ein -, (.) ja, (--) etwas (.) herauszuschließen. [...] Und nachher muss man -, (.) ja, (.) dort muss man ein bisschen aufpassen. Also immer (--) nie das -, (.) nie die Ideen der anderen in den Vordergrund stellen. Einfach schauen, ob sie (.) deine (--) Ansichten und Ideen unterstützen. (Otto 2018)

[...] wenn ich jetzt zum Beispiel von einem Buch das Gefühl habe, ja, die sagt etwas völlig Falsches, dann (--) sage ich schon lieber das, was ich gesagt habe und füge höchstens noch hinzu, (--) vermutlich könnte man es auch so interpretieren, aber (---) ich würde es jetzt anders sehen. [...] Also wenn vielleicht jemand sagt, (--) ja, (--) der ist (--) nur dabei, (--) um ein bisschen Komik zu machen und ich denke, der ist dabei, (--) weil es noch einen tieferen (.) gesellschaftlichen Sinn hat oder so, (.) dann (.) notiere ich mir schon beides, aber schaue, dass ich (--) vor allem meine Ansichten sage. (Claudia 2016)

Dieser eher kritische Blick auf die Hilfsmittel führt dazu, dass die Schülerinnen und Schüler sehr genau zu entscheiden scheinen, welche in Hilfsmitteln gefundenen Informationen sie wie und wo nutzen in der geplanten Prüfungskommunikation: „herauspicken", „zusammensetzen [...] mit Eigenem", „kombinieren" (Anna 2016) sind treffende Verben, die die Tätigkeiten der Hilfsmittelnutzenden bei dieser Nutzungsart beschreiben können.

Primärtextlektürevermeidung
Im Kontrast dazu steht die Hilfsmittelnutzung zur Vermeidung der eigenen Primärtextlektüre. Hier wird das Hilfsmittel zum zentralen Pfeiler der Prüfungsbewältigung. Die Schülerin Jeanne berichtet beispielsweise:

Aber jeweils, (.) sage ich mal, wenn ich das Buch nicht gelesen habe, dann (.) helfen diese Hilfsmittel wirklich und (---) also (--) ich weiß nicht, aber ich vertraue ihnen wie (.) mehr als meiner eigenen (.) Interpretation, sagen wir mal so. Und wenn ich es wie durchlese, dann habe ich so wie einen (.) Aha-Effekt, ja, (.) okay es stimmt. (Jeanne 2018)

Und eben, wenn ich die Hilfsmittel brauche, ist es jeweils auch schon geschehen, (.) dass ich (-) nur die Hilfsmittel (.) gebraucht habe und das Buch nicht gelesen habe. Und -, (--) also ich habe (.) etwa genau die gleiche Note gehabt, wie (--) wenn ich das Buch hätte gelesen, sagen wir es so. Also, (.) sie sind wirklich gut. ((lacht)) (Jeanne 2018)

Sie ist die einzige unter den 18 Interviewten, die sich derart offen und explizit zur Lektürevermeidung bekennt. Da diese Haltung als sozial unerwünscht eingeschätzt werden kann (die Interviews fanden nur Tage vor der mündlichen Maturprüfung statt), mag es durchaus sein, dass mehr Schülerinnen und Schüler Hilfsmittel zur Lektürevermeidung einsetzen, als in den Interviews offenkundig wird.

3.2.3 „Systemintelligente" Hilfsmittelnutzung
Wie bereits in Kap. 3.2.1 erwähnt, spielen für die Hilfsmittelauswahl und -nutzung der Schülerinnen und Schüler nicht nur eigene Vorannahmen und Überzeugungen über diese Hilfsmittel, nicht nur im Vorbereitungsprozess wahrgenommene „Notfälle" und Desiderate eine Rolle, sondern auch Vorannahmen darüber, wie die konkrete Lehrperson die mündliche Maturprüfung Deutsch gestalten wird und welchen Nutzen oder Nachteil es im Rahmen der zielführenden Vorbereitung auf diese Prüfung hat, bestimmte Hilfsmittel zu nutzen. Wir nennen dies „systemintelligent" (Grossen & Seele 2017, 233), wenn Schülerinnen und

Schüler im Hinblick auf Hilfsmittelnutzungsentscheidungen nicht nur den konkreten Text-erschließungsprozess betrachten, sondern Überlegungen über das System, also den Kontext, in dem ihnen in der Prüfungssituation eine Textinterpretation abverlangt wird, anstellen.

An dieser Stelle sind die Ausführungen Zabkas (2008, mit Bezug auf Hermerén 1984) hilf-reich, welche pragmatischen Ziele mit dem „Interpretieren" literarischer Texte verknüpft wer-den können:

a) Erklärung des Textsinns
b) Darstellung eines Entstehungskontextes
c) Darlegung von Wahrheiten über das menschliche Leben
d) Ableiten von Werturteilen und praktischen Konsequenzen aus dem interpretierten Text
e) Realisierung oder Demonstration einer Interpretationsweise
f) Ausdruck des eigenen Textverstehens (Zabka 2008, 52-54)

Mit Bezug auf unser Forschungsfeld könnte man festhalten, dass die an einer Prüfung jeweils beteiligten Personen (Lehrperson, Fachexperte/-expertin, Maturand/-in) ebenfalls bestimmte pragmatische Ziele mit der im Prüfungsgespräch geforderten bzw. dargebotenen Interpretati-on verfolgen, wobei der Fachexperte bzw. die Fachexpertin in aller Regel keine Fragen stellt. Häufig, so unsere Annahme, wird im Literaturunterricht eher implizit als explizit verhandelt, welche Art von Interpretation Schülerinnen und Schüler im Unterricht, aber auch in der Reifeprüfung realisieren sollen: Geht es im Prüfungsgespräch eher darum, dass die Schüle-rinnen und Schüler das eigene, persönliche Textverstehen darlegen und begründen (f)? Oder erwartet die Lehrperson die Demonstration einer bestimmten Interpretationsweise (e) – etwa der eigenen oder derjenigen eines bestimmten Hilfsmittels?

Einige Schülerinnen- und Schülerantworten vermitteln den Eindruck, dass ihre Lehrperson eine klare Vorstellung davon hat, wie ein Primärtext interpretiert werden muss. Demzufolge haben die Schülerinnen und Schüler den Eindruck, an der Maturprüfung eine bestimmte Interpretationsweise (analog zu Zabka 2008, Typ e) realisieren zu müssen:

Also, (.) ich weiß eigentlich genau, was er hören will, dann am Lektüregespräche. Das finde ich eigentlich recht gut. Und (.) ähm (--) eben, bei ihm ist es wichtig, dass man die Sekundärliteratur schon recht gut kennt und so. (Karolina 2018)

Ja, (--) also unser Lehrer hat eben sehr gern, wenn man (.) Sekundärliteratur verwendet. Also wirklich das wiedergibt. Und er ist so ein bisschen -, (--) wenn -, (.) wenn man etwas selbst interpretiert und es eventuell er nicht ganz hundert Prozent nachvollziehen kann, weil er das anders sieht, dann ist es (.) tendenziell falsch. Ja. (.) Und darum (--) schaue ich eigentlich schon mehr, dass ich mich wirklich so an die Sekundärliteratur halte. (Karolina 2018)

Also, (2s) das Ding ist, (--) ich habe das Gefühl, bei unserem Lehrer, sage ich mal, ähm (---) also bei den Lehrern ist es so wie -, (.) sie wollen (.) genau das, welches -, (--) also um was, dass dieses Buch handelt. Also die Interpretation von ihnen ist meistens auch ein bisschen anders als diese (.) von uns. Und ich habe das Gefühl, für mich ist eben dies (-) viel schwieriger, weil ich kann (-) ein paar Sachen viel anders in-terpretieren (.) als sie. Und sie wollen meistens (.) nur das hören, welches sie interpretiert haben. (Jeanne 2018)

Also man muss nachher genau (.) das übernehmen, was ein anderer gesagt hat und kann sich wie nicht mehr so selbst ein Bild machen vom Buch. Man weiß nachher wie, (.) ja okay, das und das ist wichtig, weil es dort steht, aber was -, (.) was einen selbst vielleicht dünkt, bringt man entweder nicht ein, weil man denkt, ja ist eh falsch oder (--) weil man das Gefühl hat, ja, es ist nicht wichtig. Die Literatur-, (---)

Germanisten, was auch immer, wollen das nicht hören. Und dann sagt man lieber das, (--) wo man das Gefühl hat, das sie hören wollen. Um (--) eine gute Note zu haben, (--) so. (Elisa 2016)

Offenbar gibt es Lehrpersonen, die ihren Schülerinnen und Schülern – implizit oder explizit – nahelegen, bestimmte Hilfsmittel für die Texterschließung zu verwenden oder zu vermeiden (ob dies tatsächlich der Fall ist, wird die derzeit im Rahmen von SELiT laufende Lehrpersonen-Interviewstudie erhellen können). Wenn die Lehrperson im Unterricht vermittelt, dass die Kenntnis der Print-Lektürehilfen zu einem Text zentral für eine gelungene Textinterpretation ist, messen die Schülerinnen und Schüler der Nutzung dieses Hilfsmittels systemintelligenterweise eine hohe Wichtigkeit bei. Gilt der Gebrauch eines Hilfsmittels hingegen als „verpönt", so weichen die Maturandinnen und Maturanden auf andere, von der Lehrperson positiver eingeschätzte Hilfsmittel aus:

Weil wir sind halt sehr (--) so (--) darauf getrimmt worden, dass (--) das Internet nicht so die richtigen (.) Informationen angibt. Und ich will dort halt nicht ins Messer laufen und habe nachher das Internet nur (.) so für (.) sekundäre ähm (.) Interpretationen dazu genommen. Was man allenfalls auch noch sagen könnte. (--) Und aber so die Hauptinterpretationen habe ich schon aus den Büchern genommen. (Elisa 2016)

Elisas Lehrperson scheint es sehr wichtig zu sein, dass im Prüfungsgespräch eine bestimmte Interpretationsweise am Primärtext realisiert wird. Elisa hat den Eindruck, dass ihr vermittelt wurde, dass es richtige und falsche Interpretationen gibt und dass im Prüfungsgespräch eine Lesart gezeigt werden muss, die der Lesart der Lehrperson entspricht, die sich eng an einer Print-Lektürehilfe zu orientieren scheint. Dementsprechend sichert sich Elisa systemintelligent ab:

Also es ist natürlich auch praktischer, dass man einfach die Interpretation nimmt, (.) die aus dem Buch (--) kommt und halt nur so einzelne Sachen (--) von si-, (.) von mir selbst kommen. (--) Weil das können ja sie dann nachher schlecht (--), also mir ankreiden. Sie seh-, (.) also sie wissen vielleicht schon, dass sie aus dem (.) Königs Erläuterungen kommt, aber immerhin habe ich eine. (Elisa 2016)

Da die mündliche Maturprüfung so gestaltet ist, dass Schülerinnen und Schüler auf der Basis eines von der Lehrperson ausgewählten Primärtextausschnitts das Prüfungsgespräch führen, spielen Hilfsmittel, vor allem Print-Lektürehilfen, außerdem eine wichtige Rolle für die Lernenden, um zu antizipieren, welchen Primärtextausschnitt ihre Lehrperson wohl auswählen wird:

Oder es gibt eben auch so (.) ähm (--) wie sagt man (.) Lektüreschlüssel, in welchen (.) wirklich auch Textstellen drin sind, welche ich danach wie durchlese und denke, ja, die Textstelle (-) könnte wirklich vorkommen, weil ich habe (-) sowieso ein bisschen das Gefühl, die Lehrer -, (.) sie wählen (-) wirklich die wichtigen Textstellen (.) aus und (--) in diesem Lektüreschlüssel ist nachher meistens -, (.) sind nachher meistens die wichtigsten Textstellen (.) drin. Und ansonsten Internet oder (.) mein eigenes Gefühl, welches (--) sagt, ja, das ist wichtig. Das könnte vorkommen. (Jeanne 2018)

Auch antizipierte Interessen und thematische Präferenzen der Lehrperson lassen Schülerinnen und Schüler Einschätzungen entwickeln, welche Texte auf ihrer individuell zusammengestellten Lektüreliste Prüfungsgegenstand sein könnten. So vermutet Elisa über ihre Lehrerin:

Also, (.) weil sie noch Geschichte studiert hat, wird sie ganz sicher auf die Epochen (--) extrem eingehen, halt wie -, (.) oder wie es war, mit dem (--) zeitgeschichtlichen Hintergrund. Ähm (---) ja, und eben, (.)

relativ wenig (--) auf den Inhalt legen. Also einfach, dass man es situieren kann, wo der Textausschnitt (.) ist im Buch. (---) Und nachher wird sie vor allem halt auf das Geschichtliche (--) schauen, ob man da etwas weiß. (Elisa 2016)

Schaut man sich die Auffächerung der Interpretationsziele Zabkas (2008) an, so scheint der von Elisa beschriebenen Lehrperson hier an der Darstellung des Entstehungskontextes (b)) gelegen zu sein. Systemintelligenterweise spiegelt sich dies dann auch in Elisas Hilfsmittelnutzung wider:

Ich habe gezielt nach Sachen gesucht, (--) die nachher auch gelesen (--) und so (---) die Sachen, die am Schluss stehen, also so Rezensionen und so, die habe ich nachher nicht gelesen. […] Ja, (--) wenn ich Begriffe nicht verstanden habe, (--) bin ich nach den Begriffserläuterungen schauen gegangen oder eben nach (--) der Bio-, (.) der Autor, der Biographie des Autors, habe ich angeschaut. (Elisa 2016)

4 Fazit

4.1 Interpretation der Ergebnisse im Zusammenspiel

Sowohl Kap. 3.1 als auch Kap. 3.2 konnten zeigen, dass die von uns mittels Fragebogen befragten und interviewten Schülerinnen und Schüler einen ganz unterschiedlichen Umgang mit verschiedenen Hilfsmitteln pflegen und ihre Kompetenzen und Fertigkeiten dabei unterschiedlich ausgeprägt sind: während einzelne quasi „notfallmäßig" zu Hilfsmitteln greifen, um literarische Primärtexte überhaupt verstehen zu können oder gar die Primärtextlektüre gänzlich vermeiden und sich ausschließlich auf Hilfsmittel verlassen, ist es einem Großteil der Befragten offenbar wichtig, eine eigene Lesart des literarischen Primärtextes zu entwickeln und diese mehr oder weniger stark mit recherchierten Informationen aus Hilfsmitteln anzureichern. Viele Schülerinnen und Schüler zeigen eine differenzierte, reflektierte und begründete Hilfsmittelnutzungsstrategie, die sich sowohl in einer überlegten und begründeten Reihenfolge des Hilfsmitteleinsatzes (Kap. 3.1) als auch in vielschichtigen Überlegungen zur Prüfungssituation bis hin zu Präferenzen und Interessen der Lehrperson ausdehnt. Auch eigene Neigungen, Stärken und Schwächen werden von diesen systemintelligenten Schülerinnen und Schülern in die Hilfsmittelnutzungsentscheidungen eingebunden, ebenso wie die Vorannahmen über Stärken und Schwächen einzelner Hilfsmittelarten und das „Interpretieren" als in der Prüfung zu demonstrierender Kompetenz (Kap. 3.2). Somit konnte die Interviewstudie mit den Schülerinnen und Schülern das formulierte Desiderat, Vorannahmen und Überzeugungen bei der Nutzung der Hilfsmittel besser zu verstehen, erfüllen.

Schließlich konnte die Untersuchung auch den von Grossen und Seele (2017) bereits eingebrachten Terminus der „systemintelligenten" Prüfungsvorbereitung weiter ausdifferenzieren. Als systemintelligent kann – mit Blick auf die hier vorgelegte Untersuchung – eine Prüfungsvorbereitung von Schülerinnen und Schülern gelten, die Interessen der verschiedenen an der Maturprüfung beteiligten Akteure und Institutionen evaluiert und im Rahmen einer Vorbereitungsstrategie in Einklang bringt. Dies kann durch folgende Grafik veranschaulicht werden:

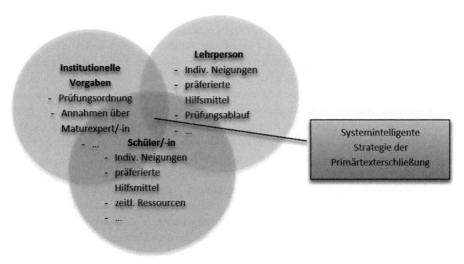

Abb. 3: Systemintelligente Strategie der Primärtexterschließung

Sich „systemintelligent" auf die mündliche Maturprüfung Deutsch vorbereitende Schülerinnen und Schüler organisieren die Primärtext-Erschließung im Hinblick auf die antizipierten pragmatischen Ziele (Zabka 2008), die im Rahmen der Prüfung erreicht werden sollen. Daraus speist sich zunächst eine je individuelle systemintelligente Primärlektüreauswahl (entlang der Vorgaben der Prüfungsordnung, allfälligen Lektüreempfehlungen der Lehrperson, den eigenen Präferenzen wie auch Vorannahmen über Präferenzen der Lehrperson) und dann ein individueller Primärtext-Erschließungsprozess, der wiederum geprägt ist von Überzeugungen und Vorannahmen über die Prüfung, die Präferenzen der Lehrperson, eigenen Neigungen, eigenen zeitlichen Ressourcen usw. Diese systemintelligenten Vorbereitungsstrategien beeinflussen auch die Auswahl und Nutzung von Hilfsmitteln.

4.2 Erträge und Beschränkungen der Untersuchung und neue Forschungsperspektiven

Konnte die Online-Fragebogenerhebung unter 198 Maturandinnen und Maturanden kurz vor der mündlichen Maturprüfung Deutsch vor allem aufzeigen, welche Hilfsmittel hauptsächlich für die Prüfungsvorbereitung genutzt werden, welche Informationen dort gesucht werden und welche Hilfsmittel für wie vertrauenswürdig gehalten werden, konnten diese ersten Erkenntnisse durch die hier vorliegende Untersuchung auf zweierlei Weise vertieft und ergänzt werden.

Die Analyse der Freitext-Antworten zur Reihenfolge der Hilfsmittelnutzung (im Rahmen der Fragebogenerhebung, vgl. Kap. 3.1) konnte fünf typische Schrittfolgen herauspräparieren und teilweise ausdifferenzieren. Diese fünf Typen wurden induktiv aus dem Material herausgeschält und könnten nun die Basis für eine weitere Erhebung darstellen, in der überprüft werden könnte, ob sich diese Schrittfolgentypen auch bei anderen Stichgruppen, z.B. bei der selbständigen Texterschließung in anderen Kontexten, Schulsystemen, Ländern/ Kantonen auf Niveau Sekundarstufe II so finden lassen. Mit der Generierung der fünf Schrittfolgentypen ist das vorliegende Material (167 Freitext-Antworten auf die Frage *Setzen Sie bei der selbständigen Erschließung literarischer Texte Hilfsmittel ein? Wenn ja: Zu welchem Zeitpunkt/*

welchen Zeitpunkten? Welche Hilfsmittel? Bitte beschreiben Sie einen typischen Ablauf Ihres Vorgehens in vollständigen Sätzen) jedoch noch nicht umfassend erschlossen. Denkbar wäre eine weitere Analyse des Materialkorpus auf spezifische Reihenfolgenhäufungen innerhalb der fünf Haupttypen hin sowie Quantifizierungen. Auch wäre eine Analyse des Materials auf allenfalls dargebotene Begründungen hin sinnvoll.

Die qualitative Inhaltsanalyse von 18 Interviewtranskripten hingegen konnte Begründungszusammenhänge erhellen und erste Antworten präsentieren auf die einleitend (Kap. 1) aufgeworfenen Fragen zur Hilfsmittelnutzung der Lernenden. Speziell im Hinblick auf die Frage nach Vorannahmen und Überzeugungen von Schülerinnen und Schülern bei der Hilfsmittelnutzung konnten reichhaltige Erkenntnisse gewonnen werden.

Einschränkend ist anzumerken, dass 18 Interviews eine zu geringe Anzahl sind, um qualitativ gewonnene Aussagen quantitativ gewichten zu können – um also feststellen zu können, ob es sich bei bestimmten Arten von Aussagen um häufig wiederkehrende Muster oder eher um Einzelfälle handelt. Bei unserer induktiven materialbasierten Kategorienbildung haben wir darauf geachtet, nur solche Kategorien zu bilden, die auch reichhaltige Beispiele beinhalten; dennoch wäre es im Einzelfall problematisch, aus der Zuordnung mehrerer Schülerinnen- und Schüler-Äußerungen zu einer Kategorie eine Häufung eines Phänomens abzuleiten. Dies war im Übrigen auch nicht das Ziel unserer explorativen Untersuchung, die Pionierarbeit leistet im Bereich der Erkundung des Hilfsmittelnutzungsverhaltens von Maturandinnen und Maturanden bei der selbständigen Texterschließung. Vielmehr geht es darum, mit illustrativen Beispielen Tendenzen aufzuzeigen, die dann im Rahmen von sich anschließenden qualitativen und quantitativen Erhebungen verfeinert und überprüft werden können.

Im Rahmen des Forschungsprojekts „SELiT" ist zudem geplant, die hier präsentierten Vorannahmen und Überzeugungen der Maturandinnen und Maturanden zu Hilfsmitteln und der Hilfsmittelnutzung um die Lehrpersonenperspektive zu ergänzen: Derzeit werden ca. 30 Interviews mit Deutsch-Lehrpersonen der Sek. II geführt, die aktuell eine Klasse auf die Maturprüfung im Fach Deutsch vorbereiten. Auch in diesen Interviews nehmen der Umgang mit Hilfsmitteln, aber auch die berufsbezogenen Überzeugungen der Lehrpersonen über das „Interpretieren" sowie Vorannahmen über das Hilfsmittelnutzungsverhalten der Schülerinnen und Schüler eine wichtige Rolle ein.

> Aus der Perspektive der literaturdidaktischen Forschung und Entwicklung bietet es sich an, (…) insgesamt den gegenstands- und lernerbezogenen Überzeugungen der Lehrkräfte nachzugehen, um diese auf schülerseitige Überzeugungen beziehen zu können. (Pieper & Wieser 2018, 122)

Mit der biperspektivischen Anlage des Forschungsprojekts – der Befragung sowohl von Schülerinnen und Schülern als auch von Lehrpersonen – intendieren wir schließlich, einen Beitrag zur von Pieper und Wieser (2018) beschriebenen perspektivenverschränkenden literaturdidaktischen Forschung zu leisten.

Literatur

Abteilung Bildungsplanung und Evaluation (BiEv), Erziehungsdirektion des Kantons Bern (ERZ) (2016): Bildungsstatistik Kanton Bern. Basisdaten 2015. Online unter: https://www.erz.be.ch/erz/de/index/direktion/organisation/generalsekretariat/statistik/bildungsstatistischepublikationen/bildungsstatistik-broschuerenvor2005.assetref/dam/documents/ERZ/GS/de/GS-biev-statistik/ERZ_INS_2016_Bildungsstatistik_stat_de_la_form_Basisdaten_donnees_de_base_2015.pdf (abgerufen am 16.07.2019).
Bundesamt für Statistik (BFS) (2018): Abschlussquoten. URL: https://www.bfs.admin.ch/bfs/de/home/statistiken/bildung-wissenschaft/uebertritte-verlaeufe-bildungsbereich/abschlussquoten.html (abgerufen am 16.07.2019).

Castek, Jill & Coiro, Julie (2015): Understanding What Students Know: Evaluating Their Online Research and Reading Comprehension Skills. In: Journal of Adolescent & Adult Literacy 58/ Nr. 7, 546-549.

Deutsche UNESCO-Kommission (2019): Open Educational Ressources. URL: https://www.unesco.de/bildung/open-educational-resources (abgerufen am 01.08.2019).

Erziehungsdirektion des Kantons Bern (ERZ) (2016): Lehrplan 17 für den gymnasialen Bildungsgang ab dem Schuljahr 2019/2020. URL: https://www.erz.be.ch/erz/de/index/mittelschule/mittelschule/gymnasium/lehrplan_maturitaetsausbildung.html (abgerufen am 16.07.2019).

Erziehungsdirektion des Kantons Bern (ERZ) (2014): Maturitätsprüfungen – fachspezifische Weisungen Deutsch (Erstsprache). URL: https://www.erz.be.ch/erz/de/index/mittelschule/mittelschule/gymnasium/maturitaetspruefungen/weisungen_maturitaetspruefungen.assetref/dam/documents/ERZ/MBA/de/AMS/ams_weisungen_mp_deutsch_erstsprache_2014.pdf (abgerufen am 16.07.2019).

Erziehungsdirektion des Kantons Bern (ERZ) (2005): Lehrplan 2005 für den gymnasialen Bildungsgang. URL: https://www.erz.be.ch/erz/de/index/mittelschule/mittelschule/gymnasium/lehrplan_maturitaetsausbildung/lehrplan-2005.html (abgerufen am 16.07.2019).

Frederking, Volker, Krommer, Axel & Maiwald, Klaus (2008): Mediendidaktik Deutsch. Eine Einführung. Berlin: Erich Schmidt Verlag (Grundlagen der Germanistik 44).

Grossen, Gaby & Seele, Katrin (2017): Vorgehensweisen von Berner Maturandinnen und Maturanden bei der selbstgesteuerten Aneignung literarischer Texte. Einblicke in ein aktuelles Forschungsprojekt. In: Dawidowski, Christian/Hoffmann, Anna R./Stolle, Angelika R. (Hrsg.): Lehrer- und Unterrichtsforschung in der Literaturdidaktik. Konzepte und Projekte. Frankfurt/M.: Peter Lang, 221-236.

Hochstadt, Christiane, Krafft, Andreas & Olsen, Ralph (2015): Deutschdidaktik. Konzeptionen für die Praxis. 2. Auflage. Tübingen: A. Francke.

Institut für Erziehungswissenschaft, Universität Zürich (2018): Projekt EVAMAR II. URL: https://www.ife.uzh.ch/de/research/lehrstuhleberle/forschung/evamar.html (abgerufen am 16.07.2019).

Kalaja, Paula, Barcelos, Ana Maria F., Aro, Mari & Ruohotie-Lyhty, Maria (2016): Beliefs, Agency and Identity in Foreign Language Learning and Teaching. London: Palgrave Macmillan. DOI: https://doi.org/10.1057/9781137425959.

Kepser, Matthis (2010): Computer im Literaturunterricht. In: Frederking, Volker/Krommer, Axel/Meier, Christel (Hrsg.): Literatur- und Mediendidaktik. Bd. 2. Baltmannsweiler: Schneider Hohengehren, 546-565.

Klingenböck, Ursula (2011): Literaturwissenschaftliche Einführungen als Medium für die Literaturlehrforschung? Zum Verhältnis von Fachwissenschaft, Literaturdidaktik und Didaktikforschung. In: Zeitschrift für Germanistik 21, 60-76. DOI: https://doi.org/10.3726/92132_60.

Krammer, Stefan (2013): Literarische Kompetenzen und/ als institutionalisiertes Kulturkapital. Eine österreichische Perspektive. In: Didaktik Deutsch 35, 5-13.

Kuckartz, Udo, Dresing, Thorsten, Rädiker, Stefan & Stefer, Claus (2007): Qualitative Evaluation. Der Einstieg in die Praxis. Wiesbaden: VS Verlag für Sozialwissenschaften.

Mackasare, Manuel & Susteck, Sebastian (2019): Erforschung schulischer Lektürehilfen zwischen Literaturwissenschaft, -didaktik und -unterricht. Ein Projektaufriss. In: Geschichte der Germanistik 55/56, 153-155.

Matthes, Eva (2014): Aktuelle Tendenzen der Schulbuch- bzw. Bildungsmedienforschung. In: Wrobel, Dieter/Müller, Astrid (Hrsg.): Bildungsmedien für den Deutschunterricht. Vielfalt – Entwicklungen – Herausforderungen. Bad Heilbrunn: Klinkhardt, 17-26.

Mayring, Philipp (2010): Qualitative Inhaltsanalyse. Grundlagen und Techniken. 11. Auflage. Weinheim und Basel: Beltz.

Mergen, Torsten (2014): Die vielen „Leben des Galilei". Eine Fallstudie zum Verhältnis von fachwissenschaftlichen Positionen und didaktisch-methodischen Konstruktionen in Lektürehilfen und Lehrerhandreichungen. In: Wrobel, Dieter/Müller, Astrid (Hrsg.): Bildungsmedien für den Deutschunterricht. Vielfalt – Entwicklungen – Herausforderungen. Bad Heilbrunn: Klinkhardt, 99-114.

Neumann, Dominik (2014): Kostenloses Lehrmaterial auf dem Prüfstand. Analyse und Evaluation von kostenlos angebotenen Lehrmaterialien aus dem Internet zum Thema „Kreatives Schreiben". In: Wrobel, Dieter/Müller, Astrid (Hrsg.): Bildungsmedien für den Deutschunterricht. Vielfalt – Entwicklungen – Herausforderungen. Bad Heilbrunn: Klinkhardt, 86-98.

Neumann, Dominik (2015): Bildungsmedien Online – Kostenloses Lehrmaterial aus dem Internet: Marktsichtung und empirische Nutzungsanalyse. Bad Heilbrunn: Klinkhardt.

Neumann, Dominik (2016): Open Educational Resources (OER) oder Kostenloses Lehrmaterial aus dem Internet. Marktanalyse 2016 und Aktualisierung der Diskussion. 2016, 18. – URN: urn:nbn:de:0111-pedocs-126715.

Pieper, Irene & Wieser, Dorothee (2018): Poetologische Überzeugungen und literarisches Verstehen. In: Leseräume 5/4, 108-124.

Reusser, Kurt, Pauli, Christine & Elmer, Anneliese (2014): Berufsbezogene Überzeugungen von Lehrerinnen und Lehrern. In: Terhart, Ewald/Bennewitz, Hedda/Rothland, Martin (Hrsg.): Handbuch zur Forschung im Lehrberuf. Münster und New York: Waxmann, 642-661.

Schweizerische Konferenz der kantonalen Erziehungsdirektoren (EDK) (09.06.1994): Rahmenlehrplan für die Maturitätsschulen. URL: https://edudoc.ch/record/17476/files/D30a.pdf (abgerufen am 16.07.2019).

Wieser, Dorothee (2012): Die Vermittlung fachlichen Wissens: Praktisches professionelles Wissen und epistemologische Überzeugungen. In: Pieper, Irene/Wieser, Dorothee (Hrsg.): Fachliches Wissen und literarisches Verstehen. Studien zu einer brisanten Relation. Frankfurt/M.: Peter Lang, 135-151.

Wieser, Dorothee (2015): Interpretationskulturen: Überlegungen zum Verhältnis von theoretischen und praktischen Problemen in Literaturwissenschaft und Literaturunterricht. In: Lessing-Sattari, Marie/Löhden, Maike/Meissner, Almuth/Wieser, Dorothee (Hrsg.): Interpretationskulturen. Literaturdidaktik und Literaturwissenschaft im Dialog über Theorie und Praxis des Interpretierens. Frankfurt/M., Bern, Bruxelles u.a.: Peter Lang, 39-60.

Zabka, Thomas (2008): Interpretationsverhältnisse entfalten. Vorschläge zur Analyse und Kritik literaturwissenschaftlicher Bedeutungszuweisungen. In: Journal of Literary Theory 2/ 1, 51-69.

Zabka, Thomas (2012): Analyserituale und Lehrerüberzeugungen. Theoretische Untersuchung vermuteter Zusammenhänge. In: Irene Pieper/Wieser, Dorothee (Hrsg.): Fachliches Wissen und literarisches Verstehen. Studien zu einer brisanten Relation. Frankfurt/M.: Peter Lang, 35-52.

Die Autorinnen und Autoren

Gaby Grossen war mehrere Jahre als Lehrerin und Führungskraft in Volksschule, Sekundarstufe I, Berufsmittelschule tätig. Seit 1995 unterrichtet sie am Gymnasium als Deutschlehrperson; parallel dazu hat sie seit 2007 eine Hochschuldozentur für Fachdidaktik Deutsch (Schwerpunkt Literaturdidaktik) am Institut Sekundarstufe II der Pädagogischen Hochschule Bern inne.

Arbeits- und Forschungsschwerpunkte: Reformpädagogik, Hilfsmittelnutzung bei der literarischen Texterschließung, fächerübergreifender Unterricht, Medien im Literaturunterricht, Bildung für nachhaltige Entwicklung

Kimberly Köster hat an der Ruhr-Universität Bochum die Fächer Deutsch und Englisch studiert und den Master of Education für das Lehramt an Gymnasien und Gesamtschulen (M. Ed.) erworben.

Manuel Mackasare, Dr. phil., ist wissenschaftlicher Mitarbeiter am Lehrstuhl für Neugermanistik und Didaktik der Literatur der Ruhr-Universität Bochum.

Arbeits- und Forschungsschwerpunkte: Ernst Jüngers späte Schriften, literarische Prognosen und Bildungsgeschichte des 19. und 20. Jahrhunderts (Monographie *Klassik und Didaktik 1871–1914*, DeGruyter-Verlag 2017)

Torsten Mergen, Dr. phil., arbeitet als Gymnasiallehrer für Deutsch, Geschichte, Politik und Katholische Religion im saarländischen Schuldienst, als teilabgeordneter Dozent für Didaktik der deutschen Sprache und Literatur an der Universität des Saarlandes sowie als Fachberater für Deutsch bei der Schulaufsichtsbehörde im saarländischen Bildungsministerium. Seit 2019 ist er 2. Bundesvorsitzender des Fachverbands Deutsch im Deutschen Germanistenverband.

Arbeits- und Forschungsschwerpunkte: Lesesozialisation und Literaturdidaktik, Medien im/ für den Deutschunterricht, Theorie und Praxis der Unterrichtsevaluation

Katrin Seele, Dr. phil., hat seit 2011 eine Hochschuldozentur für Fachwissenschaft Deutsch (Arbeitsfeld Literatur) und Sprachpraxis am Institut Sekundarstufe I der Pädagogischen Hochschule Bern inne.

Arbeits- und Forschungsschwerpunkte: Hilfsmittelnutzung bei der literarischen Texterschließung, Medien im Literaturunterricht, Philosophieren und Literatur, Bildung für nachhaltige Entwicklung, philosophische Bildung, peripatetisches und bewegtes Lernen

Frederik Stötzel hat an der Ruhr-Universität Bochum die Fächer Deutsch und Sozialwissenschaften studiert und 2017 den Master of Education erworben. Er ist Studienrat am Neuen Gymnasium Bochum.

Sebastian Susteck, Dr. phil., ist Professor an der Ruhr-Universität Bochum und hat den Lehrstuhl für Neugermanistik und Literaturdidaktik inne.
Arbeits- und Forschungsschwerpunkte: Literatur- und Sozialgeschichte, Didaktik und Geschichte des Deutschunterrichts (Monographie *Explizitheit und Implizitheit*, Beltz-Juventa-Verlag 2015), Aufgabenforschung (Monographie *Schwierige Aufgaben*, Beltz-Juventa-Verlag 2018)